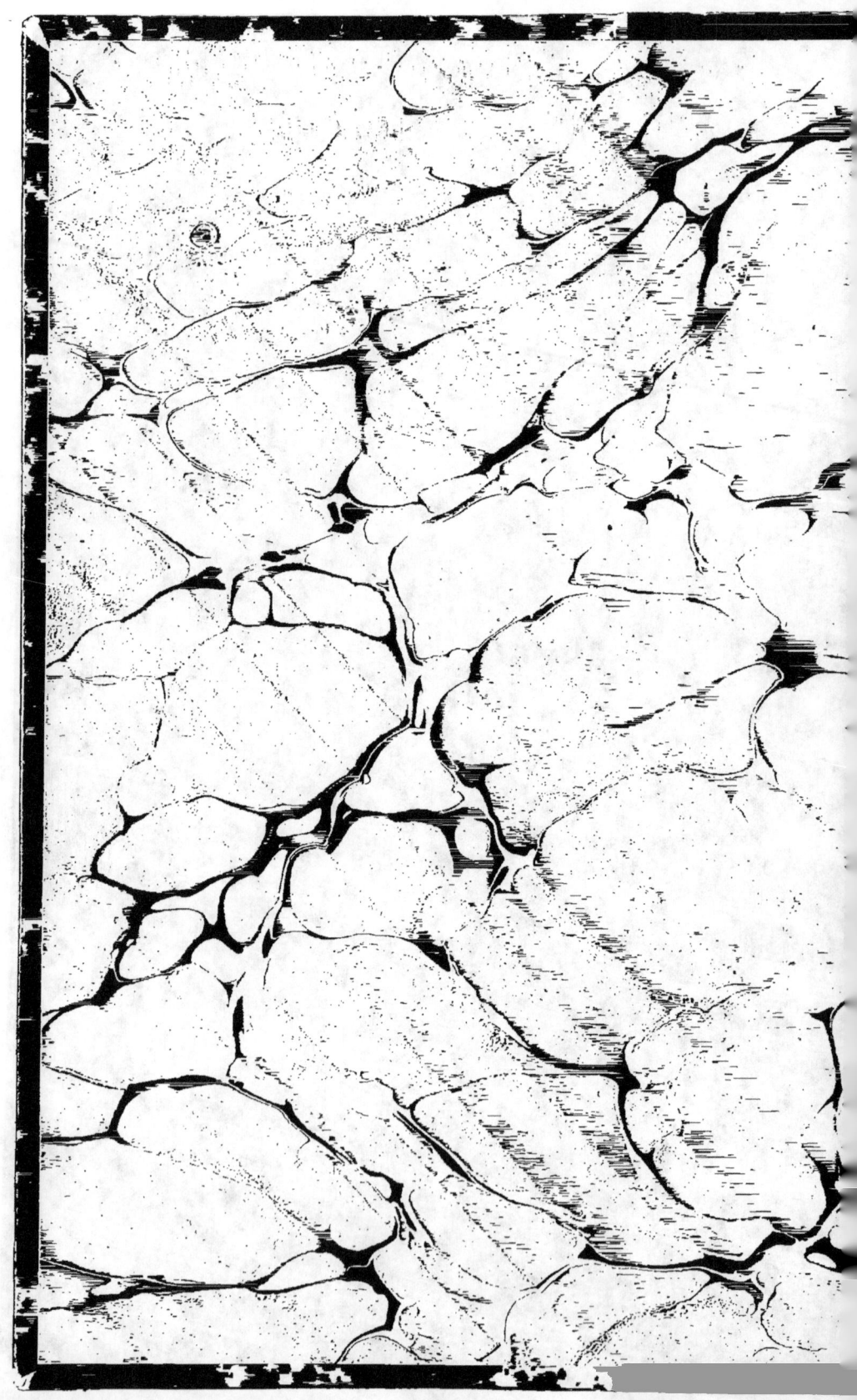

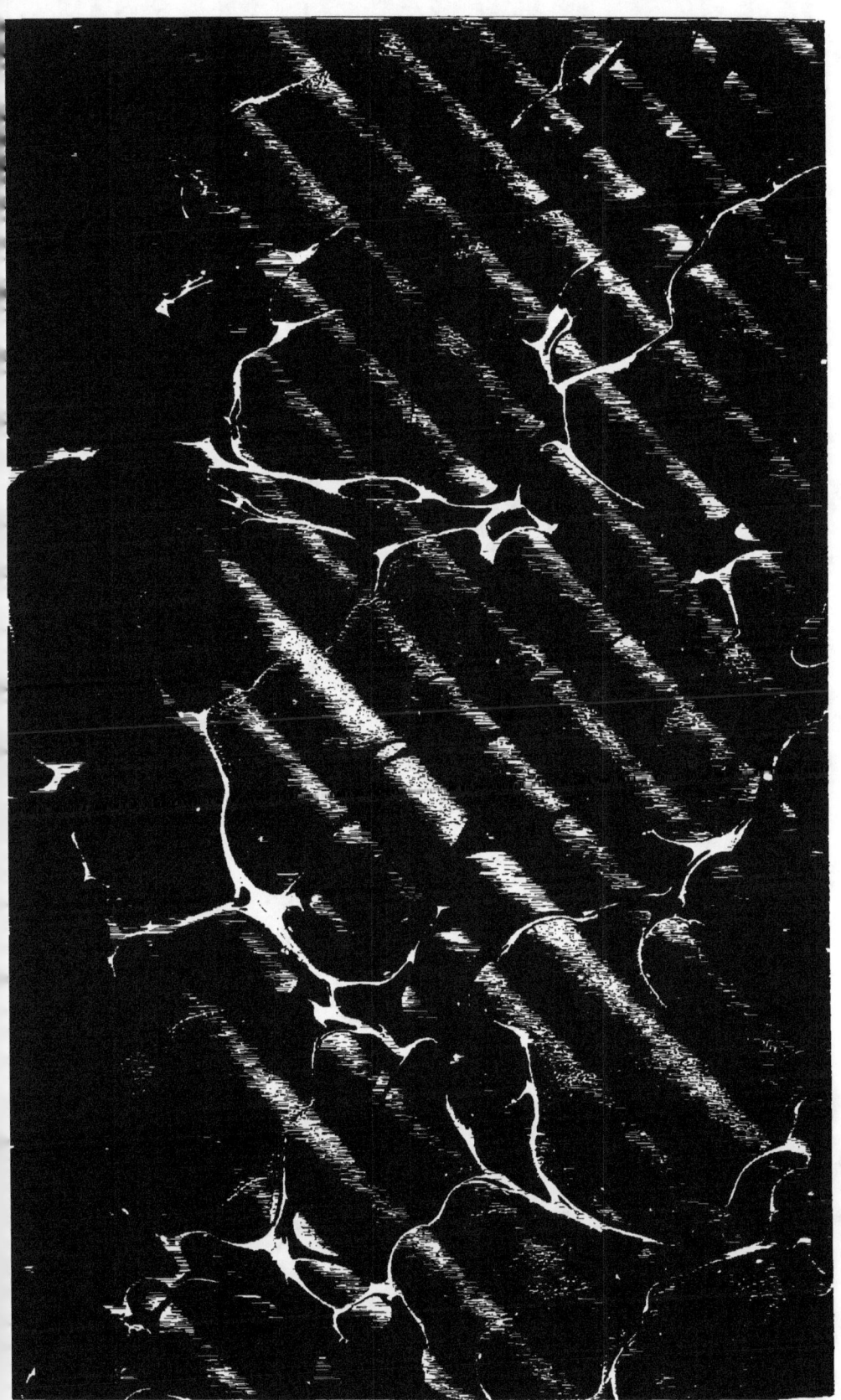

# L'ANNÉE
# MONDAINE
## 1889

TYPOGRAPHIE FIRMIN-DIDOT. — MESNIL (EURE)

SEPTFONTAINES

# L'Année Mondaine

## 1889

PARIS

FIRMIN-DIDOT & C<sup>IE</sup>, ÉDITEURS

56, RUE JACOB, 56

# L'ANNÉE MONDAINE

## I.

Fin d'été. — Villégiatures aristocratiques. — Les chasses du maréchal de Mac-Mahon. — L'art chez les Altesses. — Rocquencourt. — Cangé. — Premiers feux d'automne.

*Paris, 16 octobre 1888.*

La campagne s'attriste par ce mois d'octobre pluvieux et froid. A la maussaderie que la température nous a témoignée depuis la venue d'un printemps qui n'a eu de gracieux que le nom, septembre avait apporté une trêve inattendue. Mais voilà qu'un souffle d'hiver a passé brusquement sur les montagnes, sur les grèves, sur les grands parcs, naguère pleins d'éclats de gaieté, de rires joyeux, de causeries qui s'attardaient dans la douceur des nuits sereines et la villégiature n'a plus eu d'agréments pour ceux qu'elle ne retient pas par des intérêts agricoles, des traditions de famille, des habitudes d'hospitalité.

D'ailleurs, que de raisons pour hâter son retour! Le Parlement va rouvrir ses portes et la vie publique a des exigences qui ne cadrent pas avec les paisibles loisirs de la vie rurale. Le monde des affaires, que la politique ne peut laisser indifférent, subit des nécessités analogues. La magistrature se rappelle l'austérité de ses fonctions; l'Université rassemble ses pupilles.

Or, quand le chef de famille revient, quand on voit s'en aller, avec l'entrain, l'espièglerie aimable des enfants, la meilleure part de l'animation et de la gaieté du logis, on désire volontiers retrouver ces affections chères, rentrer dans son *home*, reprendre cette existence parisienne d'où les obligations graves n'excluent point le plaisir.

Mais il y a des membres de la haute société à qui le goût de la campagne ou la surveillance de leurs terres fait oublier l'inclémence de l'arrière-saison, à qui l'indépendance de leur fortune ou l'absence de charges officielles assure le repos de l'esprit, qui n'ont point à redouter de séparations pénibles ou qui ont des résidences assez rapprochées de Paris pour y venir, sans beaucoup de peine, quand le besoin s'en fait sentir : ce sont assurément les plus heureux.

Tandis que le président de la République, soucieux de l'accomplissement des devoirs que sa haute mission impose à son patriotisme, renonce au séjour de

Fontainebleau et que le monde officiel imite avec empressement cet exemple, tandis que les hôtes de Ferrières et d'Armainvilliers sont obligés de vaquer pendant de longues heures aux soins absorbants de la Banque, dans leurs bureaux de la rue Laffitte; que les aristocratiques possesseurs de Bonnétable, de Sassy, de Broglie, de Breteuil, de Lumigny, de Josselin, se préparent à subir tant de monotones discours sous les coupoles surchauffées du Luxembourg ou du Palais-Bourbon, ces châtelains privilégiés restent paisiblement chez eux, entourés de parents, d'amis qu'ils savent occuper et distraire par des réceptions magnifiques, des repas plantureux, où défilent les succulents produits de leurs bois, de leurs étangs et de leurs vergers; des chasses, où le gibier ne fait jamais défaut, des comédies, des concerts qui, pour être souvent improvisés, n'en ont pas moins de saveur.

C'est ainsi que de grandes fêtes cynégétiques ont été récemment données par le maréchal de Mac-Mahon à l'occasion de la visite à La Forêt de sa fille, mariée au comte de Piennes, le brillant officier du 12<sup>e</sup> hussards, fils de l'ancien chambellan de l'impératrice Eugénie.

Toujours le premier en selle, le vainqueur des guerres de Crimée et d'Italie préside ces parties avec une ardeur que l'âge n'a pas affaiblie et, quand il pique des éperons, franchissant les obstacles, on dirait qu'appelé de nouveau par le bruit de la canonnade, il court assurer le succès de quelque bataille.

Entre temps, coiffé d'un chapeau de feutre, vêtu d'une simple vareuse, il se promène dans son parc, causant familièrement avec ses jardiniers, pareil à ces généraux du grand siècle qui, las d'honneurs et de louanges, se retiraient dans leurs terres et se plaisaient à récolter des roses après avoir moissonné tant de lauriers.

A Saint-Firmin, non loin de ce Chantilly qui est tombé au silence et à la mélancolie des musées de Parme et de Lucques, un autre soldat, dont le nom dispense de rappeler la valeur, le duc de Chartres, qui fut Robert-le-Fort pendant la campagne de la Loire, s'adonne aussi aux nobles distractions de la chasse, tout heureux de voir galoper à ses côtés son fils le prince Henri qui est revenu très mûri de son voyage autour du monde. Pendant sa longue absence, la jeune Altesse a pris soin d'écrire ses impressions quotidiennes, et les quelques familiers qui ont eu l'honneur de lire son manuscrit disent le plus grand bien des qualités d'observation et de style dont cette œuvre est empreinte. Ils espéraient que le prince consentirait à la faire publier, mais ils n'ont point encore eu raison des résistances de sa modestie.

Si le prince Henri hésite à briguer le titre d'écrivain, le duc de Chartres ne dédaigne pas de se mettre au rang des photographes. Le gelatino-bromure, le sulfate de fer, l'hydroquinone, n'ont point de secrets pour lui et leur manipulation est un de ses passe-temps favoris. Non seulement ses intimes se placent avec empressement devant son objectif, mais encore son auguste famille se prête, le plus complaisamment du monde, à sa fantaisie. L'infortune y trouve son profit. On a vu, en effet, l'hiver dernier, figurer dans plusieurs ventes de charité des portraits variés du comte et de la comtesse de Paris, du duc d'Orléans, de la princesse Hélène, et l'auteur avait daigné apposer sa griffe sur ces images pour en rehausser le prix.

L'art se tient à un niveau moins accessible, à Saint-Gratien, où la Peinture, souvent assistée de son aimable sœur la Musique, est l'objet d'un culte qui a favorisé bien des talents et contribué à bien des renommées. M$^{me}$ la princesse Mathilde est venue récemment se reposer dans cette retraite charmante des pompes du mariage de Turin. Elle n'a jamais eu beaucoup de goût pour l'apparat, même à l'époque des splendeurs impériales, et elle s'en montre aujourd'hui plus détachée que jamais, résolue à vivre en « vieille républicaine », s'il faut en croire le double qualificatif qu'elle se serait donné naguère dans un moment d'abandon.

Républicaine, passe encore, bien que cette appellation ne cadre guère avec son nom, son origine, ses souvenirs. Mais vieille! Qui voudrait le croire, quand on voit l'étonnante durée de sa beauté, si préservée des atteintes du temps que l'almanach de Gotha semble s'être aussi bien trompé sur son âge que sur l'union morganatique qu'il lui attribuait, il y a quelques années?

Toujours est-il qu'en se posant, d'une part, comme une personne mûre, de l'autre, comme une amie des institutions démocratiques, la princesse prouve à la fois sa sagesse et son patriotisme.

Fidèle à ses amitiés, le souci d'une santé précieuse l'a éloignée un moment de son beau lac. Elle est à Arcachon, entourée de ses intimes; la baronne de Galbois, M<sup>lle</sup> Abattucci, la vicomtesse Benedetti l'assistent dans ce rôle de maîtresse de maison qu'elle exerce avec une grâce incomparable. Mais, si plaisant que soit le joli cottage dont M<sup>me</sup> Espinasse, la veuve du général tué à Magenta, a su rendre l'installation des plus confortables, la princesse n'oublie pas son cher Saint-Gratien. Elle compte y revenir à la fin du mois, et les équipages, à la livrée impériale, qu'elle envoie aux trains du soir, à la station d'Enghien, ne manqueront pas de lui amener une foule d'amis empressés à saluer son retour.

La même société se retrouve dans le magnifique château de Rocquencourt, cette princière demeure qui rappelle les somptuosités de Versailles, dont elle est voisine, et où l'on ne saura jamais, comme le disait confidentiellement M. Furtado à ses visiteurs, la quantité d'or que recouvrent le sable, les pelouses et les corbeilles de fleurs.

M<sup>me</sup> Heine, la charitable et hospitalière fille de l'opulent banquier, a suivi avec un soin pieux, le plan des embellissements paternels, et sa résidence semble n'avoir plus rien à attendre des inventions de l'art rustique. Ses serres dépassent en richesse et en variété tout ce que l'imagination peut rêver. Sa collection d'orchidées est fameuse. On avait coutume d'en admirer les délicats et étranges spécimens, chaque printemps, dans la galerie de son merveilleux hôtel. Mais la mort prématurée du jeune fils du prince et de la princesse Joachim Murat, un bel enfant rose et blond, dont le babil nouveau ravissait sa grand'mère adoptive, a fermé brusquement les salons de la rue de Monceau et fait tomber des mains des Waldteuffel l'archet qui devait entraîner de si jolis pieds. Ce deuil a été cause aussi qu'il n'y a pas eu de pendant à cet incomparable *garden party* qui se déroula en plein Paris, sur des pelouses où des vaches familières paissaient en liberté et où des bergers et des bergères en costume Louis XVI servaient du lait chaud dans des tasses de Sèvres et de Japon. Évocation exquise de la fête que le comte de Caraman offrit jadis, dans son hôtel de la rue Saint-Dominique, à Marie-Antoinette, lorsque la reine, préoccupée du genre qu'elle adopterait pour Trianon, voulut avoir une idée des jardins anglais que ce grand seigneur venait d'inaugurer en France.

Si des regrets planent sous les lambris de Rocquencourt, il n'en est pas de même au château de Cangé, en Touraine, où l'on se presse autour d'un berceau qu'une délicieuse petite fille éclaire de ses premiers sourires. C'est l'enfant de la jeune comtesse Paul de Pourtalès, née Cottier, qui attend, pour célébrer le baptême de ce bébé si fêté, que sa belle-mère soit revenue de la Robertsau.

On assure que cette dernière, à qui la baronne Christian de Berckheim a déjà donné une petite fille, l'année passée, eût préféré cette fois un fils, un « prince héritier » comme elle dit dans un langage qui sied à la royauté d'élégance qu'elle continue à exercer. Mais qu'elle se console ! Avec les doctrines d'atavisme qui sont si en honneur aujourd'hui, il est à présumer qu'elle transmettra à la mignonne créature dont on célèbre la naissance ce sceptre de beauté et de grâce que les révolutions sont impuissantes à briser.

Dans ces réunions à la campagne, un des charmes qu'on doit à la saison est l'apparition des premiers feux. On se groupe avec délices autour de la haute cheminée où flambent les bûches d'une forêt qui vous appartient. La causerie prend un caractère plus intime, plus affectueux. Et, pour le philosophe, pour l'âme rêveuse (il en est encore dans ce siècle où le fer domine et où le scepticisme sourit même des progrès de la science) quel charmant sujet d'observations ! Le bois pleure avec des bruissements doux : on dirait de petites âmes de sylphes qui s'envolent, d'aveux tendres, de baisers d'autrefois, dont les vieilles futaies auraient traîtreusement conservé l'écho sous leur écorce. Il y a des ruissellements de pierreries qui font penser à de belles épaules et, aussi, des charbons ardents pareils aux regards qui se posent sur elles dans la magie troublante et enfiévrée des fêtes. Et alors, très amoureusement, on songe aux émotions et aux ivresses que l'hiver parisien ramène avec lui.

## II.

Mort de la duchesse douairière de Fitz-James. — Un sang royal. — Mariage du comte de Pontois-Pontcarré et de Mlle de Ranchicourt, du marquis de Broc et de Mlle de Meyronnet. — La vie mondaine à Fontainebleau.

22 octobre 1888.

La duchesse douairière de Fitz-James est morte, cette semaine, en Angleterre, des suites de l'opération d'un anthrax qu'elle a subie avec beaucoup de courage, mais que l'épuisement de ses forces devait rendre fatale. Elle avait quatre-vingt-cinq ans. Jeune, sa beauté lui a valu toutes les admirations; vieille, la générosité de son cœur l'a entourée des mêmes hommages.

C'était, en effet, une femme d'une bonté exquise, bienveillante, affable, uniquement préoccupée du bonheur d'autrui. Dédaigneuse des avantages de la naissance et de la fortune, ignorante des charmes de sa personne, elle semblait désirer que son nom, si français par la gloire, le fût doublement par la charité.

Bien qu'il n'ait pas encore deux siècles d'existence, ce nom figure aux pages les plus brillantes de nos annales. On sait qu'il a été substitué par Berwick à celui de Warty que portait la terre dont il fit l'acquisition dans le Beauvoisis, à deux lieues de Clermont, pour qu'elle fût érigée en duché-pairie. Le maréchal, qui était déjà deux fois duc, et par sa naissance, en Angleterre, et par sa valeur, en Espagne, avait ardemment désiré d'obtenir le même titre en France, cette dignité n'étant alors éclipsée que par la majesté royale.

Élevé dans notre patrie, ayant mis très jeune son épée au service de nos armes, il n'était cependant pas homme à oublier qu'il avait eu pour père Jacques II et pour mère la belle Arabella Churchill, sœur de Marlborough.

Aussi plaça-t-il dans son écu, ceint de la devise *Ortu et honore* qui indiquait son origine et son mérite, les trois léopards d'or d'Angleterre, le lion de gueule d'Écosse, la lyre d'or cordée d'argent d'Irlande, écartelés des trois fleurs de lis de France — prétention qui se justifiait par les alliances des Stuart avec les Valois et les Bourbons. Et quand Louis XIV lui demanda sous quel nom il voulait que son nouveau duché fût désigné, il dit hautement Fitz-James — Fils de Jacques — au grand scandale de Saint-Simon, qui, fort peu bienveillant pour les bâtards, trouva cette appellation à la fois « barbare et honteuse ». Mais celui qui la revêtait ne devait point tarder à effacer de son sang le caractère étranger et immoral qu'elle avait pour le patriotisme et la pudeur de l'historien. Comme il arrive d'ordinaire aux enfants de l'amour, Berwick eut tous les bonheurs. Il mourut à l'ennemi et pour la France.

Un détail piquant nous revient en mémoire. Le fils de ce héros, François de Fitz-James, évêque de Soissons et premier aumônier de Louis XV, exigea le renvoi de la duchesse de Châteauroux, oubliant, dans son austérité, qu'il descendait lui-même d'une maîtresse de roi.

Issus d'une souche royale et parés d'une noblesse qui eut pour marraines les trois plus augustes couronnes de l'Europe, les Fitz-James se sont plu à défendre le trône. Ajoutant à la devise de leur aïeul ces mots : *Semper et ubique fidelis*, ils les ont intercalés entre les dates de 1689 et de 1789, qui rappellent les deux grandes Révolutions où ils témoignèrent d'un inaltérable dévouement à la monarchie.

La duchesse a laissé quatre enfants; le duc de Fitz-James, la duchesse Salviati, la comtesse de Biron et le comte Charles de Fitz-James; elle avait perdu une fille, la baronne de Charette, si prématurément enlevée, à Rome, à la tendresse de sa famille, à l'édification du monde, et à la reconnaissance des malheureux.

Comme contraste à ce deuil qui va fermer bien des portes du faubourg Saint-Germain, nous avons à enregistrer un double mariage : celui du comte de Pontois-Pontcarré et de M^lle de Ranchicourt et celui du marquis de Broc et de M^lle de Meyronnet.

Le premier a été béni, lundi dernier, par l'évêque de Chartres, à Saint-François-Xavier. Le second va se célébrer à Saint-Philippe du Roule.

Les Pontcarré sont de noblesse de robe et originaires de Bourgogne. Ils descendent de Nicolas et Pernet Camus, écuyers, seigneurs de Marcilly, tous deux maires d'Auxonne. Ils possèdent, en Eure-et-Loir, le château historique de Villebon, où l'on montre aux visiteurs une fort belle chambre qui fut habitée par Henri IV. Le marquis, père du marié, depuis longtemps conseiller général de ce département, eut mission de le représenter à l'Assemblée nationale de 1871.

La famille de Ranchicourt est une des plus anciennes de l'Artois. Elle y habite une terre considérable dont elle tire son nom. Beaucoup de ses membres ont péri sur les champs de bataille ; ils avaient pour cri de guerre : « Boulogne ! » et leur devise : *Unguibus et rostro armatus in hostem*, était bien en harmonie avec leur valeur guerrière.

Une foule d'amis était venue s'associer à la joie des jeunes époux.

Nous avons remarqué parmi eux la marquise de Pomereu, la marquise d'Aligre, la comtesse d'Amilly, la vicomtesse Vigier, le marquis de Lauriston, M. de Vatimesnil, le baron d'Aimery, le comte du Luard, le comte d'Étampes, M. Lefèvre-Pontalis.

La nouvelle comtesse, dont la beauté blonde est

un vrai Rubens, portait sur sa robe des dentelles de famille d'un très grand prix.

Le marquis de Broc, qui épouse M$^{lle}$ de Meyronnet, est un grand propriétaire de l'Ouest. Sa fiancée faisait l'hiver dernier l'ornement des fêtes parisiennes. Cet été encore elle était très entourée à Deauville. Elle y était avec la marquise sa mère, une de nos mondaines les plus recherchées, et sa sœur cadette, qui n'est pas moins charmante.

Les Meyronnet sont originaires de Provence; ils se sont fixés au dix-huitième siècle en Champagne, où ils ont, près de Vassy, le château de Puellemontier qu'ils ont reçu en héritage de la famille Thomassin. Leur installation est très élégante rue de Ponthieu.

Ces grands mariages permettent à la société de se compter; mais qu'il y a encore de défections dans ses rangs! Le ciel n'a heureusement pas justifié les tristes prévisions qu'on faisait au commencement du mois et la villégiature garde ses privilégiés.

A Fontainebleau, par exemple, il y a toute une colonie que le charme d'une sympathie mutuelle retient autant que l'agrément du site et la beauté de l'automne.

En venant passer plusieurs semaines dans le palais, si longtemps fermé, le chef de l'État a donné l'exemple des réceptions du jour et du soir. Grâce à lui, les vastes cours ont retenti de nouveau du bruit des équipages et du piaffement des chevaux; les gardes montantes y ont encore sonné leurs fanfares; comme autrefois les jardins se sont remplis de musique et de jeux, les lustres se sont allumés pour éclairer la fraîcheur des toilettes et la richesse des uniformes. Tout surpris, les échos assoupis se sont ranimés au murmure de ces fêtes, discrètes et paisibles, cependant, comme il convenait à la modestie et à la simplicité de ceux qui les offraient.

Et dans le voisinage de cette fastueuse galerie de Diane, magique décor de la Renaissance, où le déréglement donnait souvent la main au plaisir, où le pinceau des artistes a reproduit complaisamment des chiffres et des emblèmes qui glorifiaient insolemment le mépris de la foi conjugale, tout près de cette galerie des Cerfs, qui porte encore la trace d'un crime plânant trop haut pour que le châtiment pût l'atteindre, ce n'était pas un spectacle dépourvu d'édification que de voir briller l'austérité du foyer domestique, la grâce des vertus familiales qui (quoi qu'on en dise) se retrouvent à tous les degrés de notre société et restent le plus solide soutien de notre patrie.

Le président de la République est retourné aux nécessités de sa charge, mais Fontainebleau n'a pas perdu son entrain. On n'y parle, au contraire, que de plaisirs.

M$^{me}$ Sancey de Fresne donne des bals; le premier vient à peine de finir que le second va commencer, et on est assuré que la soirée du 24 octobre ne sera pas moins brillante que celle du 10, tant la maîtresse de maison, assistée de sa fille la comtesse de Montesquiou, s'ingénie à laisser à ses amis un souvenir aimable de son accueil.

M^me Fernand Ratisbonne, née Stern; la comtesse de la Chapelle sont aussi très hospitalières.

Chez la marquise douairière d'Espeuilles, doyenne de l'aimable colonie, on retrouve le ton délicat des causeries du dix-huitième siècle. L'art de cette époque délicieuse, dont la fin fut si douce à vivre, au dire de Talleyrand, se fait admirer à la villa de la Salamandre, chez le baron Double. Qui ne connaît ses inestimables collections? Dans ce milieu exquis, la grâce piquante de la baronne fait songer aux belles et aimables amies de Jean-Jacques quand elles cherchaient à égayer l'humeur sombre du philosophe. L'ardeur des enthousiasmes généreux, les fusées de l'esprit ne font jamais défaut autour d'elle; une *étincelle* est toujours là pour les allumer.

Dans sa jolie maison du boulevard Magenta, en face le château, le baron Tristan Lambert a souvent donné l'hospitalité à d'augustes visiteurs : M^gr le duc d'Alençon, dont il est le plus intime ami, lui a notamment confié, pendant une partie des vacances, son fils le prince Emmanuel d'Orléans qui fait ses études à l'Académie militaire de Prague. La jeune Altesse ne pouvait être en de meilleures mains : le baron est l'homme du dévouement à toutes les nobles causes. Loyal, généreux, doué d'une piété ardente, c'est un champion des croisades, un preux de l'escorte de Saint-Louis. Fils du baron Lambert, capitaine des chasses de Fontainebleau, il est par sa mère, née Boerio, neveu du cardinal di Rende et cousin du duc de Padoue. Admis dans l'intimité de la cour, il a été le compagnon de jeunesse du prince impérial qui trouvait en lui le digne confident de ses nobles aspirations et de ses sentiments chevaleresques. Depuis le drame du Zoulouland, il s'est rallié à la maison de Bourbon, mais il n'en a pas moins conservé la bienveillante affection de l'Impératrice qui, on le sait, ne dédaignait pas d'être qualifiée tout bas de légitimiste. D'ailleurs, le baron Lambert a le culte des souvenirs ; il a élevé dans son logis une sorte de sanctuaire à la mémoire du fils de Napoléon III dont il possède de nombreuses et touchantes reliques. On y trouve entre autres, à côté de la balle historique de Saarbrück, le scapulaire que le prince avait sur lui pendant la campagne de 1870, la médaille militaire qu'il détacha de sa poitrine pour la donner à son cher Tristan, qui, par sa conduite sur le champ de bataille, avait mérité cet insigne, enfin la coiffure et les gants qu'il portait au moment de sa mort.

Le baron Lambert, « Tristan » comme on l'appelait familièrement à la Chambre des Députés, est adoré des habitants de Fontainebleau. Enfant du pays, très simple, très accueillant, il serre volontiers la main des ouvriers, toujours prêt à leur rendre service, et ses adversaires politiques eux-mêmes rendent hommage aux rares qualités de son cœur. La baronne, née Chanton, se fait remarquer de son côté par une grande affabilité et beaucoup d'élévation d'esprit. Elle est artiste ; elle peint à merveille et ses œuvres ont souvent obtenu les honneurs du salon.

A la villa Sainte-Marie, M$^{me}$ Edmond Dollfus, si éprouvée l'avant-dernier hiver par la mort de son fils, un charmant enfant de sept ans, se résigne, en faveur de ses amis, à sortir un peu du deuil austère où elle avait vécu jusqu'alors. Sa demeure est arrangée avec le goût qui a présidé à l'installation de son magnifique hôtel de la rue de Presbourg et de son joli cottage de Deauville dont le hall renferme des tapisseries fameuses. A Fontainebleau, d'élégants pavillons sont groupés autour de son habitation; ils s'y relient par des avenues ombreuses et des cordons de verdure, rappelant en miniature la disposition de Marly. C'est un cadre où sonne bien le prénom gracieux de « Fathma » que M$^{me}$ Dollfus a reçu de son père, le général Vergé du Taillis, en souvenir de cette terre d'Afrique où il a longtemps combattu et qui fait briller, les femmes et les héros en même temps que les fleurs.

Le clou de la saison semble devoir être la fête annoncée pour le 5 novembre à la villa Bellune. Le duc, pour célébrer ses noces d'argent, a composé le libretto d'un opéra comique dont M. Noël Desjoyaux, un jeune compositeur des plus à la mode, a écrit la musique. Étant donnés ces deux noms, les invités sont assurés que leur esprit ne sera pas moins satisfait que leurs oreilles. Ils auront aussi le plaisir des yeux en voyant la duchesse toujours aussi belle et aussi radieuse en dépit du Temps que rappellera (mais pour prouver sa défaite) la cérémonie dont cette charmante femme sera l'héroïne.

La question des chasses met toutefois un point noir au milieu de ces réjouissances.

Le comte Greffulhe, et M. Michel Ephrussi, par suite de deuils très récents, ne peuvent songer à courir le sanglier et le cerf. Des offres ont été faites au premier par le duc de Gramont, et au second, par le comte Le Marois, qui voudraient utiliser à leur profit la richesse giboyeuse de ces belles forêts. Mais, ni d'un côté, ni de l'autre, la question ne paraît devoir être promptement résolue.

## III.

Mariage du duc de la Roche-Guyon et de Mlle de Versainville-Odoard. — L'église du village natal. — Une sœur des rossignols. — Le marquisat de Versainville et le duché de la Roche-Guyon.

25 octobre 1888.

Ce n'est pas à Paris, comme on l'avait annoncé, mais en Normandie, chez les parents de la jeune et charmante future, que la bénédiction nuptiale sera donnée, à la fin de ce mois, au duc de la Roche-Guyon et à Mlle de Versainville-Odoard.

On ne saurait qu'applaudir à cette décision.

A la ville, la cérémonie d'un mariage, si aristocratique et si élégant qu'il soit, ne peut échapper à une sorte de banalité. L'église a la parure qu'elle a revêtue la veille et qu'elle étalera encore le lendemain pour des circonstances analogues. C'est la même pompe, le même clergé habillé des mêmes ornements; dans le chœur, s'alignent les mêmes fauteuils dorés; les mêmes fleurs se pressent le long des rampes et sur l'autel, le même tapis recouvre les degrés. L'orgue a les mêmes chants et, souvent aussi, les mêmes artistes mêlent leurs voix à ses accords.

Et quelle frivolité, quels sentiments de curiosité profane et indiscrète accompagnent cet apparat! Les parents, les amis, sont noyés au milieu d'une foule oisive et vulgaire, que le plaisir des yeux et des oreilles a seul réunie dans la nef. Longtemps à l'avance, elle est envahie par des fournisseurs, des gens du quartier, qui empêchent les invités de gagner leurs places et, pour un peu, on regretterait qu'elles ne fussent pas numérotées comme au théâtre. A la gêne, à l'embarras, au tumulte de la sacristie, si peu en rapport avec la solennité de la circonstance et du lieu, la sortie vient ajouter son encombrement et sa dissipation.

Le portail est assiégé par la cohue des passants, qui se mêle à la livrée, ralentit la circulation des équipages et c'est au milieu des observations bruyantes, des lazzis du garçon boucher, qui oublie de porter sa manne aux clients, de la petite modiste, qui croque dans un cornet de papier les pommes de terre de son déjeuner, parmi des mendiants et des écloppés qui ressemblent à une délégation de la Cour des Miracles, que les époux et leur suite sont contraints de se livrer passage.

A la campagne, la différence est complète. Le cadre varie suivant le site et suivant la demeure. La fête intime qui rassemble les deux familles, en comblant leurs vœux, présente un caractère de nouveauté et de sélection d'où se dégage un charme très grand. On traverse le parc qui rappelle tant de jeunes et aimables souvenirs pour aller à l'église, où souvent le vieux prêtre qui vous a baptisé vous bénit. Là, on s'agenouille dans le banc où ont prié les ancêtres. Ils ont fait peindre ces vitraux qui reproduisent leur image, et des aïeules, dont le sourire a éclairé votre berceau, ont brodé ces étoles et ces chasubles. Tous dorment sous ces dalles usées par le temps et, si quelque rayon de soleil, passant à travers l'ogive des fenêtres, vient éclairer les couleurs pâlies du blason héréditaire, c'est comme une espérance, une bénédiction qui descend sur la race fidèle aux traditions d'autrefois.

Jadis, en effet, les grands seigneurs se faisaient une loi d'associer aux événements gais ou tristes de leur vie, non seulement leurs proches mais encore tous les habitants de la contrée où une possession longue, souvent glorieuse et bienfaisante, avait consacré leur foyer. Ils y gagnaient en influence et en prestige et, par cette association à leurs joies et à leurs peines d'un peuple qui, la plupart du temps, avait contribué de ses sacrifices et même de son sang à l'établissement de leur maison, ils s'attiraient des sympathies et des dévouements, non sans adoucir l'amertume que les inégalités sociales mettent forcément au cœur du déshérité et du pauvre.

Le marquis et la marquise de Versainville sont de ceux qui comprennent ces avantages, et le mariage de leur fille, célébré au milieu de leurs tenanciers, de leurs serviteurs, de la nombreuse clientèle dont le sort intéresse leur bonté proverbiale, va mettre le sceau à la popularité qu'ils avaient déjà dans le pays. Ils ont l'intention de multiplier les réjouissances à cette occasion et de donner, notamment, un grand banquet champêtre qui rappellera la magnifique hospitalité du duc de Doudeauvillle, à Bonnétable, au mois d'août dernier.

Leur résidence se prête, d'ailleurs, parfaitement à la réalisation de leurs projets. Au château féodal, transformé aujourd'hui en ferme, mais dont un goût éclairé a su respecter l'ancienne porte, curieux spécimen de l'art ogival, une splendide demeure a été substituée, au dix-septième siècle, peu de temps avant l'érection en marquisat de la terre de Versainville, qui eût lieu en 1731. Située dans ce joli pays de Falaise où la nature est si riante, elle est entourée d'un parc de seize hectares qui offre des aspects variés à l'infini. Rien ne sera plus facile que de dresser des tables sous les avenues, de faire danser au son du tambourin et des flûtes sur les pelouses et d'allumer, la nuit, des girandoles sous les arceaux entrecroisés des charmilles.

Il y aura là, sans doute, quelque reproduction délicieuse des fêtes au manoir dont les vieilles estampes nous ont gardé le souvenir. Si, comme le printemps, l'automne avait des rossignols, ils n'auraient point manqué de chanter dans les futaies pour fêter l'hyménée de leur sœur. M$^{lle}$ de Versainville leur appartient, en effet, par le charme et la douceur de la voix.

Musicienne de premier ordre, elle ne s'en tient pas à une interprétation parfaite; elle compose d'une façon très originale et ses mélodies ont bien souvent émerveillé l'élégant auditoire des matinées données par sa mère dans les beaux salons de la rue Saint-Dominique.

Que seraient d'harmonieux accents, s'ils ne sortaient point d'une jolie bouche? M$^{lle}$ de Versainville a la figure qui convient à son talent; elle est, du reste, proche parente de la comtesse Aymerey de la Rochefoucauld et de la comtesse Raoul de Kersaint, toutes deux de cette famille de Mailly-Nesle où les femmes sont belles comme les hommes sont braves.

C'est donc une tête charmante qui va ceindre la couronne ducale, et le fiancé qui la lui apporte est assez bien tourné de sa personne pour que sa mine plaise autant que son titre. Le duc de la Roche-Guyon est le frère du comte Hubert de La Rochefoucauld, dont la force et l'adresse font l'admiration des élus du cirque Molier. On se ressemble de plus loin.

Les jeunes époux, parmi les belles résidences qui s'ouvrent à leur bonheur, n'en auront vraisemblablement pas de plus agréable que celle dont ils porteront le nom.

La Roche-Guyon a tout pour plaire : de grands souvenirs, un site remarquable, la majesté seigneuriale, les richesses de l'art, toutes les douceurs d'un vaste et élégant logis.

Érigé en duché-pairie, en 1643, pour Roger du

Plessis, seigneur de Liancourt, mort sans héritier mâle, ce domaine est échu à Jeanne-Charlotte du Plessis, qui l'a porté dans la maison de La Rochefoucauld par son mariage avec François VII du nom. Le duc François VIII ayant épousé la fille de Louvois, le château fut alors magnifiquement restauré et agrandi. On assure que le fameux ministre de Louis XIV y a contre-signé la révocation de l'édit de Nantes.

Quantité d'objets précieux remplissent cette splendide habitation; à côté d'une admirable collection de portraits de famille, on voit des tapisseries merveilleuses données par Louis XV et représentant l'histoire d'Esther. Leur série complète ne se retrouve qu'au palais de Fontainebleau et, pour une seule d'entre elles, le baron Edmond de Rothschild a fait construire une loggia spéciale dans l'escalier de son fastueux hôtel du Faubourg-Saint Honoré. On montre également une chambre avec un lit où Henri IV a couché et le bureau sur lequel ce roi vert-galant a peut-être écrit des billets doux à Gabrielle en regardant couler la Seine. Non loin se trouve une immense salle de gardes, pleine d'armures de prix et aussi une salle de danse où, autrefois, les La Rochefoucauld, non moins bienveillants que les Versainville, daignaient admettre villageois et villageoises à danser avec eux.

Tout cela est enfermé dans des bâtiments superbes. La porte principale est flanquée de tourelles à machicoulis; on y accède par un magnifique escalier en pierre; un autre escalier, également monumental, conduit aux appartements intérieurs. Au bas, deux chevaliers bardés de fer se tiennent la lance au poing.

S'ils omettent de l'abaisser devant la nouvelle duchesse, elle sera du moins accueillie par les hommages du plus tendre amour.

L'hymen qui se prépare n'unit pas seulement deux blasons, il unit aussi deux cœurs. Et si la jeune épousée eût été captive, comme au temps où des princes méchants, amis des fées, retenaient de gracieuses et innocentes victimes prisonnières dans des tours enchantées, son fiancé n'eût pas hésité à prendre l'épée des paladins pour la délivrer.

L'ayant conquise, il eût pu répéter ces vers qu'un autre La Rochefoucauld, l'auteur fameux des *Maximes*, murmurait aux pieds de la duchesse de Longueville :

> Pour mériter son cœur, pour plaire à ses beaux yeux,
> J'ai fait la guerre aux rois; je l'aurais faite aux dieux.

## IV.

La rue s'amuse. — Vive le brav' Général. — César ou Franconi ? — Une idylle gênée par les cris de la foule. — Trois rivales d'élégance : Versailles, Fontainebleau, Compiègne. — Les vivants n'oublient pas les morts.

*30 octobre 1888.*

Mon Dieu! Qu'y a-t-il? Pourquoi cette foule, ces agents de police qui barrent les rues? Est-ce un incendie? Je tremble d'inquiétude; je ne vois pas les pompiers. Mais non, il n'y a point de fumée, point de lueur rouge au-dessus des maisons. Alors, c'est un vol, une bande de malfaiteurs qu'on traque et dont l'arrestation n'est pas sans danger. Il me semble découvrir un de ces misérables, là-haut, sur les toits. Il a une figure sinistre. Ah! vraiment, j'ai la berlue; ce n'est qu'un tuyau de cheminée qui grimace dans le demi-jour de cette pluvieuse après-midi. S'agit-il donc d'un drame, d'un assassinat, et veut-on empêcher l'exaspération publique de faire justice au meurtrier?

Non, Monsieur, vous vous trompez, on célèbre un mariage. Un mariage, en vérité? je respire, mais je n'y suis pas convié et je suis attendu chez moi. Ah! bien oui, voilà qui est présomptueux! Les gardiens de la paix ont d'autre souci que de savoir si votre déjeuner brûle. Écoutez-les plutôt : On ne passe pas! On ne passe pas! C'est le cri des sentinelles aux portes d'une forteresse. La consigne est formelle. Tenez, voici le prince de Sagan; n'est-il pas obligé de s'arrêter comme ces ouvriers en blouse? Eh! que dites-vous de ces voitures, de ces omnibus en détresse! Tant pis! il ne fallait point sortir si vous aviez quelque chose à faire au logis.

Je suis pris, je me résigne, mais un grand bruit retentit, des clameurs s'entrecroisent.

Le nom de Boulanger vole sur toutes les bouches. Le brav'général marie sa fille : les manifestations qui s'attachent à ses pas ne sauraient dédaigner une occasion si belle!

Brusquement, au débouché de la rue de Chaillot sur l'avenue Marceau, une poussée violente se produit. Les rangs s'ouvrent, et, environné d'un groupe nombreux, garde civique qui n'a que des œillets rouges pour uniforme, un coupé apparaît. Deux domestiques, en livrée marron, se tiennent sur le siège. Des fleurs d'oranger s'épanouissent à leur boutonnière et s'enroulent, parmi des flots de rubans, au fouet qui se balance devant eux, sur la croupe baie des chevaux, tout blanc, pareil à un de ces thyrses que les jeunes filles grecques agitaient dans les pompes nuptiales. C'est l'équipage des nouveaux époux... Pourquoi donc ne sont-ils pas sur un char? L'affolement de la foule les voudrait contempler en cette attitude triomphale. Ils se cachent cependant au fond de la voiture, comme gênés par l'enthousiasme que provoque leur présence.

On a affirmé que M<sup>lle</sup> Boulanger, élevée par une mère très pieuse et très modeste, ne connaissait pas l'ambition. Elle s'était promis pourtant d'épouser un prince, mais c'était le prince Charmant, et il est venu à elle beaucoup plus séduisant que celui qui a les féeries pour royaume. Au lieu du pourpoint de satin, du manteau de velours, de la toque empennée, de la dague de parade, il avait le pantalon rouge, la tunique, le képi et l'épée de l'officier français. Il n'a pas eu besoin de lui chanter un rondeau pour lui plaire.

En quoi l'idylle d'une petite pensionnaire bien sage peut-elle se soucier des bruyantes ovations du pavé?

Mais ils ne seront pas perdus pour tout le monde ces hommages populaires : ils ne se trompent réellement pas d'adresse en allant à la voiture qui vient à la suite. C'est un coupé d'une correction plus étudiée, dont l'attelage se contente d'être superbe, sous des harnais très simples, où ne tranche que le ruban mi-partie rouge et mi-partie brun des frontaux et dont la livrée sombre ne se distingue que par la blancheur des culottes de peau et le cuir fauve des bottes à revers.

Là, se tient ou plutôt s'exhibe le Général. Tandis qu'à ses côtés, la mère du marié, une femme à l'air doux et bourgeois, vêtue d'une toilette de faille mauve, discrètement ornée de dentelles noires, se jette en arrière, comme le jeune couple, pour éviter cette curiosité tapageuse, lui, très à l'aise, souriant, ravi, semble n'avoir d'autre pensée que de s'offrir aux transports de ce peuple qui l'acclame. Dans son uniforme chamarré d'or, constellé de décorations, il salue comme un empereur... ou comme un franconi.

Ses partisans l'entourent, d'ailleurs, de ces transports qu'on retrouve à la fois autour des arcs de triomphe et sur les gradins des cirques. Ils se disputent l'honneur de marcher à sa portière, ils se pressent aux roues, aux brancards, aux guides, aux mors des chevaux qu'ils détèleraient pour se mettre à leur place si les agents de police, confondus avec eux, se montraient moins résolus. Et la foule est heureuse, elle applaudit, elle a son spectacle !

Le reste du cortège lui est indifférent. Il n'y a là, au surplus, que des seigneurs sans importance comme dirait le roi Carotte, en parlant de sa suite. La seule figure qui eût pu exciter un regain d'intérêt ne paraît pas. Toujours souffrante, M$^{me}$ Boulanger est restée à Versailles... Son absence est assurément légitime, mais, du moment qu'elle se renouvelle dans toutes les circonstances de la vie publique de M. Boulanger, elle ne saurait empêcher les commentaires d'aller leur train. Aussi, est-ce avec une surprise modérée, que j'entends rappeler peu respectueusement autour de moi la réjouissante figure de Mme Benoiton.

Qu'on s'amuse dans la rue, soit, mais que nous direz-vous des salons? Eh! mon Dieu! A Paris, les lustres ne s'allument toujours pas, et les violons tardent encore à s'y faire entendre; du moins les châteaux qui retiennent l'élite de sa société, les villes élégantes qui s'inspirent de son voisinage, en rayonnant dans son orbe comme des satellites autour d'une planète, continuent à nous envoyer la lumière et la musique de leurs fêtes.

Versailles, que l'on compare trop volontiers à une nécropole, parce qu'on ne connaît que la solitude et le silence de son palais, est peuplé de personnalités bien vivantes qui ne songent qu'à remplir leurs maisons de mouvement et de plaisir. Dans les beaux hôtels qui accompagnent d'une architecture si noble la solennité de ses avenues, dans les aristocratiques résidences qui forment, pour ainsi dire, des annexes à son merveilleux parc, on exerce une hospitalité très large; on donne des bals et des concerts.

La comtesse de Riancey lance des invitations qu'on se dispute; M. Renard peut se croire encore à la tête d'un département, à voir la foule qui se presse dans ses salons; la comtesse de Milhau organise des réceptions artistiques dont sa fille est la muse.

A Jouy, où les trois vastes domaines de la famille Mallet — Montcel, Montéclin, les Côtes — se groupent en une sorte de confédération régie par le code de l'élégance et du bon goût, la valse fait manœuvrer des bataillons à qui les rubans du cotillon servent d'étendards.

A Rocquencourt, M<sup>me</sup> Heine-Furtado réunit de nombreux convives autour de cette table dont la chère est si renommée et où des torsades de fleurs, posées à même sur la nappe, ressemblent à la jonchée glorieuse d'un reposoir. Le dîner de mercredi dernier ne comprenait pas moins de vingt-six couverts. Il avait lieu en l'honneur de la vicomtesse Vigier, qui a généreusement payé son écot en faisant entendre sa belle voix. C'est toujours la brillante cantatrice, la Sophie Cruvelli si fêtée autrefois, et son triomphe, pour avoir été obtenu sur un théâtre restreint, n'en a pas dû être moins doux à son cœur.

Fontainebleau suit fidèlement le programme des fêtes annoncées; on y dansait avec ardeur, lundi, chez la comtesse de la Chapelle. Compiègne semble vouloir imiter bientôt son émule.

Ces deux villes ont tant de ressemblance qu'on pourrait dire qu'elles sont sœurs. Elles ont l'une et l'autre un palais que nos souverains ont pareillement affectionné et qui reste plein de souvenirs. On retrouve dans leurs forêts la même beauté de sites et la même abondance de gibier. Leurs colonies sont également riches, distinguées et aimables. Enfin, comme preuve de l'équitable répartition des faveurs célestes, chacune d'elles est pourvue d'un sous-préfet; or, comme il est dit dans le joli conte d'Alphonse Daudet que cette espèce de fonctionnaire n'est pas du tout méchante, elles n'ont sans doute plus grand'-chose à attendre de la destinée.

Cependant, cette année, moins privilégiée que sa voisine de Seine-et-Marne, la cité de l'Oise a éprouvé un deuil qui a retenu fermées bien des portes habituées à s'ouvrir largement à la gaieté. Un de ses habitants les plus sympathiques, M. de Frézals, est mort sans qu'on s'y fût le moindrement attendu. Aux dons les plus précieux du cœur et de l'esprit, le défunt joignait un naturel aimable et enjoué qui avait fait de lui l'organisateur de toutes les réunions et, pour ainsi parler, l'impresario de toutes les réjouissances mondaines. Aussi sa perte s'est-elle fait cruellement sentir. Ses amis, par un sentiment de convenance qu'on ne saurait trop apprécier, n'ont pas voulu hâter des divertissements où il ne serait plus et ils ont suspendu les riants projets que, naguère encore, ils élaboraient avec lui.

Il n'a été fait d'exception que pour la chasse, et vraiment, l'inaction eût été bien dure aux ardents équipages du marquis de l'Aigle et du vicomte de Chézelles. La forêt de Compiègne et la forêt d'Ourscamps servent tour à tour de théâtre à leurs exploits. Par ces belles après-midi d'automne, dans le flamboiement radieux des futaies qui ont l'air de s'embraser avec le soleil, rien n'est gracieux comme ce chatoiement de couleurs vives, ces habits bleus ou chamois, ces parements écarlate ou amaranthe, ces galons d'or ou d'argent qui sèment la gamme de leurs tons chauds sur la longueur des avenues. Rien d'émouvant, non plus, comme ce tumulte de cavaliers et d'amazones passant au milieu d'un nuage de poussière blonde, ce tourbillon de meutes en feu dévalant à travers les taillis, cette sonnerie triomphale de cors éclatant dans les clairières, tout cela faisant cortège, depuis l'attaque jusqu'à l'hallali, à la capricieuse royauté de l'imprévu.

Derrière le marquis de l'Aigle et le vicomte de Chézelles, le comte de Béthune, le marquis de Ganay, MM. Renouard, Guillemot, de Villeplaine, le comte Pillet-Will se montrent les plus intrépides. Parmi les femmes charmantes qui s'associent à leurs émotions, on retrouve aussi la *furia francese*. De ce gracieux escadron se détache, avec un relief de médaille, le jeune et fin profil de la vicomtesse de Chézelles. A la voir galoper dans sa jupe claire, le buste moulé dans une casaque de drap sombre, le hardi et coquet lampion, à la cocarde de son équipage, posé sur ses cheveux noués en catogan, on la prendrait pour une héroïne de Walter Scott éclairant de son apparition radieuse les voûtes sombres des forêts d'Écosse.

Au plaisir de la chasse, celui des courses va bientôt se joindre. Compiègne, en effet, se donne le luxe d'un hippodrome, toujours à l'instar de Fontainebleau, et on en dit déjà merveille. Cette inauguration aura lieu le mois prochain.

Des réceptions mondaines en seront la conséquence. C'est ainsi qu'on annonce pour le 4 novembre un bal très brillant, chez la comtesse de la Rochefontenille, qu'on admirait déjà beaucoup, l'année dernière, alors qu'elle était M<sup>lle</sup> Laperche et à qui son rayonnement de jeune mariée, entourée de toutes les élégances du luxe le mieux entendu, ne pourra qu'attirer de nouveaux hommages.

Mais une halte va se produire dans le mouvement mondain. Nous touchons à des jours tristes où chacun se recueille dans le silence et la mélancolie de ses souvenirs. Ceux qui s'intéressent aux charmes et aux douceurs de la vie ont aussi des pensées pour les tristesses et les amertumes de la mort. Qui n'a pas un être cher à pleurer, une tombe à visiter, en cette fête des trépassés qu'illumine heureusement pour beaucoup l'espérance du revoir !

Douleurs connues, que les consolations accompagnent, et douleurs qu'on n'avoue pas, à qui personne ne tend une main secourable parce qu'on les garde dans la discrétion de son cœur! Que d'images chéries ont ainsi leur autel mystérieux où elles retrouvent le parfum des fleurs qu'on leur offrait, l'encens des hommages dont elles s'enivraient délicieusement !

La foule va suivre le chemin des cimetières et, dans les vastes nécropoles des villes comme dans les humbles champs de repos qui s'étendent à l'ombre des églises de campagne, sous ce clocher dont le vieux coq chante si tristement dans l'agonie lointaine des soldats, des marins, de tous ceux qui meurent en exil, on répandra des prières et des larmes.

Pourtant, il y a des tombes disparues qui ne recevront point de visites. Ce sont celles des humbles; celles aussi des héros obscurs qui sont tombés là-bas dans les plaines ensanglantées par la guerre.

Le petit tertre qui recouvrait leurs dépouilles a fini par s'effacer sous la pluie, et souvent le soc de la charrue a dispersé leurs ossements. Mais du moins leur cendre féconde s'en va enrichir la terre, mêlée à la semence des arbres, au pollen des fleurs. Après leur sang, quelque chose d'eux se donne encore à la patrie.

## V.

*Te Deum* à l'église grecque en l'honneur des souverains de Russie. — Les Romanoff à Paris. — Autrefois et aujourd'hui. — La colonie russe des bords de la Seine.

8 novembre 1888.

A la nouvelle du terrible accident de chemin de fer où le czar, la czarine et le prince héritier ont failli trouver la mort, la colonie russe, attribuant à la Providence la conservation de ces jours précieux, a voulu manifester sa joie par de solennelles actions de grâces.

Un *Te Deum* a été chanté dimanche, dans l'église grecque : deux membres de la famille impériale, le grand-duc et la grande-duchesse Wladimir, y assistaient, entourés des noms les plus illustres de la vieille monarchie du Nord.

Aucun temple ne se prête mieux à l'explosion des sentiments d'allégresse. Modèle achevé du style byzantino-moscovite, avec ses cinq coupoles en forme de pyramides et ses hautes fenêtres où la hardiesse s'allie à l'élégance, avec son parvis, son vestibule, sa nef, son sanctuaire, tout revêtus de la pourpre et de l'azur des fresques, tout remplis d'un peuple de saints qui se montrent comme dans une nuée de feu ou dans un flamboiement d'arc-en-ciel, cet édifice a je ne sais quoi d'élancé, d'aérien, de glorieux, qui est bien en harmonie avec le triomphe des « hosannas ».

On se serait cru au milieu des splendeurs d'une apothéose, à voir toutes ces images s'animer, sous la clarté des cierges, aux murs, aux piliers, aux voûtes, aux pendentifs et le long de l'*iconostase*, cette cloison de bois, aux si fines et si riches ciselures, qui fait un seuil d'or aux lieux consacrés où l'autel et la table de l'offertoire s'enveloppent dans la magnificence des tentures et des tissus. La pompe du clergé, l'éclat des ornements sacerdotaux qui rappellent le luxe de l'ancien Orient, la gravité si belle de la musique, l'ampleur si majestueuse du chant, tout ajoutait à l'illusion.

Mais la simplicité de l'aristocratique assistance formait un contraste avec cet apparat, et sa réunion ne prenait de caractère officiel que par la présence de l'ambassade impériale à qui le lieutenant-colonel Toulza, représentant du président de la République, et le comte d'Ormesson, envoyé par le ministre des affaires étrangères, étaient venus s'adjoindre pour donner un témoignage non équivoque des sympathies du gouvernement.

Le grand-duc se distinguait seulement par cet air de grandeur qui est attaché au type remarquable des Romanoff. Épouse assortie d'un prince digne de figurer parmi les héros des *Niebelungen,* la grande-duchesse n'avait pas jugé nécessaire de rehausser sa beauté par une toilette à effet. Vêtue, sans prétention, d'un costume de lainage couleur loutre, elle ne semblait point se douter que cette nuance un peu éteinte faisait admirablement ressortir la pureté de son profil, la fraîcheur de son teint, le blond si doux de sa chevelure.

Personne, d'ailleurs, n'a des habitudes plus dépourvues d'ostentation que cette Altesse. Le matin, dès 9 heures, alors que tant de Parisiennes n'ont pas encore étendu leur main paresseuse vers le gland de satin qui pend au fond de leur lit, pour appeler leur camériste, il n'est pas rare de rencontrer la princesse, accompagnée d'une seule dame de sa suite, allant elle-même chez les fournisseurs à qui elle veut faire des commandes ; et dans les magasins où elle daigne entrer, sa bonne grâce, son affabilité produisent encore plus d'impression que sa physionomie imposante et son port olympien.

Parmi les dames qui l'entouraient de leurs respects, l'autre jour, à l'église russe, nous avons remarqué la princesse Souvarof, la princesse Bariatinsky, M$^{me}$ Philosofoff, veuve d'un des aides de camp généraux les plus appréciés de l'empereur Nicolas.

Une mention spéciale est due à la princesse Obolinsky, née princesse Lwoff, belle entre les belles, une nymphe du palais d'Odin dont les Walkyries pleurent assurément l'absence. Nous ne saurions oublier, d'autre part, la baronne de Mohrenheim, qui, par sa distinction, la noblesse de ses manières, la grâce de son accueil — qualités maîtresses d'une ambassadrice — a conquis parmi nous tous les suffrages. Elle était accompagnée de ses filles, toutes deux charmantes.

Signalons, du côté des hommes, le prince Wolkonsky, le prince Alexis Galitzin, le comte Nesselrode, fils du chancelier.

A l'issue de la cérémonie, cet élégant public a défilé devant le grand-duc et la grande-duchesse et leur a offert, avec ses félicitations, l'hommage de son sincère attachement à la famille impériale. Très touchés de la démonstration dont ils étaient l'objet, le prince et la princesse ont eu pour chacun des remerciements et des sourires.

On eût été bien surpris, il y a un siècle, d'apprendre avec quelle facilité et quelle prédilection les petits-neveux de Pierre-le-Grand viendraient visiter la France. S'il fallait encore frapper des médailles, comme cela se fit à l'occasion de son voyage que les contemporains trouvèrent si extraordinaire, l'hôtel de la Monnaie serait forcé d'ajouter une annexe à ses bâtiments et d'accroître le nombre de ses ouvriers.

On sait quels hôtes illustres nous devons en ce moment à la cour de Russie.

Indépendamment des Altesses dont nous parlions plus haut, nous possédons parmi nous le grand-duc

Alexis, frère du czar, et le grand-duc Nicolas, son cousin germain; puis le prince Constantin d'Oldenbourg et le duc Eugène de Leuchtenberg, dont la femme, la comtesse de Beauharnais, sœur du glorieux Skobeleff, est une blonde exquise, aux yeux rêveurs, bleus et profonds comme les lacs de Finlande.

Quand on voit tous ces princes lutter d'urbanité, d'élégance, d'érudition, de goût pour les arts, on sent combien la vieille Moscovie s'est dépouillée de cette barbarie où la rencontre des éléments tartare et byzantin l'avait plongée et combien le rêve du grand homme qui, le premier, a voulu l'en faire sortir, s'est heureusement réalisé.

S'il revenait au milieu de nous, il serait émerveillé de constater à quel point ses aspirations civilisatrices ont été dépassées. Il ne s'accommoderait assurément plus lui-même de son justaucorps uni, de son habit brun, qu'il portait avec un col de grosse toile, sans manchettes et sans gants, et il renoncerait en même temps à vider des gobelets de bière sur le devant de sa loge à l'Opéra. Moins encore voudrait-il être entouré d'une suite, au costume semi-oriental, aux chevelures arrondies continuées par de fortes barbes, qui, sans se contenter de manger copieusement et de boire sec, traînait des demoiselles à Versailles, les faisant coucher dans l'ancien appartement de M$^{me}$ de Maintenon, tandis que la vieille « déesse de ce temple de la pruderie », retirée à Saint-Cyr, exhalait devant cette profanation d'impuissants anathèmes.

Aussi bien sommes-nous habitués depuis longtemps déjà à la culture d'esprit et à l'éducation raffinée des Russes. Elles datent du dix-huitième siècle même et, comme elles ont atteint du premier coup la perfection, elles s'y sont immobilisées en quelque sorte pour la plus grande joie des délicats et des lettrés.

A Saint-Pétersbourg, on ne se contente pas d'habiter des palais qui rappellent ceux dont nous ont doté le génie des Mansart et des Gabriel. On parle le langage de Racine avec la finesse de Voltaire. Il s'y mêle une originalité coulant de source, je ne sais quoi d'exquis et de pénétrant qui est le propre de la nation slave.

Sous le règne de Napoléon III, plusieurs membres de la haute société russe vivaient fort grandement à Paris, et leurs salons, loin d'avoir à s'inspirer des nôtres, ne pouvaient que leur servir de modèle. La guerre de Crimée ne nous aliéna pas leurs bonnes grâces; ils sentaient bien qu'elle n'avait été qu'une parenthèse dans nos sympathies pour leur pays.

Au premier rang de cette élite, qui nous apportait le charme de son élégance et de son affabilité, se trouvait la princesse Bagration. Elle portait un nom qu'avait illustré une longue suite de rois en Géorgie et en Arménie et qui avait obtenu sur les champs de bataille d'Eylau, d'Heilsberg, de Friedland, de la Moskowa, une moderne consécration de gloire.

Sa résidence était magnifique; c'était un de ces incomparables hôtels du faubourg Saint-Honoré dont les jardins immenses, en se déroulant sur les Champs-Élysées, mettent au cœur de Paris l'enchantement de la pleine nature.

Elle y tenait le plus grand état de maison. Un suisse majestueux, entouré d'une multitude de laquais poudrés, frappait le seuil de sa hallebarde, proportionnant le nombre des coups à la dignité des visiteurs. On traversait une enfilade de salons tendus de Gobelins, ornés de porcelaines de vieux Sèvres et de vieux Saxe, aux trumeaux peints par Boucher et par Watteau, et on arrivait dans un boudoir charmant où la princesse, toujours vêtue de dentelles blanches, recevait, allongée sur le satin d'une chaise longue, également blanche, parmi des treillages dorés tout parfumés de jonquilles, de tubéreuses, de lilas et de jasmin. Son grand âge excusait cette indolence; quelle grâce d'ailleurs dans son accueil, quel feu pétillant d'esprit dans ses yeux admirables qui avaient si triomphalement raison des frimas de la vieillesse!

Une autre grande dame russe, la comtesse Samoyloff, a laissé à Paris son brillant souvenir. Par son mariage, elle appartenait à tout ce qu'il y a de distingué dans l'empire. Elle y tenait aussi par sa naissance, car elle était de ces Pahlen, de Livonie, qui ont toujours occupé une place éminente dans la diplomatie et dans les armes. Riche à millions, elle pratiquait une hospitalité fastueuse et sur sa table ne paraissait jamais que de la vaisselle plate. Très belle, mise avec un goût rare, elle joignait à tous ces charmes le cœur le plus généreux, donnant à pleines mains aux infortunes qui, quelquefois, ne craignaient pas d'abuser de son inépuisable charité.

Qui ne se rappelle sous l'empire, Mme Rimsky-Korsakoff, une des reines de la mode, l'ornement des bals des Tuileries, et cette princesse Demidoff, née princesse Mestchersky, dont la villa de Deauville a gardé le nom en même temps que la mélancolique mémoire?

Son mari l'y pleura longtemps lorsqu'elle lui fut enlevée en pleine jeunesse et en pleine beauté; il ne voulait point être consolé parlant d'entrer à la Chartreuse. Il se remaria cependant plus tard à une princesse non moins aimable, fille de la princesse Troubetzkoï, qui fut l'Égérie de plusieurs hommes politiques sous le régime de l'ordre moral.

Mais la seconde princesse Demidoff, pas plus que la première, ne devait rester longtemps parmi nous. Prématurément veuve, elle a dit adieu à la France, et s'est confinée dans ses vastes domaines de Kiew où elle ne vit que pour les pauvres.

Aujourd'hui, nos amis du Nord, trop exclusivement épris, à notre point de vue, du soleil et des fleurs, nous délaissent pour les plages méditerranéennes ou les villes artistiques de l'Italie. Ils ne sont plus à Paris qu'en passant.

La princesse Lobanoff-Rostow, née princesse Paskéwitch, n'y fait qu'un rapide séjour. Sa parente du même nom, l'aimable et spirituelle amie d'Arsène Houssaye, à qui le grand écrivain dédiait un de ses derniers ouvrages, s'attarde trop volontiers à Moscou. La princesse Woronzoff ne reste qu'un mois dans son bel hôtel de l'avenue du Bois de Boulogne avant d'aller passer l'hiver à Florence. Un des plus riches boyards qui nous visitent, M. Hitroff, fuit également la mauvaise saison sur les bords de l'Arno, au palais Pandolfini, demeure patrimoniale de son frère utérin.

Rome attire le prince Alexis Galitzin, au vif déplaisir des salons parisiens : c'est en effet un des grands seigneurs qui ont gardé le plus pur reflet des grâces de l'ancien régime. Personne mieux que lui ne sait *causer*. Il s'en acquitte avec un tour heureux ; pénétré de toutes les finesses de notre langue, il y ajoute le relief d'une originalité exquise. Empressé, galant, point hostile au madrigal, il eût mérité d'être l'ami de M$^{me}$ de Boufflers, celle que les beaux esprits admis chez le prince de Conti, grand prieur de Malte, appelaient l'Idole, la Divine Comtesse. On est tenté de le chercher parmi les personnages de cette cour, arbitre du bon ton, que les tableaux de B. Olivier conservés au Louvre et à Versailles nous montrent sous des lambris décorés par Nattier et Raoux, prenant *le thé à l'anglaise* ou soupant, sur des estrades, aux accords des harpes et des violons.

M$^{me}$ Rimsky-Korsakoff, belle-fille de l'ancienne étoile des *petits lundis*, repart pour la Russie. Makowsky, cet artiste dont on vient d'admirer les œuvres rue Le Peletier, l'y attend pour achever son portrait : on dit qu'elle est représentée dans une délicieuse toilette de peluche scabieuse qui va merveilleusement à sa beauté de blonde aux yeux noirs.

M. Polovtsoff, le Rothschild de Saint-Pétersbourg, ne se contentera pas longtemps non plus de son artistique pied-à-terre de la rue Cambon, ni des giboyeux tirés de Rambouillet, où il reçoit ses princes.

De son côté, un autre nabab des rives de la Néva, M. Basile de Schlichting, ne restera à Paris que le temps nécessaire pour acheter un de ces bibelots de prix, une de ces boîtes d'or fin, aux pierreries scintillant autour de miniatures signées Petitot qu'il possède déjà par centaines dans son incomparable collection.

Nous ne pouvons que regretter ces départs, et leur tristesse viendra s'ajouter à la mélancolie du ciel brumeux que nous ramène l'hiver. Il faudra nous résigner à regarder vers le Nord. Au dire du patriarche de Ferney, c'est de là que nous venait la lumière, au temps de la grande Catherine. N'est-il pas permis aujourd'hui, d'en attendre un autre don ?

## VI.

Une fille de Victor-Emmanuel. — Les Bragance sont aussi simples que les Romanoff. — Forêts et hallalis. — Injustice de la renommée. — Saint-Germain. — Luciennes. — Le pavillon du Barry.

*14 novembre 1888.*

On sait que notre capitale a, sous certaines latitudes, une fort mauvaise réputation : c'est une souveraine déchue qui ne mérite aucune sympathie. N'a-t-elle pas renoncé à sa couronne pour porter le bonnet phrygien et substitué la carmagnole à son manteau d'hermine? Elle n'a plus de distinction, plus d'élégance. Elle parle le langage des barrières et ses mœurs sont à l'avenant. Venir à son foyer serait s'exposer, non seulement à être en contact avec des habitudes grossières, mais encore à se trouver pris dans quelque bagarre, à recevoir des horions, comme il arrive lorsqu'on fait sa société de gens du commun.

Au milieu de ces pudiques effarements, gronde le tonnerre des prédictions sinistres qu'on nous lance. Nous avons beau préparer des fêtes pour célébrer le glorieux anniversaire de l'émancipation du monde, nous serons seuls à y figurer, si nous les donnons.

Eh bien! n'en déplaise à ceux qui posent complaisamment devant nous, avec des allures et des apostrophes à la Jérémie, leurs prophéties risquent fort de tourner en fumée. N'en avons-nous point une preuve dans ces visites de personnages illustres qui, dès maintenant, se succèdent et s'attardent parmi nous?

Après les membres de la famille impériale de Russie, voici la reine de Portugal qui vient de faire un nouveau séjour à Paris. Elle s'y était arrêtée, il y a quelques semaines, en se rendant à Turin pour le mariage du duc d'Aoste et de la princesse Lætitia. Son retour et le temps qu'elle a bien voulu nous consacrer prouvent assez clairement qu'elle n'a point d'antipathie pour une ville que d'autres se délectent à accabler de leurs récriminations envieuses.

Aussi bien, la reine Marie Pia s'est-elle toujours distinguée par son attachement à la France. Le soleil de Magenta et de Solferino a éclairé ses jeunes années; elle n'oublie pas qu'à cette lumière elle a vu nos soldats faire vaillamment le sacrifice de leur vie pour donner l'indépendance à sa patrie. Digne fille de Victor-Emmanuel, elle a hérité des sentiments d'affection et de reconnaissance que son père a conservés jusqu'à la mort pour ses anciens alliés.

Par ses liens de famille, la reine Marie Pia est très étroitement en rapport avec l'élément français et notre sang se mêle à celui de sa descendance. Il suffit de rappeler que, sœur de la princesse Clotilde, elle a pour beau-frère le prince Jérôme-Napoléon et pour neveux le prince Victor et le prince Louis. Par le mariage du duc de Bragance, son fils, elle est devenue la belle-mère de la princesse Amélie, fille aînée du comte et de la comtesse de Paris.

Cette parenté si rapprochée avec les membres de deux dynasties rivales menacerait de rendre assez délicate la situation d'une personne douée d'une nature moins distinguée, d'un esprit moins fin et d'un cœur moins élevé. Mais la reine de Portugal doit à son intelligence supérieure et à son âme haut placée d'entretenir dans ces milieux divers des relations exemptes de tout froissement et d'y recevoir le même tribut de respect et d'affection.

Un des traits distinctifs de son caractère est le tact le plus exquis; les échanges de courtoisie qu'elle vient de faire avec le président de la République et M$^{me}$ Carnot, les personnalités les plus marquantes du monde officiel, la reine Isabelle, le duc et la duchesse de Chartres, la princesse Mathilde, ont mis en relief une qualité si rare.

Les devoirs de l'étiquette accomplis, la reine a daigné se mêler à la population parisienne avec une très grande simplicité. Accompagnée du duc d'Oporto, son second fils, un prince fait à son image, c'est-à-dire aimable entre tous, elle a visité nos monuments et nos promenades, elle s'est montrée dans nos théâtres, applaudissant à nos auteurs et à nos artistes; elle a prouvé par de nombreuses commandes à nos fournisseurs l'attrait qu'elle a pour le goût et l'élégance de nos modes; enfin, se souvenant que la charité est la plus belle des vertus royales, elle s'est attendrie sur les misères et les infortunes qu'abritent nos établissements hospitaliers.

Aussi emporte-t-elle, avec nos hommages, des bénédictions qui seront douces à son cœur. Il n'est pas jusqu'à notre ciel qui, en cette saison brumeuse, ne se soit adouci comme pour fêter sa présence. Sans doute, il n'a pu lui donner le soleil méridional qui, en plein hiver, permet aux héliotropes et aux géraniums de s'élever en bosquets touffus dans les jardins de Lisbonne; mais la bise n'a point soufflé, et le long des Champs-Élysées, sous les frondaisons mourantes du Bois, ce sont des brises très douces, presque printanières, qui ont salué la souveraine au passage.

Grâce à cette température exceptionnelle, la Saint-Hubert a eu, la semaine dernière, un éclat inaccoutumé. Elle a été célébrée avec beaucoup de pompe dans les forêts d'Ourscamp, de Villers-Cotterets et de Rambouillet. Les fêtes cynégétiques dont elle a été pour ainsi dire le prologue se continuent comme une féerie en plusieurs actes.

Et quel théâtre merveilleux, quels décors éblouissants! La pleine nature dans sa magnificence automnale, les futaies tout en or laissant tomber leur dépouille, qu'on dirait faite de lumière, sur les marges des avenues, au galop des cavalcades! Pour personnages les membres les plus brillants de la société parisienne offrant l'hospitalité à la société étrangère la plus distinguée.

Les chasses du marquis de l'Aigle, du vicomte de Chézelles et de la duchesse d'Uzès ont mis en liesse les beaux châteaux de Francport, de Glaignes et de Bonnelles. Messes dans de vieilles chapelles couvertes de lierre (l'Église ne se montrant point hostile à un exercice qui compte parmi les plus nobles et qui a fourni à l'humanité naissante ses premiers moyens d'existence), hallalis triomphants par monts et par vaux; dîners somptueux, prétexte à des toilettes charmantes que l'habit rouge rehaussait en les débarrassant pour un temps du contact banal et funèbre de l'habit noir; musique, sauteries, rien n'a manqué à la diversité des attractions qui accompagnent volontiers un sport si en honneur parmi nos pères et encore si apprécié de nos jours.

Fontainebleau et Compiègne ne manqueront certainement pas d'attirer à cette occasion l'intérêt de la Chronique mondaine.

N'est-il pas curieux que des villes tout aussi charmantes et tout aussi élégamment habitées soient exposées par contre à n'être pas même nommées dans ses tabettes?

Pourquoi, notamment, ne parle-t-elle jamais de

Saint-Germain? C'est pourtant un lieu célèbre et qui prête aux réminiscences historiques comme aux rêveries des âmes sensibles. Il a vu naître Louis XIV; il a été témoin de sa jeunesse, de ses amours alors que triomphaient et la douce La Vallière, et la fière Montespan, plus privilégié en cela que Versailles, qui n'a servi de sanctuaire qu'au culte morose de M$^{me}$ de Maintenon. De sa terrasse on découvre un panorama incomparable sur Paris, sur les riantes campagnes qui s'étalent entre Maisons-Laffitte et Saint-Denis et sur ce coin, verdoyant jusqu'à en être sombre, où la Seine creuse son lit, sous les coteaux de Bougival, dominée par les arcades de l'aqueduc de Marly qui place là comme une chaude vision de ruine romaine. Sa forêt a des aspects variés à l'infini et elle est bordée de résidences délicieuses qui peuvent compter parmi les plus beaux joyaux de la ceinture parisienne.

Les personnalités mondaines n'y font point défaut et la vie y est aussi gaie que dans les villégiatures renommées du voisinage. La villa de la baronne Digeon est un centre d'élégance où se pratique la plus large hospitalité. On y danse souvent. La maîtresse de maison n'est pas seule à être aimable; elle est secondée de la façon la plus charmante par sa fille, dont la beauté radieuse a éclairé nos salons cet hiver.

Le comte et la comtesse Albert Vandal ont occupé jusqu'à ces derniers jours un des plus agréables cottages de la ville, non loin de celui qui avait pour locataires le comte et la comtesse Colonna Ceccaldi. La villa de M<sup>me</sup> de Breuvery a été très animée, surtout pendant qu'elle y recevait son fils et sa bru, qui est la fille de la baronne Poisson. La jolie M<sup>me</sup> Gabriel Bocher a été aussi, cette année, une des fidèles de Saint-Germain.

Au bout de la terrasse, le château du Val, qui tire son nom de pittoresques escarpements d'où l'on domine une vaste et merveilleuse échappée sur la Seine et qui doit à Mansart sa belle et sobre architecture, est le séjour de prédilection de M<sup>me</sup> Benoist Fould. Les deuils irréparables qui ont successivement accablé sa vénérable propriétaire en ont banni les réceptions d'apparat. Mais une intimité d'élite n'a cessé d'entourer la marquise de Broc, petite-fille de la châtelaine, qui a passé tout l'été auprès de son aïeule.

Il y a eu chez la marquise de Miramon et chez la comtesse de Vergennes plusieurs aristocratiques réunions à l'occasion du mariage de leur nièce, M<sup>lle</sup> Pichon, avec M. de Pontenay.

Parmi les localités qui dépendent, en quelque sorte, de Saint-Germain, nulle ne mérite d'attirer plus l'attention que Louveciennes ou Luciennes (car l'un et l'autre se dit ou se disent) sans qu'il y ait à discuter sur l'étymologie du nom de ce village que la légende attribue à une louve dont le bon roi Dagobert aurait délivré ses habitants.

Si une bête carnassière lui a servi de marraine, il a reçu depuis un patronage qui n'a rien de farouche.

C'est à M^me du Barry que revient sa principale notoriété.

Le pavillon que la favorite de Louis XV s'y était fait construire et où elle avait accumulé tous les raffinements de l'art exquis de l'époque n'a point disparu. Après avoir appartenu dans ces derniers temps à M^me Dierichs et à la vicomtesse de Janzé, il est aujourd'hui à la comtesse de Lancey.

Les contemporains ont raconté avec complaisance les merveilles de cette fastueuse résidence où Joseph II, l'héritier et le successeur des Césars du Saint-Empire, n'a pas hésité à aller saluer une reine de la main gauche.

Le bâtiment, de forme carrée, était éclairé en tous sens par cinq croisées. Un péristyle, formé de quatre colonnes ioniques et surmonté d'un bas-relief représentant une bacchanale d'amours, précédait la façade.

Le vestibule, tout en marbre gris, était séparé par des pilastres corinthiens qui accompagnaient de leur riche encadrement des statues de femmes portant des cornes d'abondance.

Le salon avait été décoré par Fragonard; il était accompagné de deux boudoirs, dont l'un avait un plafond peint par Briard, et des panneaux montrant la succession des plaisirs champêtres, sur lesquels cette devise : *Ruris amor*, appelait l'attention; l'autre était orné de toiles de Vien, destinées à indiquer les progrès de l'amour chez les jeunes filles.

Dans le premier tableau deux bergères offraient un

sacrifice sur l'autel de l'amitié; dans le second, elles enguirlandaient de fleurs, sans le connaître, Cupidon endormi. Le troisième sujet était un amant couronnant sa maîtresse ; le quatrième, un jeune homme conduisant une jeune fille à l'hyménée en lui jurant une constance éternelle. Une esclave mettait en liberté deux colombes devant eux, et les Amours et les Jeux, sortant du temple, s'approchaient de l'heureux couple pour l'enchaîner avec des fleurs.

Le mobilier réuni dans ce logis fait pour les causeries aimables et les enchantements du cœur dépassait tout ce que l'imagination peut rêver. Le fini le plus précieux se faisait admirer, non seulement dans les sièges, les tables, les consoles, mais encore dans les chambranles des cheminées, dans l'agencement des feux, dans l'ornement des serrures et il n'y avait rien, depuis la mosaïque des parquets jusqu'à l'or des lambris, qui ne respirât le travail le plus délicat.

Aujourd'hui le pavillon Du Barry a perdu une partie de ses richesses et a subi des modifications qui ont altéré son caractère primitif. Il n'en est pas moins resté une résidence délicieuse.

La propriété dont il dépendait appartient à M. Goldsmith; elle a gardé comme lui le nom de la belle comtesse.

En ce moment, la plupart des charmantes demeures de Louveciennes sont en train de se fermer, car ce joli coin n'a pas la prétention d'être une villégiature de fin d'automne. M. et M<sup>me</sup> Beer se disposent à quitter leur habitation pour rentrer dans leur hôtel de la rue des Mathurins. Cette année, d'ailleurs, ils ont vécu dans une retraite profonde; la perte de leur petite-fille, M$^{lle}$ Ephrussi, morte au mois de juin, a fermé pour longtemps leur porte. Ils n'ont reçu que leurs enfants, M. et M$^{me}$ Guillaume Beer, M. et M$^{me}$ Edmond Beer, M. et M$^{me}$ Michel Ephrussi.

M$^{me}$ Aubernon de Nerville vient de renoncer à son cottage de Cœur-Volant pour revenir à son hôtel de la rue d'Astorg. Elle avait, du reste, passé tout le mois d'août à Trouville en son manoir de la Cour-Brûlée. Pendant son séjour à Louveciennes, elle a reçu une élite de notoriétés littéraires : MM. Renan, Gaston Boissier, Deschanel, Ganderax, Becque, et il se tenait là une cour d'esprit, comme au moyen âge il se tenait des cours d'amour.

Le baron et la baronne de Soucy ont également abandonné la villa qu'ils occupaient, de même est parti M. Lelubez, le ténor amateur, dont le succès a été si éclatant l'autre soir à Fontainebleau, chez la duchesse de Bellune.

## VII.

Les grands ducs de Russie à Rambouillet avec le président de la République. — Goût des rois pour la chasse. — Son importance et son luxe sous les régimes disparus.

21 novembre 1888.

Soucieux de maintenir les traditions de courtoisie et d'hospitalité qui, dans notre pays, ont toujours été en honneur près du chef de l'État, le président de la République s'est fait un devoir d'offrir aux princes de Russie, que nous avons actuellement parmi nous, un de leurs passe-temps favoris. Il a donné des ordres pour qu'une chasse brillante fût préparée à leur intention, vendredi dernier, dans les tirés de Rambouillet. Entouré de sa maison militaire, il a accompagné lui-même les grands-ducs et toute la ville s'est mise spontanément en fête pour accueillir ces augustes visiteurs. De la gare au château, une foule nombreuse s'était échelonnée, empressée à leur témoigner sa respectueuse sympathie. Des trophées de verdure, mêlés à des enroulements de draperie, décoraient les rues, et, aux fenêtres, comme un symbole d'union, se mariaient gaiement les couleurs de France et de Russie.

La journée, favorisée par un temps très doux, a été fort bien remplie. Le tableau portait six cents pièces. Sur les douze chevreuils abattus, quatre ont été tués par les grands-ducs et deux par le prince Obolinsky.

Pendant quelques heures, le parc magnifique où ces prouesses ont eu lieu a pu se croire revenu à son animation d'autrefois. Il a été, en effet, un des principaux théâtres des plaisirs cynégétiques de la monarchie. Sa solitude, de nos jours, est plus rarement troublée.

Aussi bien, nos mœurs démocratiques ne sauraient-elles s'accommoder de l'apparat et du luxe, sources de dépenses considérables, qui accompagnaient la chasse sous les régimes disparus.

Image de la guerre, elle faisait, à l'origine, partie de l'apanage royal, et, si les princes, si les seigneurs féodataires pouvaient s'y livrer, c'est qu'ils tenaient leur droit de la délégation du souverain qui, maître absolu de l'État, considérait le gibier comme son bien propre. De là, pour cet exercice, une organisation solennelle, compliquée, étroite, que ceux qui en bénéficiaient acceptaient d'autant plus volontiers qu'elle flattait leur vanité en même temps que leur goût. Jadis, en effet, les hauts barons n'avaient point d'autre distraction quand ils ne dépensaient point leur ardeur dans les combats. Les vilains n'y étant admis que dans leur valetaille, ils s'y adonnaient orgueilleusement, emportés, d'ailleurs, par une fougue que la vigueur de leur tempérament et la rudesse de leur éducation ne cessaient d'entretenir. Souvent même, ils en oubliaient la prière que l'influence prépondérante de l'Église exigeait de leur soumission et souvent aussi l'amour, si bien que telle douce châtelaine ou telle gente damoiselle se morfondait dans la solitude de quelque vieux manoir, tandis que son époux ou son fiancé n'avait de regards tendres et de paroles amies que pour des limiers et des faucons. Un de ces Hippolytes casqués et bardés de fer, voulant donner à sa dame une preuve des sentiments profonds qu'elle lui avait inspirés, lui promit, par serment, qu'il ne chasserait, oncques de sa vie, s'il lui était infidèle. C'était s'exposer au plus cruel des sacrifices.

Les rois, en associant leurs vassaux à un plaisir si prisé, n'avaient garde d'y renoncer pour leur part; ils s'appliquaient même à servir de modèle à leur noblesse quand ils l'y entraînaient derrière eux.

L'histoire est remplie de récits où nous les retrouvons marchant au premier rang dans les forêts giboyeuses tels que dans les ardentes mêlées. Les fils de Mérovée s'acharnent à la poursuite des carnassiers comme ils courent sus aux Visigoths et aux Huns, et les fils de Charlemagne mettent à détruire les sangliers autant d'acharnement qu'à se débarrasser des Sarrasins et des Normands.

Les vieilles chroniques se plaisent à raconter la

magnificence de ces chasses, qui, sous les rois francs, se renouvelaient sans cesse. Aux environs de Paris, dans la forêt de Cuise (c'est ainsi que se nommait primitivement la forêt de Compiègne) plusieurs localités, Verberie, le Chesne, Choisy-en-Laigue, Quierzy, Venette doivent leur origine aux *villas* que ces princes s'étaient fait construire pour donner plus facilement carrière à leur passion. Du temps d'Alcuin les mêmes futaies voyaient passer la cour entière chevauchant à la suite du souverain; le savant anglais parle avec ravissement de l'escorte royale qui ne se composait que de ducs, de comtes et de barons; il montre la reine entourée de ses femmes, toutes habillées d'or et de brocart, toutes montées sur des haquenées caparaçonnées de pourpre et stimulant impétueusement la course effrénée des meutes.

Il serait oiseux de s'attarder aux souvenirs de ces époques lointaines; mais il y a peut-être quelque intérêt à examiner rapidement les différentes phases de la chasse dans les temps modernes.

C'est au quinzième siècle qu'apparaît le grand-veneur, ou du moins qu'il prend ce titre, car il exerçait déjà ses fonctions depuis deux cents ans. L'importance de son rôle était considérable. Il prêtait serment entre les mains du roi, donnait provision à ses subordonnés et disposait de leurs charges quand elles devenaient vacantes.

Il présidait à la direction de tous les équipages,

dont le nombre et l'organisation variaient suivant les espèces d'animaux à poursuivre et, seul, il surveillait les opérations d'intérieur. Le lieutenant, le sous-lieutenant, les pages de vénerie, les piqueurs, les valets de limiers, les valets de chiens lui rendaient compte de ce qui se passait au bois et au chenil. Recevant directement les ordres du roi, il était sans cesse en rapport avec lui et cette prérogative ne pouvait être indifférente au cœur des courtisans.

Aussi, les noms les plus illustres furent-ils honorés d'ajouter à leurs titres celui de grand-veneur. Il fut tour à tour porté par les Guise, par les Rohan, par les La Rochefoucauld et même par des rejetons de souche royale, le comte de Toulouse et le duc de Penthièvre. Il n'impliquait point une sinécure et le grand seigneur qui l'avait brigué était un des personnages les plus occupés de la cour. Les Valois et les Bourbons avaient, en effet, sauf une ou deux exceptions, hérité du goût que leurs prédécesseurs avaient pour la chasse.

Charles IX y était d'une habileté consommée et la réputation de son adresse lui vaut peut-être la légende qui le représente tirant d'une fenêtre du Louvre sur les protestants pendant le massacre de la Saint-Barthélemy.

Henri IV, dès son jeune âge, avait poursuivi l'ours dans les montagnes de sa Navarre, se préparant ainsi aux ruses et aux fatigues de la guerre.

Louis XIII tirait à l'arquebuse comme pas un de

ses sujets. La chasse figurait au programme de toutes ses journées. Lorsqu'il ne pouvait parcourir les forêts royales, il se rendait à un petit pavillon qu'il s'était fait aménager aux environs de Saint-Denis. La plaine qui entoure cette ville était alors traversée par de nombreux passages d'oiseaux et on y trouvait beaucoup de lièvres : c'est sans contredit à son ancienne renommée qu'elle doit d'entretenir encore de nos jours quelques illusions dans l'esprit des bourgeois naïfs qu'y ramène chaque année l'ouverture.

Le temps était-il pluvieux, maussade, Louis XIII ne s'en livrait pas moins à sa distraction préférée. En allant à la messe chez les Feuillants, dans cet enclos, voisin des Tuileries, où devait être proclamée un jour la déchéance de sa race, ce monarque s'amusait à tirer les bouvreuils, les rouges-gorges et les fauvettes, qui sautillaient le long des buis des parterres et dans les charmilles de la terrasse. On sait que le futur connétable de Luynes réussit à gagner la confiance de Louis XIII en lui dressant des faucons. Cet art valut au favori le titre ducal, faveur que devait justifier, d'ailleurs, son dévouement et dont sa glorieuse descendance n'a cessé de se montrer digne.

Sous Louis XIV, la chasse se ressent de la solennité du règne. Tout y est réglé comme pour une cérémonie. Le roi n'oublie jamais que son pouvoir est d'essence divine et que les moindres actes de sa vie ont le caractère d'un sacerdoce. Il pontifie dans ses forêts comme dans ses appartements, et la cour tient les yeux fixés sur son arquebuse comme elle les attache sur son livre d'Heures, lorsqu'à la chapelle de Versailles, elle fait face à sa tribune, le dos tourné à l'autel. Il est, du reste, un tireur de premier ordre, excellant à tous les exercices du corps, adresse qui s'allie à ravir à la noblesse de sa personne et à la séduction de son visage. A Fontainebleau, il admet à l'honneur de sa chasse tous ceux qui veulent y venir; ailleurs, n'y prennent part que ceux qui en ont obtenu la permission ou ceux qui ont reçu le *justaucorps*, uniforme bleu, doublé de rouge, qu'agrémentait un galon d'argent, posé à plat entre deux galons d'or.

Louis XV, plus passionné, plus connaisseur, plus *dilettante*, s'il est permis de parler ainsi, maintient les équipages de son aïeul et donne à ses chasses un cachet d'imprévu, d'originalité et d'élégance qui convenait bien à une époque où trônaient les grâces de la Pompadour. On n'ignore pas que la belle marquise, alors qu'elle n'était que M$^{me}$ Le Normand d'Etiolles, chercha et captiva l'attention du prince pendant qu'il courait le cerf dans la forêt de Sénart, où elle avait soin de se placer toujours sur le passage de la royale cavalcade, nonchalamment assise, dans des atours très étudiés, au fond d'une élégante voiture, capitonnée de ces couleurs délicates dont l'harmonieux mélange a conservé son nom.

Louis XVI, très chasseur aussi, réduisit pourtant le nombre de ses équipages, par mesure d'économie, le flot des doléances populaires commençant à ébranler le luxe de la royauté. Il n'en conserva que deux, celui du cerf et celui du chevreuil. L'un et l'autre comprenaient le service d'honneur, l'écurie et le chenil. Chacun d'eux était placé sous les ordres d'un commandant; le premier se composait de 62 hommes, 120 chevaux et 90 chiens; il y avait 18 hommes, 30 chevaux et 80 chiens dans le second.

La charge de grand fauconnier, qui était exercée par le comte de Vaudreuil, et celle de grand louvetier, qui avait pour titulaire le comte d'Haussonville, furent supprimées peu de temps avant la Révolution, et tous les détails de la chasse royale relevèrent exclusivement du grand-veneur, qui était alors le duc de Penthièvre.

Louis XVI se rendait si peu compte de la fragilité de son trône, que, le 5 octobre 1789, le jour même où la populace affamée venait de Paris pour le contraindre à réintrégrer sa capitale, il était occupé à courir le loup dans la forêt de Marly, pendant que Marie-Antoinette, de son côté, rêvait dans sa grotte, à Trianon, en savourant les douceurs d'une après-midi qui devait clore à jamais la période heureuse de sa vie.

La Révolution emporte comme un fétu de paille la pompeuse vénerie de la monarchie; Napoléon la rétablit pour rehausser l'éclat de sa jeune couronne.

Il chasse, mais par intermittence, avec la fougue

et l'emportement qu'il mettait à toutes choses. Il conduit ses équipages comme ses armées, les tenant sans cesse en haleine. Les parties cynégétiques, où il convie ses maréchaux, sont pleines de surprises. Il en interrompt une brusquement à Gros-Bois pour aller avec Marie-Louise, à Fontainebleau, en vue d'imposer à Pie VII ce concordat que le Pontife subit avec tant d'angoisses et qu'il devait rétracter bientôt.

La charge de grand-veneur avait été relevée, à l'instar d'autres institutions royales. Elle avait été dévolue au prince de Neuchâtel et de Wagram qui portait, en même temps, le titre de vice-connétable.

Louis XVIII, philosophe, ami des lettres, se piquant d'austérité à la fin de l'ancien régime, et fort impotent durant son règne, ne se montra point chasseur, mais l'équipage de la cour fut magnifiquement entretenu pour le comte d'Artois et les princes du sang. Il se composait d'un premier veneur, chargé du service de grand-veneur, d'un lieutenant-commandant, d'un lieutenant, d'un premier page et d'un second page. Au chenil, il y avait un premier piqueur, un piqueur piquant, deux piqueurs de vénerie, deux valets de limiers à cheval et quatre à pied, trois valets de chiens à cheval, neuf valets de chiens à pied, un valet de chiens surnuméraire, un boulanger, cent quarante-quatre chiens courants et quarante limiers.

A l'écurie : un premier piqueur, un sous-piqueur, un premier brigadier, quatre sous-brigadiers, dix-neuf palefreniers, quatre surnuméraires, un sellier, six postillons, un délivreur de fourrage, deux conducteurs de voitures, un vétérinaire, un brigadier infirmier et quatre-vingt-dix chevaux.

Cette organisation fastueuse subsista sous Charles X, qui, vieilli, tourné à la dévotion, avait mis tout ce qui lui restait des ardeurs de sa jeunesse dissipée dans le plaisir de la chasse, « la passion du roi, » comme on disait alors. Afin de lui plaire, on prenait des mesures pour que le gibier tombât en hécatombe devant lui et les vrais amateurs se choquait de ces tueries.

Le prince de Condé lui-même ne dissimulait point qu'il leur préférait de beaucoup les courses paisibles qu'il faisait, au temps de l'émigration, dans les plaines du Rhin, seul, avec sa chienne *Belle*.

Il est curieux de constater que Charles X, comme son frère, fut, pour ainsi dire, traqué par l'émeute dans une partie de chasse. Il était à Rambouillet, alors que les pavés des barricades commençaient à se soulever dans Paris, au lendemain des fameuses ordonnances.

Louis-Philippe, roi familial et économe entre tous, démonte la vénerie royale et la fait vendre au profit du Trésor, mais ses fils chassent encore; le prince de Joinville surtout, très désireux d'être aimable, ne marchandait point ses invitations : un bon garde national à cheval pouvait aisément y prétendre.

Napoléon III, cavalier émérite, ayant pris en Angleterre le goût de tous les sports, reconstitue l'équipage du premier empire. Le prince de la Moskowa devient grand-veneur, le marquis de La Tour-Maubourg, capitaine des chasses, le baron Lambert, commandant des chasses à courre.

Ce sont les beaux jours de Compiègne.

L'empereur affectionnait d'autant plus cette résidence qu'elle lui rappelait un souvenir intéressant directement sa dynastie : la signature du traité qui en 1767 avait cédé la Corse à la France.

Il y reçoit des hôtes illustres, le roi des Pays-Bas, le roi de Prusse, l'empereur de Russie, l'empereur d'Autriche, et il leur donne de grandes chasses. Un mois à l'avance, les gardes panneautaient, trois fois par semaine, dans la forêt, pour garnir de gibier les enceintes réservées où le souverain et ses invités chassaient habituellement à tir. Plus de cent chevreuils étaient transportés dans le grand parc, cinquante au moins dans les tirés de la faisanderie. On ne panneautait point de lièvres parce qu'ils ne pouvaient vivre même dans une captivité relative. En revanche, on mettait plus de deux mille lapins dans le parc, et la plus grande partie n'en était lâchée que quelques jours seulement avant l'arrivée de l'empereur. Les faisans élevés à la faisanderie se promenaient par bandes autour du palais. La saison finie, tout ce qui avait survécu était remis en liberté dans la forêt. Mais quel massacre! En 1864, seulement il y eût 7,739 pièces abattues, dont 201 chevreuils, 884 lièvres, 4,325 lapins, 209 faisans, 98 poules faisanes, 353 perdrix rouges, 47 perdrix grises, 47 bécasses et 9 pièces diverses.

Sous le régime actuel, le chef de l'État chasse avec la simplicité qui sied à son mandat.

M. Thiers cependant n'a point montré d'attrait pour cette distraction; le maréchal de Mac-Mahon s'y est livré en soldat, avec l'ardeur qu'il prodiguait sur les champs de bataille. M. Grévy, marcheur intrépide, aimait la liberté de la pleine campagne; rien ne valait pour lui le plaisir de tirer le lapin dans les taillis de Mont-sous-Vaudrey. M. Carnot est un tireur calme et d'une adresse fort convenable. Dans ses parties cynégétiques, il fait preuve du zèle consciencieux qu'il témoigne aux affaires publiques.

Aujourd'hui que la chasse n'est plus le privilège d'un petit nombre, peut-on dire qu'elle soit réellement libre?

Les entraves que les particuliers et les communes multiplient autour de ceux qui s'y adonnent en rend l'exercice très difficile pendant que le braconnage achève le désenchantement.

Le jour n'est peut-être pas éloigné où, la plaine et la forêt étant fermées, les chasseurs qui n'ont point une très grosse fortune seront forcés de suivre les chemins vicinaux, l'arme au poing, n'ayant pas même la consolation de se dire que le repeuplement du gibier profite des obstacles qu'ils rencontrent sur leurs pas.

# VIII.

Solennités musicales. — Rentrée de M.<sup>me</sup> Adelina Patti à l'Opéra. — Reprise de *Roméo et Juliette*. — La chambrée du mercredi. — Vie triomphale et mouvementée des divas.

28 novembre 1888.

Parmi les fêtes brillantes que l'hiver ramène sur le théâtre mondain, la soirée donnée avant-hier par M<sup>me</sup> Edward Raphaël a eu tout l'attrait et toute l'élégance d'une *première*.

C'était un magnifique concert, dont l'organisation avait été réglée par Gounod. Une primeur du maître, *la Danse Roumaine*, a été un véritable régal pour l'assistance. Deux grandes scènes lyriques de son élève favori, M. Palicot — *Déjanire* et *Néère* — ont obtenu aussi un très légitime succès. La première de ces scènes a été délicieusement interprétée par M<sup>lle</sup> Blanche Deschamps et l'orchestre, la seconde par M<sup>me</sup> Hellmann, dont la voix harmonieuse et pénétrante, également accompagnée par les musiciens et soutenue par des sons d'orgue très doux, alternait avec des chœurs d'un ensemble parfait. Pendant l'exécution des deux admirables morceaux, l'archet a été tenu par M. Palicot : la *maëstria* qu'il a déployée témoignait des hautes traditions dont s'inspire son talent. Sa femme, une éminente cantatrice, que les Muses semblent avoir pris soin de lui donner pour compagne, a été très applaudie dans la *Fugue,* en *la mineur,* de Bach. Deux autres de ses compositions : *Au Bal,* valse chantée d'une façon exquise par M<sup>lle</sup> Emma Gavioli, et un duo, que M<sup>me</sup> Dansaert et M. Auguez ont très savamment nuancé, complétaient le programme.

Le somptueux hôtel de l'avenue Kléber, malgré la dimension de sa galerie, que divisent en trois parties de hautes colonnes à chapiteaux corinthiens, avait peine à contenir la foule des invités, et beaucoup d'entre eux avaient cherché un asile dans le jardin d'hiver, où, grâce à la distribution ingénieuse des appartements, l'acoustique ne laissait rien à désirer, à tel point qu'on éprouvait un charme raffiné à entendre, au milieu des verdures épaisses, des fleurs au capiteux parfum, et sur le bord des vasques de marbre, cette musique suave, digne du jardin de Marguerite.

Nous avons remarqué dans l'assistance M. et M<sup>me</sup> Jules Simon, le préfet de la Seine et M<sup>me</sup> Poubelle, le préfet de police et M<sup>me</sup> Lozé, le ministre du Mexique, le marquis de Caux, le comte de Lancastre, M. Hendlé, préfet de la Seine-Inférieure, et M. Cohn, préfet de la Haute-Garonne, le général Lambert, M. Cernuschi, le docteur Ricord et M<sup>me</sup> Saleta-Ricord, le docteur de Wecker, MM. Chaplin, Elie Delaunay, Giraud, Diaz, M^mes Richtemberger et Louis Énault, M^me et M^lles Carolus Duran, MM. Lavoignat, Paul Rigaud, Crepet, Saint-Germain, de Sainte-Croix, Eugène Manuel, le vicomte de Faria.

Parmi les personnalités féminines les plus élégantes, citons : M^me Gustave Simon. Sur une jupe de crêpe soufre, ornée de nœuds d'argent, elle portait une longue traîne de satin blanc brochée d'argent, avec, au corsage, une collerette en treillis d'or et un diadème semblable sur la tête. Rien de plus artistique que cette toilette, dont la belle-fille de l'illustre académicien avait, disait-on, dessiné elle-même le modèle, suivant une habitude qui permet à son ingénieuse fantaisie de s'inspirer des portraits célèbres ; on l'eût prise mercredi pour Anne de Neubourg dans une fête à l'Escurial. M^me Gautreau était en robe de velours vert à devant de satin blanc, où s'enroulaient des torsades de jais noir ; mêmes torsades formant épaulettes au corsage de crêpe blanc, décolleté en pointe ; un croissant d'or mat, sur les bandeaux relevés à la grecque. Venaient ensuite : M^me David Sourdis, née Almeida, très belle dans une robe de satin fleur de pêcher, à grands ramages blancs, genre Louis XIV, véritable évocation de la cour du Roi-Soleil ; M^me Lara, femme de l'attaché militaire du Pérou, en velours carmélite, devant de satin saumon clair, broché de fleurs pâles, plusieurs rangs de perles au cou ; la comtesse de Drée, en satin bouton d'or, garni de violettes naturelles ; M^me Ritt, femme du directeur de l'Opéra, en lampas amaranthe, ouvrant sur un devant Pompadour, aux tonalités très douces; M$^{lle}$ Rancès, dont la grâce et l'esprit appelaient tous les hommages, en robe rose acacia, recouverte de tulle noir brodé; M$^{me}$ David, en robe courte de satin héliotrope, brodé d'argent, un boa de plumes blanches au cou, et une étoile de diamants, piquant d'un point de lumière l'or fauve des cheveux.

La très aimable maîtresse de maison portait une exquise toilette de damas bleu clair de lune, recouverte de pampilles de même nuance; des plumes roses et bleues formaient dans ses cheveux une touffe délicate, qui seyait à ravir à la finesse de sa beauté blonde. Elle était assistée de sa charmante sœur, en rose, rayé de blanc, de gros bouillons de crêpe, parsemé de nœuds vert ortie courant le long de la jupe.

Un cotillon très animé a suivi le concert, et un souper assis, servi vers trois heures, a clos brillamment cette belle fête.

Une solennité musicale, destinée à plus de retentissement encore, aura lieu ce soir même et ne manquera pas d'occuper une place importante dans les annales de l'Opéra.

M$^{me}$ Adelina Patti, qui n'avait point paru sur cette scène, depuis qu'elle a été magnifiquement reconstuite, doit s'y faire entendre dans quelques heures. Elle y sera accueillie par une curiosité très sympathique, mais aussi très ardente. On sait que la brillante cantatrice a interprété souvent, et toujours avec un grand succès, à l'étranger, le rôle gracieux et touchant qu'elle doit remplir. On a dit qu'elle s'y incarnait, à la fois par la puissance de son talent et le charme de sa beauté, que nulle n'était plus apte qu'elle à chanter la suave partition de Gounod et à reproduire la poétique image de Juliette.

Mais quelques triomphes que les artistes aient remportés au théâtre, dans les deux mondes, ils ne sont complètement heureux que s'ils peuvent ajouter à leur gloire la consécration des suffrages du public parisien. Aussi, pour la diva, le début qu'elle prépare ne sera-t-il probablement pas exempt d'émotions ; elle songera qu'il s'agit de remporter une victoire décisive et, quand elle s'avancera sur les planches, son cœur battra sans doute.

Ses admirateurs trembleront aussi, peut-être, seulement ce sera sous le fardeau des lauriers qu'ils s'apprêteront à lui offrir.

Ils seront beaucoup et, cependant, ils n'y seront pas tous. Mme Patti, par suite des engagements qu'elle a contractés, ne dispose que d'un temps très limité. Obligée d'être en Angleterre à la date du 11 décembre, elle ne nous donnera que quatre représentations.

Les élus de ces solennités musicales seront donc forcément en nombre restreint ; on ne s'imagine point à quels assauts de rivalité elles ont servi d'occasion. Tout le monde voulait y être admis; on a eu recours à toutes les instances, à toutes les séductions, mais il a été matériellement impossible d'accueillir favorablement toutes les requêtes : la grâce et l'esprit ont eu des échecs.

Le mercredi n'étant point un jour privilégié au point de vue de la composition de la salle, les curieux qui ne savent point que, par suite de combinaisons ingénieuses, savantes et parfois très compliquées, le même public se retrouve à chaque première, pourraient se demander si la chambrée d'aujourd'hui aura véritablement une splendeur de circonstance. Il n'est point douteux qu'elle ne soit fort belle : le talent, la beauté, l'élégance y brilleront à l'envi.

Voici, d'ailleurs, des loges qui ont coutume d'être très bien occupées et qui, indépendamment de leurs titulaires, ne manqueront point de recevoir des invités de choix. Au rez-de-chaussée, les deux avant-scènes du Jockey-Club contiendront l'élite de ses membres. La première, qui est à droite par rapport au spectateur, touche à celle de M$^{me}$ Heine, qui sera là sans sa fille, la duchesse de Richelieu. Cette dernière, prématurément veuve et pleine de sollicitude pour un enfant destiné à porter un des titres les plus illustres de France, est allée passer l'hiver à Madère, dont le climat délicieux est propice à sa santé délicate en même temps qu'il répond aux espérances de sa tendresse maternelle. Mais M. Georges Heine, un des jeunes gens les plus aimables de la société parisienne, aura soin, en accompagnant sa mère, de se faire le cavalier de quelque gracieuse amie de sa sœur.

La seconde avant-scène du Jockey, qu'on voit sur

la gauche, a pour voisine celle du prince d'Hénin. Il ne s'y montre qu'en compagnie d'habits noirs, et il est probable qu'il y réunira ses intimes : M. Blount, le comte de la Bourdonnaye, le prince de Sagan, le général marquis de Galliffet.

En revanche, le comte Greffulhe, que la mort récente de son père a mis en grand deuil, ne pourra point exercer dans sa baignoire des traditions analogues d'hospitalité.

M<sup>me</sup> Récipon qui, elle aussi, a perdu son père, M. Mollard, introducteur des ambassadeurs, ne sera pas non plus dans la petite loge qu'elle occupait sur la scène et qu'elle éclairait du délicat rayonnement de sa fine tête blonde.

Au premier étage, en face de l'avant-scène présidentielle, où M. et M<sup>me</sup> Carnot tiendront assurément à donner un nouveau témoignage du goût qu'ils ont pour l'art, s'ouvre la loge de la baronne Levavasseur, souvent accompagnée de la marquise d'Ivry, de la comtesse de la Pérouse, de M. Gréa, un de nos très sympathiques secrétaires d'ambassade, et de M. Paul Gaulot, ami particulier du prince Victor.

Du même côté, la duchesse douairière de Bojano avec deux de ses filles, M<sup>me</sup> de Ronceray et M<sup>lle</sup> Jeanne de Bojano, une beauté d'une lumière radieuse, qui semble s'être envolée de la palette du Veronèse; puis la comtesse de Meffray; M<sup>me</sup> Dreyfus, groupant entre les colonnes, un petit cercle resté très fidèle aux châtelains de Mont-sous-Vaudrey; M<sup>me</sup> Hollander, touchant à la loge de la famille Oppenheim, proche elle-même de celle de la famille Goldschmidt, où l'on admirait naguère cette infortunée M$^{me}$ Villeroy, qu'une fin si tragique vient de ravir à l'affection des siens, et où, tout occupées à la pleurer, ses sœurs, la vicomtesse de Sartiges et M$^{me}$ André Pastré, ne reparaîtront plus de longtemps.

Du côté gauche, M. Debrousse est possesseur de l'avant-scène contiguë à celle du président de la République; il l'abandonne généralement à ses invités. M. Edmond Beer se trouve dans les mêmes parages. Mais ce ne sont là que les habitués, les *dilettantes* à poste fixe du mercredi. Parmi l'escadron volant des amateurs, qui seraient capables de prendre la place d'assaut si elle ne s'ouvrait spontanément à l'influence dont ils disposent, nous pouvons citer presque à coup sûr la marquise de Mailly, les baronnes Alphonse et Gustave de Rothschild, M$^{me}$ Maurice Ephrussi, M$^{me}$ Hochon, la baronne Hottinguer, M$^{me}$ de Stuers, la princesse de la Tour d'Auvergne, la duchesse de Mouchy, M$^{me}$ Abeille. Toutes ces dames raffolent de primeurs théâtrales, et le crédit qu'elles doivent à leur haute situation mondaine, aux sympathies empressées qu'elles inspirent, leur assure toujours un rang privilégié dans les temples consacrés au culte des divines sœurs.

Parmi les hommes, nous serions bien surpris qu'on ne vît point, à l'orchestre, le baron Adolphe de Rothschild, le prince Troubetskoy, MM. Saint-Saëns,

Massenet, Bonnat, Bichoffsheim, Charles Leroy, Martiny, le général de Castex, le comte de Camondo, le baron de Kœnigswarter, le baron de l'Espée, le comte de Gouy d'Arcy.

Les danses, qui ont été réglées par M. Hansen, l'habile maître de ballet, seront vraisemblablement fort goûtées par ces connaisseurs. Les costumes, dessinés par Bianchini, sont d'un goût rare.

Ceux des sujets semblent avoir pris aux lis et aux roses leurs nuances harmonieuses. Ceux des coryphées sont aussi d'une blancheur exquise, mélangée d'un vert très doux, que des touffes de capucine piquent çà et là de leurs tons ardents.

Enfin, les quadrilles sont habillés, les uns de neige et d'azur, les autres de neige et de pourpre. Deux costumes de page, délicieusement portés par M<sup>lle</sup> Invernizzi et par M<sup>lle</sup> Esselin, sont appelés à produire une grande sensation.

Des fleurs d'oranger doivent s'enrouler à la belle chevelure de M<sup>lle</sup> Mauri qui, encadrée de ces charmantes sylphides qu'on nomme Jeanne Charles, Irma Violat, Marie Tremblay, Gina Ottolini, Esther Keller, Alice Biot, pour n'en citer que quelques-unes, apparaîtra comme une nymphe sortie de l'asile des forêts sacrées, curieuse de se mêler un moment avec ses sœurs aux plaisirs des mortels.

Les décors offriront une Vérone admirablement reconstituée; ils donneront une idée très exacte de ces cités italiennes où les raffinements du luxe se joignaient aux sévérités de l'architecture. Dans ce cadre d'élégance et de force, sous ces arceaux ornés de blasons glorieux dont les jasmins et les myrtes viendront cacher les entailles, comme Édouard et Jean de Reszké, ces nobles cœurs faits à l'image des paladins, se sentiront dans leur milieu, comme leur talent pourra s'inspirer de l'atmosphère ambiante et envoyer merveilleusement la réplique à l'incomparable diva!

Il y a tout lieu de croire que la Patti, au milieu du triomphe dont il n'est point téméraire de lui annoncer la certitude, sera très vivement sollicitée de trouver une combinaison pour nous rester plus longtemps qu'elle ne l'avait promis.

Toutefois, en prévision de l'irrévocabilité de son départ, M$^{me}$ Darclée, M$^{me}$ Lureau-Escalaïs et M$^{lle}$ d'Hervilly ont étudié son rôle. Elles sont d'assez remarquables artistes pour que le public parisien continue à prendre un vif intérêt aux représentations de *Roméo et Juliette*. Mais M$^{me}$ Patti nous a quittés depuis si longtemps qu'on ne saurait trop désirer qu'elle sacrifiât un peu l'impatience de nos voisins à l'ardeur de nos hommages. Les deux concerts qu'elle nous a donnés à l'Éden dans ces dernières années ne sont point une compensation suffisante aux regrets que nous cause la disparition de l'époque où elle faisait les délices de la salle Ventadour.

Que ce temps est déjà loin! Se rappelle-t-on l'enthousiasme qui éclata lorsque, en 1862, Adelina Patti se montra à Paris dans le rôle de *la Somnam-*

*bula?* Elle n'avait guère plus de dix-huit ans et il y en avait neuf qu'elle chantait, car elle fut un enfant prodige, comme Mozart l'avait été. Fille d'artistes appréciés, elle avait trouvé auprès de ses sœurs, Amelia et Carlotta, le goût qu'elle avait elle-même pour la musique, et son frère Carlo, qui devait mourir jeune avec la réputation d'un violoniste habile, était à l'unisson de ces âmes harmonieuses. C'était une nichée de rossignols.

Adelina ne vola pas tout de suite de ses propres ailes. Petite fille, vraiment adorable avec son type candide où l'énergie s'ajoutait à la grâce, elle chantait sous la direction de son beau-frère, M. Maurice Strakosh, et alors que les mignonnes créatures de son âge se contentent de jouer à la poupée ou de courir après les papillons, elle donnait des concerts où elle était acclamée comme une « petite fée sortie d'un œuf enchanté ». Elle parcourut ainsi l'Amérique et fit entendre ses accents suaves jusque sur les rivages du Pacifique : ils émurent les forêts où les Indiens promenaient leur vie errante; s'ils eussent jamais frappé ses oreilles, René eût oublié sa mélancolie.

La Patti arriva à Paris, en passant par Londres et Madrid, et du premier coup elle réalisa les prédictions heureuses que l'Alboni, la rencontrant par hasard, avait faites à son talent naissant. Auber, qui avait applaudi toutes les cantatrices illustres depuis le Directoire, déclara qu'il n'en avait jamais ouï de plus remarquable.

Elle n'avait point d'orgueil; elle vivait très simplement en famille, rue Neuve-des-Capucines, dans un logis modeste, dont deux gravures, représentant Mozart et Beethoven, constituaient le principal ornement. Elle traitait ses amis et ses admirateurs avec autant de dignité que de bonne grâce. Parmi eux, le vicomte Paul Daru, le baron de Saint-Amand et le marquis de Caux, qu'elle devait épouser plus tard, rivalisaient auprès d'elle d'un respectueux empressement; elle les appelait, en riant, ses trois mousquetaires. La coquetterie était le dernier de ses soucis.

Sa mise était absolument dépourvue de prétention. Elle affectionnait la mousseline et s'habillait comme une petite créole, dont elle avait, d'ailleurs, l'irrésistible séduction.

Ce n'est qu'après des succès renouvelés, qu'elle agrandit son train et qu'elle donna de l'importance à sa toilette, comprenant qu'une parure qui plaît aux yeux s'allie bien à une voix qui charme les oreilles. Son élégance somptueuse fut alors une sorte d'hommage qu'elle rendait à l'art dont elle était la prêtresse.

Rue des Bassins, elle occupa un hôtel que lui avait loué Mario et où le grand ténor avait laissé une remarquable collection de Stradivarius et de Guarnerius. Elle ne recevait qu'à dîner. Au nombre de ses convives, beaucoup d'Américains de distinction, M. et M$^{me}$ Henry de Pène, M$^{lle}$ de Thal, fille du commissaire général de la Russie à l'Exposition universelle,

Miss Payn, devenue depuis M^me Bichoffsheim. Elle séjourna tour à tour encore avenue des Champs-Élysées et avenue Friedland, dans une des coquettes résidences qui appartiennent à Arsène Houssaye.

Les succès de M^lle Nilsson ne la rendaient point jalouse : elle partageait volontiers avec elle le sceptre de la renommée.

Aussi bien Adelina Patti est bonne et désintéressée, elle n'a jamais tenu à ses émoluments de cantatrice que parce qu'ils formaient le chiffre représentatif de sa gloire. Au milieu de l'immense fortune qu'elle a acquise, elle est restée modeste ; sa générosité est proverbiale dans le pays de Galles, et elle ne peut rentrer dans son château de Craig-y-nos que sous les arcs de triomphe élevés par la reconnaissance publique à sa charité.

Dans son intérieur, elle aime à se reposer de ses longues tournées par des occupations paisibles et aimables : elle joue de la cithare et se tient au courant des littératures étrangères, car elle connaît presque toutes les langues.

Sort-elle autrement que pour ses représentations, elle témoigne un goût marqué au mélodrame, s'intéressant avec une émotion palpitante aux coups d'épée, aux rapts, aux empoisonnements, jusqu'à ce que le châtiment du crime et le triomphe de la vertu viennent lui permettre de respirer. La musique allemande a aussi ses faveurs ; elle est une fervente de Wagner. Mais sa vie agitée lui permet rarement d'aller au théâtre en spectatrice. Pour son compte, par crainte de la fatigue, elle ne répète jamais.

M^me Patti a été traitée en marquise à la cour du prince de Galles et, en cette qualité, elle a reçu les hommages de la Russie quand elle la parcourut avec son mari en 1870.

Aujourd'hui elle ne porte plus la couronne aux fleurons entremêlés de perles. Qu'importe, puisqu'elle a au front l'étoile que le talent met sur les têtes prédestinées? En se bornant à être une grande dame, elle eût fait à son génie musical une prison dorée. Il faut aux chantres des bois la liberté de leurs ailes; leurs mélodies animent les bosquets suivant la saison, et les migrations lointaines sont pour eux une loi. S'ils cherchaient à modifier leur destinée, ils ne seraient plus eux-mêmes. Qu'ils nous reviennent en même temps que les brises printanières, ou simplement par un caprice de leur fantaisie, pourquoi nous plaindre, puisqu'ils nous donnent toujours leurs harmonies?

# IX.

Hommage à Mme Patti. — Une famille d'artistes. — Les Reszké. — Mariage de Mlle Gilone d'Harcourt. — Glorieuses annales.

*6 décembre 1888.*

### A MADAME ADELINA PATTI.

O vous dont le retour ressuscite mon cœur,
En vain le monde entier vous appelle à grands cris :
L'Europe, l'Amérique aujourd'hui vous réclame,
Ne les écoutez pas : préférez-leur Paris.

Regardez ce Paris qui vous a tant aimée
Et pour qui votre cœur gardait un souvenir,
Ce Paris, le berceau de votre renommée,
Vous supplie à genoux de ne pas vous enfuir.

Au nom de votre gloire et de votre génie,
Au nom de ces lauriers qui croissent sous vos pas,
Au nom de l'art divin, au nom de l'harmonie,
Nous vous en conjurons, ne l'abandonnez pas !

Madame, vous charmiez la France glorieuse,
Au milieu de l'éclat des beaux jours d'autrefois ;
Consolez maintenant la France malheureuse,
Et que l'espoir revive au son de votre voix !

> Restez, Adelina, vous, notre chère gloire!
> Ceux qui, depuis longtemps, ne vous entendaient plus,
> Retrouvant votre voix, sortent d'un purgatoire
> Pour remonter, joyeux, au séjour des élus.
>
> Belle Muse inspirée, adorable déesse,
> Dans notre firmament reprenez votre essor;
> Femme-oiseau, femme-archange, ô noble enchanteresse,
> Nous sommes à vos pieds : chantez, chantez encore!

C'est à un des admirateurs les plus enthousiastes et les plus fidèles de la Patti, au baron Imbert de Saint-Amand, que revient le mérite des jolies strophes dont nous avons la bonne fortune d'offrir ici la primeur. On croira sans doute que ces vers viennent d'être composés, tant ils ont la saveur de l'actualité, tant ils répondent aux sentiments du public, qui ne peut se résigner au départ de son Adelina. Ils datent pourtant de plusieurs années. L'auteur les a récités, le 25 novembre 1876, à la diva dans une soirée qu'elle a donnée, pendant son séjour à Paris, où elle était venue chanter *les Huguenots* et *Faust*. L'Opéra n'était déjà plus rue Le Peletier; l'incendie l'en avait chassé. Il s'était provisoirement installé dans la salle Ventadour, autrefois occupée par les Italiens, en attendant que Garnier eût mis la dernière main au monument splendide qui l'abrite aujourd'hui et qui, malgré les détracteurs, n'en est pas moins un des sanctuaires où l'art divin de la musique trouve le mieux en Europe une prévoyance et un apparat dignes de son culte.

Alors, comme à l'heure qu'il est, la réapparition de la Patti avait été saluée par d'éclatants hommages, et on lui demandait très instamment de prolonger sa présence parmi nous. Puisse-t-elle se laisser fléchir cette fois! Elle comblerait les vœux dont l'éminent historien des *Femmes de Versailles et des Tuileries* s'était fait l'écho et que ses vers, toujours de circonstance, interprètent si bien.

La grande cantatrice ne saurait retrouver d'ailleurs d'émotions plus vives que celles qui ont pénétré son cœur, l'autre soir, quand elle s'est vue l'objet d'ovations si ardentes. On assure qu'elle avait le visage baigné de larmes, pendant qu'après des rappels successifs, elle retournait à son *camerino*, appuyée au bras de M. Gaillard. Mais c'étaient des larmes très douces et qui, certainement, avaient pour elle autant de prix que les perles rares dont ses écrins sont remplis.

Quelle que soit sa décision, les représentations qu'elle aura données aux Parisiens resteront gravées au fond de sa mémoire. Les artistes, en effet, ne peuvent oublier des soirées semblables; elles font époque dans leur vie, et ils en emportent comme une gerbe parfumée de souvenirs chers, pacifiques lauriers qui n'ont point l'amertume des lauriers sanglants.

Jean de Reszké a sa large part de cette moisson triomphale. Jamais il ne s'est montré plus maître de son talent, et sa fière mine se joignant à sa voix magnifique, il s'est offert aux yeux du public comme la véritable incarnation de Roméo. Son frère Édouard, dans un rôle d'un moindre relief, s'est fait goûter également. Mais, parmi les témoignages sympathiques qui se multipliaient autour d'eux, ils n'en ont sans doute pas goûté de plus précieux que celui qu'ils recevaient de la tendresse de leur sœur, elle qui leur est unie par la double parenté du sang et du génie.

On sait que Joséphine de Reszké, dont il n'est point possible d'oublier l'harmonieuse image au milieu des solennités musicales qui accroissent la renommée de ses frères et qui eussent si brillamment perpétué la sienne, a épousé M. Léopold de Kronenberg, un des habitants les plus riches et les plus aimés de Varsovie. Elle y tient un grand état de maison, entourée d'une société intelligente et distinguée. Son beau-frère s'est marié à M$^{lle}$ Chevreau, fille du député de l'Oise et nièce de l'ancien ministre de l'empire. Ses deux belles-sœurs sont entrées, l'une dans la famille des Zamoïsky, l'autre dans celle des Orsini, et cet entourage fait à l'illustre cantatrice le cadre qui lui convient.

Elle n'en songe pas moins très souvent à la France, qui lui a été si hospitalière. Elle n'eût point manqué, si la chose eût été possible, d'y venir en ce moment pour s'associer au succès de ses frères. Mais elle a dû se résigner à leur envoyer ses effusions par M. de Kronenberg, qui, à cet effet, s'est immédiatement mis en route pour Paris, tandis qu'elle est restée en

Pologne à soigner sa santé, laquelle ne demande, toutefois, de ménagements qu'en prévision d'un événement heureux et très impatiemment attendu.

Ces régions du Nord, vers lesquelles nous tournons si volontiers les yeux, vont aussi nous priver d'une jeune mariée, dont les salons du faubourg Saint-Germain n'ont pu apprécier qu'un instant les grâces de jeune fille.

M<sup>lle</sup> Gilone d'Harcourt ira se fixer prochainement à Moscou, qui est la résidence de son mari, M. Catoire de Bioncourt. Elle y trouvera, d'ailleurs, une magnifique installation, qui lui permettra de ne point regretter la somptueuse élégance de l'hôtel Duchâtel, qu'elle habitait avec ses parents.

Quelques personnes se sont étonnées de l'originalité de son prénom. Ce n'est point à une simple fantaisie mais bien à une tradition familiale qu'elle en est redevable. Il a été apporté dans la maison d'Harcourt par Gilone de Goyon de Matignon, fille de Jacques de Goyon de Matignon, maréchal de France, lorsqu'en 1578, elle épousa Pierre d'Harcourt, un héros dont la valeur se manifesta sans défaillance sous quatre rois, comme il convenait au gardien héréditaire de l'oriflamme de France.

Depuis cette époque, à diverses générations, des demoiselles d'Harcourt se sont appelées Gilone. Ainsi le prénom de Corisande se perpétue encore dans la famille de Gramont, en mémoire d'une belle aïeule que Henri IV admirait fort.

Lors du mariage de Pierre d'Harcourt avec Gilone de Matignon, sa maison, bien que fort glorieuse déjà, n'avait point encore acquis l'illustration qu'elle a de nos jours.

Fondée en 875, par Bernard, surnommé le Danois, parce qu'il faisait partie des seigneurs de Danemark venus en France avec Rollon, qui fut le premier duc de Normandie, cette maison ne cessa de grandir jusqu'au douzième siècle. Robert, son chef d'alors, construisit, entre Évreux et Conches, le château d'Harcourt; c'était le nom que portait déjà la seigneurie donnée à Bernard par son suzerain.

Jean VII, quatrième comte d'Harcourt, l'aîné de la descendance de ce noble sire, n'ayant laissé qu'une fille, celle-ci épousa en 1452 Antoine de Lorraine, comte de Vaudémont, à qui elle apporta l'apanage paternel. De cette union sortirent les ducs de Lorraine qui, par le mariage de François de Lorraine avec Marie-Thérèse, se fondirent dans la dynastie des Habsbourg et règnent aujourd'hui sur l'Autriche.

Les cadets lorrains se sont fait longtemps un honneur de porter le nom de leur aïeule, dont la seigneurie fut érigée pour eux en principauté. On le retrouve constamment accolé dans l'histoire à ceux d'Aumale, d'Elbeuf, de Guise et de Joinville.

Au dix-septième siècle, Henri Ier d'Harcourt se révéla comme un des plus grands capitaines dont on eût encore enregistré les prouesses. Doué d'un jugement très sûr, prudent, mesuré, plein de tact, il réussit à jouer un rôle aussi brillant dans les conseils de Louis XIV que sur les champs de bataille de l'Europe. Le roi, convaincu qu'entre ses mains la plume du diplomate ne serait pas inférieure à l'épée du soldat, le désigna pour remplir les fonctions d'ambassadeur près le roi d'Espagne. C'était un poste difficile. Charles II, malade depuis l'enfance, déclinait à vue d'œil, et son immense monarchie, qui n'avait point d'héritier direct, était l'objet d'âpres convoitises. Harcourt, par sa sagesse et son habileté, sut gagner la confiance et rassurer les scrupules de l'auguste moribond. Il lui persuada qu'un petit-fils de France était seul capable d'assurer le salut et l'intégrité de l'empire de Charles-Quint. Le prince se laissa séduire et déclara dans ses volontés dernières qu'il voulait avoir le duc d'Anjou pour successeur. Il n'y avait plus de Pyrénées. Sans doute beaucoup de sang a coulé sur le codicille du testament royal, mais il n'y a pas effacé le nom de Bourbon, et si le jeune trône a subi des assauts furieux, les descendants de saint Louis y sont encore assis.

Henri d'Harcourt obtint en récompense de ses services le bâton de maréchal et le titre de duc. Son glorieux nom s'attacha dès lors à la terre de Thury, dont l'érection en duché eut lieu à cette occasion. Elle est encore en la possession des aînés de sa famille. François-Henri d'Harcourt, maréchal de France, comme son aïeul et gouverneur de Normandie, reçut dans ce domaine la visite de Louis XVI, qui d'ailleurs l'estimait assez pour lui avoir confié l'éducation du dauphin. Le roi venait alors de Cherbourg, où il était allé pour se rendre compte des ouvrages qu'il avait ordonnés dans le désir d'imprimer un plus large essor à notre marine et la surveillance de ces travaux était exercée par le marquis d'Harcourt, frère du duc, qui, créé lui-même duc de Beuvron, devait seul continuer sa lignée.

Ces deux grands seigneurs se trouvaient trop dans le rayonnement du soleil de Versailles pour ne pas être enveloppés par l'orage qui vint en obscurcir le déclin.

Le premier dut se réfugier en Angleterre. Un rameau de la famille d'Harcourt s'y était établi depuis longtemps et remplissait des charges considérables dans le royaume. Traité avec honneur par ses parents, le duc fut dans l'exil l'hôte d'un roi, comme il l'avait été dans sa patrie. George III, accompagné de la reine, vint, en effet, le voir dans la modeste maison occupée par lui à Windsor et se plut à lui prodiguer les témoignages d'une haute bienveillance.

Quant au duc de Beuvron, ce fut miracle si la Terreur lui permit de mourir de mort naturelle à Amiens où il s'était retiré, pendant que son fils combattait avec les princes.

De nos jours, le duc Eugène d'Harcourt, qui, sous la tourmente révolutionnaire, était resté à Jouy dans la maison de sa grand'mère, la duchesse de Beuvron, continua sans déchoir les glorieuses traditions de sa famille.

Ambassadeur à Rome sous la seconde République,

il fit preuve d'une capacité hors ligne. Sa mission fut mêlée à de grands événements et c'est lui qui favorisa le départ de Pie IX pour Gaëte, lorsque le pape, voyant son trône ébranlé, se décida à chercher un refuge dans les états du roi de Naples. M. d'Harcourt s'entendit à cet effet avec le ministre de Bavière : ce ne fut pas du moins sans quelque amertume, car il avait été chargé par le général Cavaignac d'offrir au Saint-Père l'hospitalité de la France, et le souverain pontife l'avait assuré, tout d'abord, qu'il profiterait de cette invitation, bien digne d'un pays qui s'est toujours distingué par la spontanéité et le désintéressement de son accueil aux nobles infortunes.

De sa femme, petite-nièce de l'abbé Terray, le duc Eugène d'Harcourt eut neuf enfants : cinq fils et quatre filles, dont trois seulement survivent : le comte Jean, marié à Juliette d'Andigné de la Chasse, ancien officier de marine, qui se signala par son énergie lors du naufrage de l'*Alcmène*, en 1851 ; le comte Bernard, marié à Elisabeth de Saint-Priest, qui fut ambassadeur à Rome, à Londres et à Berne, et qui est le père de la comtesse Duchâtel et de M<sup>me</sup> de Bioncourt, et enfin, Henriette, duchesse douairière d'Ursel, qui occupe la situation la plus brillante dans la haute aristocratie belge.

Le fils aîné du duc Eugène mourut avant lui. Marié à Césarine-Charlotte-Louise-Sidonie de Choiseul-Praslin, fille du duc de Praslin, c'était un homme de grande vertu. On le vit, en compagnie de sa femme, émule de son dévouement, se multiplier au cours de l'épidémie cholérique qui ravagea Paris en 1832. Tandis que la ville tombait dans la consternation sous les coups répétés du terrible fléau, ces charitables personnages, quittant leur hôtel, allaient, avec leurs gens que leur exemple enthousiasmait, soigner eux-mêmes les malades, dans des ambulances qu'ils avaient fait établir au Gros-Caillou, sous la direction de la sœur Rosalie, une sainte dont l'éloge n'est pas à faire; aussi le peuple reconnaissant les associa-t-il longtemps aux bénédictions qu'il ne se lassait pas de répandre sur cette admirable religieuse.

Le duc actuel est leur fils. Ayant embrassé la carrière des armes, il servit en Crimée dans un bataillon de chasseurs et fut alors attaché en qualité d'officier d'ordonnance à la personne de Mac-Mahon, qui n'était encore que général. Depuis, il a joué un rôle politique comme député du Calvados. De sa femme née Mercy-Argenteau, il a deux fils, Henri et Charles. L'aîné de ces jeunes gens est sorti de Saint-Cyr, il y a deux ans; il est entré, comme son père, dans les chasseurs à pied.

Au milieu de cette nomenclature de la famille d'Harcourt, nous ne saurions oublier la branche d'Olonde, qui est l'aînée, bien qu'elle n'ait qu'un marquisat.

C'est à elle qu'appartiennent trois frères, bien connus dans la haute société parisienne : le marquis Ber-

…ard, marié à Marguerite de Gontaut-Biron; le vicomte Emmanuel, qui a épousé la duchesse de Castries, et le comte Amédée, dont la femme est Gabrielle de La Guiche.

Le blason de ces d'Harcourt est chargé d'un écu l'azur à une fleur de lys d'or, tandis que la branche locale garde les armes primitives : de gueules à deux fasces d'or, avec la devise : *Gesta prevenient verbis*.

M$^{me}$ de Bioncourt trouvera en Russie des sympathies d'autant plus vives, que la famille de sa mère a longtemps habité ce pays. Les Saint-Priest s'y étaient retirés au moment de l'émigration. Le vicomte de Saint-Priest, fils d'un des derniers ministres de Louis XVI et que le roi et la reine Marie-Antoinette avaient tenu sur les fonts baptismaux, y a grandi, de même que le comte, son frère, aïeul de la comtesse Bernard d'Harcourt. Ils se sont alliés aux Galitzin et se sont rattachés ainsi à ce qu'il y a de plus distingué dans le grand empire moscovite.

Aussi bien, M$^{me}$ de Bioncourt, ne fût-elle point servie par le passé de sa famille, se recommanderait-elle par ses seules qualités personnelles aux hommages respectueux de ses nouveaux compatriotes. Il est impossible de rêver plus de grâce et plus de distinction. Grande, blonde, élancée comme un lis, avec des yeux profonds où brille l'éclat d'un esprit qui est héréditaire chez les siens, elle rappelle le charme exquis de sa sœur, la comtesse Duchâtel, dont le beau portrait de Makhart a si bien reproduit la délicieuse figure. On ne saurait s'empêcher en les voyant l'une et l'autre de songer à des déesses, non point à celles qui se cachaient sur les sommets de l'Olympe ou dans les profondeurs des forêts d'Arcadie, mais à celles qui rayonnaient autour de la duchesse de Bourgogne, à la cour de Versailles, firmament radieux du Roi-Soleil.

## X.

Mort d'une femme de bien. — Un cénacle monarchique. — Souvenirs de l'hôtel de Galliera. — La vertu ne doit-elle pas être décorée comme le mérite? — Chez M${}^{me}$ Nilsson. — Un mot d'Alexandre Dumas. — Matinées littéraires de M${}^{me}$ Anaïs Segalas. — La poésie et l'art scénique dans les salons.

12 décembre 1888.

La duchesse de Galliera est morte avant-hier, en son hôtel de la rue de Varennes. Depuis longtemps malade, elle avait éprouvé récemment une amélioration relative, et tous ceux qui formaient des vœux pour la continuation de sa charitable existence s'étaient repris à espérer. Mais cette vie précieuse, consumée par l'ardeur même des bienfaits où elle se dépensait si fiévreusement, était à son terme; la flamme s'en est éteinte, pour ne laisser place qu'à un souvenir cher que la gratitude des malheureux ne cessera de bénir.

Peu de femmes, en effet, ont pu réaliser avec plus d'abondance les aspirations généreuses qui sont le propre de leur sexe. Grande dame, la duchesse qui, par sa naissance appartenait à l'aristocratie la plus illustre de l'ancienne république de Gênes, a pensé avant tout aux humbles; riche à millions, elle s'est intéressée avec la sollicitude la plus délicate à la pauvreté et à la souffrance.

Aussi l'admiration est-elle unanime pour les exemples qu'elle laisse derrière elle. On cite des traits exquis de son inépuisable charité; on raconte comment la bonté de son cœur s'intéressait à toutes les misères qui s'adressaient à elle. Chaque jour, une correspondance volumineuse arrivait à sa demeure; elle y apportait l'écho de mille souffrances, les unes sincères, les autres feintes, toutes destinées à un accueil semblable, et dont la bienveillance aimait mieux se laisser tromper par des déclarations mensongères que de ne point secourir des infortunes véritables. C'était le courrier d'un ministère, le département de l'aumône.

Il exigeait un service spécial que la duchesse présidait elle-même, dictant des réponses attendries, qui rehaussaient le prix de ses bienfaits.

Elle ne tenait point à l'apparat ni à la pompe des fêtes. Elle en donna cependant de fort brillantes sous l'empire, et qui trouvèrent un cadre merveilleusement approprié à leur éclat dans sa splendide demeure. Mais c'était moins par goût du monde que par devoir de position. Fille du marquis de Brignole, ministre de Sardaigne près le roi Louis-Philippe, ses traditions de famille, ses souvenirs de jeunesse, tout la rattachait à la royauté. Elle en avait reçu des égards et des prévenances délicates aux jours heureux; elle eût cru la trahir en ne lui multipliant pas les preuves de sa reconnaissance dans l'adversité. Aussi, loin de rechercher les bonnes grâces du régime qui avait remplacé celui dont sa fidélité ne cessait de déplorer la chute, s'appliqua-t-elle toujours à grouper, à retenir autour d'elle les émules de sa foi. Elle réussit à faire de son hospitalier logis un centre monarchique, une sorte de petite église, où les dévots du régime de Juillet venaient réchauffer leurs espérances auprès du feu sacré dont elle s'était constituée la gardienne et la prêtresse.

Mais peu à peu le délabrement de sa santé, les tristesses d'une vie remplie d'épreuves la dissuadèrent de tenir son rôle avec le même éclat. Ses dernières réceptions politiques finirent avec le règne de l'*ordre moral*, et la distribution de ses largesses devint l'unique objet de sa sollicitude. Elle voulait que les pauvres eussent la plus large part de sa fortune comme ils avaient la meilleure place dans son cœur.

Aussi bien, cet hôtel de la rue de Varennes, un des plus remarquables que nous ait légués le dix-huitième siècle et que Brongniart, le créateur heureusement inspiré du quartier des Invalides, avait conçu dans un style si magnifique, semble-t-il avoir été prédestiné au silence des vies tristes, recueillies et bienfaisantes. La duchesse de Bourbon l'a habité.

Fanatique des idées nouvelles, comme l'avait été son frère le duc d'Orléans, cette femme, capable de tous les renoncements et de tous les sacrifices, n'avait pas moins de passion pour la charité. La sœur de saint Vincent de Paul primait à ce point chez elle la princesse de sang royal que, remise en possession de son rang et de ses biens par la Restauration, son premier soin fut d'ouvrir, dans sa propre maison, un hospice qu'elle dédia à la mémoire de son fils, l'infortuné duc d'Enghien, n'ayant jamais, dans sa mansuétude surnaturelle, un blâme, un murmure pour l'homme qui lui avait enlevé l'espoir de sa race, pour « celui à qui rien ne résistait », comme elle l'avait dit, au jour de la catastrophe, dans la douceur de sa résignation chrétienne.

La duchesse de Galliera s'est-elle inspirée de cet exemple? Toujours est-il qu'une de ses œuvres les plus admirables est la fondation de l'orphelinat et de la maison de retraite qu'elle a inaugurés récemment et où, dans la froidure des premières journées d'automne, elle a pris le germe de l'affection de poitrine qui l'a emportée. Tout Paris voit ces édifices qui dominent le coude charmant formé par la Seine entre Meudon et Saint-Cloud. Les hommages de la grande cité monteront désormais vers cette colline, comme vers un piédestal où la mémoire de la charitable donatrice ne cessera de trôner.

Il y a dans le palais de ses ancêtres, dont M$^{me}$ de Galliera a fait présent à sa ville natale et qui est connu des artistes sous le nom de *Palais-Rouge*, un superbe portrait de Van Dyck représentant une marquise de Brignole-Sale, son aïeule. C'est une femme d'une beauté éclatante, habillée de brocart, la tête fine enfermée dans une fraise godronnée, qui se tient sur le seuil d'un vestibule de marbre à l'architecture grandiose. Sa main blanche et délicate de patricienne, habituée aux longs repos, est appuyée sur un fauteuil de haut style, où se pavane un perroquet aux couleurs vives, emblème peut-être de ces contrées mystérieuses que le génie de Christophe Colomb venait de donner au vieux monde. Elle sourit à son époux, qui lui fait pendant, seigneur de fière mine, assis sur un palefroi blanc comme la neige, et qui répond au doux regard de sa compagne par un salut triomphant. Autour de ces deux personnages tout le rayonnement du luxe et du bonheur s'épanouit.

Le philosophe se dira que le même luxe, agrandi, décuplé, est demeuré le patrimoine de la duchesse, mais qu'elle n'a pas hérité du même bonheur.

N'a-t-elle pas perdu son mari, qu'elle aimait? De ses deux fils, l'un est mort en bas âge; l'autre, pendant de longues années, a donné à sa tendresse toutes les inquiétudes qu'apporte une santé délicate, et elle l'a vu, poussant jusqu'à ses dernières limites l'amour de la simplicité, refuser le titre ducal dont il pouvait légitimement se parer. Elle a souffert par ses princes dont le succès n'a point répondu à ses souhaits, tandis que certaines questions d'un règlement intime sont venues troubler un peu, dans ces derniers temps, les relations affectueuses qu'elle entretenait avec eux. L'avenir de ses deux patries, l'Italie et la France, préoccupait enfin sa vieillesse, qui avait gardé les traditions d'un autre âge.

Le chrétien admirera, lui, la modestie de cette fille d'une antique lignée, de cette amie de rois qui n'a jamais songé que l'amour du bien est digne d'une récompense sur la terre comme dans le ciel. Mais si l'étoile que la vertu mérite autant que la bravoure ne brille pas sur ce cercueil, la reconnaissance mettra parmi toutes les fleurs qui l'envelopperont de leur hommage son parfum immortel!

On ne connaît pas encore les dispositions testamentaires de la duchesse de Galliera; il est à peu près certain cependant que son fils, qui joint au mépris des grandeurs un désintéressement peu commun, renoncera à la majeure partie de son opulente succession.

M. Philippe Ferrari est né avec les goûts les plus simples: savant consommé, helléniste remarquable, l'étude et les livres ont toujours eu plus de prix à ses yeux que la dissipation d'une vie élégante et les sports en faveur parmi les jeunes gens de son rang. Il sacrifie sans regret sa couronne de duc à sa toque de professeur, et les salles nues de l'École des sciences politiques où il a sa chaire lui plaisent davantage que les somptueux appartements du logis familial. Il tient, d'ailleurs, de sa mère, qu'il a entourée jusqu'au bout d'une affection respectueuse, de grands élans de générosité. On raconte qu'il fit un jour présent d'un titre de rente de cent mille francs à un de ses amis, dont la fortune n'égalait pas la science et qui, s'étant marié, envisageait avec quelque inquiétude l'avenir d'une existence à laquelle ne semblait devoir subvenir qu'un modeste traitement universitaire.

Le public s'est demandé à propos de la duchesse de Galliera si le don de la croix de la Légion d'honneur, qui a été octroyé dans ces derniers temps à des femmes remarquables par le génie ou par le cœur, ne devait pas être généralisé. Cette question a été traitée, hier, notamment, chez M$^{me}$ Christine Nilsson, comtesse Angel de Miranda, à un dîner où se trouvaient entre autres la baronne de Neuforge, le baron de Saint-Amand, M. Campbell-Clarke et M. Cheramy, le plus mondain des avoués. On rappelait l'exemple de Rosa Bonheur, de Marie Laurent, de M$^{me}$ Heine-Furtado, et, naturellement, dans l'élégante assistance il s'est rencontré des dilettantes qui ont exprimé le vœu que les divas, comme certains comédiens illustres, pussent prétendre à l'étoile de notre ordre national, puisqu'elles étaient *étoiles* elles-mêmes. On disait que naguère, à Londres, en présence d'une des filles de la reine d'Angleterre, et avec une solennité que le chant national de la *Marseillaise* rehaussait, M$^{me}$ Adelina Patti avait reçu les palmes académiques.

N'était-ce point un acheminement vers une plus haute récompense ? Les débats se sont clos par un toast enthousiaste aux futures *chevalières*.

Parmi les artistes que ce souhait ne manquait pas d'intéresser, il y avait au même dîner M$^{lle}$ Sanderson, qui doit débuter prochainement à l'Opéra-Comique, et à qui Massenet a prédit une brillante carrière. Quelques amoureux de la musique ont regretté qu'elle ne fît point entendre sa belle voix au cours de la soirée; mais M^me de Miranda a eu le bon goût de ne point faire payer à son amie, par cette exigence, une sorte d'écot.

Cette réserve n'est pas toujours imitée dans les réunions mondaines, où les personnalités de talent sont conviées sous les apparences d'une affectueuse hospitalité. Au salon, le piano est ouvert comme par mégarde; un vide est sournoisement laissé entre les sièges pour faciliter l'accès du clavier et des regards pressants, quelquefois même des paroles, exhortent l'artiste à s'exécuter, sans égards pour sa fantaisie, ni respect pour sa digestion.

Pareille contrainte s'impose aux littérateurs : on ne leur sert du champagne et des truffes que dans l'espérance qu'ils seront étincelants de verve et d'esprit. Un jour, Alexandre Dumas avait été invité, avec cette arrière-pensée, à un dîner où se trouvait le général Paixhans. Au sortir de table, la maîtresse de la maison lui reprochait en minaudant son attitude silencieuse. « Eh! Madame, fit l'illustre écrivain, que ne demandiez-vous aussi au général de tirer le canon? »

Préservées d'une telle gêne, les réceptions de M^me Nilsson continueront à être charmantes; son installation exquise se prête, d'ailleurs, admirablement à leur élégance. On sait qu'elle habite dans un des plus coquets appartements de la place Vendôme, non loin de l'hôtel Bristol où, par une coïncidence bizarre, était descendue récemment son émule la Patti. Elle y accumule des objets d'art, des tableaux de maîtres, dont la recherche bien entendue fait d'elle une des concurrentes les plus assidues des salles de la rue Drouot. Sa belle-fille, qui est très jolie, suffirait cependant à orner cette artistique demeure. Le comte Angel de Miranda, qui a eu, dans la diplomatie et dans la presse, de très grands succès (on n'ignore pas qu'il est le confident de M. Canovas del Castillo) sait, d'autre part, s'entourer d'hommes éminents, qui apportent aux grâces du logis l'appoint de leur intelligence et de leur esprit.

Des réunions non moins intéressantes ont lieu chaque dimanche, après les concerts du Conservatoire, chez M. et M$^{me}$ Ambroise Thomas. Là, se retrouvent M$^{me}$ Nilsson et M$^{lle}$ Sanderson, avec M$^{me}$ Beulé, la comtesse de Chambrun, le brillant chef d'orchestre Garcin, le compositeur Lenepveu, M. Charles Bocher et autres dilettantes *di primo cartello*.

Assistance très *select* aussi chez M$^{me}$ Anaïs Ségalas, qui a repris ses matinées littéraires du lundi, où les habitués de l'hiver dernier commencent à se réunir. Le baron de Mohrenheim, ambassadeur de Russie, M. Ramon Fernandez, ministre du Mexique, M. de Lyden, M. et M$^{me}$ Guyon, M$^{me}$ Secrétan, la princesse de Rohan, M$^{me}$ Herbette, femme de notre ambassadeur à Berlin, la comtesse de Turenne, la générale

Dubost, la générale Pessard, la générale de Bussy, Mme de Serre, font partie de l'entourage de l'aimable et spirituelle maîtresse de la maison, dont les poésies sont souvent interprétées d'une façon charmante par sa fille, Mlle Bertille Ségalas.

A côté de cette fine diseuse, paraissent volontiers des artistes ou des amateurs, dont la louange serait banale: Mme Crosnier, de l'Odéon, et son gendre M. Loberty, Mme Ernst, Nadaud, Verconsin, Jean Rameau, Marie Dumas, le petit Victor Heudes, un enfant prodige qu'on ne se lasse pas d'entendre; le commandant Dubois, Mme Richault, Mlles Cornilliau et Maynard, brillante pléiade vouée au culte des Muses.

Hier, une partie de cette société délicate est venue fêter Mme Ségalas à l'occasion du prix de la fondation Botta, que l'académie a décerné à son dernier ouvrage : *Poésies pour tous.*

Un déjeuner avait précédé la réception. Il était donné en l'honneur de l'archevêque de Tours, Mgr Meignan, qui est véritablement un causeur et un lettré du grand siècle. Le prélat n'a pas seulement une façon charmante de conter : au tour heureux qu'il donne à ses anecdotes, il sait allier l'art de la récitation, et les fables de La Fontaine, dites par lui avec une finesse incomparable, n'ont jamais trouvé d'interprète plus distingué.

Un autre salon réserve à ses hôtes de grandes jouissances littéraires, c'est celui de Mme Lee, qui vient d'acheter un des plus beaux hôtels du boulevard Malesherbes, dans le voisinage du parc Monceau. M^me Lee est une femme du monde pour qui les choses de l'esprit passent avant tout. M^lle Gérard, sa pupille dont la grâce est incomparable, a la passion de la poésie. Un recueil de vers qu'elle a composés paraîtra prochainement et fera sensation parmi tout ce qui demeure épris de la langue des dieux.

Cette jeune fille fait valoir ses œuvres avec un art consommé. Elle égale, d'ailleurs, si elle ne les surpasse, les charmantes mondaines qui sont les étoiles de nos théâtres de salon : la comtesse Maurice Fleury, la comtesse Chandon de Briailles, la duchesse de Gramont, née Rothschild, M^me Maurice Lippmann, la princesse Amédée de Broglie.

## XI.

Embarras des étrennes. — Réunions intimes. — Diners en petit comité chez M$^{me}$ la princesse Mathilde, chez le baron et la baronne Haussmann, chez le baryton Maurel. — Le salon de la comtesse de Beausacq et le *Livre d'or* de la comtesse Diane. — Une Reine-Auteur.

21 décembre 1888.

Les derniers jours d'une année sont généralement peu propices aux réunions mondaines à grand apparat, aux fêtes brillantes qui font époque. La plupart des salons ont à peine revêtu leur parure d'hiver. Les brocarts, les satins qui composent leurs riches tentures, les tapisseries de haute lisse qui encadrent leur seuil, viennent seulement d'être débarrassés des toiles qui les préservaient des ardeurs et de la poussière de l'été. Les cercles aimables ne s'y sont point encore formés sous le dôme léger des plantes vertes, rajeunies dans le repos vivifiant des serres. Les maîtresses de maison se trouvent, d'ailleurs, aux prises avec des soins et des devoirs qui les empêchent d'élaborer le programme des surprises qu'elles comptent offrir à leurs invités. Il y a la question des toilettes. Couturiers et couturières sont assaillis par les élégantes, qui se sont attardées à la campagne et qui voudraient toutes être servies les premières. Au-dessous des enseignes renommées, les équipages stationnent des heures durant. On y voit remonter de jolies femmes enveloppées de fourrures, un pli de maussaderie barrant leurs lèvres habituées aux sourires, et le passant, qui s'arrête devant le froufrou de leurs jupes soyeuses et parfumées, surprend des soupirs, des phrases navrantes : « Ah! ma chère, le croiriez-vous! on me manque pour la troisième fois de parole. Et je n'ai rien, absolument rien à me mettre! » De telle sorte que le pauvre homme est saisi de pitié pour une infortune si touchante.

Il y a la question des étrennes. Dès que monsieur et madame ont un moment, ils sortent et courent les magasins. Ils rentrent fatigués, ahuris, ne sachant que résoudre. « Je vous assure, mon ami, que votre mère ne serait point satisfaite de ce livre d'Heures. C'est bon, dirait-elle, il paraît que je ne suis plus d'âge à aller dans le monde. On estime que ma place n'est qu'à l'église. Vous savez qu'elle est très susceptible! Ne s'est-elle point imaginée, l'année dernière, que je lui avais donné des pralines par une ironie cruelle pour ses dents affaiblies? » Il faut songer aussi aux amis qui vous ont reçu à la campagne, aux enfants dont l'âge a cessé de correspondre à des goûts certains. Louis est trop jeune pour avoir un fusil,

Jeanne trop grande pour se contenter d'une poupée. Et le professeur qui a fait travailler le futur rhétoricien pendant les vacances? Et la vieille institutrice qui est depuis si longtemps au logis? Et les parents peu à l'aise qu'on ne voudrait point froisser par des cadeaux d'une utilité trop apparente? Quelle source de soucis!

Au milieu de ces préoccupations il n'y a vraiment place que pour le tête-à-tête, ou les assemblées intimes. Ouvre-t-on sa porte, ce n'est que pour un nombre restreint d'amis, pour ceux qu'on connaît tout à fait, à qui on peut demander conseil. Les dîners en petit comité servent d'occasion à ces groupements, où la sympathie mutuelle trouve des joies délicates sans que les grâces de l'esprit en soient bannies.

C'est ainsi que, dimanche dernier, M$^{me}$ la princesse Mathilde réunissait chez elle quelques-uns de ses familiers : la baronne de Galbois, le comte Benedetti, l'amiral Jurien de la Gravière, tout à fait remis de l'accident qui l'a contraint à un repos de plusieurs mois; le vicomte Henry Houssaye, etc.

Le menu de ces repas est toujours très simple, mais la chère en est exquise.

Le Vatel de Son Altesse aurait-il, d'ailleurs, été moins bien inspiré que de coutume, aurait-il eu la main moins légère dans le maniement d'une sauce ou la confection d'un coulis, qu'on ne s'en apercevrait point, tant la conversation est substantielle à cette table hospitalière. On y traite tous les sujets avec une compétence qui résulte du milieu; la politique seule est mise à l'interdit, et la sage princesse ne semble se souvenir du régime impérial que parce qu'elle a cimenté pendant sa durée des amitiés précieuses et d'inaltérables dévouements. Elle les doit moins à l'élévation de son rang qu'à l'affabilité de son accueil. Toujours naturelle, toujours bienveillante, elle continue à être entourée des mêmes empressements. Or, dans les temps agités où nous vivons, il faut que les relations soient bien sûres, les fidélités bien établies pour qu'elles résistent à la fois au changement des positions et à l'épreuve des années.

Si le zèle des siens entretient autour de la princesse un cercle respectueux, elle ne va point dans le monde. Elle ne sort qu'exceptionnellement, le soir et dans des circonstances spéciales, lorsqu'il s'agit de donner à ceux qu'elle affectionne un témoignage particulier de sympathie. M. Edmond de Goncourt a bénéficié d'une de ces faveurs. La princesse a assisté à la *première* de *Germinie Lacerteux*, et ses applaudissements n'ont pas manqué d'aller droit au cœur du grand écrivain.

La même bonne fortune est sans doute réservée à M. Alexandre Dumas, qui est aussi un des habitués du salon de la rue de Berry. Après un séjour à Salneuve, chez le peintre Flahaut, le maître vient de rentrer à Paris pour opérer quelques remaniements aux pièces de son père qui seront jouées pendant la saison, et notamment au *Chevalier de Maison-Rouge*, dont la reprise, donnée sous de tels auspices, sera certainement un nouveau triomphe.

Par suite du retour du célèbre académicien, le bel hôtel de l'avenue de Villiers va être un centre encore plus recherché. M^me Alexandre Dumas recommence à recevoir le dimanche dans la journée, et la compagnie la plus distinguée se retrouve autour d'elle. M^lle Jeannine Dumas éclaire ces réunions du charme de son sourire et de la grâce de son esprit. Comme sa sœur aînée, M^me Maurice Lippmann, elle a un goût marqué pour les choses de l'intelligence. Toutes deux sont dignes de leur illustre origine, et jamais arbre aux puissantes racines n'eût pu produire de fleurs plus délicates et plus exquises.

La soirée de dimanche dernier n'a pas seulement été fêtée chez M^me la princesse Mathilde. Des convives aimables et triés sur le volet entouraient aussi, rue Boissy d'Anglas, le baron et la baronne Haussmann. On a fait de la musique. M^me Marchesi, marquise de Castrone, que les dilettantes appellent *la faiseuse d'étoiles*, comme les soldats appelaient Warwick *le faiseur de rois*, avait amené quatre de ses meilleures élèves : leurs voix pures ont rempli d'une jeune et triomphante harmonie les hautes salles du vieil hôtel, autrefois habité par Junot, et il est douteux que le duc d'Abrantès ait offert pareil régal à Napoléon I^er, lorsqu'il reçut pour la première fois l'empereur dans cette demeure, qu'il tenait de son auguste munificence.

D'autres amateurs de musique étaient réunis, le même jour, chez M. Maurel, le baryton fameux, qui donnait un dîner en l'honneur de M. Ambroise Thomas, mais là encore ce n'était qu'une sélection.

Parmi les salons réservés à l'intimité et qui font peu de bruit, bien qu'ils offrent beaucoup d'attraits, on peut citer celui de la comtesse de Beausacq, fille du vice-amiral de Suin, qui a laissé un nom honoré dans la marine. Aucune femme n'est plus supérieurement douée au point de vue de l'intelligence et du cœur. Aussi compte-t-elle parmi ses relations de foyer, s'il est permis de parler ainsi, des personnalités éminentes, qui viennent souvent se délasser dans le charme de sa causerie.

L'amiral Rigault de Genouilly, son oncle, était un de ses assidus et, depuis de longues années, des noms très connus n'ont cessé de faire partie de son entourage. C'étaient, ce sont encore, pour n'en rappeler que quelques-uns, MM. de Saulcy et Tissot, de l'Institut, la comtesse de Pierreclos, nièce de Lamartine; le général de Cissey; MM. Alphonse Pénaud, directeur au ministère de la marine; Henry Martin, Joseph Bertrand, Sully-Prudhomme, de l'Académie; le docteur Broca, lord Houghton, le comte et la comtesse Albert de Circourt, Jacques de Boisgelin, le comte Marcel de Germiny, Francis Wey, José-Maria de Hérédia, Paul Demailly, Paul Sévène, Jean Aicard, Gaston Bergeret, M$^{mes}$ de Laubrière et de Seymiers : élite formant à l'aimable maîtresse de maison une cour de bon goût, comme celle où trônait jadis la belle Julie à l'hôtel de Rambouillet. Éprise d'art et de littérature, curieuse des choses délicates qui font à l'âme une atmosphère digne de ses aspirations, cette assemblée ne pouvait se réunir sans qu'il tombât de ses discours des diamants et des perles. La comtesse de Beausacq, comme les fées ses marraines, avait assurément la baguette qui amène ces joyaux sur des lèvres privilégiées; elle n'a point voulu les laisser perdre et discrètement, au jour le jour, elle les ramassait pour en faire un trésor, dont elle ne serait pas seule à jouir. Par ce soin jaloux, elle justifiait bien la déclaration d'une diseuse de bonne aventure, qui, regardant sa main d'enfant s'écriait : « Ah! petite, il est heureux pour toi que tu ne sois pas un garçon : tu aurais troqué ta stalle au Paradis contre un fauteuil à l'Académie. » De l'esprit dépensé chez elle M$^{me}$ de Beausacq a fait un écrin : c'est le *Livre d'or*, qu'elle vient de publier sous l'aristocratique pseudonyme de comtesse Diane. On y trouve le triomphant diamant et la sentimentale turquoise, le rubis sombre et l'émeraude mystérieuse qui fait songer aux palais souterrains des gnomes, la perle qui semble refléter la nacre des épaules où elle est habituée à reposer, et l'améthyste en deuil qui donne des idées tristes. Tout cela scintille sous la forme de pensées, fières ou tendres, graves ou rieuses, aimables ou mélancoliques. Le recueil, en effet, se compose de *petits papiers*, questions et réponses échangées autour de la table, sous la lueur discrète de la lampe fidèle, fugitives lucioles que la comtesse a fixées avec de délicates épingles au vélin des feuillets.

« A quoi mettez-vous votre orgueil ? — A le justifier.

« Voudriez-vous avoir des ailes ? — Oui, pour revenir.

« Qu'est-ce que le remords ? — La faute qui punit.

« Le meilleur remède contre l'oubli ? — Faire souffrir.

« Qu'est-ce que la jalousie ? — Un enfer où l'on aime encore.

« Quel est le plus grand courage pour une femme ? — Pleurer seule. »

L'originalité de ces définitions se renouvelle à chaque page, et il en est beaucoup qui, sous un tour badin ou avec une allure tant soit peu railleuse, vous laissent l'impression profonde des vérités incontestables.

La comtesse Diane, en se présentant au public, n'est point à son coup d'essai. Elle a déjà publié les *Maximes de la vie*, et ce livre, fruit de ses longues méditations, l'a placée d'un seul coup au rang des écrivains les plus goûtés de la foule. Son succès l'a étonnée, non qu'elle trouvât son œuvre médiocre, mais parce qu'elle ne croyait point qu'un si petit volume pût créer une notoriété si grande.

Henner, pénétré du charme qui se dégageait des *Maximes*, a demandé à la comtesse, sans la connaître, de faire son portrait, uniquement par admiration pour elle, et la toile du peintre figure aujourd'hui dans le salon de l'auteur.

M<sup>me</sup> de Beausacq devait recueillir d'autres suffrages.

Également séduite par son talent, la reine de Roumanie s'est mise en rapport avec elle, par lettres, et l'a priée de venir lui rendre visite. La comtesse Diane, attirée par la nouveauté du voyage et l'impressionnante personnalité de son auguste correspondante, n'a eu garde de manquer à cet appel. Elle a été reçue à Sinaïa en amie, en *confrère,* s'il est permis de parler ainsi, car on sait que la reine aime beaucoup les lettres et qu'elle écrit elle-même avec un goût qui a rendu célèbre le pseudonyme de Carmen Sylva, sous lequel elle voile l'éclat de son rang.

Dans l'enthousiasme de son accueil, Sa Majesté a ôté de son corsage la croix du Mérite littéraire et l'a attachée elle-même sur la poitrine de la comtesse Diane; celle-ci, présentée au roi avec un empressement des plus flatteurs, est restée douze jours à la cour, pleine de reconnaissance pour la sympathie qu'elle trouvait auprès de ses hôtes.

Le palais, d'ailleurs, offrait à sa curiosité un champ d'exploration fort agréable. C'est une construction en bois d'une délicatesse exquise, rappelant les édifices gracieux que le moyen âge a laissés à Nuremberg. Il est rempli de meubles anciens et de bibelots précieux. Le paysage qui l'environne est à l'avenant. Forêts sombres, torrents qui grondent sous la fraîcheur des ombrages, tout cela forme un cadre vraiment approprié à la beauté imposante de la reine qui, toujours vêtue du costume national, entourée de ses filles d'honneur, habillées de même, se lève de grand matin et parcourt, comme Diane au milieu de ses nymphes, les grands bois qui lui sont familiers.

Au retour de ces promenades, pendant que Sa Majesté se livrait aux travaux de l'intelligence (elle ne se contente pas d'écrire, elle peint, elle fait de la musique, elle sait toutes les langues), la comtesse Diane conversait avec M<sup>lle</sup> Hélène Vacaresco, une des plus charmantes personnes attachées au service de Sa Majesté et qui, fort instruite et fort géniale aussi, a composé de très jolis vers intitulés : *Chants d'aurore*. La reine, sa tâche accomplie, venait se mêler parfois à ces causeries.

Elle s'intéressait au *Livre d'or*, qui était un peu son œuvre, car elle avait envoyé plusieurs fois déjà des réponses aux questions qu'elle avait prié la comtesse de lui poser de loin.

Encouragée par tant de grâce, M<sup>me</sup> de Beausacq a sollicité la reine de vouloir bien permettre qu'elle la plaçât dans la publication du volume au rang de ses collaborateurs. C'est pourquoi l'on trouve à la table le nom de Carmen Sylva. Et, certes, on ne saurait avoir trop d'éloges pour les pensées élevées que cette signature accompagne de son paraphe. En voici quelques exemples :

« A quoi servent les bonnes actions ? — A en faire de meilleures.

« Que donne la richesse ? — Beaucoup d'amis pauvres. »

Il y a aussi des appréciations tristes, échos, sans doute, d'une épreuve cruelle vaillamment supportée.

« Que chante le souvenir ? Do, do, l'enfant do, l'enfant souffrira tantôt.

« Qu'y a-t-il de pire que l'attente ? — Ne plus attendre.

« Que disent les tombes ? — Patience ! »

## XII.

Voyage à Paris de l'impératrice Eugénie. — *Mater dolorosa*. — Le duc et la duchesse de Mouchy. — La famille Murat. — *Christmas! Christmas!*

27 décembre 1888.

Au milieu des devoirs et des soins que la fin de l'année lui impose, la société parisienne n'a pu s'empêcher de prendre un vif intérêt au voyage à Paris de celle qui fut l'impératrice des Français.

Tous les partis ont observé une attitude pleine d'égards, un silence respectueux devant cette femme éprouvée par de si cruelles infortunes. Sa démarche accablée, ses cheveux blanchis, son visage autrefois si admiré, maintenant ravagé par les larmes, ont ému jusqu'aux plus insensibles parmi ceux qui ont pu la voir passer, dans ses vêtements de deuil, ardente à ne pas attirer les yeux. Mais, c'est surtout la pitié des mères qui s'est plu à répandre autour d'elle son parfum délicat. Elles ont compris les angoisses dont son cœur a dû être pénétré devant l'emplacement vide et ruiné du palais, où, en donnant le jour à son fils, elle croyait aussi lui donner le bonheur, devant les jardins devenus un désert pour elle, où tout petit, ne sachant rien des lourdes destinées qui sont souvent réservées aux princes, il jouait naïvement sous ses regards attentifs et charmés. Mères, elles ont plaint cette mère, elles l'ont plainte du fond de l'âme, en serrant leurs propres enfants dans leurs bras avec des caresses apeurées, comme jalouses d'écarter de ces fronts candides et chéris l'aile frôlante et sinistre de la mort !

Aussi bien l'ancienne souveraine qui voyage sous le nom de comtesse de Pierrefonds, faible et mélancolique écho d'un passé de splendeurs et de joies, s'est-elle sentie intimement pénétrée de l'atmosphère de sympathie qui l'enveloppait. Et quoique, pendant son séjour parmi nous, des souvenirs pénibles l'aient parfois douloureusement heurtée, quoique ses nuits aient été assaillies d'insurmontables insomnies, elle emporte de Paris une impression qui contient autant de douceur que d'amertume. C'est un charme poignant qui l'appelait naguère sur les rivages lointains dont le sable inconscient a bu le sang de son fils et qui, malgré les atteintes d'un climat sans pitié pour elle, la retient encore auprès de la tombe où repose la touchante victime. De même, un attrait mystérieux la ramène vers la ville qui fut le berceau de celui qu'elle revoit tout rose, tout mignon, tout joli, comme au temps où il était le *petit prince*, porté dans un carrosse d'or, sur un coussin de dentelles, vers les pompes de son baptême, ou présentant son premier uniforme de grenadier aux fanfares des troupes et aux acclamations de la foule.

Napoléon, dans sa geôle de rochers, se sentait moins empereur que père. Son cœur ne se dégonflait à l'aise qu'aux heures où la figure radieuse du petit roi de Rome traversait son alcôve. Ainsi cette impératrice d'hier ne pense plus à sa couronne perdue; ce qu'elle cherche derrière elle :

>...... C'est l'ombre blanche et rose
> D'un bel enfant qui dort la bouche demi-close,
> Gracieux comme l'Orient,
> Tandis qu'avec amour sa nourrice enchantée,
> D'une goutte de lait, au bout du sein restée,
> Agace sa lèvre en riant!

La châtelaine de Farnborough, en descendant chez sa cousine la duchesse de Mouchy, ne pouvait trouver un milieu plus conforme à ses habitudes et au genre de vie qu'elle avait souhaité de mener pendant son séjour à Paris. L'hôtel de la rue de Constantine est éloigné des grandes artères, où bouillonne le mouvement de la ville. La paix aristocratique du faubourg Saint-Germain l'enveloppe de son silence. Ses fenêtres ouvrent sur les grands arbres de l'esplanade des Invalides, dont les cîmes séculaires, entrevues à travers la brume de ces jours de décembre, peuvent donner l'illusion des futaies d'outre-Manche. Il y monte le souffle pur que la Seine, rendue à elle-même, exhale entre les berges du quai d'Orsay et les berges du cours la Reine, activant sa marche comme impatiente d'atteindre les coteaux riants de Meudon et de Saint-Cloud.

Son style rappelle les élégantes et familiales demeures situées entre Cavendish-square et Belgravia. La distribution, le confort des appartements répondent à cette apparence, avec des grâces plus étudiées, des raffinements plus délicats que ne le comporte généralement le goût anglais. Mais ce n'est pas seulement la douceur d'un logis agréable et tranquille que devait apprécier l'impératrice. Elle a été entourée de prévenances sous ce toit hospitalier; elle y a trouvé une grande déférence, une courtoisie de race et des témoignages précieux d'affection et de respect. Son incognito a été fidèlement respecté, sauf pour quelques intimes qu'elle avait désignés. Les empressements qui s'inspiraient des traditions officielles d'autrefois ne dépassaient point le vestibule où, dans la petite loge du concierge, qui en forme comme une annexe, un registre était présenté aux personnes qui venaient apporter leur hommage.

On sait que la comtesse de Pierrefonds est très peu sortie. A l'occasion de ses promenades, elle est entrée dans plusieurs magasins du boulevard où elle a tenu à acheter de ces objets exquis, d'un fini si rare, que le commerce parisien est seul à inventer; dimanche, elle est allée rue de Varennes, chez les dames du Sacré-Cœur, où elle a assisté à l'office religieux. Elle a, durant ces courses, rencontré d'anciens familiers des Tuileries, que la discrétion avait tenus éloignés d'elle.

Avec une grande spontanéité, elle faisait arrêter sa voiture, appelant d'un geste ces visages amis, leur exprimant par des paroles émues la satisfaction qu'elle avait de les revoir. Deux monuments où elle a voulu s'arrêter l'ont laissée toute défaillante : le Louvre, où son diadème impérial rayonna de mille feux dans la magie de fêtes inouïes, et Notre-Dame, où son mariage, plus invraisemblable qu'une féerie, lui ouvrit l'accès du trône, en attendant que le baptême de son fils, célébré dans le même temple au milieu de toutes les pompes de la religion et de tout l'apparat du pouvoir, l'élevât au paroxysme des joies que donnent l'orgueil et l'espérance.

La veuve de Napoléon III était ordinairement accompagnée de sa parente qui, mieux que personne, était en mesure de s'associer à ses tristes réflexions. La duchesse de Mouchy a été, elle aussi, cruellement frappée dans ses affections maternelles. Il y a quelques années, elle a perdu une fille, une fille charmante qui promettait de lui ressembler non seulement par les séductions de sa beauté, mais encore par la grâce de son esprit et par la générosité de son cœur. Depuis que M<sup>lle</sup> Sabine de Noailles n'est plus auprès d'elle, une incurable mélancolie s'est répandue dans sa vie dont les aspects sont pourtant si brillants et si enviés.

Il lui reste, du moins, un fils, le prince de Poix, dont on fêtait hier même la vingt-deuxième année, et qui mérite en tous points d'être l'objet de son ardente sollicitude. C'est un beau jeune homme brun, au teint mat, aux yeux noirs où brille le feu de l'intelligence, d'une tournure distinguée, d'une éducation accomplie comme il sied au rejeton d'une race si vieille et si illustre.

La duchesse n'est pas seulement la meilleure des mères; elle a aussi toutes les vertus de l'épouse. Son union avec le duc est des plus heureuses. Comme une nouvelle mariée empressée à plaire à l'élu de son cœur, elle n'aime rien tant que les soirées qu'elle passe avec son mari en tête-à-tête à Mouchy; elle le consulte, elle suit ses avis et veut obtenir ses suffrages, même pour les toilettes qu'elle porte dans le monde. C'est, sous d'aristocratiques lambris, l'affectueuse confiance d'un foyer bourgeois.

Aussi bien, M<sup>me</sup> de Mouchy, qui s'est rattachée par son mariage à la noblesse de l'ancien régime, n'oublie-t-elle pas qu'elle est Murat : elle a pour tous les membres de sa famille une incomparable tendresse. Ils y répondent par leurs empressements, et ils se sont habitués à avoir chez elle un centre aimable où ils ont à cœur de se retrouver.

Le chef du nom et des armes, le prince Joachim Murat, prince de Clèves et de Berg, qui a servi dans l'armée sous le second empire, avait épousé la fille du prince de Wagram, dont il est veuf depuis quatre ans. Son fils, Joachim-Napoléon, prince de Ponte-Corvo, s'est marié, brillant officier de cavalerie, à M<sup>lle</sup> Cécile Ney, fille du général duc d'Elchingen;

c'est pour cette dernière que M^me Heine-Furtado, sa grand'mère adoptive, a donné dans l'hôtel de la rue de Monceau, des fêtes si merveilleuses, que la mort du dernier enfant du jeune et charmant ménage a brusquement interrompues.

Des deux filles du prince Joachim Murat, l'une a épousé le duc de Lovello, prince de Torello, d'une des plus anciennes maisons d'Italie, l'autre le comte Agénor Goluchowski, dont la naissance n'est pas moins illustre en Autriche et qui compte tant de sympathies dans la société parisienne.

Le second des Murat est le prince Achille, qui s'est uni à la princesse Salomé de Mingrélie, dont il habite les immenses domaines en Russie. Il en a eu trois enfants.

Le premier, le prince Lucien, né à Alger en 1870, se distingue par une gravité précoce ; il a beaucoup de goût pour les lettres ; c'est une nature fine, rêveuse, tournée vers la poésie.

Le second, le prince Louis-Napoléon, né à Brunoy, en 1872, a, au contraire, une prédilection marquée pour les sciences. Il est fier, prompt, énergique. On trouve en lui comme un reflet du caractère de son grand-oncle Napoléon I^er.

Ces deux jeunes gens ont passé quelque temps à Cantorbéry, dans le collège dirigé par le Père du Lac, qui avait d'eux l'opinion la plus flatteuse. Ils sortaient alors à Farnborough chez « leur tante Eugénie », qui leur prodiguait les preuves de sa bienveillance. Leur sœur, la princesse Antoinette-Catherine, n'est encore qu'une mignonne et gracieuse enfant.

La princesse Achille Murat est une personne remarquable, douée d'une d'intelligence très vive et très primesautière. Toujours en costume de chasse, elle vit au grand air, parcourant la campagne, s'arrêtant dans les chaumières, où elle répand ses bienfaits. Aussi est-elle adorée, et souvent ces populations du Caucase, aux démonstrations si spontanées et si naïves, abandonnent leur rude travail pour venir baiser le bord de ses vêtements. Elle est d'autant plus vénérée et plus chérie que tous les siens ont renoncé au séjour de la Mingrélie, même le prince son frère, qui, marié très richement à une Adlerberg, préfère aux montagnes natales la vie de Saint-Pétersbourg, ne manifestant aucun goût pour un pays où ses ancêtres ont pourtant régné et dont il a conservé le nom. Par contre, le prince Achille Murat, dont la première jeunesse a rempli d'un éclat particulier la chronique parisienne et dont les succès mondains ne se comptaient plus, s'est très bien fait à l'austérité de ces régions lointaines : l'ancien habitué des coulisses de l'Opéra, le soupeur élégant du café Anglais, est devenu le plus paisible des gentilshommes campagnards, le père le plus vigilant et le plus tendre.

Son frère, le prince Louis, qui a épousé la princesse Eudoxie Schirinsky, veuve du prince Alexandre Orbeliani, a été moins privilégié. Les propriétés considérables de sa femme ont été fort compromises par les suites d'une administration compliquée, qui a entraîné des procès inextricables; il ne pourra sans doute pas transmettre à son fils Eugène l'opulent héritage qu'il se flattait de lui laisser. Ce dernier, qui n'a que treize ans, est élevé en France dans un collège du département de l'Oise, et c'est sa tante, la duchesse de Mouchy, qui veille sur lui avec son inépuisable bonté.

Si deux des princes Murat ont contracté des alliances en Russie, leur autre sœur, mariée en premières noces au baron de Chassiron, s'est fixée en Angleterre, où elle a épousé, après la guerre, John Garden of Retisham-Hall.

Pendant que la veuve de Napoléon III regagne cette terre anglaise, où la mélancolie du ciel est en harmonie avec la tristesse de son deuil, tout se met en liesse, de l'autre côté du détroit, pour célébrer la fête de Noël. *Christmas! Christmas!* ce cri joyeux chante dans le brouillard, et le peuple entier bat des mains au retour de l'heureuse nuit qui perpétue une de ses coutumes les plus anciennes et les plus chères. Le palais de la reine, le château seigneurial du lord, l'hôtel luxueux du grand négociant qui a des comptoirs sur tous les rivages et des navires sur toutes les mers, s'illuminent à l'envi de clartés inaccoutumées, comme le font à leur manière la demeure de l'employé qui prélève une guinée sur son modeste traitement, le cottage du campagnard qui sacrifie un peu de blé, l'arrière-boutique de l'artisan, qui ne met point dans sa caisse le gain entier de sa journée pour permettre à la famille de manger du *plum-cake* devant une claire flambée dans la salle bien close.

Le traditionnel sapin resplendit partout comme un bouquet de feu : ici, atteignant des proportions énormes, chargé de présents magnifiques, constellé de bijoux qui brillent pareils à des étoiles détachées du ciel; là, pas plus haut qu'une fougère, d'humbles cadeaux ne parvenant point à faire plier ses branches grêles et de petits feux pâles brûlant à ses brindilles, semblables à des vers luisants aux pointes de l'herbe. Mais, quel qu'il soit, il provoque la gaîté, les rires des créatures mignonnes, dont son éphémère splendeur encercle d'une auréole les chevelures aimées. Et c'est au milieu de ces visions charmantes, de cette ivresse naïve que la souveraine découronnée, la mère au cœur vide, va retrouver, au fond d'une campagne solitaire, que la neige blanchit comme un suaire, la tombe muette de son unique enfant!

En France, Noël se célèbre aussi, mais avec un caractère moins religieux et moins familial que chez nos voisins. A Paris surtout, les messes de minuit ne peuvent échapper à une élégante dissipation; on y vient pour entendre de la musique comme à un prélude obligatoire du réveillon. Elles ont, dans certains sanctuaires, un cachet exceptionnel de mondanité. C'est ainsi que, dans la chapelle privée que la comtesse de Chambrun a comme annexé à son magnifique hôtel de la rue de Monsieur, les belles invitées qu'elle avait conviées à une soirée préliminaire ont assisté à l'office religieux en robe de bal, leurs pelisses simplement jetées sur les épaules. Le coup d'œil y gagnait peut-être, mais assurément point l'édification.

Les modes du premier Empire, dont on nous annonce le retour, ne sont pas encore complètement adoptées, sans quoi il eût été assez original de voir ces charmantes dévotes s'agenouiller au pied des autels dans le costume de Madame Tallien ou de Madame Récamier.

Costume bien difficile à porter d'ailleurs et pas encore sûr de triompher, ce semble, des paniers et des drapés qui ramenaient naguère dans nos salons de si exquises évocations du siècle dernier!

Le livre que le baron de Saint-Amand vient de publier sur l'impératrice Joséphine et sa cour permettra aux différentes opinions de se prononcer en connaissance de cause. C'est un ouvrage où l'attachement du récit est complété par de fort belles gravures, qui font absolument revivre l'histoire. On se croirait aux Tuileries et à la Malmaison, parmi toutes les splendeurs du nouveau règne.

Un portrait de la première femme de Napoléon nous la montre en grand apparat, le diadème au front, enveloppée d'hermine. Cela est beau, mais rigide et froid comme les statues impériales des galeries du Vatican.

Les souveraines modernes apportent à leur mise une originalité plus gracieuse.

Témoin la czarine, qui vient de commander pour les fêtes d'hiver un long manteau de velours « vieux cuir », brodé argent et or. Il se relie à un corsage également orné de garnitures argent et or. Les manches larges, ouvertes à la russe, tombent très bas, laissant voir leur doublure de surah rose thé; ces nuances exquises sont bien en harmonie avec la beauté dont elles sont destinées à rehausser l'éclat.

## XIII.

Ennuis et charmes du jour de l'an. — Le Bonhomme Étrenne. — Ce qu'on aime quand on n'a pas d'enfant. — La comédie et la musique au château de Dampierre. — Une troupe ducale. — Popularité de la famille de Luynes.

*2 janvier 1889.*

Oh! le vilain jour que le premier janvier! Comme on a hâte de le voir achevé! N'est-il pas rempli de charges, de préoccupations, de fatigues? Plus on est haut placé sur l'échelle sociale, plus il vous impose de devoirs et de soucis. Position et fortune obligent. Ce sont des respects à témoigner, des vœux à offrir et qui prennent souvent leur source moins dans le sentiment que dans l'usage; ce sont des visites à recevoir et à rendre, des lettres qui réclament une réponse urgente quand on a à peine le temps de les lire, des courses interminables à travers des rues boueuses, encombrées, bruyantes, sous un ciel bas qui vous accable de sa brume et de son ennui. Et les cadeaux? Vous en fait-on? Ils n'ont pas toujours la bonne fortune de vous agréer. Ils vous paraissent mal choisis, superflus, embarrassants. Est-ce vous qui les donnez, les avez-vous réunis à force de réflexion et de peine, il arrive souvent qu'ils ne plaisent pas davantage.

Cependant il ne faut pas trop la maudire cette date qui ramène fatalement les mêmes corvées et les mêmes plaintes. Qu'elle arrive avec une température exceptionnelle pour la saison, un clair soleil, une brise tiède, ou qu'elle soit accompagnée de pluie, de neige et de froidure, elle apporte à tous ceux qui sont petits par le sort et par l'âge des douceurs et des joies.

Les ouvriers la fêtent en s'attardant chez le marchand de vins, pauvres déshérités qu'on doit plutôt plaindre que blâmer d'aller chercher là un repos à leurs fatigues, un asile à leur isolement. En comparaison de la mansarde froide, obscure, que rarement un sourire égaie, c'est un coin chaud, éclairé, fraternel où, dans la torpeur des propos et des boissons qui grisent, on oublie sa misère et ses maux. Les serviteurs trouvent dans les étrennes qu'ils reçoivent une proportion à l'estime qu'ont pour eux leurs maîtres et souvent ce trésor attendu ira, là-bas, au village subvenir aux besoins de parents très vieux qu'ils ne reverront plus, ou d'enfants en nourrice qu'ils ne retrouveront que quand il sera trop tard pour leur donner les caresses qui apprennent à aimer.

Les employés profitent des gratifications qui s'ajoutent à leur traitement modeste pour acquérir quelque objet longtemps appelé de leurs vœux. C'est l'habit râpé qu'on renouvelle, une robe dont on rafraîchit les rubans et la mousseline pour aller à la soirée de la *dame* du chef de bureau, la seule où l'on sera convié de tout l'hiver; quelquefois, c'est un vêtement chaud pour le garçonnet ou la fillette, quelquefois aussi un meuble qui procurera un peu plus de confort au logis; un appareil de chauffage, qui tiendra tête au froid que portes et fenêtres laissent passer; une lampe, dont la lumière vive rendra moins pénible le long labeur des veillées.

Les pauvres ont la liberté de tendre la main sans qu'on pourchasse leur infortune. Assurément, leur cohue est parfois encombrante, et il s'y glisse des loques menteuses, des infirmités feintes; mais elle cache aussi de réelles souffrances. N'est-il pas préférable de donner au hasard? On est sûr ainsi de ne point méconnaître les vrais malheureux et d'allumer un sourire sur leurs visages hâves avec une espérance dans leurs cœurs navrés.

Mais ce sont les enfants qui saluent joyeusement le bonhomme Étrenne. Il les ravit, il les plonge dans une folle ivresse. Et il n'a pas seulement des faveurs pour les bébés riches, que leurs robes de satin et de peluche gênent un peu quand il s'agit d'ouvrir les bras aux merveilles qui tombent de sa hotte enrubannée, sa compassion s'étend à ceux qui ornent de leur grâce naïve la nudité des mansardes.

Un brave homme du peuple, un menuisier, un serrurier, que sais-je, un ancien militaire, aujourd'hui gardien de la paix, se souvient qu'il est père. Il renonce à payer une *tournée* aux camarades pour rapporter quelque *truc* au gosse qui l'attend là-haut sous les combles, ou bien, en descendant de service, il achète un jouet sans valeur à quelque camelot. Et il monte vers son réduit, impatient de l'accueil qu'il va recevoir. L'enfant est déjà endormi : « Tiens, môme, voilà pour toi, » dit une grosse voix émue. Le petit être, réveillé en sursaut, charmé, ébloui, sourit au pantin de six sous, comme un jeune archiduc battrait des mains à la vue d'un colossal polichinelle soutenu par deux laquais. Il se frotte les yeux, croyant rêver encore. Et il y a par là, dans un coin, au fond d'une cage d'osier, un vieux merle à qui ce bruit inusité a fait sortir la tête de son aile et qui jette une note joyeuse au printemps que l'amour amène dans l'humble chambrette.

Les femmes ont en leur cœur tant d'inépuisables tendresses que souvent les rires des berceaux ne leur suffisent pas. Je voyais naguère une jolie mondaine, occupée à ouvrir fiévreusement de petites boîtes recouvertes de toile cirée et qui ressemblaient à des malles de poupée. « Tenez, me disait-elle, voilà les toilettes de *Darling* que j'ai commandées pour Cannes à Madame Ledouble. Est-il rien de plus original, de plus gracieux? »

Et elle me montrait d'exquises fantaisies destinées à sa chienne, une créature minuscule dont elle raffole. « Regardez, disait-elle, le *Paris-Nice;* c'est ce joli manteau en forme de pelisse, fait de drap écossais, et doublé de soie assortie. Est-ce assez mignon? Et ce ruban qui fronce au collet, est-il assez distingué?

« C'est la sortie du matin de la chérie. Elle n'aura point froid dans ce drap épais, que j'ai choisi gros bleu pour aller avec ma livrée.

« Elle portera ceci au *five o'clok tea*. Sera-t-elle assez gentille dans ce manteau de drap blanc, qui est tout semé de myosotis, brodés au passé! Ceci, c'est pour nos visites : une toilette drap chaudron, Monsieur, avec trois pèlerines à dents de roses, ainsi que le bord du manteau qui est tout capitonné de soie. »

Et le trousseau se déroulait, plein de richesse et d'imprévu.

« Je rends hommage aux créations de M$^{me}$ Ledouble, fis-je, avec un sourire; c'est une artiste qui mérite bien le titre qu'elle prend de *tailleur pour chiens*. Mais, chère Madame, quand vous sortirez avec Darling ainsi parée, n'oubliez pas d'emporter votre porte-monnaie pour que de pauvres hères ne la jalousent pas. »

« Ah! oui, fit-elle, vous me rappelez que je n'avais rien dans ma poche ce matin, et j'ai vu bien des mendiants! » Alors, avec une spontanéité délicieuse, elle sonna sa femme de chambre : « Annette! Annette! voici ma bourse : il y a de l'or dedans et aussi de la monnaie, beaucoup de monnaie. Suivez les boulevards jusqu'à la Bastille et semez tout cela sur votre route. »

Puis, lorsque la camériste, un peu surprise, allait

se retirer : « Ah! vous savez, gardez six sous pour revenir en omnibus ! »

Pendant que Paris s'agite au milieu de l'affairement d'une fin d'année, il y a d'aristocratiques demeures où ces tracas ne pénètrent guère. Il est vrai qu'elles sont situées à la campagne, entourées de la paix des grands horizons et du recueillement de la nature.

La semaine dernière a réuni à Dampierre, chez la duchesse de Luynes, de nombreux invités, qui ont pu goûter à loisir le charme de son accueil. Les omnibus attelés en poste, les coupés fringants sillonnaient la route de la Verrière pour ramener de la gare les hôtes de cette somptueuse demeure, qui évoque tant de brillants souvenirs et qui est peuplée de tant de magnificences artistiques.

Les valets, en habit à la française, en culottes courtes, en bas de soie noire que la couronne ducale rehausse d'une broderie d'or, sur le côté, avaient peine à ouvrir les portières des équipages d'où descendaient la marquise d'Hervey de Saint-Denis, le comte et la comtesse de Banuelos, le vicomte et la vicomtesse de la Rochefoucauld, le prince de Lucinge-Faucigny, le comte Jacques de Pourtalès, le comte de Ségur, la comtesse de Guerne, le comte de Narbonne-Lara, le comte de Gabriac, toute la fleur du faubourg enfin.

Le mercredi 26, on a joué *M. Choufleury*. Le jeune duc de Luynes remplissait le rôle de ce bon bourgeois : il s'en est acquitté avec beaucoup d'esprit.

La fille de l'amusant personnage avait pour interprète M<sup>lle</sup> de Banuelos, qui n'est pas seulement une comédienne délicieuse, mais qui peint également à ravir.

M<sup>lle</sup> Yolande de Luynes, dont la beauté brune, les yeux clairs et intelligents, ne peuvent passer inaperçus, a été fort applaudie dans la même pièce, où le comte de Narbonne-Lara et le marquis Imperiali ont été, pour leur part, étincelants de verve.

Grand succès aussi pour la comtesse de Guerne qui, vêtue du costume de la touchante héroïne de Gœthe, a chanté l'air des bijoux de *Faust* avec une incomparable maestria, pendant que M. de Ségur, son frère, l'accompagnait au piano. La mise en scène du jardin, fidèlement reproduite, étalait toutes les splendeurs des serres du château.

Le vendredi 28, on a donné *les Deux Sourds*.

Le comte Jacques de Pourtalès représentait Damoiseau, le prince de Lucinge-Faucigny, Boniface, le comte de Gabriac, Placide et M<sup>lle</sup> de Luynes, la charmante Églantine.

Le *clou* de la soirée a été *l'Étincelle*, de Pailleron.

M<sup>lle</sup> de Banuelos s'est montrée la plus séduisante Antoinette qu'on pût voir rire et pleurer tour à tour ; la marquise d'Hervey a été merveilleuse de finesse et de grâce dans le rôle de la jeune veuve, et le duc de Luynes est apparu comme le plus irrésistible des capitaines, bien qu'il vienne seulement de terminer son volontariat. Mais on sent que cette mine dégagée saura faire bien des conquêtes, y compris la Victoire, qui peut-être un jour, se souvenant qu'elle est femme, n'épargnera point ses faveurs au fils des anciens preux.

Chacun des spectacles a été suivi d'un souper de trente couverts. La fanfare de Dampierre avait offert spontanément son concours aux soirées de la duchesse, voulant témoigner ainsi comment on aime cette noble femme dans le pays.

D'ailleurs M$^{me}$ de Luynes n'a fait que suivre les traditions de l'illustre maison où elle est entrée. Les ancêtres de son mari n'ont point eu à quitter leur patrimoniale demeure pendant la Révolution : ils avaient, pour les protéger contre les égarements populaires, une garde sûre : la Charité !

## XIV.

La semaine des *Rois*. — Malédictions des maîtresses de maison contre les chroniqueurs mondains. — Les réceptions de jour. — Les hommes qui font des visites. — Quelques usages des salons de bon ton.

10 janvier 1889.

La semaine des Rois multiplie les réunions de famille. Il est de mode, cette année, de les tirer au commencement du dîner dans les bouchées ou les barquettes qu'on sert après le potage. La petite poupée de porcelaine, qui sortait si gauchement de la pâtisserie, n'est plus en honneur; on est revenu à la bonne grosse fève d'autrefois.

La royauté se trouvant établie dès le début du repas, il est permis sans doute de porter de plus nombreux toasts au couple à qui elle est échue, de par la grâce du hasard et de la courtoisie; on peut effarer par des ovations plus prolongées la soif des augustes buveurs, qui ne parviennent point à tremper leurs lèvres dans leurs verres, sans soulever un enthousiasme où la conviction tient moins de place que la malice. Mais les vieilles traditions ne sont-elles pas préférables? En se mettant à table, on est loin du diapason de gaîté qu'on atteindra aux fruits. Le sort s'étant prononcé tout de suite, l'intérêt diminue pour ceux qu'il n'a pas désignés. Si la digestion du vieil oncle peu généreux, qui craignait d'avoir à payer sa couronne et à qui le destin a épargné cet ennui, s'annonce sous de meilleurs auspices, la jeune fille qui n'a pas été assez privilégiée pour associer à son règne d'un soir son cousin, le brillant élève de Saint-Cyr, éprouve un mécompte anticipé, dont les saveurs de l'entremets n'adouciront pas l'amertume.

Et puis, en accomplissant au relevé la joyeuse cérémonie, on en exclut forcément les bébés, ce petit peuple charmant qui n'a le droit d'entrer dans la salle à manger qu'au dessert et qui, les yeux émerveillés par les assiettes de bonbons et de gâteaux, ne demande qu'à mêler ses transports à la joie générale.

En dehors de ces assemblées intimes, le nombre des salons qui ont rouvert leurs portes est très restreint, et il ne s'y est point encore donné de ces réceptions qui défraient, huit jours durant, les chroniques mondaines. La Charité s'ingénie pour rendre attrayantes les fêtes qu'elle organise en faveur de l'infortune ; mais, du moment qu'on y peut aller pour de l'argent, ces réjouissances produisent une sensation fort atténuée.

La curiosité du public se tourne plus volontiers vers les réceptions de l'aristocratie et de la haute finance, même s'il n'a aucune chance de figurer parmi les élus qui y seront conviés.

Telle duchesse, telle femme de grand banquier a le don d'attirer toutes les lorgnettes du parterre parisien vers son hôtel, lorsqu'elle daigne en faire allumer les lustres. Quelle toilette avait-elle? Comment ses amies étaient-elles parées? On veut savoir quels artistes ont été applaudis sous ses lambris; de quelle couleur était la livrée de ses gens; de quelle maison sortaient les menus de son souper; quelles nouveautés composaient la savoureuse énumération? Il faut être en mesure de répondre à toutes ces questions, sous peine de commettre un crime de lèse-mondanité. On vous demande surtout des noms, des noms dont la kyrielle ne lasse point, parce qu'on finit par se persuader qu'on connaît ceux qui les portent à force de les entendre répéter.

Les maîtresses de maison se récrient. Elles déclarent avec une moue délicieuse qu'il est impossible, en notre siècle, de se garer contre les indiscrétions de la presse, contre les astuces du reportage, qui s'introduit sournoisement jusqu'au fond de leurs boudoirs pour décrire les tentures, les meubles et les bibelots qui les décorent. Elles sont contrariées, disent-elles, extrêmement contrariées qu'on ait parlé de leur soirée. Mais quelque sincères que soient leurs doléances, elles ne seraient point femmes en gardant rancune à des chroniqueurs qui n'ont généralement que de l'encens à faire brûler devant elles.

Si le monde est ainsi l'objet d'une attention bienveillante, si ses violons mettent toutes les oreilles aux aguets, et si ses bals, ses concerts et ses comédies ne lui valent que des éloges où son amour-propre trouve une douceur, il est inexplicable que ses privilégiés tardent tant à permettre au plaisir d'agiter chez eux ses grelots.

Chaque année, au début de l'hiver, la société parisienne reste dans une sorte de torpeur : elle s'observe, elle attend que l'exemple soit donné par quelque reine de la mode dont le goût est incontesté. Elle commence à se réveiller aux approches du carême. Jamais elle ne soupe plus volontiers qu'en cette période que la sainte Église recommande aux mortifications de ses pénitents. A Pâques, elle retrouve son entrain et, jusqu'au Grand Prix, c'est un délire de valses échevelées, qui s'agitent aux quatre coins de Paris.

Chez nous, comme chez nos voisins d'outre-Manche le printemps est la *season*. Nous les imitons servilement, le vieux levain d'anglomanie que la fin de l'ancien régime a introduit en France continuant à fermenter dans nos habitudes. Notre organisation sociale ressemble cependant si peu à celle du Royaume-Uni qu'il est bizarre que nous voulions prendre modèle sur ses usages. De l'autre côté du détroit, la haute aristocratie, qui jouit de revenus fabuleux, passe une partie de l'année dans ses terres avec des agréments spéciaux. Elle habite des demeures patrimoniales, où des richesses artistiques se sont accumulées pendant des siècles, trésors que n'ont dispersés ni les vicissitudes publiques, ni les partages héréditaires. Elle y est entourée du confort le plus délicat, des raffinements les plus exquis. Le séjour noir et enfumé de Londres lui donnerait le *spleen* ; elle n'y vient qu'avec le soleil pour fusionner dans un rapprochement de quelques semaines et former à l'unisson les projets de plaisir qu'elle déroulera, pendant l'été, sous les ombrages séculaires de ses parcs seigneuriaux.

Ici, sauf quelques exceptions qu'il serait facile d'énumérer, les résidences rurales ne comportent pas un séjour prolongé à la campagne. Depuis longtemps, elles sont déchues de leur splendeur première. Leurs hôtes leur ont préféré, sous les Bourbons, la brillante domesticité de Versailles. Les perturbations politiques ne les ont pas épargnées, et il n'est pas rare d'en trouver dont les vastes salles, autrefois peuplées de damoiseaux et de pages, servent de celliers et de cuisines à des fermes, tandis que leurs trumeaux pâlis où des marquis sourient mélancoliquement à des bergères, voient monter jusqu'à eux le flot plébéien des récoltes. Celles qui ont été préservées de la décadence ne restent pas toujours dans les mêmes mains par suite des règlements que le code impose à la répartition des successions, ou leurs maîtres ne sont point assez riches pour y mener un grand état de maison.

D'ailleurs, Paris, la Ville-Lumière, rayonne au loin de son irrésistible attraction, et la minorité mondaine qui en reste momentanément éloignée se résigne beaucoup plus par économie que par goût à ce sacrifice.

L'Élysée, attentif aux intérêts du commerce parisien, n'a garde de s'inspirer des coutumes britanniques. Les réceptions y ont commencé. Le soin qui y préside, l'élégance et l'affabilité qui les rehaussent n'ont rencontré que des éloges. Elles seront suivies prochainement de bals dont on dit déjà merveille. On sait que le président de la République, désireux de substituer un aménagement plus digne et plus durable aux annexes sans grâce et d'ailleurs fort dispendieuses qu'on élevait quand on faisait danser, a donné lui-même le plan des galeries nouvelles qui, en agrandissant ses salons, permettront à sa bienveillance d'augmenter le nombre de ses invités.

Le monde officiel ne voudra pas rester en arrière, et les beaux appartements des ministères, qui sont tous disposés pour une hospitalité magnifique, ne tarderont point à s'ouvrir à une foule empressée.

En attendant les réceptions du soir, celles du matin ont déjà beaucoup d'éclat. Il est convenu d'appeler ainsi, par une anomalie étrange, le temps qui s'écoule entre trois et sept heures de l'après-midi. Peu de femmes se dispensent d'avoir leur *jour*. Elles réussissent à grouper ainsi des amis qui leur échapperaient dans l'agitation de la vie fiévreuse qu'on mène à Paris, et à maintenir tant bien que mal les traditions de la causerie française, qui n'a plus guère ses entrées dans les assemblées où la robe décolletée est de rigueur, parce que la curiosité des yeux l'emporte absolument sur l'attention des oreilles.

Quelques-uns de ces salons jouissent d'une réputation très méritée.

Le lundi, il y a une longue file d'équipages chez la baronne Gustave de Rothschild et chez la baronne de Berckeim, dont le fils, un brillant officier d'artillerie, a épousé la fille aînée de la comtesse de Pourtalès.

La marquise Oudinot de Reggio, la marquise de Saint-Jean-Lentilhac, la comtesse d'Adhémar reçoivent également ce jour-là, de même que la baronne Decazes-Stackelberg, petite-fille, fille et sœur d'ambassadeurs de Russie à Paris et M$^{me}$ Haentjens, femme de l'ancien député de la Sarthe, et fille aînée du maréchal Magnan. M$^{me}$ Édouard André se tient dans un des boudoirs de son magnifique hôtel du boulevard Haussmann, dont on regrette d'entrevoir seulement les merveilles, l'état valétudinaire de son mari exigeant une admiration très discrète.

Le mardi appartient à la marquise d'Aramon, née Béhague, à M$^{me}$ Bartholoni, qui vient à peine de rentrer rue de Verneuil avec ses charmantes filles ; à la marquise de Talhouët, à la comtesse de Trévise, à la baronne Gourgaud, à la comtesse de Gramont, née Sabattier, à la générale Callier et à M$^{me}$ Jules Lebaudy. Ces deux dernières, préoccupées aussi de la santé de leurs maris, n'admettent auprès d'elles que leurs relations les plus intimes. La princesse Jeanne Bonaparte, marquise de Villeneuve, qui avait adopté le même jour, s'installe rue de Prony, dans un élégant hôtel dont l'aménagement intérieur n'est point terminé, et elle se voit contrainte de renoncer pour un temps aux hommages de ses fidèles.

Les tablettes mondaines du mercredi portent, entre autres noms, ceux de la comtesse Jacques de Ganay, de la vicomtesse de Chézelles, la Diane des forêts de Compiègne et d'Ourscamp, de la marquise de Bassano, belle-fille du grand chambellan de l'impératrice Eugénie, de M$^{me}$ l'amirale Cloué, femme de l'ancien ministre de la marine, de la princesse Zurlo, de la baronne Caruel de Saint-Martin dont les soirées sont si recherchées.

Le jeudi, le noble faubourg tient ses assises chez la marquise de Chaponay, la comtesse de Pleumartin, la vicomtesse de Dreux-Brézé; le monde diplomatique chez la baronne Beyens, qu'on va féliciter du prochain mariage de sa fille. D'autre part M$^{me}$ Beulé a un entourage très académique dans le bel appartement où elle a succédé à la princesse d'Essling, et, des objets d'art, des tapisseries, des toiles signées de noms célèbres qui le décorent, se dégage je ne sais quelle atmosphère délicate, qui convient à la grâce du langage qu'on parle dans ce milieu distingué.

Le vendredi, la duchesse de Reggio, la marquise du Bourg, la marquise de Bridieu, M$^{me}$ Léon Chevreau, M$^{me}$ Ratisbonne restent chez elles. On admire des merveilles artistiques et les œuvres nouvelles du maître à l'hôtel Munckacsy, avenue de Villiers. On trouve au boulevard Malesherbes, chez M$^{me}$ Edmond Adam, une satisfaction égale à contempler la charmante installation de son hôtel qui, entre bien d'autres mérites, a celui d'être distribué avec le goût le plus original et le plus fin. La maîtresse du logis ne se contente pas d'être une femme supérieure par l'intelligence ; elle a toutes les qualités du cœur. Simple, bienveillante, elle n'accueille pas seulement par l'attention la plus affable les illustrations qui rayonnent autour d'elle, dans le firmament littéraire, mais elle a aussi des encouragements précieux et des consolations délicates pour les jeunes talents qui n'ont point encore obtenu la renommée et, quels que soient ses arrêts, ils la considèrent comme une fée bienfaisante dont la protection est inappréciable.

Une personnalité très intéressante aussi reçoit le samedi : la vicomtesse de Janzé, née Choiseul-Gouffier ; c'est une collectionneuse de premier ordre, qui a réuni, dans son hôtel de la rue de Marignan, — autrefois occupé par la vénerie impériale, — un entassement prodigieux de tableaux, de miniatures et de bibelots du plus grand prix. Le dix-huitième siècle est son champ d'exploration favori ; elle en conserve avec amour les gracieuses productions, et il lui a inspiré de remarquables études, qui ont été fort appréciées des lettrés. Le même jour, il y a assaut d'élégance rue de l'Université, chez la comtesse Aimery de la Rochefoucauld et chez la vicomtesse de Tredern, place Vendôme. M$^{me}$ de Latena, femme du conseiller référendaire à la Cour des comptes, offre à ses amis, dans sa coquette résidence de la rue Saint-Lazare, un véritable feu d'artifice d'esprit, où ses deux filles, la comtesse Multedo et M^lle Noémie de Latena, qu'une tendre affection réunit, mêlent d'ordinaire la séduction de leur grâce.

Enfin, le dimanche, il suffit de rappeler pour abréger cette nomenclature, le splendide hôtel du quai de Billy, où la baronne de Kœnigswarter a des salons dignes de Versailles, et l'habitation, très belle aussi, de M^me Le Ray, mère du duc d'Abrantès. On sait que cette dernière est une voyageuse intrépide : elle a été plusieurs fois à Jérusalem; elle a parcouru la Palestine, la Mésopotamie; elle a vu Palmyre et Babylone et son intention, cette année, est de visiter la Perse.

Au milieu du papillonnant frou-frou de soies et de dentelles et du joli ramage de volière qui accompagnent les réceptions de jour, le sexe laid se montre rarement. Les hommes sont trop occupés ou feignent de l'être pour faire des visites. Ceux qui ne les proscrivent point de leurs éphémérides sont d'anciens diplomates, d'anciens magistrats, des marins, des militaires à la retraite, ou de tout jeunes gens en quête d'invitations pour le soir, et qui s'imaginent que l'éclat d'une cravate rouge ou le parfum d'un œillet blanc seront d'un effet irrésistible.

On n'annonce plus, sauf dans quelques maisons vieux jeu; la prononciation d'un valet de chambre, pour peu qu'il soit Marseillais ou Alsacien, exposait les noms des visiteurs à une trop comique torture.

Mais il arrive qu'on ne reconnaît point les gens,

dans le demi-jour qui filtre à travers les stores et les rideaux, et qu'on s'expose à des ennuis si on raconte des potins qui concernent des personnes présentes.

Il n'est pas de bon ton de laisser dans l'antichambre les domestiques qui accompagnent leurs maîtresses ; il faut absolument leur réserver au bas de l'escalier une place commode où ils puissent les décrier à loisir.

Le *thé,* que quelques dames étrangères ont introduit en France, il n'y a guère qu'un siècle, est tout à fait passé dans nos usages. Il est devenu un *lunch* des plus confortables, arrosé de vins d'Espagne, et il permet d'étaler un fastueux service, qui n'a rien à faire avec celui des dîners. Quantité de jolies femmes passent ainsi leur journée à grignoter des *délicatesses,* comme disent nos bons voisins d'Allemagne. Est-il étonnant que, le soir, elles n'éprouvent aucun appétit ? Leurs voisins les plaignent, intérieurement flattés de se trouver à table entre deux sensitives qui ne doivent assurément se nourrir que d'amour et d'eau claire.

## XV.

Les réceptions du monde officiel. — M<sup>me</sup> Carnot. — L'Élysée. — Dieux et philosophes. — Le Petit-Bourbon. — La maison de Condé. — Ministères. — Au Pavillon de Flore.

16 janvier 1889.

L'usage des réceptions de jour est observé, dans le monde officiel, comme dans la société qui ne se mêle point des affaires de l'État. La présidente de la République consacre à ce soin une après-midi de sa semaine, que tant d'autres occupations absorbent déjà, mais où, par une prévoyante distribution des heures, elle sait allier ses devoirs à ses plaisirs. Tous les mardis, elle est entourée des hommages de ses amis : ils sont nombreux, et il ne faut pas seulement compter dans leur foule empressée ceux qui se sont révélés depuis qu'elle est enveloppée du rayonnement de la première magistrature de France; on y trouve aussi ceux que ses rares qualités d'esprit et de cœur lui avaient acquis avant qu'elle ne parvînt à sa haute situation, dévouements sûrs, intimités précieuses, que la grâce et la bonté font éclore comme des fleurs délicates sous les pas d'une femme aimable, et dont le parfum discret s'attache à sa vie, qu'une route s'ouvre devant elle, lumineuse ou obscure, pleine de sourires ou pleine de larmes.

L'assemblée se réunit au premier étage du palais. Une livrée, d'une élégante simplicité et d'une correction parfaite, se tient au bas de l'escalier. Les meubles des salons sont disposés avec un art qui en atténue la solennité, sans y apporter un désordre prétentieux. La conversation a de l'entrain; elle n'aborde que des sujets agréables : les nouvelles mondaines, les livres du jour, les pièces en vogue. La politique morose n'a pas ses entrées chez M$^{me}$ Carnot, et son langage bruyant, ses critiques, ses amertumes ne troublent point la sérénité des dieux et des déesses qui trônent dans l'azur léger des lambris.

Ils ont un air dégagé et charmant, du reste, ces habitants de l'Olympe, la mine un peu railleuse que prennent les immortels quand ils s'avisent de regarder vers la terre. Ils ont vu passer tant de gens et tant de choses !

Il y a, en effet, peu de monuments où les vicissitudes humaines se soient plus volontiers déroulées qu'à l'Élysée. On sait que ce palais a été bâti en 1728 par Motet, un architecte renommé de l'époque. Son premier maître fut un petit-neveu de Turenne, le comte d'Évreux, qui était fils cadet de Godefroy-Maurice, duc de Bouillon et de Marie-Anne Mancini, et qui avait épousé la fille du célèbre financier Crozat, dont il n'eut point d'enfants. Après ce grand seigneur, l'élégante résidence devint la propriété de la marquise de Pompadour. La maîtresse de Louis XV y introduisit toutes les délicatesses et tous les raffinements du style gracieux qui a conservé son nom. Mais déjà le sentiment populaire se révoltait contre les scandales de la monarchie et la pseudo-souveraine, désireuse d'agrandir ses jardins sur les Champs-Élysées, souleva dans la population parisienne une résistance qui en imposa au bon vouloir de son royal amant.

Morte après sa fille unique, M$^{lle}$ d'Étiolles, que sa sollicitude avait tenue éloignée de la corruption de Versailles, elle laissa son hôtel à son frère le marquis de Marigny. M. Poisson, à qui la fortune de sa sœur valut tant de faveurs (il y a des noms prédestinés), s'était d'abord, de par la munificence du roi, appelé le marquis de Vandières; les courtisans prononçaient d'*Avant-hier*, ajoutant à leur malice, devant son regret de n'être point pourvu des insignes du Saint-Esprit, qu'il était de trop petite espèce pour être mis au bleu.

Élevé ensuite à la surintendance des beaux-arts, le nouvel anobli sut s'acquitter avec intelligence de ses fonctions. Il aimait les choses distinguées; sa collection de statues et de tableaux est restée fameuse. Comme le goût des arts était généralement le propre des gens de haute aristocratie, M. Poisson avait fini par se persuader qu'il était de cette caste, et il posait volontiers devant la compagnie choisie qu'il rassemblait autour de lui ; mais les contemporains affirment qu'il ne réussit jamais à s'en faire accroire.

Un personnage beaucoup plus opulent et beaucoup plus vaniteux encore lui succéda à l'Élysée : ce fut Beaujon, le banquier de la cour, trésorier et commandeur de l'ordre de Saint-Louis, qui gagnait dix millions en une année. Il payait à vue les bons du Parc-aux-Cerfs et il avait lui-même, ni plus ni moins que s'il eût été le grand Turc en personne, un harem dont, au bout d'un certain temps, il établissait paternellement les almées en leur fournissant une dot convenable. Sa fatuité faisait la risée des antichambres de Versailles. Lorsqu'il perdit sa femme, ne l'avait-il pas désignée sur les billets de faire-part comme *très haute et très puissante dame,* qualificatifs dont les femmes appartenant à la noblesse d'épée avaient seules le privilège.

Toutefois, il faut dire à sa louange qu'au milieu de sa vie agitée et frivole, il eut une pensée charitable. On était d'ailleurs au temps de Jean-Jacques et tout homme du bel air se piquait d'être sensible. Beaujon ouvrit une école aux enfants pauvres de la paroisse du Roule, d'où dépendait son hôtel et qui était alors détachée de la ville. Cette institution, modifiée depuis, mais dont ses largesses devaient assurer l'avenir, est aujourd'hui l'hôpital qui porte son nom.

De son vivant, ce Crésus de l'ancien régime avait vendu l'Elysée à Louis XVI, mais il s'en était réservé l'usufruit. A sa mort, Marie-Thérèse-Bathilde d'Orléans, épouse séparée du duc de Bourbon, s'y établit. Elle y apportait le désenchantement de ses illusions perdues. Si l'amour avait fait son hymen, l'infidélité n'avait point tardé à prendre la place d'un sentiment qui ne contribue pas d'habitude à l'union des princes. Elle regrettait son mari, dont elle suivait de loin avec amertume la conduite dissipée; elle regrettait son fils, le jeune duc d'Enghien, qui était élevé hors de sa présence dans un milieu dont les principes étaient en opposition directe avec ses opinions libérales.

La Révolution la dépouilla d'une demeure qui n'avait guère abrité que ses larmes. Elle en fit aisément le sacrifice disant plus tard, en exil, qu'elle ne tenait point à la fortune, qu'elle désirait seulement habiter la France avec des cœurs aimants et bons.

Alors l'Élysée, devenu propriété nationale, servit à des réjouissances populaires. On l'avait surnommé le *Hameau de Chantilly*, probablement en souvenir de la princesse alliée aux Condé, qui l'avait habité la dernière.

En 1803, il échoit à Murat, qui y séjourne cinq ans jusqu'à son départ pour Naples, où la mort l'attendait avec la couronne.

Napoléon en hérite; il le modifie suivant le goût de son règne. Après son divorce, il le donne à Joséphine, qui ne veut point y demeurer, se sentant trop près des Tuileries. Au retour de Waterloo l'empereur, l'âme brisée y signe son abdication et, sous le toit qui avait entendu gronder ses angoisses, Alexandre I$^{er}$ s'installe pendant que les troupes alliées sont à Paris.

Changement de décor avec la Restauration. Le palais sert de résidence au duc de Berry et à sa famille ; mais après l'assassinat de Louvel, la duchesse éplorée fuit des lieux qui évoquent trop cruellement pour elle le souvenir des jours heureux.

Le duc de Bordeaux, sorti des mains des femmes, est cependant désigné pour habiter, avec la maison qui vient de lui être constituée, le palais primitivement occupé par son père. Survient 1830 et l'Élysée passe à la liste civile. En 1848, la commission des récompenses nationales y tient ses séances. Le 20 décembre, Louis-Napoléon, nommé président de la République, s'y installe, le soir de son élection : il y prépare au milieu de ses confidents ce coup d'État qui devait encore une fois changer la face de la France.

Lorsqu'il se marie, il offre le palais comme habitation provisoire à M$^{lle}$ Eugénie de Montijo : la comtesse de Téba ne pouvait décemment se rendre à Notre-Dame du modeste entresol qu'elle occupait avec sa mère place Vendôme ; il lui fallait un vestibule grandiose entre l'appartement meublé de l'étrangère et les riches salons de l'impératrice.

L'Élysée reste à peu près désert sous le second Empire, et, chaque printemps, les corneilles, au présage sinistre, peuvent faire paisiblement leurs nids dans les vieux branchages de son parc.

L'empereur de Russie, le sultan, l'empereur d'Autriche et, plus tard, le khédive viennent, toutefois, y recevoir l'hospitalité, attirés par le rayonnement de nos fêtes.

Aujourd'hui, le palais est devenu la demeure officielle du chef de l'État. Mais n'est-il point l'objet de secrètes envies, d'impatiences mal dissimulées? Quand on songe à toutes les figures qui s'y sont succédé, à toutes les fluctuations dont il a été le théâtre, on se demande si, à défaut de l'indifférence des dieux, il ne faut point parler de son histoire avec la philosophie des sages?

Un autre palais, qui a été habité par des personnages bien différents, est celui de la présidence de la Chambre des députés, où M<sup>me</sup> Méline reçoit tous les vendredis. Au siècle dernier, il appartenait au prince de Condé, qui devait, quelques années plus tard, rallier à l'autorité de son nom les émigrés sur le Rhin. On l'appelait le Petit-Bourbon, pour le distinguer de l'édifice voisin qui sert aujourd'hui aux séances de notre assemblée législative, et qui alors renfermait les appartements de parade où la troisième branche de la famille royale tenait sa cour, avec un faste et une magnificence qui égalaient, s'ils ne les surpassaient point, les splendeurs de Versailles. Le Petit-Bourbon élevé seulement d'un étage (il n'a été soumis qu'à une époque récente à des modifications qui, en l'appropriant à sa destination nouvelle, ont altéré quelque peu le caractère de son élégance primitive), formait une annexe au grand palais : c'était comme un foyer d'intimité, un asile aimable où on se délassait des fatigues de l'étiquette, une sorte de Trianon au cœur de la capitale. Les magnifiques jardins qui l'enveloppaient et dont une partie a été sacrifiée depuis à la construction du ministère des Affaires étrangères, complétaient la ressemblance avec la retraite aimée de la reine.

Le prince de Condé y avait entassé une prodigieuse quantité de choses délicates et élégantes, mais comme le goût des bibelots n'était point encore aussi à la mode que de nos jours, on trouvait généralement que cette demeure rappelait trop les boudoirs des femmes légères à qui la galanterie du temps prodiguait les douceurs d'un luxe invraisemblable. Seul, l'appartement de M$^{lle}$ de Condé se faisait remarquer par son austérité. Un christ du Titien en était le principal ornement. Cette princesse était aussi belle que bonne ; elle ne pouvait, disait-on, porter qu'une couronne ou un voile de religieuse.

Le Petit-Bourbon a suivi les destinées du Grand.

Ce dernier, depuis le premier empire, n'a cessé d'être le siège de nos assemblées et, partant, de l'attention du monde. Rendu à son ancien possesseur, sous la Restauration, il était loué à la Chambre moyennant un loyer annuel de 124,000 francs. Le prince de Condé vendit à l'État en 1827, pour la somme de 5 millions 500 mille francs, la partie affectée à notre représentation.

En 1830, le duc d'Aumale, son héritier, aliéna au Trésor le reste des bâtiments pour une somme qui dépassa 5 millions.

A partir de cette époque, le Petit-Bourbon est devenu l'habitation du président de la Chambre. Nous sommes trop près des Morny, des Schneider, des Gambetta pour qu'il soit besoin de parler de ces hôtes.

Le ministère de l'Intérieur rappelle aussi des souvenirs historiques. Il a été bâti pour le maréchal prince de Beauvau, dont la valeur avait fait dire qu'il était *l'aide de camp de tout ce qui marchait à l'ennemi*. Ce soldat savait manier la plume aussi bien que l'épée et l'Académie s'honora de le compter parmi ses membres. Il était, en outre, un véritable philanthrope et la Provence dont il fut gouverneur n'eut qu'à se louer des bienfaits de son administration.

Dans cette magnifique résidence, M$^{me}$ Floquet reçoit le jeudi. C'est une femme aimable entre toutes, belle et mise toujours avec une grande distinction. La grâce de son accueil lui vaut de nombreux hommages.

M$^{me}$ Goblet n'attire pas moins de sympathies aux Affaires étrangères. Mais la mort d'un neveu chéri, le seul héritier de son nom, qu'une affection de poitrine, dont on ne prévoyait pas la gravité, a enlevé naguère à Cannes, met beaucoup de mélancolie dans l'aménité de son sourire.

M$^{mo}$ Pierre Legrand doit à une affabilité égale d'être très entourée au ministère du Commerce.

Tous les lundis, M$^{me}$ de Freycinet reçoit en son domicile privé, rue de la Faisanderie. Très simple, très peu portée aux agitations mondaines, elle n'a jamais habité les divers départements dont son mari a eu la direction successive, et même, après les fêtes qu'elle donne avec tant de goût, elle va passer la nuit chez elle. M$^{lle}$ Cécile de Freycinet la seconde à merveille dans l'accomplissement de ses devoirs de maîtresse de maison. C'est une personne d'un esprit supérieur et de goûts très sérieux. Elle adore son père, dont la fortune politique est la plus chère de ses sollicitudes.

Au pavillon de Flore, le mercredi, il y a foule chez M$^{me}$ Poubelle, qui allie à une élégance exquise une beauté d'un cachet tout méridional.

En résumé, le monde officiel compte un grand nombre de femmes distinguées, et qui remplissent avec beaucoup de tact et de charme les devoirs de leur position.

## XVI.

Mariage du duc de Maillé et de M<sup>lle</sup> de Wendel. — La famille de Maillé. — Brune et blonde. — M<sup>me</sup> Nilsson. — M<sup>me</sup> Sophie Cruvelli. — Le vicomte Vigier et son fils.

23 janvier 1889.

La bénédiction nuptiale sera donnée, aujourd'hui, au duc de Maillé de la Tour-Landry et à M<sup>lle</sup> Carmen de Wendel. Cette union, que l'amour a préparée, que la jeunesse et la fortune accompagnent et qui est destinée à perpétuer un des plus grands noms de France, sera célébrée devant une assemblée restreinte à Saint-Philippe du Roule. Aucune invitation n'a été lancée, par suite du deuil de la fiancée, qui a perdu, il y a quelques mois à peine, sa grand'mère, la comtesse de Gramedo. Mais si, obéissant à un sentiment de convenance, les deux familles ont voulu fêter, dans l'intimité, l'heureux événement qui va consacrer entre elles une sympathie ancienne, elles ne peuvent empêcher que la société y prenne un très vif intérêt. Les Maillé ont contribué à la gloire de notre pays et, bien que le régime démocratique où nous vivons ne comporte plus la situation privilégiée que la noblesse avait autrefois, il est juste de rappeler leur origine et leurs hauts faits.

Dès le onzième siècle, leur souche avait jeté ses racines sur les bords de la Loire. On leur donne ordinairement comme auteur un cadet de la maison de Saumur. Toujours est-il que leur filiation remonte sans interruption à 1060, époque où naquit Hilduin de Maillé, qui épousa Agnès de Vendôme. L'illustration militaire qu'ils acquirent, dès le début, leur mérita l'honneur de porter la bannière du comte de Tours, leur suzerain, et d'être appelés « premiers barons de la Touraine ».

Jacquelin de Maillé, pour ne citer qu'un exemple, était au nombre des Templiers commandés par Gérard de Bedford : il déploya dans un combat contre les Sarrasins une valeur si extraordinaire que ceux-ci crurent être en présence de Saint-Georges lui-même. Lorsque, criblé de blessures, à bout de forces, il tomba inanimé sur le sol, les infidèles recueillirent avec enthousiasme la poussière teinte de son sang et ils en frottèrent leurs membres, pensant se pénétrer ainsi du surnaturel courage dont le preux venait d'émerveiller leur crédulité.

En 1494, Hilduin de Maillé, s'étant uni à Françoise de la Tour, fille et héritière de Louis, seigneur de la Tour Landry, s'engagea, sous peine de cinquante mille écus, à se substituer au nom et aux armes de sa femme; mais, à la mort de ses deux frères, il se déclara chef de sa maison; peu après, François Ier, relevant les enfants d'Hilduin de l'obligation que ce dernier avait contractée, leur permit de prendre le nom de leurs ancêtres en ordonnant toutefois qu'ils y ajouteraient celui de la Tour-Landry. Le roi leur rendit, en même temps, leur écu qui est *d'or à trois fasces ondées de gueule,* avec la devise : *Stetit unda fluens*.

Cependant, la terre de Maillé ne devait point rester entre les mains des descendants d'Hilduin : ils la cédèrent au connétable de Luynes, qui obtint qu'elle fût érigée pour lui en duché-pairie. Leur situation n'en resta pas moins brillante et, au dix-septième siècle, ils contractèrent une alliance qui les approcha du trône. La fille que le maréchal de Maillé avait eue de Nicole du Plessis, sœur du cardinal de Richelieu, parut, en effet, d'assez bonne lignée pour devenir l'épouse du prince de Condé, le cousin du roi.

Le premier duc de Maillé, qui reçut ce titre de la faveur de Louis XVI, en 1784, eut deux fils, dont l'aîné émigra avec les princes et fut un des agents les plus actifs de la Restauration; aussi son dévouement fut-il récompensé, en 1814, par le don de la pairie.

Artus de Maillé de la Tour-Landry, le duc actuel, a perdu son père en 1874. Officier aux chasseurs à pied, il a trente-trois ans. Sa mère, née Osmond, est une des personnalités les plus distinguées du faubourg Saint-Germain. Elle ne se contente pas de tenir, dans son hôtel de la rue de Lille, un des rares salons où se perpétuent les traditions de la courtoisie française et de témoigner à ses nombreux enfants une admirable sollicitude, elle a pour les malheureux un cœur dont la charité ne se lasse point. Il est peu d'œuvres de bienfaisance dont elle ne soit dame patronesse, peu de fêtes destinées au soulagement des infortunes dont elle ne se montre une des inspiratrices les plus éclairées. Gardant sous ses cheveux blancs, relevés sur le front, un visage encore plein de fraîcheur, des yeux vifs et clairs, elle déploie une très grande activité. Soins de famille, devoirs du monde, distributions d'aumônes, absorbent son temps et, bien souvent, sur le pont de la Concorde, on la voit passer très affairée dans sa grande calèche, de forme un peu surannée, la seule de Paris qui ait encore un siège par derrière pour les valets de pied.

La duchesse a un second fils, M. Foulques de Maillé, qui a trente ans. Ses filles sont au nombre de cinq. L'aînée, qu'on appelle la comtesse Hélène, parce qu'elle est d'un chapitre noble, se destinait à la vie religieuse, mais sa santé délicate ne lui a pas permis de demeurer au couvent. Sa dévotion l'appelle fréquemment à Rome, où elle est accueillie avec empressement par la haute société restée fidèle au Pape. D'un savoir sérieux et fin, elle s'intéresse aux choses de l'esprit ; elle a beaucoup de goût pour la littérature ; la comédie de salon a aussi toutes ses sympathies. Devenue indépendante, moins par son âge que par son titre, elle voyage seule, accompagnée d'une femme de chambre et d'un domestique, à la manière des anciennes chanoinesses de Remiremont ou de Poulangy, qui n'étaient point tenues de résider en leur abbaye.

Ses quatre sœurs sont mariées et occupent un rang distingué dans la société parisienne. L'une est la comtesse de Nadaillac, la seconde la comtesse de Gontaut-Biron, la troisième la comtesse de Ganay; la dernière a épousé, au printemps dernier, le baron de Fleury. Les *bals blancs*, que sa mère donnait pour elle, évoquent le souvenir de toutes les élégances et de toutes les grâces.

Le maréchal de Mac-Mahon, lié par une vieille amitié à la famille de Maillé, servira de témoin au futur, qui sera, d'autre part, assisté de son oncle, le comte Armand de Maillé, député de Maine-et-Loire. Le fils aîné de ce dernier a été substitué, par décrets du 27 avril 1857 et du 13 juin 1872, au titre de son aïeul maternel Lebrun, duc de Plaisance. Il a épousé, il y a trois ans, M$^{lle}$ Hélène de La Rochefoucauld d'Estissac.

Les Wendel ne remontent pas à l'ancienneté des Maillé. Leur auteur, Jean-Martin, ayant acheté, au commencement du dix-huitième siècle, les forges de Hayange, obtint en 1727 des lettres patentes du duc de Lorraine, qui lui conférèrent la noblesse. Plus tard, il fut nommé secrétaire du roi au parlement de Metz, charge qu'il exerça jusqu'à sa mort survenue en 1738.

Son fils et son petit-fils ont fait partie de nos assemblées représentatives. L'établissement métallurgique de Hayange n'est point sorti de cette famille. Étant demeuré prospère, en dépit de l'annexion, il constitue pour elle une source de revenus considérables et, comme elle use de sa fortune pour répandre des bienfaits, elle jouit d'une grande popularité dans le pays.

A une époque récente, les Wendel se sont alliés aux Vaulserre, aux Montaigu, aux Gargan, aux Coëtlosquet.

Leurs armes méritent l'attention des amateurs de blason; elles sont *de gueule à 3 marteaux d'or emmanchés de même, liés d'azur, dont deux passés en sautoir et le troisième brisé en pal et renversé, à un tube de canon d'or en fasce mis à la pointe de l'écu; l'écu bordé d'argent.*

Par sa mère, M<sup>lle</sup> de Wendel est la petite-fille de M. Manuel, le richissime agent de change, à qui sa femme, une espagnole de grande maison, transmit le titre de comte de Gramedo, suivant les coutumes nobiliaires en usage au-delà des Pyrénées. Ce titre est aujourd'hui porté par M. Manuel fils, qui compte plus de relations dans le faubourg Saint-Germain que dans le monde de la Bourse, et qui doit à son talent musical d'être fort apprécié de nos aristocratiques mondaines.

La future duchesse de Maillé est d'une beauté exquise; sa tournure élégante, sa figure fine, encadrée d'une magnifique chevelure brune et éclairée d'yeux limpides, rappellent, comme son joli prénom de Carmen, le type classique des Andalouses.

Une personnalité dont la physionomie charmante a un caractère tout différent, M$^{me}$ Nilsson, comtesse Angel de Miranda, la blonde entre les blondes, qui a dans son regard bleu et profond comme un reflet des lacs de Fingal, traitait, samedi dernier, une compagnie aimable, dans son joli appartement de la place Vendôme. MM. Ambroise Thomas, Rally, Campbell-Clarke, le baron de Saint-Amand, la baronne de Neuforge étaient au nombre des convives. On a fait de l'excellente musique dans la soirée, avec des intermèdes littéraires du petit Heudes, l'enfant prodige.

Sous les traits de la comtesse Angel de Miranda, on retrouve toujours la douce image d'Ophélie, et les souvenirs laissés au théâtre par la merveilleuse cantatrice ne peuvent manquer d'être évoqués quand on est auprès d'elle.

Avec un *brio* suggéré par son enthousiasme, l'éminent directeur du Conservatoire a rappelé les soirées fameuses où elle partageait avec Faure, l'idéal Hamlet, les applaudissements d'un public d'élite. Il disait combien les répétiteurs avaient présagé le succès qu'elle allait obtenir quand, s'adressant à lui, ils s'écriaient pour qu'il ne gênât pas l'inspiration de la *diva* : « Laissez-la faire ! laissez-la faire ! »

Aussi bien M$^{me}$ Nilsson n'avait pas seulement la figure de son rôle ; elle en avait l'âme à la fois ardente et rêveuse, et on sait si elle en a rendu la suave poésie.

Un détail qui mérite d'être signalé, c'est que le quatrième acte d'*Hamlet*, cette fête du renouveau, toute de soleil et d'azur, dont on ne trouve qu'un rapide récit dans Shakespeare, a été spécialement composé pour M<sup>me</sup> Nilsson par Ambroise Thomas. Lorsqu'elle apparaissait dans ce cadre si approprié à sa beauté lumineuse, elle produisait une sensation profonde, une émotion irrésistible.

Un de ses invités citait à ce propos le quatrain suivant, qu'elle reçut, un soir, en rentrant dans sa loge :

> La nymphe à l'œil de feu, c'est vous, blonde Ophélie.
> Je buvais un nectar mélangé de poison
> Quand je vous entendais chanter l'air de folie :
> Ce n'est pas vous, c'est moi qui perdais la raison.

Un passé non moins cher était célébré presque en même temps, à Nice, chez la vicomtesse Vigier.

Celle que les dilettantes de l'ancien Opéra appellent toujours Sophie Cruvelli possède une des plus magnifiques villas de cette côte bénie du ciel. Des jardins enchantés s'y déroulent sous les caresses d'un éternel printemps, et là, au milieu des arbustes rares, des fleurs embaumées, la maîtresse de maison réunit autour d'elle la société la plus distinguée. Le dîner qu'elle offrait dernièrement avait lieu en l'honneur du duc de Leuchtenberg, et le prince a témoigné, par ses empressements, par ses égards, le plaisir qu'il avait d'être son hôte.

La vicomtesse Vigier jouit, du reste, de l'estime universelle. D'un cœur très compatissant, elle n'a jamais refusé son concours aux fêtes de charité que la ville organise en faveur des pauvres.

Les représentations données par elle au Cercle de la Méditerranée sont fameuses ; elle y trouve un regain des joies artistiques que sa position de grande dame lui interdit de chercher sur les planches.

D'une très honorable famille de Westphalie, Sophie Cruvell qui a italianisé plus tard son nom, suivant un usage adopté par beaucoup d'artistes, s'était sentie attirée vers le théâtre par une vocation insurmontable. Les duos de Mendelssohn qu'elle chantait avec sa sœur Marie, dont la voix de contralto s'harmonisait délicieusement avec la sienne, ne servaient qu'à enflammer sa passion.

Aussi, quelle ivresse lorsque, incarnée dans la Valentine des *Huguenots*, elle vit tous les suffrages voler vers elle! Mais l'Opéra devait bientôt la perdre. Après sa création superbe des *Vêpres siciliennes*, elle quitta la scène pour se marier.

Meyerbeer ne se consola point de ce départ. Il ne voulut point, de dépit, faire jouer *l'Africaine*, navré de n'avoir plus la Selika de ses rêves.

Dans les jours de torpeur qui précédèrent la mort du maître, ses amis ne parvenaient à le réveiller qu'en prononçant le nom de sa Sophie bien-aimée; alors un pâle sourire animait sa face creusée.

Le vicomte Vigier, mari de M^me Cruvelli, était le

second fils du comte Vigier, pair de France et ami intime de Louis-Philippe, dont il partagea spontanément l'exil à Claremont; sa mère était la fille du général Frère.

Homme aimable, instruit, enthousiaste de l'art, tout en ayant beaucoup de goût pour les choses du sport, vice-président du cercle de la rue Royale, jouissant d'une grande autorité au Jockey, ce gentilhomme est un des premiers qui ait mis Nice à la mode. Aussi la ville le considère-t-elle comme un de ses bienfaiteurs.

De son union, il n'a laissé qu'un fils, le vicomte René, qui a épousé naguère la fille du baron Double de Saint-Lambert et qui, grâce à une éducation accomplie, a mérité de jouir à son tour des sympathies paternelles.

## XVII.

Magie des forêts. — Chasseurs convaincus. — Goût de la société pour la comédie. — Une grande voyageuse devant l'Éternel. — Aux Indes et chez le vice-roi d'Égypte. — Un repas homérique. — Anglaise de naissance, Française de cœur.

30 janvier 1889.

Le mois de janvier est peut-être celui qu'apprécient le plus les vrais amateurs de chasse. Les jours s'allongent. Parfois de claires après-midi se lèvent toutes blanches sur la forêt, mêlant leurs pâles lueurs aux scintillements bleus du givre. Dans cette lumière enchantée, les vieilles futaies brillent discrètement de feux très doux : on dirait que des fées aimables y ont suspendu des guirlandes de pierreries pour fêter le passage de quelque prince Charmant, et qu'elles ont déroulé, le long des avenues, de ces étoffes impalpables, tissées d'or et de perles, couleur de rayons et de nuées, dont elles habillent leurs filleules, Peau-d'Ane et Cendrillon.

Les disciples de saint Hubert ont tous au fond de

l'âme un certain attrait pour le merveilleux. Ce penchant leur est venu, sans doute, à travers les siècles, du fond des mystérieuses retraites des Ardennes, où leur patron tombait à genoux devant l'apparition du cerf miraculeux. S'ils ne se vantent point d'avoir rencontré au bout de leur fusil un dix-cors portant une croix flamboyante au milieu de sa ramure, ils voient pourtant des choses extraordinaires, dont le récit complaisamment développé se heurte parfois, en dépit de leurs protestations ardentes, à plus de doute que de créance par le temps de scepticisme où nous vivons. Mais n'est-il point admissible qu'un peu d'exagération vienne rehausser leurs prouesses, quand ils ont passé des heures entières dans une solitude imposante, où de vastes perspectives déroulent à l'infini leurs surprises et leurs émotions, où de vieux chênes, chargés d'années, ont encore au front des touffes de gui que la faucille des Druides semble avoir tenues en réserve pour les cérémonies sacrées, où je ne sais quel grand souffle de poésie tombe du ciel et monte de la terre, secouant, dilatant l'âme, pendant que, de son côté, le corps se sent revivifié par l'air, la course et l'excitation du plaisir? On rapporte du lieu où l'on s'est trouvé des impressions proportionnées à la majesté qui constitue son caractère; on revient tout pénétré de la nature dont on subit, même à son insu, l'innocente magie.

Les réunions cynégétiques d'automne permettent rarement de s'abandonner à cette influence paisible.

Elles correspondent à la période la plus brillante de la villégiature parisienne. Quantité de personnalités à la mode s'y mêlent beaucoup plus par genre que par goût. Encombrées de jeunes gens qui comptent moins sur la précision de leur tir que sur la coupe de leur habit pour produire un effet irrésistible, de femmes charmantes qui ne sauraient peut-être pas distinguer un daguet d'un ragot, mais qui en remontreraient aux psychologues les plus profonds sur les diverses catégories du *flirt*, ces parties tournent souvent à la simple cavalcade et ne servent guère que de prétexte à des dîners, à des sauteries, où le luxe citadin trône, couronné de diamants, à la place de la simplicité champêtre qu'on aimerait à voir des pâquerettes et des coquelicots sur le front.

Dans la saison où nous sommes, les chasseurs d'occasion ont réintégré les hôtels bien clos, les appartements capitonnés, où des bouches, dissimulées dans l'épaisseur des tapis, entretiennent une chaleur de serre. Ils ne voudraient point s'exposer à l'onglée et ils n'ignorent pas que le froid rougit le nez et gerce les lèvres. Aussi restent-ils chez eux. Vraisemblablement, les nemrods convaincus ne regrettent pas trop leur absence.

Parmi ces derniers, il faut citer le marquis de l'Aigle et M. Olry, dont les exploits se renouvellent chaque semaine à Compiègne. De brillants rendez-vous ont été donnés par eux, ces jours passés, au Puits d'Orléans, à la Michelette, au Fort Poirier, et le vautrait de l'un comme l'équipage de l'autre ont fait merveille. Bon nombre d'officiers, ayant à leur tête le général de Lassalle, ont prouvé à cette occasion qu'ils se souvenaient du précepte des anciens, à savoir que la chasse est l'école de la guerre.

A Fontainebleau, le duc de Gramont a pour la première fois découplé son vautrait, mais il y avait beaucoup de neige en forêt, et ce début s'est ressenti de l'inclémence du temps.

Pendant que de joyeux hallalis retentissent autour de Paris, nos salons semblent vouloir s'animer un peu.

Les bals annoncés sont rares, mais les soirées de musique et de comédie figurent déjà sur beaucoup d'élégants programmes. Il y a un siècle (on peut rappeler ce souvenir puisque nous approchons du grand centenaire), la plupart des dames de haut parage, à commencer par la Reine, ne rêvaient que succès de théâtre. Tous les palais, tous les châteaux, tous les hôtels avaient leur salle de spectacle. L'esprit morose des censeurs de l'époque critiquait ce passe-temps. En dépit de leurs satires et des révolutions que nous avons traversées, la mode y est toujours.

Il est certain que les suffrages accordés aux acteurs de profession doivent être de grands stimulants pour les amateurs qui se sentent quelque talent. Nous avons encore, quoi qu'on en dise, des troupes de premier ordre, et les applaudissements qu'elles recueillent sont aussi mérités que par leurs devancières. Quelques personnes s'écrient que le grand art est fini. Quand on ouvrit les portes du nouveau cénacle de la Comédie Française, dans l'édifice que Louis XVI venait de faire construire sur l'emplacement de l'ancien hôtel de Condé et qui est aujourd'hui l'Odéon, on parlait déjà de décadence. N'a-t-on pas vu cependant depuis les Talma, les Mars, les Rachel obtenir un triomphe incontesté ?

La grande-duchesse de Russie, qui, à cette époque, voyageait en France avec son mari, dans un incognito que ne masquait pas le nom de comte et comtesse du Nord, témoignait à nos artistes plus d'équité que les contemporains. « Ah! disait-elle, en sortant de les entendre, si nous pouvions les avoir à Saint-Pétersbourg ! »

Ce vœu s'est réalisé depuis : les Coquelin, les Sarah Bernhardt, pour ne citer que deux noms illustres, ont porté jusqu'aux extrémités du monde un exemple de la perfection scénique qui règne chez nous.

Mais les étrangers préfèrent encore s'asseoir dans nos loges pour jouir d'un ensemble accompli et, à chaque saison, leur élite vient contribuer au succès de nos pièces nouvelles.

Parmi ces personnalités marquantes figure lady Dilke, qui s'est arrêtée quelques jours à Paris, au retour d'un grand voyage aux Indes. C'est une des femmes les plus distinguées et les plus sympathiques de la haute société anglaise.

Veuve en premières noces de M. Mark Pattison, qui comptait au nombre des sommités de l'Université d'Oxford, elle s'est remariée, il y a peu d'années, à sir Charles Dilke, le célèbre homme d'État britannique.

Sa maison à Londres est le rendez-vous des lettrés, et elle leur fait aussi, avec une grâce incomparable, les honneurs du joli cottage qu'elle possède sur les bords de la Tamise.

Poussée moins par un goût naturel à sa nation que par le penchant de voir et d'apprendre qui est le propre de toutes les natures supérieures, elle fait, chaque année, avec sir Charles, de lointaines et intéressantes excursions.

Elle est allée pour la première fois aux Indes, il y a trois ans, mais elle a jugé qu'elle n'avait point suffisamment étudié le grand empire colonial dont sa patrie est si justement fière. Elle a tenu à y retourner, et ce second voyage s'est accompli dans des conditions particulièrement agréables et curieuses.

Sir Charles, ancien sous-secrétaire d'État au ministère de la guerre, aussi compétent dans les affaires qui ressortent de ce département que dans les questions diplomatiques, s'était, de son côté, proposé d'examiner en détail la situation militaire du pays.

Reçu à l'état-major général de l'armée, il passa trente-deux jours avec le commandant en chef, sir Frederick Roberts, au camp de Rawul-Pindi, qui est pour les Anglais là-bas ce que le camp de Châlons est pour nous.

Le temps de ce séjour fut occupé à explorer toute la région de Quettah. Deux régiments d'infanterie et un régiment de cavalerie de l'armée royale, accompagnés de quatre régiments indigènes, faisaient escorte au noble voyageur et à son hôte.

Toujours entouré de cet appareil, sir Charles visita ensuite la plaine de Candahar et les vallées de Bori et de Zob, où des travaux considérables ont été élevés pour la défense du pays.

De retour au camp, douze mille hommes, choisis parmi les meilleures troupes des armées du Bengale et de Bombay, défilèrent devant lui.

A cette revue, se rencontrèrent, pour la première fois, le vainqueur de Maiwand et le conquérant de l'Afghanistan, Ayoub-Khan et le général Frederick Roberts; elle fut l'occasion de fêtes splendides.

Lady Dilke, pendant ce temps, était traitée avec une magnificence royale par lady Roberts, à Simla. Un train spécial, pourvu de toutes les délicatesses du confort anglais, était mis à sa disposition; elle s'en servait pour parcourir la contrée, savourant le contraste de cette civilisation moderne avec l'étrange immobilité d'un monde encore plein de la mystérieuse poésie d'autrefois.

En regagnant l'Europe, le couple passa par Lahore, l'antique capitale des Mongols, puis il se rendit en Égypte.

Il descendit au Caire chez sir Edgar Vincent, l'agent financier du gouvernement britannique.

Le vice-roi, qui savait que sir Charles et lady Dilke avaient reçu naguère à Constantinople une hospitalité magnifique de la part du sultan, ne voulut pas faire moins que son suzerain : il envoya à leur rencontre le gouverneur de Suez, qui les pria à déjeuner en son nom.

Mais les mœurs orientales exigent qu'ils se séparent en arrivant au palais; tandis que sir Charles va chez le khédive, lady Dilke est reçue par la vice-reine.

Cette dernière, cousine de son mari avant d'être sa femme, joint à une beauté fort grande une grâce toute européenne : « Ah! Madame, dit-elle à sa visiteuse, je suis ravie de vous voir. Venez à côté de moi sur le sofa... Autrefois, je m'asseyais sur le tapis à la turque, mais depuis que je porte des corsets, cela me gêne trop. Je crois que vous ne serez pas fâchée de me voir suivre un peu forcément la mode de votre pays. » On cause; les deux filles de la princesse sont présentes et fixent des yeux ardents de curiosité sur la grande dame anglaise.

Cependant, le repas est servi. Point d'autres convives que l'assistance. Le premier plat est un mouton rôti, apporté entier sur un plat d'argent. Lady Dilke se croit chez un des héros d'Homère et la vice-reine ajoute à l'illusion, découpant, très simple et très habile, les meilleurs morceaux pour son invitée, comme l'eût fait Nausicaa, fille d'Alcinoüs, roi des Phéaciens, quand Ulysse était chez son père.

A Paris, lady Dilke est descendue, suivant son habitude, à l'hôtel Saint-James; elle en occupe tout le premier étage. Cette belle résidence était jadis la demeure de la famille de Noailles, qui y reçut plusieurs fois Marie-Antoinette, à la veille de la Révolution. Avec son immense cour d'honneur, son escalier monumental, ses hauts plafonds, c'est un cadre approprié à la beauté blonde de la voyageuse, dont les traits fins et délicats rappellent le type des jolies marquises du temps de Louis XV.

Lady Dilke compte de nombreux amis dans la société parisienne : M<sup>mes</sup> Augustus Craven, Amédée Lefèvre-Pontalis, Gérard, née Vuitry, Gaston Paris, MM. Renan, Émile Ollivier, Pallain, Joseph Reinach, de Blowitz, sont de ses intimes. A Dampierre, chez la duchesse de Luynes et à Vaux, chez M<sup>me</sup> Sommier, elle a trouvé, dans des visites récentes, les témoignages de la plus exquise courtoisie.

Aussi bien, elle est française par le cœur; elle ne parle pas seulement notre langue d'une façon remarquable, elle l'écrit avec une perfection achevée. Elle s'intéresse à notre littérature et à notre histoire. Elle a consacré des pages éloquentes à l'art français, à l'époque de la Renaissance et sous Louis XIV. Elle veut même que ses œuvres anglaises paraissent dans notre idiome, témoin *The Shrine of Death* (le Sanctuaire de la mort), recueil d'apologues, très élégamment traduit par un de nos compatriotes, M. Alfred Lafargue, et qui a été fort prisé par le cardinal Manning, archevêque de Westminster.

Quand des femmes de ce mérite passent parmi nous, il semble que notre hospitalité ne serait pas complète, si nous ne payions leur sympathie d'un respectueux et public hommage.

## XVIII.

A la campagne, en hiver. — Mort de l'archiduc Rodolphe. — Sentiments de la France. — Trois oraisons funèbres qui attendent un Bossuet.

6 février 1889.

Vous est-il arrivé d'être contraint de quitter Paris en plein hiver, pour aller chez vous à la campagne? Un intérêt urgent vous appelait au fond de votre province : vous aviez à renouveler un bail, à toucher des fermages, à régler des mémoires, et vous êtes parti à l'improviste, non sans maudire le dérangement qui vous était imposé. Mon Dieu, oui! il est désagréable d'entreprendre en cette saison un voyage qui ne doit point vous conduire aux plages ensoleillées de Cannes ou de Biarritz, d'échanger votre chaude et confortable installation de la ville contre un campement provisoire dans une maison des champs, où on n'accède que par des chemins boueux, et qu'on retrouve déserte, silencieuse, tassée sous la neige, au milieu de son parc dénudé et froid. Vous vous étiez si complètement réhabitué, depuis deux mois, à votre existence de citadin; vos affaires et vos plaisirs vous avaient déjà mis aux prises avec des obligations si variées! Il a été malaisé d'arrêter l'engrenage. Il a fallu écrire des lettres, ajourner des rendez-vous, offrir des excuses, et, tandis que le train chemine à travers de vastes solitudes que la bise a roussies de son haleine glacée, vous songez en soupirant au fin dîner que vous allez manquer chez l'aimable comtesse ou à la bonne musique que vous auriez entendue dans la loge de la délicieuse baronne.

Mais un joyeux rayon de soleil a salué votre arrivée. A la petite station, vous avez trouvé la figure souriante de votre garde, qui est venu vous chercher en voiture. C'est un brave et loyal garçon, qui est depuis dix ans à votre service. Prévôt d'armes dans son régiment, il vous a donné des leçons d'escrime. En ferraillant avec lui, vous avez apprécié son énergie et, son congé fini, vous lui avez confié la surveillance de vos bois. Sa haute taille, sa force athlétique, son visage osseux, aux mâchoires saillantes, au regard bleu et perçant, qui accuse ce type de l'ancien Gaulois que le peuple de certaines provinces conserve encore dans sa pureté primitive, étaient assurément de nature à en imposer aux braconniers : aussi est-il craint et respecté.

Bientôt, à un détour de la route durcie, vous apercevez au loin votre toit; il ne vous paraît point si morose. N'est-il pas, en effet, votre véritable demeure, l'asile aimé où vous avez réuni vos souvenirs, rassemblé vos archives, accumulé des meubles, des tableaux, des livres, dont la sécurité ne sera point exposée aux rudes mains des déménageurs, ces agents bourrus et nécessaires de l'instabilité de la vie moderne; n'est-ce pas le foyer vénérable où des mœurs plus paisibles retenaient les ancêtres et où, après bien des absences, bien des agitations souvent stériles, vous espérez vous reposer quelques jours avant de mourir?

Je ne sais quel charme mystérieux vous accueille en ce logis; une paix sereine tombe de ses vieilles pierres et vous pénètre au cœur.

A part votre chambre, vous n'avez pas voulu qu'on ouvrît les appartements, clos depuis l'été.

Vous prendrez vos repas à la cuisine, sur une petite table à demi engagée dans les profondeurs de la haute cheminée, où flambe un feu clair. La femme de votre garde fera la cuisine. Pendant qu'elle vous sert des mets plantureux, dont elle a puisé la recette dans quelque recueil laissé par une aïeule prévoyante, elle vous entretient, avec une familiarité respectueuse, de tout ce qui s'est passé pendant que vous étiez au loin. Intelligente, enjouée, aimable (elle a été élevée par de bonnes sœurs dans un couvent du voisinage), elle a des connaissances très supérieures à sa position, et, si vous la mettez sur des sujets qui sembleraient ne pas être de sa compétence, vous êtes tout surpris de constater qu'elle est au courant, grâce aux journaux que vous envoyez de temps en temps là-bas, des mésaventures de M. Numa Gilly ou des succès du général. Votre grand chien tourne autour de vous, sans effrayer les trois chats qui se chauffent au coin de l'âtre dans des poses hiératiques, et il y a là quelque part un gazouillis de bambin, qui est né chez vous et que vous verrez grandir, avec l'intérêt que vous portez aux jeunes arbres dont vous attendez un jour l'ombre et les fruits.

Les heures passent vite ; vous faites de longues promenades dans les bois étincelants de givre ; la vallée s'allonge devant vous dans sa robe d'hermine, constellée de pierreries, et sur les eaux à demi gelées de l'étang que rident les cygnes, il y a des scintillements de feu, qu'on prendrait pour des clartés d'étoiles qui se seraient figées dans la glace en tombant du ciel.

Le soir, vous relisez les auteurs qui ont charmé votre adolescence ; vous feuilletez, d'un doigt recueilli, de vieilles correspondances aux lignes pâlies, mais encore pleines de jeunes et ardents témoignages, et si le vent bruit au dehors, sa voix grave ne vous effraie point ; elle chante à vos oreilles les histoires d'autrefois ; elle vous berce de la mélancolie des espérances mortes et des illusions évanouies. Vos affaires sont terminées et vous avez peine à vous arracher aux attirances du cher logis... Vous aviez éprouvé des regrets au départ et voilà que vous en rapportez au retour.

Au point de vue mondain, rien d'ailleurs de bien neuf à Paris. Si les rues, débarrassées de la polychromie des affiches électorales, ont leur animation accoutumée, les salons manquent décidément d'entrain. A part les comédies dont les répétitions se poursuivent chez M<sup>me</sup> Morio de l'Isle, chez la comtesse de Milhau, chez la baronne Digeon, aucun projet de fête ne semble s'élaborer, et les conversations n'abordent point d'autre sujet que les nouvelles de Vienne.

A quelle cause faut-il attribuer la fin tragique de l'archiduc Rodolphe? Les communications officielles ont fait écarter la version de la mort naturelle. C'est donc un suicide ou un meurtre. L'amour du merveilleux étant inné à la nature humaine, on penche non seulement pour le crime, mais on l'entoure encore de circonstances extraordinaires. Les uns vont en flétrir l'auteur jusqu'au sommet de l'aristocratie, les autres dans les derniers rangs du peuple. Pour beaucoup, il s'agit d'un assassinat politique : une main de fer, jalouse de protéger son œuvre contre tous ceux qui pourraient y porter atteinte un jour, se serait débarrassée du jeune héritier de la monarchie des Habsbourg dont les sympathies lui paraissaient douteuses, comme naguère elle enlevait le trône et la vie à un allié devenu suspect. Le beau sexe se montre particulièrement accessible à cette hypothèse; elle flatte son imagination; elle caresse d'un frisson léger la blancheur de ses épaules. N'est-il pas intéressant, en effet, de retrouver à notre époque un exemple des noirs complots dont l'audace impunie a laissé tremblants les siècles passés? N'est-il pas curieux de constater que le revolver continue l'œuvre de la dague et du poison? Mais les suppositions qui tendent à nous reporter au temps des Borgia ne sont pas sérieuses.

Ce qu'il y a de plus vraisemblable, c'est que, dans le drame de Meyerling, une figure de femme a tenu le premier rôle. C'est elle qu'il importe de chercher, suivant le mot célèbre. Patricienne ou paysanne, elle doit être belle. Ses lèvres ont eu les paroles qui grisent et ses bras étaient habiles aux étreintes qui font oublier le danger. Mais dira-t-elle jamais son secret? Non, sans doute, et, sur cette tombe où l'espoir d'une race vient de descendre, il y aurait lieu, comme dans les nécropoles de l'antique Égypte, de placer un sphynx.

On dit que l'empereur d'Autriche connaît la main qui, en frappant son fils, a doublement meurtri son cœur de père et de souverain. Il ne veut pas que le châtiment puisse porter une atteinte publique à une mémoire chère, et il couvre de l'hermine de son manteau le déshonneur qui pourrait s'unir à son deuil. Que de souffrances inavouées, que de déchirements intimes restent ainsi cachés sous la pourpre du trône!

S'il est vrai que le prince ait été l'objet d'une vengeance, la douleur de l'impératrice pourra-t-elle être surpassée? En traversant, plus tard, les rues de Vienne, ne croira-t-elle pas revoir toujours la poignante image de l'assassin, triomphant, à la fois, de sa réussite et de son impunité? Ne se rejettera-t-elle pas alors au fond de son carrosse, une impuissante malédiction aux lèvres?

La jeune archiduchesse n'est pas moins à plaindre dans les longs vêtements de deuil destinés à remplacer la parure qui plaisait à son insouciance. Elle n'a pas encore atteint sa vingt-cinquième année! Lorsqu'elle a quitté la cour paternelle pour entrer dans la famille des héritiers du Saint-Empire, elle ne comptait que les seize printemps de Juliette. Le prince avait, lui, l'âge de Roméo et, charmants tous deux, souriant à tous les enivrements du bonheur et de la puissance, il semblait qu'ils dussent passer dans la vie comme les héros d'un conte de fées. Ils s'aimaient. Une délicieuse enfant était venue cimenter leur union. Mais tout à coup, l'indifférence, la froideur s'y glissèrent. L'archiduc, qui, par les femmes, descendait d'Henri IV, avait dans ses veines la versatilité du roi vert-galant. La princesse ressentit une immense amertume de son abandon.

Elle était fière : elle se contenta de gémir en silence. Peut-être espérait-elle que, la fougue des passions calmée, son époux lui reviendrait, repentant et fidèle. L'empereur n'aurait sans doute pas les faiblesses du *Kron-Prinz*. Elle savait que le sort des grands est d'être environnés de bonne heure de séductions périlleuses, de coupables complaisances, et souvent d'excitations criminelles. La nature noble et droite de son Rodolphe lui permettait de croire qu'un jour il briserait ces entraves pour retourner à un pur et familial amour.

Maintenant, plus d'illusions! La princesse n'a pas même pu recueillir, des lèvres du moribond, une parole de regret, un adieu consolateur. Aux déchirements de sa tendresse se joint la stupeur de sa chute, car il y a toujours de l'ambition dans les âmes élevées. Elle ne sera jamais impératrice; à la place de la triple couronne de la monarchie austro-hongroise, c'est le bonnet de veuve qui va s'enrouler autour de son front. La foule des courtisans ne tardera pas à s'éclaircir. Un palais silencieux à Vienne, quelque manoir solitaire dans les montagnes de Bohème ou sur les bords du Danube seront vraisemblablement son douaire. Elle y vivra dans les larmes, voyant grandir tristement sa fille; qui longtemps encore, avec l'inconsciente cruauté de l'enfance, lui demandera où est son père.

Quels que soient les motifs qui aient amené la mort de l'archiduc Rodolphe, la France regrette en lui un prince distingué et aimable, dont les preuves de sympathie l'avaient touchée. Elle n'oublie pas qu'il avait dans les veines ce vieux sang lorrain qui, dans la descendance de Marie-Thérèse, s'est mêlé au sang auguste des Habsbourg et qu'elle garde les cendres de ses ancêtres dans cette ville de Nancy qu'ils se sont plu à embellir; ardente et généreuse, d'ailleurs, elle excuse volontiers les histoires d'amour.

S'est-on rappelé qu'il y a juste trente ans, trois berceaux captivaient l'attention de l'Europe? Dans le premier dormait le prince impérial des Français, dans celui-ci l'infant d'Espagne, dans celui-là le prince héritier d'Autriche. Les canons avaient tonné pour saluer la naissance de ces enfants et les présages les plus heureux les avaient accueillis dans la vie. La mort les a moissonnés tous les trois à la fleur de leur âge. Sanglante pour deux d'entre eux, pâle et lente pour le troisième, elle a foulé de son pied implacable les espérances qui s'offraient devant eux comme une jonchée glorieuse. Bossuet aurait trop à dire s'il vivait de nos jours.

## XIX.

Une Ville-Étoile. — Le cœur de Paris. — L'hôtel de Ville. —
Les Fêtes d'antan et les fêtes de demain.

13 février 1889.

Lorsqu'on regarde Paris, en y arrivant de loin, le jour tombé, on est frappé du rayonnement de l'atmosphère qui l'environne. Au milieu des ombres épaisses qui font ressortir sa zone lumineuse, la grande capitale semble baignée d'une nuée rouge qu'on prendrait pour le flamboiement d'une aurore boréale. On ne voit encore rien de ses édifices, mais les mille clartés qui s'en dégagent annoncent qu'elle est proche. C'est l'irradiation d'un astre qui vaut bien une étoile, c'est la splendeur d'un monde où la pensée rayonne et s'élève parfois si haut, qu'elle s'illumine du reflet même de Dieu. Dans les palais dont les hautes fenêtres découpent leurs lignes harmonieuses sur la magie des fêtes; dans les demeures où, près de la lampe recueillie, l'étude veille, aussi bien dans le cabinet de l'homme d'État que dans le réduit du philosophe; le long des avenues où la rêverie marche au bras du noctambulisme, sous les feux vifs dont le gaz pique la grise monotonie des façades, qui sait quelles impressions font vibrer, chaque nuit, l'esprit humain, quels rapprochements stimulent son activité, quelles conceptions résultent de sa fièvre, quels germes féconds tombent de son essence?

Jeudi dernier, l'attention du voyageur prêt à entrer dans une de nos gares ou du promeneur attardé sur une des collines de la banlieue, eût pu remarquer, dans le froid bleu du firmament, l'immense cité resplendir d'une lueur encore plus ardente que de coutume. Un des quartiers où afflue la richesse de sa vie, celui qu'on pourrait appeler son cœur, étalait de toutes parts son rayonnement joyeux.

Il y avait bal à l'Hôtel de Ville ; les larges voies qui y conduisent scintillaient à l'envi, tandis que la lente procession des voitures laissait derrière elle le semis jaune de ses lanternes, et, au fond de la place, blanche comme en plein midi, le palais tout blanc lui-même avait l'air d'être en marbre, tandis que les fines sculptures de ses croisées retenaient le papillotement d'or qui jaillissait de l'intérieur des salles.

Si l'âme des morts habitait leurs images, Étienne Marcel eût été bien surpris de cette magnificence et il eût été peut-être obligé de rabattre son chaperon sur ses yeux pour en éviter l'éclat. On sait qu'au lieu même où s'élève aujourd'hui sa statue équestre, qui doit aux sombres souvenirs du moyen âge une allure plus militaire que bourgeoise, il acheta, en sa qualité de prévôt des marchands, un local destiné à réunir, pour les affaires de leur négoce, les membres de la *Hanse parisienne*, cette compagnie de commerçants par eau qui fut l'embryon de notre conseil municipal, et dont les armes qu'on voit au frontispice de nos monuments, le fier vaisseau qui flotte sur les ondes sans être jamais submergé, rappellent non la sanglante illustration de la guerre mais la gloire pacifique du travail.

Cette assemblée s'était successivement tenue dans deux bâtiments qui témoignent de leur modestie par la naïveté de leur désignation : la *Maison de marchandise* et le *Parloir aux Bourgeois*. L'un n'indiquait point une situation très heureuse puisqu'il occupait la *Vallée de Misère*, où pesait le voisinage lugubre du Grand Châtelet; l'autre respirait difficilement entre le monacal enclos des Jacobins et l'étroite place Saint-Michel. Aussi, l'acquisition d'Étienne Marcel fut-elle fort appréciée. L'édifice choisi par ses soins tranchait par son élégance sur la difformité des constructions environnantes. On l'appelait la *Maison aux piliers* à cause des colonnes qui supportaient les arcades de sa façade. Ses derniers maîtres avaient été d'illustres personnages de la hiérarchie féodale, les Dauphins du Viennois qui, en cédant leurs états à la couronne de France, avaient légué aussi leur nom aux héritiers du trône. Mais ce n'en était pas moins une demeure privée, aux proportions restreintes et qu'on n'avait payée que deux mille huit cent quatre-vingts livres.

Deux siècles plus tard, elle était devenue absolument insuffisante. Boccador de Cortone fut chargé de la reconstruire. Il le fit sur un plan magnifique dont la perfection n'a pas été dépassée depuis. Au commencement du dix-septième siècle, Androuet du Cerceau compléta la richesse du nouveau bâtiment par des aménagements heureux et des décorations d'un goût délicat. L'œuvre fut terminée en 1628 et trouvée admirable : François Miron ne put s'empêcher de s'écrier toutefois que c'était plutôt un logis pour des princes ou des ribaudes que pour des magistrats du peuple.

Cependant l'Hôtel de Ville était loin de jouir des abords majestueux qui le dégagent aujourd'hui.

Au nord, l'hospice et la chapelle du Saint-Esprit s'appuyaient à lui comme des malades sur une béquille : au sud, il ne voyait point la Seine qui en était pourtant très rapprochée. Les bâtiments où étaient ses bureaux lui en masquaient le coup d'œil, ne tenant à lui que par l'arcade Saint-Jean, porte sombre de la rue du Martroi qui, plus sombre encore, se rattachait vers l'est comme un cloître de misère à l'église Saint-Jean. De toutes parts, titubaient des maisons boiteuses couvertes de lèpre, qui exhalaient entre leurs ruelles étroites une haleine fétide. L'ironie du malheur appelait un de ces passages nauséabonds la rue du *Pet au Diable*. Il y en avait un autre qui portait un nom dont les lentes syllabes résonnaient comme les coups d'un glas funèbre : c'était la rue de la Mortellerie, véritable cloaque de boue et d'immondices où les enfants se roulaient sur le fumier avec les porcs et où, de temps en temps, la peste venait mettre sa croix noire sur toutes les portes, ne laissant que des cadavres derrière elle.

Il fallut la Révolution pour souffler sur ces bouges. Elle eût des grâces pour le palais du peuple, alors qu'elle n'avait que des dédains pour le palais des rois. La municipalité parisienne s'était accrue d'une grande quantité de services nouveaux; l'octroi, les contributions indirectes et la préfecture de la Seine s'adjoignaient successivement à elle. Il en résulta pour l'Hôtel de Ville des agrandissements considérables. Plusieurs anneaux du labyrinthe qui l'étouffaient furent supprimés. Deux architectes de talent, MM. Godde et Lesueur continuèrent sa transformation sous Louis-Philippe. En 1849, le prolongement de la rue de Rivoli emporta le dédale des vieilles ruelles. Le monument s'isola; il reçut un complément d'air et de jour, grâce au déblaiement qu'entraîna la construction de la caserne Napoléon; enfin, en 1854, un décret impérial lui assura un dégagement complet du côté de l'église Saint-Gervais et une entrée digne de son rôle, par l'ouverture de la large avenue qui le relie à la place du Châtelet.

Est-il opportun de rappeler les jours sinistres où le

vieil édifice, objet de tant de sollicitude et de respect, disparut brusquement dans les flammes avec les archives, les tableaux, les statues, les meubles précieux, inestimables trésors, qu'y avaient accumulés les siècles?

Une obscurité vengeresse enveloppera toujours les misérables (on dit qu'ils étaient deux, porteurs l'un, d'un uniforme de zouaves, l'autre, d'une blouse d'ouvrier) qui, au milieu d'une nuit fatale, ont porté leur torche criminelle sur le sanctuaire vénérable où l'âme de la grande cité respirait et où palpitaient les souvenirs les plus mémorables de son histoire.

Comme le phénix de la fable, l'Hôtel de Ville est sorti de ses cendres, plus grand et plus beau qu'il n'a jamais été et toutes les images des ancêtres illustres dont ses combles sont couronnés le couvrent d'une égide qui le protègera sans doute contre la violence des attentats nouveaux.

En parlant des fêtes d'autrefois à propos de la fête d'aujourd'hui, c'est parcourir les mêmes annales. La soudure est invisible.

Les premières réjouissances qui eurent lieu à l'Hôtel de Ville datent du règne d'Henri IV. Elles furent célébrées en l'honneur de l'entrée du Béarnais à Paris. Elles se renouvelèrent sans interruption sous les Bourbons à propos des mariages, des naissances et des événements heureux qui marquaient dans la famille royale.

Louis XIV quitta plusieurs fois les lambris de Versailles pour recevoir l'hospitalité des édiles de sa capitale. A cette occasion, il fit enlever un jour du seuil de l'édifice la statue que Jacques Sarrazin avait faite de lui et qui le représentait foulant aux pieds la Fronde vaincue : « Cette figure n'est plus de circonstance, dit-il d'un ton paternel. » Et le ciseau de Coysevox fut chargé d'exécuter un autre modèle. Le génie du fameux artiste se surpassa dans cette œuvre. Elle a été épargnée par l'incendie de la Commune. Il appartenait au roi Soleil de triompher du feu.

Louis XVI, accompagné de Marie-Antoinette, continua les traditions de son aïeul. Les gravures du siècle dernier ont popularisé les banquets et les bals qui lui furent offerts par la municipalité. Peut-être ne reçut-il jamais d'acclamations plus enthousiastes que le 17 juillet 1789, lorsque, venu sans faste à Paris pour rassurer la ville sur les conséquences de la prise de la Bastille, il se montra au balcon, le chapeau fleuri de la cocarde tricolore qu'il recevait des mains de Bailly et qui apparaissait alors comme l'emblème d'une alliance éternelle entre la monarchie et le peuple.

Napoléon Ier, dans l'enivrement de sa gloire, ne se contenta point des honneurs qui avaient suffi aux rois. Il ne se montra à l'Hôtel de Ville qu'environné d'un apparat qui tenait de la pompe religieuse. Vêtu en empereur romain, la couronne au front, le long manteau d'hermine traînant derrière lui, il s'asseyait sur un trône qui ressemblait à un autel, tandis que des chœurs entonnaient autour de lui des chants de basilique.

La flatterie humaine ayant épuisé ses hyperboles, on n'imagina rien de mieux que de broder sur le baldaquin qui surmontait l'estrade où l'empereur s'offrait à l'encens des hommages, ces mots que l'Écriture applique à Dieu lui-même : Je suis celui qui suis, *Ego sum qui sum*.

Joséphine et Marie-Louise furent tour à tour associées à cette apothéose. Avec la Restauration, les fêtes municipales reprirent un caractère plus terrestre. Il y en eut pour l'entrée de Louis XVIII en 1814, pour le mariage du duc de Berry en 1816, pour la naissance du duc de Bordeaux en 1821.

Le duc d'Angoulême, après sa campagne au delà des Pyrénées, en 1823, eut aussi sa part de ces réjouissances magnifiques.

Sous la monarchie de Juillet, elles eurent le même éclat. Elles furent particulièrement brillantes lorsque le duc d'Orléans épousa la princesse de Mecklembourg.

Pendant la période du second empire, les bals de l'Hôtel de Ville égalèrent en splendeur ceux des Tuileries. Le baron Haussmann et M. Henri Chevreau y multiplièrent les enchantements. Tous les souverains de l'Europe se firent un honneur d'y assister. Les illuminations, les feux d'artifice mêlaient leur clarté et leur bruit à la musique enfiévrée des orchestres, au parfum troublant que les fleurs enlevées aux serres de la ville répandaient le long des escaliers de marbre. Du fouillis des verdures, des colosses émergeaient : c'étaient les gardes municipaux, si immobiles, quoique vivants, que les dames lasses, attendant leurs voitures, s'asseyaient à leurs pieds, sur les marches encombrées, croyant s'appuyer à des cariatides.

Les plus belles soirées de cette époque ont été données en 1854 à la reine d'Angleterre et en 1867 à l'empereur de Russie. Qui redira l'enthousiasme indescriptible dont fut salué le czar lorsque, le samedi 8 juin, deux jours après l'attentat du bois de Boulogne, il apparut dans la galerie des fêtes donnant le bras à l'impératrice, suivi de l'empereur son hôte et d'un cortège où figuraient les représentants de toutes les couronnes du monde, depuis le roi de Prusse qu'on trouvait déjà vieux, jusqu'au petit taïcoun qui promenait sur la foule son vague sourire d'enfant?

Aujourd'hui, les bals de l'Hôtel de Ville ont une allure moins solennelle, mais qui convient au régime démocratique sous lequel vit la France.

Pourquoi rire des redingotes et des robes montantes? N'y a-t-il donc que le frac à revers de soie et le corsage décolleté qui aient le droit de se divertir? Le peuple peut bien être au plaisir, lui qui est si souvent à la peine.

Nous ne savons si l'idée serait pratique, mais il nous semble que des classes encore inférieures à celles qui sont conviées dans le palais de nos édiles auraient droit d'y paraître sous le flamboiement des lustres. Pourquoi ne pas y permettre de temps en temps une liesse vraiment fraternelle où les divers corps d'états viendraient se mêler dans le costume qui leur est spécial? Fi! dira-t-on. Le bourgeron et le tablier! Quel milieu!

Mais, en dépit des protestations, n'y aurait-il pas quelque mondaine qui, comme M$^{lle}$ Lange, serait tentée de s'appuyer au bras vigoureux d'un fort de la halle, à la faveur d'un travesti, ou quelque financier qui, à l'exemple du bon Larivaudière, trouverait du charme, dans son déguisement de bure, à serrer la taille d'une marchande de marée très jolie et peu polie comme l'était M$^{me}$ Angot.

## XX.

Son Altesse le Carnaval. — Fêtes à Paris. — Préparatifs d'un bal costumé à Versailles. — Danses et *confetti* sur le littoral de la Méditerranée. — La chasse au delà des Pyrénées. — Une famille bourgeoise qui donne une reine à l'Espagne et une reine à la Suède. — Impératrice manquée.

20 février 1889.

Paris s'ennuyait, mais voilà qu'un jeune souverain lui arrive du pays bleu de la fantaisie et tout s'anime, tout s'égaie, pour saluer l'hôte aimable qui s'avance dans le bruit et dans la joie des fanfares. C'est Son Altesse Sérénissime le Carnaval, un prince, le prince charmant des féeries, dont personne ne s'avise de contester les droits. Sa royauté est bien à lui. Il porte en guise de couronne le bonnet de folie; la marotte lui tient lieu de sceptre et, si ces emblèmes sont parfois échus à des têtes et à des mains royales, il n'est point de prétendant qui les réclame. Désireux, d'ailleurs, de mériter d'universels suffrages, le mignon sire distribue ses sourires sans distinction de partis. A son pourpoint de satin blanc, la rose de France s'épanouit, la violette exhale discrètement le parfum de ses souvenirs, l'œillet rouge ressemble à un regard ardent fixé sur l'inconnu ; bien d'autres fleurs s'y marient, depuis l'églantine qui veut dire poésie jusqu'au myrte qui signifie amour. Aussi, acclame-t-on son pouvoir. Les femmes mettent à le soutenir leurs irrésistibles phalanges ? Peut-il en être autrement lorsque Monseigneur a pour premier ministre le Plaisir ?

Donc, les lustres sont allumés, les orchestres jouent, la valse glisse aérienne et joyeuse à travers les salons si longtemps fermés.

On danse, de la Chaussée-d'Antin à l'Arc-de-Triomphe ; on danserait au faubourg Saint-Germain si des deuils répétés n'étaient venus attacher leur crêpe à presque tous les blasons des vieux hôtels de ce quartier où, très étroitement, les liens de famille s'entrecroisent.

C'est l'aristocratie de la finance qui a donné l'exemple. Les *séries* de M$^{me}$ Arthur-Mallet continuent brillamment celles de M$^{me}$ Ulmann ; M$^{me}$ Tavernier, femme du sympathique agent de change, a vu une réunion des plus nombreuses affluer vendredi soir en son élégant logis de l'avenue de Messine. La veille, rue de La Rochefoucauld, dans l'hôtel de M$^{me}$ Sedelmeyer, un cotillon, qui avait d'autant plus de chance de réussir qu'il a commencé à une heure où personne encore ne songe à se retirer, s'est prolongé brillamment jusqu'au jour. Une des plus somptueuses demeures du faubourg Saint-Honoré, qui appartient à Mme Isaac Pereire, s'ouvre également aux gais transports de la jeunesse.

Un très beau bal a eu lieu samedi au boulevard Haussmann chez Mme de Sessevalle; il y en aura un second le 2 mars dans la même maison.

Ce soir enfin, le rond-point des Champs-Elysées retentira des échos d'une fête chez la baronne d'Hautpoul.

Cependant, bien que nous approchions des jours gras, on ne parle point encore de travestissements. A peine signale-t-on quelques réunions intimes où en gardant la tenue ordinaire de soirée on se montrera avec une tête grimée. Ce genre de mascarade, qui tire toute son originalité du contraste, tourne généralement au grotesque, du moins chez les hommes. Un magistrat, un diplomate, fût-il encore au début de sa carrière, ne peut manquer de compromettre le prestige et la correction de son frac, en surmontant sa cravate blanche du bec d'un perroquet ou de la trompe d'un éléphant. Les plumes d'un cannibale du Pacifique ou les rayons d'un dieu de l'Olympe n'en imposeront pas davantage. Il faut être en comité aimable et choisi, apporter avec soi beaucoup d'entrain et de bonne humeur, pour sortir allègrement d'une pareille épreuve.

Le costume qui offre un ensemble gracieux à l'œil, qui permet à une recherche ingénieuse de puiser ses inspirations aux souvenirs de l'histoire, aux modèles des musées, qui imprime un relief inattendu, une originalité piquante à des physionomies que les modes du jour banalisent, devrait assurément être préféré.

Telle est l'opinion du général Harel, une des personnalités les plus en vue de Versailles, qui vient de convier la haute société de la ville à un grand bal où le déguisement est de rigueur. On a été, tout d'abord, très ému de cette exigence. Une société sérieuse, où il y a de vieux militaires qui n'ont guère que leur retraite pour tenir un état de maison, où de jeunes officiers sont forcés de supputer souvent la médiocrité de leur solde, où des pères prudents ne perdent point de vue la dot de leurs filles et où des douairières un peu collet-monté n'épargnent pas toujours les critiques mordantes, avait bien lieu de se récrier. Mais le général est si apprécié, sa femme est si gracieuse et si avenante qu'on a bien vite pris le parti de répondre à leur désir. N'était-il pas secrètement favorisé, d'ailleurs, par l'attrait de la nouveauté qui est habile aux tentations et aussi par l'espoir de se montrer tout à son avantage dans des circonstances dont le caprice rehausse l'agrément?

Aussi couturières et modistes ont-elles peine à suffire aux commandes; les velours aux tons doux d'autrefois, les soies exquises que les belles dames de la cour de Louis XV et de Louis XVI portaient sur leurs amples paniers, les nuances délicates qui s'appelaient *soupirs contenus, regrets attendris, cheveux de la reine*, toute une suavité d'étoffes et de couleurs, passent entre les doigts pressés des ouvrières, pendant que les coiffeurs exposent à leurs étalages la perruque du roi Soleil, fort surprise de se trouver voisine de la coiffe d'Arlequin et du feutre de Pierrot.

A Nice, des plaisirs du même genre auront un plus vaste théâtre. Le programme des fêtes annoncées pour le Carnaval ne comprend pas moins de vingt journées. Elles ont commencé vendredi dernier et se prolongeront jusqu'au lundi 18 mars. Bals au Cercle de la Méditerranée, bals à la préfecture, bals chez des particuliers, opéras au Théâtre-Municipal, comédies au Casino, réjouissances populaires, kermesses, illuminations, feux d'artifice : il y en a pour tous les goûts. Au milieu de cette liesse, les masques s'ébaudiront en troupe joyeuse, se battant à coups de confetti et de fleurs. On entendra la voix d'or de Sarah Bernhardt et les trilles d'airain de Paulus.

La colonie privilégiée, à qui le ciel réserve tant de jouissances, augmente de jour en jour. L'élite de la jeunesse britannique ne peut mieux faire que de suivre l'exemple du prince de Galles.

Beaucoup d'autres étrangers se mêlent aux sujets de *Sa Gracieuse Majesté*. Dans cette foule cosmopolite nos personnalités parisiennes ne se laissent point oublier. Les chroniques mondaines ont peine à enregistrer leurs brillants ébats. Parmi celles dont on parle le plus il faut citer la vicomtesse Vigier, qui donne des réceptions si variées en cette délicieuse villa où il ne manque qu'un nouveau Tasse pour célébrer la douceur de vivre, et qui met si généreusement au service des malheureux le concours de sa fortune et de son talent; elle a consenti, cette fois encore, à chanter, le 8 mars, le rôle de Marguerite dans la représentation de *Faust*, qui sera donnée au bénéfice des pauvres. Autour d'elle gravite toute une pléiade de femmes charmantes : la vicomtesse de Bresson et la baronne de Colobria, toutes deux filles du marquis du Hallay; la baronne de Zuylen, née Rothschild; la comtesse d'Argy, la baronne Double de Saint-Lambert, la comtesse du Taillis et bien d'autres dont la nomenclature serait trop nombreuse. Est-ce qu'on peut compter les étoiles?

Cannes n'a rien à envier à sa voisine. La charité y organise aussi des fêtes et les salons y sont très animés.

A la villa Belmont, M. Vanderbilt, le richissime Américain, a donné un fort beau bal lundi dernier; réceptions aussi chez lady Murray et chez la princesse de Sagan, qui a fait entendre dimanche à ses invités les populaires refrains de Paulus.

La comtesse de Pourtalès, qui occupe une partie de l'hôtel Montfleury, depuis le commencement de la saison, devait rentrer à Paris ces jours-ci. Mais elle se trouve si bien de sa villégiature hivernale qu'elle a retardé son retour jusqu'au 1$^{er}$ mars. Le comte de

Pourtalès ne l'a pas quittée, non plus que sa fille cadette, M$^{lle}$ Agnès de Pourtalès. Le comte Jacques, son fils aîné, est venu la rejoindre dernièrement après un déplacement cynégétique qu'il a fait en Espagne en compagnie du comte de Breteuil, frère du marquis, l'éloquent député.

Ces jeunes gens, qui sont d'ardents disciples de Saint-Hubert, le dernier surtout (il a été deux fois aux Indes pour chasser le tigre, ont reçu l'hospitalité de M. Calderon, dans une vallée sauvage dont Carolina, un tout petit hameau, est l'unique ressource. Ils logeaient, ou plutôt campaient dans une maisonnette basse, dépourvue de tout confort et qui était d'un ravitaillement très difficile. Ils étaient dès le matin, en selle, sur des mulets plus solides qu'élégants qui les conduisaient au milieu des montagnes voisines.

N'ayant pour toute végétation que des broussailles, ces hauteurs sont pourtant peuplées de sangliers et de cerfs. Les rabatteurs y étaient nombreux, mais quelquefois d'une concurrence gênante, car l'usage du pays veut qu'ils aient le droit de tirer quand l'animal est à portée de leur fusil. On ne revenait qu'à la nuit, harassé souvent, toujours très affamé, et, comme la soirée était longue, on allumait en plein air un brasier gigantesque, un véritable feu de la Saint-Jean, où maîtres et valets se chauffaient familièrement jusqu'à l'extinction du dernier tison.

Voilà une rude et simple existence pour des mondains! Beaucoup d'entre eux s'en seraient effrayés autrefois, mais aujourd'hui que le régime militaire s'impose indistinctement à tous les Français, nos élégants prennent plus volontiers des habitudes viriles. Il faudrait bénir le régiment, à défaut de tout sentiment patriotique, puisqu'il est devenu pour nos jeunes générations une école de vigueur et d'énergie.

Après avoir parlé des gaîtés de la vie, il n'est guère opportun d'ouvrir des tablettes mortuaires.

Pourtant, il nous a paru curieux de rappeler quelques souvenirs à propos du comte Clary, l'ancien sénateur de l'Empire, dont les obsèques auront lieu ce matin à la Trinité. Il est issu d'une famille qui a donné une reine à l'Espagne et une reine à la Suède.

Sous le Directoire, Joseph Bonaparte, commissaire des guerres à Marseille et futur héritier du trône de Charles-Quint, de par le bon plaisir de son frère, épousa M<sup>lle</sup> Julie Clary, fille d'un riche négociant de la ville. La sœur de cette jeune femme, Eugénie Clary, fut bientôt demandée en mariage par le général Bernadotte, qui devait être plus tard le roi Charles XIV de Suède : c'est d'elle que descend la dynastie qui règne à Stockholm. Ce qu'il y a de piquant, c'est que Napoléon lui-même avait sollicité sa main. M. Clary, ne prévoyant pas les destinées extraordinaires du gendre qu'il allait perdre, refusa, ajoutant, dit-on, qu'il y avait bien assez d'un Bonaparte dans la famille.

Si l'union qui dépendait de son agrément eût été conclue, on peut se demander ce que contiendraient aujourd'hui les pages de l'*Almanach de Gotha* et mieux encore ce que raconteraient les annales de notre histoire.

## XXI.

Plaisirs de saison. — Tous les comédiens ne sont pas sur la scène. — Réunions politiques. — Mariage du comte Jean de la Rochefoucauld et de M<sup>lle</sup> de Breteuil. — Le concert des femmes du monde.

28 février 1889.

Eh bien, oui, Monseigneur le Carnaval, on s'est mis à s'amuser pour fêter votre présence au milieu de nous.

Filleul des fées, héros des Mille et une Nuits ou simplement gentil gavroche du pavé parisien, vous avez changé la face des choses par votre talisman ou par votre esprit. Pour vous complaire, les lustres, les diamants et les beaux yeux se sont allumés du même coup, les portes cochères se sont ouvertes toutes grandes au fracas joyeux des voitures, les escaliers, chauffés et fleuris comme des serres, ont envoyé, en guise de salut de bienvenue, la douceur de leurs effluves aux blanches épaules que le courant d'air de la voûte avait insolemment atteintes sous l'emmitoufflement des dentelles et des fourrures et les salons, les galeries ont offert généreusement leur élégance et leur confort à la foule empressée des hôtes attendus.

Les maîtresses de maison, dont le luxe bien assis ne craint point de rivalité, ont donné des bals à grand orchestre et des dîners en *fiocchi*. Les fastueuses ont organisé à prix d'or des intermèdes avec des artistes de premier choix; les économes ont pensé qu'une exhibition du *Général* à leur table suffirait à éblouir leurs amis... Les menus sont très simplifiés à notre époque, et puis, un homme qui, tous les soirs, a son couvert mis dans une salle à manger nouvelle, ne doit assurément plus éprouver beaucoup d'appétit. Quant aux œillets rouges, ils arrivent à pleins paniers de Nice. Pour en couvrir la nappe, en festonner les candélabres, en encadrer les glaces, point n'est besoin de dilapider son revenu.

Les personnalités qui ne tiennent pas aussi haut le sceptre de la mode se contentent de sauteries intimes. Par leur caractère de simplicité voulue, ces réunions vous dispensent de bien des folies ; point de ruineux accessoires de cotillon, point de buffets sardanapalesques, où l'aspic de foie gras fraternise avec le saumon du Rhin et où la truffe a des appels irrésistibles pour le champagne. La bourgeoise tasse de thé, le familial chocolat, l'émolliente orangeade n'ont-ils pas leur mérite ? Waldteuffel ou Desgranges sera remplacé par une tante âgée ou quelque amie sans prétention qui jouera des valses, des polkas et des quadrilles sur des motifs de l'*Estudiantina*, de la *Boîteuse* et du *Père la Victoire*. Croyez-vous que la danse en sera moins animée?

Non, la jeunesse, surtout quand une éducation trop riche, trop molle et trop complaisante ne lui a pas enlevé la fraîcheur de ses impressions, la jeunesse ne demande qu'à rayonner de sa propre lumière. Quelle musique vaut son rire, quelle fête la sérénité de son cœur?

Dans les sphères d'où l'on bannit encore plus volontiers la gêne, on se borne à des matinées dominicales : là, environnés de l'escadron volant de leurs cousines et des amies de celles-ci, les Saint-Cyriens s'étudient à prendre des cœurs, en attendant de prendre des villes et les élèves de l'École polytechnique se consolent de s'être fermé par un coup de tête les portes du salon de M$^{me}$ Henry.

De front avec ces distractions, marche la comédie d'amateurs. Jamais elle n'a été plus en vogue. Comme elle se donne ordinairement sur un théâtre monté à l'instar des véritables scènes et qui a ses décors, sa rampe, son rideau, son souffleur, les personnages qui y figurent admettent sans hésitation que leur talent est égal sinon supérieur à celui des artistes de profession. On le leur dit si volontiers, d'ailleurs! Ah! quelle diction, quelle finesse, quel charme! En vérité, monsieur, vous avez le brio de Coquelin! Mais, mademoiselle, il n'y a que le timbre de Sarah Bernhardt qui puisse être comparé au vôtre! — Les femmes qui prodiguent ces éloges sont cependant intérieurement vexées parce qu'elles ont eu chaud et qu'elles sentent parfaitement qu'elles sont devenues rouges;

les hommes qui, d'autre part, se montrent les plus enthousiastes n'ont souvent rien entendu de la pièce, rejetés qu'ils étaient dans l'embrasure des portes aux extrémités du salon. Mais on croit aisément ce qu'on désire. L'amour-propre se délecte de cet encens et vous pouvez être assuré qu'il ne licenciera pas de longtemps nos troupes mondaines.

Mon Dieu! pourquoi tenir ainsi à jouer la comédie? Est-ce qu'elle ne se renouvelle pas assez dans la vie réelle? Que de visages grimés autour de nous, que de regards étudiés, de maintiens composés, de sentiments feints! Riants ou graves, affectueux ou sévères, nous les coudoyons chaque jour ces acteurs qui cherchent à nous en faire accroire et qui finissent par s'en imposer à eux-mêmes, tant ils sont bien entrés dans la peau de leur rôle. Nous les voyons sur le boulevard et nous les retrouvons en visite; ils se mêlent à nos affaires et prennent part à nos divertissements; ils s'assoient à notre foyer, affectant des poses, tenant des discours, où tout n'est que vanité et mensonge. Tel vous sourit et vous loue qui vous déchirera bientôt, tel invoque l'honneur et la vertu qui, en son particulier, s'abandonne à toutes les compromissions et à toutes les faiblesses. L'orgueil, l'intérêt, l'ambition leur sont des *impresarios* toujours propices, mais n'eussent-ils point de tréteaux, qu'ils auraient ceux de la politique, ce théâtre où le vaudeville tourne souvent au drame et où des personnages grotesques deviennent quelquefois tragiques sans se douter qu'ils changent d'emploi.

Assurément, parmi les hommes que leur origine, leur milieu, leurs aptitudes invitent à s'occuper des affaires qui touchent au gouvernement de l'État, il y a des convictions sincères et des sentiments généreux établis sur des principes inébranlables. Mais aussi pour beaucoup que de revirements et de palinodies! A chaque aventure où ils font volte-face, ils déclarent qu'ils ont enfin trouvé leur chemin de Damas. Se permet-on de les comparer à des girouettes, ils répondent avec assurance que ce n'est pas eux qui tournent, mais le vent.

Les sommités des divers partis qui, en prévision de la grande lutte électorale à laquelle va être prochainement appelé le pays, réunissent autour d'eux les partisans de leur cause, doivent sans doute se livrer à d'étranges réflexions quand ils comptent autour d'eux les déserteurs et les transfuges.

Quoi qu'il en soit, les réunions politiques sont très nombreuses en ce moment. A l'hôtel de Noailles, boulevard de la Tour-Maubourg, elles ont un caractère éminemment aristocratique. La fine fleur du faubourg Saint-Germain s'y épanouit, le mardi soir, au milieu d'un luxe de haut goût et d'une distinction exquise. C'est la société qui peuplait autrefois la galerie de Versailles, qui était des voyages de Marly, des cabinets du roi et de la reine, de l'intimité de Trianon.

Les mêmes noms résonnent à l'oreille : Gramont, Durfort, Fitz-James, Clermont-Tonnerre, Vogué, Nicolaï, Pontevès. Le duc de Noailles, qui est à la fois un grand seigneur et un lettré hors de pair (l'Académie lui prouvera sans doute bientôt qu'elle en sait quelque chose), ne veut point que son logis soit maussade. Il y réussit d'autant mieux qu'à la distinction de sa race, il joint l'esprit héréditaire des Mortemart auxquels il se rattache par sa mère, descendante de cette illustre famille que le duc de Vivonne, la marquise de Montespan, la marquise de Thianges, l'abbesse de Fontevrault ont marquée comme d'un sceau de finesse et de grâce. La duchesse, une la Ferté de Champlâtreux, issue des Molé, tient aussi de ses ancêtres ce je ne sais quoi de délicat et d'aimable qui s'est toujours allié à leur gravité parlementaire. Elle s'entoure d'ailleurs de femmes charmantes, et dans ce parterre, ses deux filles, la marquise de Virieu et M$^{lle}$ Marie de Noailles, qu'on dit fiancée à un homme digne d'elle, ne brillent pas du moindre éclat. De ses trois fils, l'aîné, le duc d'Ayen, qui va atteindre sa vingtième année, est seul en âge de faire ses débuts dans le monde ; le second, Hélie-Guillaume, n'a pas encore dix-huit ans ; le troisième, Mathieu-Frédéric, n'en compte pas seize. Aussi cette joyeuse jeunesse n'a-t-elle guère souci des graves questions qui s'agitent à Paris : aux débats du Palais-Bourbon, elle préfère les échos familiers de ses terres patrimoniales, Maintenon et Champlâtreux.

Chez M. Lefèvre-Pontalis les réunions du même genre affectent une allure plus bourgeoises. Elles ne sont au surplus composées que d'hommes; la maîtresse de maison souffrante n'y paraît point.

Chez M$^{me}$ de la Ferronays, dans des circonstances analogues, le beau sexe a ses entrées et comme les causeries des *recivimentos* du mardi ne suffiraient peut-être pas à ses vœux, il danse le vendredi de par le bon vouloir de la comtesse qui très aimablement fait jouer les violons en l'honneur de sa petite-fille.

Jolis visages, éblouissantes toilettes se retrouvent également chez M$^{me}$ Ancel; on en verra de semblables chez M$^{me}$ Lambert de Sainte-Croix, qui, au commencement du mois prochain, rouvrira son salon un des plus cotés du parti royaliste.

Chez M. Jules Simon, la littérature et la musique battent souvent en brèche les discussions sérieuses. On connaît le style merveilleux, la haute et sereine philosophie de l'illustre académicien. Son goût pour les arts n'est pas moins remarquable. Aussi les divines sœurs sont-elles à son foyer comme dans un sanctuaire où tout le monde leur rend hommage.

M$^{me}$ Jules Simon, affable et simple, laisse à sa belle-fille le soin d'arrêter le choix des intermèdes qui apportent une diversion agréable aux conversations ministérielles. Elle ne pouvait se confier à une inspiration plus heureuse. M$^{me}$ Gustave Simon à une tournure d'esprit charmante allie une exquise originalité. Ses toilettes ne prennent de la mode que ce qui sied à l'harmonie de son visage. Elle les dessine souvent elle-même, sans souci du convenu; aussi produisent-elles autant d'admiration que de surprise. On est sûr qu'un programme sur lequel un caractère de cette indépendance a apposé sa griffe échappera à la banalité.

Si on reçoit beaucoup en ce moment, on trouve aussi le temps de se marier. Parmi les unions qui se préparent, il faut citer celle de M<sup>lle</sup> Marie de Breteuil avec le comte Jean de La Rochefoucauld, brillant officier de la garnison de Pontivy.

La fiancée est la fille du comte et de la comtesse de Breteuil et sœur de l'éminent député qui, à l'exemple des héritiers des grandes familles comtales remontant aux premiers temps de la monarchie, porte le titre de marquis comme étant moins ancien et partant moins élevé que celui du chef de leur maison. C'est une jeune fille charmante et d'une fraîcheur de rose, brune, avec des yeux vifs et intelligents. Elle ne se contente pas d'avoir tous les talents qui sont le résultat d'une éducation accomplie. Elle est photographe et il n'est pas un coin de la jolie vallée de Chevreuse où est situé Breteuil qui ne lui ait fourni quelque gracieux cliché.

Par sa mère M<sup>lle</sup> de Breteuil est petite-fille de M. Achille Fould, l'ancien ministre de Napoléon III. Elle est aussi alliée à M<sup>me</sup> Heine-Furtado qui a pour elle la plus tendre sollicitude.

Le comte Jean de La Rochefoucauld est le neveu du duc d'Estissac. Sa mère est née Montbel. Il a deux frères et deux sœurs, dont l'une est la marquise de Lillers. Ses tantes sont la princesse Marc-Antoine Borghèse et la comtesse Charles Greffulhe.

Au milieu du mouvement mondain qui anime Paris, la charité ne perd pas ses droits. C'est ainsi qu'hier l'Association des Femmes du Monde a donné sa fête annuelle dans la salle de la Société d'horticulture. Jusqu'alors la comtesse de Flavigny et la vicomtesse de Tredern prenaient une part active à ces solennités. Elles se mettaient gracieusement à la tête des chœurs qu'elles recrutaient parmi leurs relations et dont le concours artistique était si apprécié. Les répétitions avaient lieu chez ces dames, et il faut y avoir été admis pour avoir une idée de leur élégance, de leur charme, de leur entrain.

Cette année, des deuils répétés ont fermé les portes hospitalières de la rue d'Anjou et de la place Vendôme. Mais l'œuvre n'a pas été privée de l'appui de ses bienveillantes protectrices. Nous pouvons assurer que le succès a répondu à leurs sentiments généreux.

Le programme n'était pas seulement exquis de forme rappelant par son illustration les jolis dessins à la sanguine du siècle dernier (le sujet représente la Charité montrant à un ange un délicieux théâtre Pompadour), il contenait en même temps un choix de musique et de littérature digne de satisfaire les plus délicats.

La première partie était consacrée au chant et à la déclamation. Elle a commencé par le duo du *Cid*, où M^me Palhès-Derembourg avait pour partenaire M. Baudoin. Ils y ont été fort applaudis, mais ils se sont surpassés dans le duo de *Roméo et Juliette*.

L'air de *Lalla Roukh* a été un nouveau triomphe pour la cantatrice. Le duo du *Roi d'Ys*, qu'elle a interprété ensuite avec M^lle Lafont, non moins en voix, a été si remarquable, qu'on ne savait à laquelle des deux émules envoyer ses suffrages.

M^lle Lafont, d'autre part, a mis dans les *stances de Sapho* la puissance d'énergie qui caractérise son style.

M^lle Marcya, en déclamant l'*Oceano nox*, de Victor Hugo, n'a rien eu à envier à ses compagnes. Quant aux mélodies populaires grecques de M. Viterbo, elles ont été fort goûtées de l'élégant public.

L'*Urne*, d'Octave Feuillet, donnée ces jours-ci chez M^me Isaac Péreire, a été jouée par M^mes Bartet et Kalb, MM. Baillet et Truffier. Citer ces noms, n'est-ce point tout dire ?

Enfin, une spirituelle comédie de Labiche, l'*Amour de l'art*, enlevée avec une verve incomparable par M^lle Ludwig, M^lle Marcya et M. Truffier, a prouvé qu'on pouvait rire en faisant le bien.

L'assistance était des plus choisies. Parmi les dames patronnesses nous avons reconnu : M^me Lambrecht, M^me Fournier-Sarlovèze, la duchesse de Maillé, la marquise de Meyronnet, la baronne Caruel de Saint-Martin, la marquise de Broc, M^me de Saint-Didier, la princesse Zurlo, la comtesse Molitor, la comtesse de Rambuteau, la marquise des Roys, la duchesse de Polignac, la comtesse de la Rochethulon, la vicomtesse de Bondy, M^me du Chayla.

Aux fauteuils : la vicomtesse de Fougainville, la comtesse de Kergariou, la comtesse Ducos et sa fille, M^me Moitessier, la comtesse de Talleyrand, qui nommerions-nous encore? Ne suffit-il pas de rappeler que c'étaient des Françaises, toutes unies, pour ajouter une page au livre d'or de la charité?

## XXII.

Les jours gras. — Où sont les masques d'antan ? — Réceptions de contrat chez le comte de Clermont-Tonnerre et Madame Hennesy. — Les Boisgelin. — Un dîner poudré. — Chez M^me Heine. — Matinée d'enfants chez la baronne Gustave de Rothschild.

6 mars 1889.

Le retour des jours gras n'a guère modifié la physionomie de la rue. La liesse populaire qu'ils soulevaient, avec la poussière des pavés, autour des chars enrubannés et fleuris, où se trémoussaient des masques pétulants et gouailleurs, a fait place à une badauderie silencieuse qui cherche en vain un aliment à sa curiosité déçue.

Plus d'Edens roulants, plus de tapissières converties en orchestres exotiques, plus de fiacres crottés, où des dames, en corsages à pointes, et des seigneurs en perruques, croyaient se prélasser dans des carrosses sorties des écuries du Grand Roi. Au milieu des rangs serrés de la foule, n'éclate plus le rire enfariné de Pierrot. Il a dû se faire meunier, à moins qu'il ne soit entré dans la boulangerie. Arlequin, de son côté, a jeté son loup au vent et s'est commandé un complet au Pont-Neuf. Le classique débardeur, si cher à Gavarni, vend des *chromos* du général et les divinités sont allées rejoindre les vieilles lunes.

Pour parler souvent des grands, nous ne nous en intéressons pas moins aux petits. Sans doute, aucun lustre n'entoure leur vie, mais elle a parfois des mérites inconnus qui, en se révélant tout-à-coup, imposent le respect et l'admiration. S'ils n'ont aucune place dans les tablettes du reportage mondain, on les voit souvent citer dans les annales des prix de vertu. Leur simplicité, leur franchise, le naturel de leurs sentiments, la sincérité de leurs joies suffiraient d'ailleurs à les rendre sympathiques. Aussi regrettons-nous un peu le spectacle gratuit que leur offrait le carnaval des anciens jours. Oui, nous aimions le Bœuf-Gras, traversant la ville, pensif et doux, pareil, sous ses cornes dorées, à l'idole de l'antique Égypte. Nous prenions plaisir à son cortège bariolé, à son Olympe ambulant où des dieux grelottants et des déesses transies tenaient entre leurs bras un amour au nez rouge, impatient de se chauffer, en croquant des dragées, aux larges feux des ministères; le piétinement des cavalcades et le fracas des fanfares nous laissaient indulgent, parce que tout cela plaisait au peuple et l'amusait à bon marché.

Si nous n'avons rien vu qui méritât d'être noté sur le boulevard, en proie aux exhibitions de la réclame, nous avons été mieux partagés dans les salons. Ils ont été fort brillants cette semaine. Ceux-ci ont revêtu leurs atours pour fêter l'hyménée, ceux-là n'ont demandé qu'au plaisir d'être leur hôte.

Chez le comte de Clermont-Tonnerre (la comtesse a été prématurément enlevée à l'affection des siens) il y a eu mardi une réunion des plus aristocratiques à l'occasion de la signature du contrat de mariage de la fille de la maison avec le comte Guy de Marcieu, lieutenant de cavalerie, attaché à l'école de Saumur. La corbeille était exposée; on y admirait non seulement les bijoux destinés à la jolie fiancée, pierreries exquises formant des fleurs, des oiseaux et des papillons, les précieuses dentelles qui lui viennent de sa mère, les éventails anciens où elle retrouvera les bergers de Florian dans les bosquets roses de Watteau et les nuages bleus de Boucher, les cadeaux d'une délicatesse ingénieuse que lui ont faits ses parents et ses amis, mais encore les robes, les manteaux, les fourrures, toutes les richesses, toutes les superfluités charmantes qui composent un trousseau de jeune fille appelée à devenir une femme à la mode.

Même assistance, même luxe, jeudi, chez M$^{me}$ Hennessy où l'union de sa fille avec le comte Bruno de Boisgelin apportait les mêmes félicitations et les mêmes joies.

Son hôtel, un des plus élégants de la rue de Bassano, abonde en merveilles artistiques. Les tapisseries de haute lisse, les tableaux de maîtres, les bronzes et les marbres signés de noms illustres, y étaient pourtant presque éclipsés par la magnificence des présents qu'une affection multiple avait accumulés autour de Mlle Hennessy. On eût dit que les génies qui habitent des royaumes de diamants, les fées qui filent des tissus inimitables dans leurs palais aériens, avaient pris soin de composer la corbeille de la fiancée. La gracieuse jeune fille avait bien l'air, d'ailleurs, d'être leur filleule, dans sa robe de faille couleur aurore qu'enveloppaient des guirlandes de roses moins éclatantes que sa beauté.

Le comte Bruno de Boisgelin, son mari depuis avant-hier, méritait, par son éducation accomplie, sa distinction, sa bonne grâce, d'obtenir du ciel une pareille compagne. Que seraient la fortune et le nom sans les attraits physiques et les qualités morales qui font le charme de la vie? L'aimable couple a donc tout pour être heureux.

On a beaucoup remarqué, que, pour la cérémonie nuptiale, le comte avait revêtu le frac bleu de roi au lieu d'endosser le banal habit noir.

Il y a quelques années, à l'époque du *dandysme* dont les *petits crevés* et les *pschutteux* ont négligé de perpétuer les traditions élégantes, il était d'usage de ne point se marier dans la tenue lugubre qu'on porte aux enterrements. On dira sans doute que cette mise est aussi celle des soirées. Elle n'en est pas moins funèbre et les fraîches toilettes des femmes, les couleurs vives dont se relèvent leurs séductions, ne servent qu'à accuser son caractère chagrin. Nous ne saurions donc qu'applaudir au retour d'une coutume qui, au moins une fois par hasard, distinguerait l'habillement d'un gentilhomme de celui de son maître d'hôtel.

Les nouveaux mariés sont partis pour le pays du soleil et des fleurs. Ils ne reviendront qu'au printemps. Une des résidences agréables où ils iront sans doute continuer leur lune de miel, pendant l'été, est le château de Beaumont-le-Roger situé en Normandie. Mais la maison de Boisgelin n'est point originaire de cette province. La Bretagne est son berceau. Elle y a laissé de grands souvenirs.

Nous ne rappellerons parmi ses illustrations que le cardinal de Boisgelin qui, au siècle dernier, était archevêque d'Aix, où la branche aînée de sa famille réside encore. Prélat remarquable par sa sagesse et sa modération, il se distinguait aussi par son éloquence. Très goûté à la cour, il fut successivement chargé de l'oraison funèbre de Stanislas, beau-père de Louis XV et de celle du Dauphin, fils de ce roi. Au sacre de Louis XVI, il prononça le discours d'usage et, à deux reprises, en dépit de la solennité du lieu et de la circonstance, des applaudissements enthousiastes couvrirent sa voix. A l'Assemblée nationale, où il siégea comme député du clergé, ses amis ne lui trouvaient d'émule que Mirabeau. Il fut, d'ailleurs, reçu à l'Académie où ses mérites l'appelaient plus encore que son rang.

Le château de Saint-Fargeau, qui est classé parmi les monuments historiques, appartient à un de ses petits neveux, le vicomte de Boisgelin. C'est une des plus belles et des plus curieuses résidences du département de l'Yonne. Une partie de ses corps de logis remonte au douzième siècle, l'autre au quinzième. Ils sont au nombre de cinq, reliés entre eux par six grosses tours en briques, reposant sur des soubassements de grès et formant une cour intérieure très imposante. Ce manoir a appartenu à Jacques Cœur ; en 1789, il était la propriété du célèbre Lepeletier de Saint-Fargeau qui tomba sous le couteau du garde Pâris, dans un des restaurants politiques du Palais-Royal. Il resta à sa fille unique qui fut adoptée par la Convention et qui n'en eut pas moins pour gendres deux membres de la société de l'ancien régime, MM. de Boisgelin et de Talleyrand.

La saison ne nous invite point à nous attarder sous les grands arbres et au bord du lac romantique qui ornent les alentours de cette magnifique demeure. Revenons vite à la tiède température des salons qui nous garde les fleurs et les femmes, ces créatures également suaves.

Elles captivaient tous les regards dimanche soir chez la comtesse Louis Cahen d'Anvers qui avait eu la gracieuse pensée d'offrir à ses relations un repas tenant à la fois du dîner et du souper.

Quarante couverts étaient répartis sur quatre petites tables pour faciliter la causerie et la préserver du froid qui ralentit parfois sa gaité dans une compagnie trop nombreuse où le hasard n'a point toujours rapproché les sympathies. Les dames étaient en poudre, presque toutes dans de pimpants costumes de style Louis XVI que faisait admirablement ressortir l'habit rouge de leurs cavaliers. C'est décidément bien joli cette neige, cette poussière de frimas qui, sous le coloris des fleurs et le flamboiement des pierreries, s'allume de toutes les grâces et de toutes les clartés du printemps. Les yeux y gagnent aussi : diamants noirs, clairs saphyrs, améthystes mystérieuses, l'auréole blanche de la chevelure leur donne une transparence nouvelle, un éclat singulier.

M$^{me}$ Jules Porgès, s'inspirant d'un des plus séduisants portraits de Marie-Antoinette, avait revêtu une sorte d'habit de satin blanc et gris et posé très haut sur sa tête, dont le fier profil n'eût pas laissé indifférent le pinceau de M$^{me}$ Le Brun, une large toque de velours au chatoiement nacré d'une perle d'Orient; M$^{me}$ Gabriel Bocher joignait, dans le frissonnement des pâles et soyeuses étoffes qui l'enveloppaient, l'élégance d'une nymphe de Pigalle à la fraîcheur d'une bergère de Watteau. Très belles aussi : M$^{me}$ Guillaume Beer en lampas hortensia, avec des franges de perles formant coiffure, M$^{me}$ Dubos, la robe noire, fleurie de roses; M$^{me}$ Ferdinand Bischoffseim, en rouge, M$^{me}$ Ratisbonne, en rose et blanc, la baronne de Günzburg, dans une toilette saumon, le front ombré d'une touffe de plumes noires ; M^me Saly Stern en satin rose, recouvert d'entrelacs d'acier, vaporeux comme les arabesques légères qui sortaient, au temps des dieux, de l'aiguille d'Arachné. L'équité autant que la galanterie exige une mention particulière pour la comtesse Cahen d'Anvers : elle était vraiment superbe dans sa traîne de brocard blanc brodé et rebrodé d'or.

Un dîner plus grave, mais très élégant dans un autre genre, avait lieu, le même soir, chez M^me Heine-Furtado pour fêter le retour de ses petits enfants, le prince et la princesse Joachim Murat, revenus la veille de Cannes.

La réunion, composée de dix-huit convives, se tenait au premier étage de l'hôtel, dans les appartements que l'aimable maîtresse de maison réserve à ses réceptions intimes. Un seul salon est ouvert dans ces circonstances, mais il a de vastes proportions et contient une accumulation de richesses inouïes. Aux tentures de lampas de soie rubis pendent des toiles de premier ordre; les vitrines regorgent de vieux Sèvres et de vieux Saxe; il y a des biscuits et des pâtes tendres sur toutes les consoles. Cette pièce somptueuse est précédée d'une galerie tapissée, de haut en bas, de plantes rares et d'orchydées admirables que renouvellent constamment les serres fameuses de Rocquencourt.

D'immenses glaces placées dans l'encadrement des

treillages, en reproduisant à l'infini le fouillis des verdures et des floraisons délicates, donnent je ne sais quelle miraculeuse illusion de jardins suspendus.

On accède à cette merveille par un immense escalier de marbre qui rappelle celui de Versailles. La main s'y appuie sur une rampe en fer forgé d'un travail incomparable, et, dans l'immense glace du palier où se reflètent les tapisseries, les tableaux de chasse, montant jusqu'aux frises, et les gigantesques vases de Chine posés au tournant des marches, on retrouve encore des perspectives architecturales d'un caractère babylonien.

Mais tout s'efface devant la bonté de celle à qui appartient ce luxe. On sait l'usage qu'elle fait de sa grande fortune; ce ne sont point seulement de simples aumônes qu'elle répand, des établissements charitables vivent entièrement de ses largesses. N'est-il pas juste que la France ait accordé l'étoile de l'honneur à la femme généreuse qui a fait briller l'étoile de l'espérance sur tant d'infortunes?

Le cœur de M$^{me}$ Heine se révèle dans l'affabilité de son accueil et dans la bienveillance de sa conversation. La médisance n'effleure jamais ses lèvres, et on suit son exemple. D'ailleurs, on dîne trop bien chez elle pour qu'on ait besoin de mettre la dent sur le prochain.

S'étonnera-t-on que ses amis soient nombreux et lui restent fidèles? Parmi ceux qu'elle avait autour d'elle l'autre soir, se trouvaient l'ambassadeur d'Espagne à qui, à table, elle avait donné sa droite, et le général de Rochebouët, qui occupait sa gauche. Le prince Murat, lui faisant vis-à-vis, avait à sa droite la comtesse Ducos, veuve de l'ancien ministre de la marine, et la baronne de Vatry, tante de la princesse.

Au nombre des autres convives, nous citerons la vicomtesse Benedetti, M<sup>lle</sup> Bathilde Ducos, le comte de Chabrol, M. Achille Fould, M. Cardozo et un charmant couple de fiancés, M. Richard Feuillet, sous-lieutenant au 136° de ligne, fils de l'illustre académicien, et M<sup>lle</sup> Cardozo, une exquise jeune fille dont la grâce angélique est bien propre à ramener un peu de joie au foyer du maître qu'un deuil si cruel a naguère attristé.

On parlait beaucoup de la matinée donnée le jour même par la baronne Gustave de Rothschild. Aussi bien, cette fête a été des plus réussies. De trois à cinq heures, une nuée d'enfants s'est ébattue, au son de l'orchestre, dans les magnifiques salons de l'hôtel de l'avenue de Marigny. A les voir si blonds, si roses, si mignons, on eût dit des amours descendus des trumeaux pour réjouir le regard des mortels. Et que de grâce, que de gentillesse, que de candeur! Il y avait des petites filles qui marchaient déjà comme des dames coquettes, des petits garçons, bourreaux de cœur, qui embrassaient à pleine bouche leurs danseuses.

On avait eu la sagesse de ne point déguiser ces êtres charmants et n'ayant ni manteaux, ni traînes, ni paniers, ni pourpoints, ni fraises, ni collerettes, ils n'en étaient que plus aimables et plus joyeux puisqu'ils restaient eux-mêmes.

A cinq heures, le bal a tourné au profit de l'adolescence. Un cotillon très brillant était réservé à son impatiente ardeur.

Parmi les valseuses on a beaucoup remarqué la princesse Marguerite d'Orléans, que sa mère, M^me la duchesse de Chartres, commence à mener dans le monde.

Il ne manque, disait-on, à cette jolie tête que l'éclat d'une couronne.

## XXIII.

Dévotion mondaine. — Le faubourg Saint-Germain, sa manière d'être et ses concessions. — La duchesse d'Uzès. — Réceptions chez M. Lambert de Sainte-Croix et M. Antonin Lefèvre-Pontalis. — Le bal de M^me Paul Fould. — Les nymphes de Chantilly et le duc d'Aumale.

13 mars 1889.

Les églises fréquentées par la dévotion élégante offrent un spectacle singulièrement gracieux au lendemain du carnaval. C'est, dans le demi jour de la nef, de dix heures à midi, une longue procession de femmes charmantes qui s'avancent vers l'autel, recueillies, le visage empreint d'un petit air contrit auquel la lassitude du cotillon, dansé la nuit, ajoute une délicieuse langueur. C'est un frou-frou discret de robes soyeuses mais sombres, l'esprit de mortification n'admettant point les couleurs claires. De ci de là pourtant quelques gros solitaires, les seules boucles d'oreilles qu'on ait trouvées sous la main dans la hâte du départ matinal, jettent des feux intenses, avivés par la lueur voisine des cierges et, sur les nuques ivoirées, les frisons légers des chevelures blondes ou brunes ont les tons chauds que prend l'or des épis ou le plumage des corneilles sous les splendeurs d'un jour d'été.

Arrivées au seuil du sanctuaire, les belles pénitentes s'agenouillent brusquement sur les degrés de marbre et, d'un geste rapide, soulèvent leurs voilettes pour recevoir la croix de cendres sur leurs fronts. Une vague émotion fait frissonner leurs épaules aux paroles graves du prêtre. Est-ce que vraiment ces chairs rosées, si délicates et si exquises, retourneront en poussière? Mais, au sortir de l'office, le gai soleil de mars et les bouffées printanières qui apportent le parfum des violettes, voiturées par les rues, chassent au loin les images funèbres. Pourquoi Dieu serait-il sévère aux femmes puisqu'il permet aux roses d'être jolies?

D'ailleurs, elles profiteront du carême pour multiplier leurs bonnes œuvres. Elles mettront à contribution la générosité de leurs danseurs par des quêtes et des ventes de charité. Leur conscience ainsi en repos, rien ne les empêchera de remplir leur mission qui est de plaire. Il leur suffira d'assombrir un peu leurs toilettes, de tempérer l'éclat de leurs diamants, à mesure qu'elles approcheront des austérités de la semaine sainte.

La haute aristocratie qui autrefois, à cette époque de l'année, se piquait d'être très rigide, a maintenant des accommodements avec le ciel. Renonce-t-elle toujours à l'entrain et à l'animation des bals, elle admet fort bien les dîners et les réceptions, où la musique a ses entrées. Témoin l'empressement qu'elle a mis à aller jeudi dernier chez la duchesse d'Uzès.

Au plaisir de se réunir se joignait la curiosité d'approcher du héros du jour. Curiosité est bien le mot. Les vastes salons de l'hôtel de l'avenue des Champs-Élysées ne se sont point, en effet, ouvert à une manifestation politique, comme on a pu le croire. Beaucoup de personnalités du Faubourg, prévoyant même que cette interprétation viendrait vraisemblablement à l'esprit, avaient témoigné une grande réserve en apprenant les projets de leur noble amie. Elles avaient fait la petite bouche, s'il est permis de parler ainsi, et, parmi les noms qu'on a cités, il en est plusieurs qui n'étaient réellement pas dans l'assistance.

Devant ces scrupules, la duchesse avait restreint ses invitations : elle n'en avait lancé que cent cinquante au plus, choisissant parmi les membres de sa société ceux dont l'adhésion n'était point douteuse.

On connaît les goûts de cette brillante amazone. Éprise de sport, ardente à la chasse, elle ne s'arrête devant aucun obstacle, quand son coursier, prompt et joyeux, s'ébroue au son des lointains hallalis. De même, au cours habituel de la vie, n'hésite-t-elle point à franchir, quand c'est son humeur, les préjugés qui l'entourent. Mais, si elle a parfois des fantaisies de grande dame qui se souvient de la Fronde, elle n'en demeure pas moins attachée aux traditions du nom qu'elle porte. Il fait d'elle la première des duchesses de France. Elle le sait, ou du moins elle ne l'oublie qu'aux jours où sa charité, qui n'est pas une des moindres vertus de son caractère actif et généreux, la conduit au foyer déshérité des pauvres ou au lit de douleur des malades. Elle leur prodigue son or et ses soins, et les misères les plus sombres, les plaies les plus répugnantes ne parviennent pas à modérer les élans de son cœur. Une bourse à la main ou un tablier à la ceinture, la fière duchesse, qui habite une demeure qu'une reine n'a pas trouvée indigne d'elle, la Diane impétueuse, habituée à courir les bois au milieu de son brillant cortège, n'est plus qu'une humble hospitalière qui met toute son âme à consoler et à guérir.

La soirée, dont on s'est occupé, n'est que le prélude d'autres réceptions qui auront lieu tous les dimanches. Elles seront beaucoup plus nombreuses. Madame d'Uzès ne réunira pas seulement autour d'elle ses relations accoutumées. Elle veut avoir dans son salon les notabilités de la société parisienne sans distinction de partis.

Il faut constater à ce propos que la noblesse de l'ancien régime est beaucoup moins fermée qu'autrefois. Tant qu'elle habitait un quartier qui lui était pour ainsi dire propre, elle se cantonnait à la fois dans ses hôtels et dans ses opinions. Elle y formait une petite chapelle où l'on n'entrait que revêtu de la robe blanche. Mais les transformations de Paris ont porté la pioche égalitaire sur l'arche sainte. La grande artère de la rive gauche, qui relie le pont de la Concorde au pont de Sully, y a fait une large trouée. La cité de Varenne s'est substituée à la demeure patrimoniale des Rougé; la cité Vaneau à celle des Rohan; la rue de Villersexel a abattu les hauts frontons d'où se détachaient le blason des Choiseul et le blason des Mailly. Un pensionnat de jeunes filles occupe la résidence des ducs de Biron. Tous les jours quelque autre de ces seigneuriales demeures se démocratise.

Ceux qui les habitaient ont transporté leurs pénates dans des quartiers nouveaux. Ils ont subi, à leur insu, l'atmosphère ambiante. Renonçant à la claustration qu'ils s'étaient imposée sous le second empire, ils ont cherché à se mêler au mouvement de la vie parlementaire et n'ont plus eu, pour juger des hommes et des choses, à s'en rapporter uniquement aux opinions de leurs journaux. Des mariages contractés avec la finance et l'industrie, la saine et virile école du régiment, où le jeune patricien est obligé de fraterniser avec le jeune prolétaire, les ont mêlés à d'autres éléments : enfin, les idées modernes leur sont tombées des plis du drapeau tricolore depuis que le drapeau blanc n'est plus qu'un linceul dans les caveaux de Goritz.

Une maison où le mérite est accueilli avec autant

d'égards que la naissance, est celle de M. Lambert de Sainte-Croix. Elle s'est rouverte très brillamment avant-hier. M^me Lambert de Sainte-Croix en faisait les honneurs avec beaucoup de grâce, assistée de sa fille la comtesse de Rochefort, et de sa bru, M^me Alexandre Lambert de Sainte-Croix.

Nous citerons dans la nombreuse assistance, à qui le magnifique hôtel du boulevard de Courcelles offrait son hospitalité, le duc, la duchesse et le marquis d'Audiffret-Pasquier, le duc de Broglie, M. et M^me Edouard Hervé, le comte Armand de Maillé, M. et M^me Ancel, la marquise de Trévise, dont la toilette rose pâle, fleurie de roses pourpres, était d'une distinction suprême, M. Ferdinand Duval, M. et M^me Amédée Dufaure, M. Godelle, M. Froment-Meurice, le comte Lavedan (Philippe de Grandlieu dans le journalisme), le général de Charette, M. et M^me Pierre de Witt, M. Dufeuille, le marquis et la marquise de Beauvoir, le marquis de Valfons, ancien député du Gard, le vicomte Maggiolo, MM. Aubry-Vitet, Gustave Janicot, rédacteur en chef de la *Gazette de France*, Merveilleux-Duvignaux, de Saint-Laumer, Cazenove de Pradines, Gamard, conseiller municipal de Paris, Calla, ancien député de la Seine, Alfred Lafargue, Edmond Hesse, de Villeneuve.

Chez M. Antonin Lefèvre-Pontalis, membre de l'Institut, député du Nord, le Parlement, la diplomatie, les sciences et les arts sont toujours sûrs d'être entourés d'hommages et de prévenances. C'est un salon où se perpétue le culte des traditions libérales de cette éminente bourgeoisie qui, avec les Thiers, les Guizot, les Mignet, les Saint-Marc Girardin, les Bertin, les Vitet, a rayonné d'un si vif éclat après 1830.

Au dîner, qui s'y est donné samedi dernier, se trouvaient entre autres convives, MM. Wallon, ancien ministre; Francisque Bouillier, de l'Institut; Clavery et Girard de Rialle, directeurs au ministère des affaires étrangères; Louis Passy et Arnault, députés; Jules Dietz, du *Journal des Débats*, Anatole Leroy-Beaulieu, Glasson, professeur à la Faculté de droit.

Parmi les notabilités qui sont venues dans la soirée, nous nommerons le duc de Broglie, le comte de Maillé, MM. Lecointre, Jacques Piou, membres de la Chambre des députés; M. Brincart, un des agents les plus actifs des œuvres philanthropiques du cardinal Lavigerie, le baron de Barante, etc.

M$^{me}$ Antonin Lefèvre-Pontalis est dans un état de santé qui ne lui permet pas d'assister à ces réunions. Partant, les dames n'y sont point conviées. C'est dire que le regard n'y trouve pas son compte, si l'oreille s'y réjouit aux grâces et aux finesses de l'esprit.

En revanche, il ne savait où se poser au bal qu'a donné lundi M$^{me}$ Paul Fould, dans son merveilleux hôtel de l'avenue d'Iéna. Quelle demeure exquise! Un grand vestibule, aux proportions monumentales, précédant un escalier de bois dont la rampe, ouvragée comme une dentelle, monte entre des murs tendus d'une vieille étoffe rose aux tons délicieusement éteints; un palier, où des portières anciennes relevées à larges plis, laissent entrevoir un salon Renaissance, dont la haute cheminée de pierre sculptée porte une suite de statuettes et de faïences, tandis que les murs sont garnis de vitrines pleines de bibelots de prix; un second salon de style Louis XVI, ouvrant sur une vaste galerie aux portes de glaces, quadrillées de baguettes de bois doré; une serre immense, conduisant, par une avenue de verdure et des berceaux de fleurs, à une salle à manger qui communique avec elle par des baies arrondies et qui renferme, entre autres magnificences, des tapisseries incomparables. Mettez partout des camélias, des roses, des lilas; faites-les monter sur de légers treillages dans toutes les embrasures des fenêtres et vous aurez une idée de ce cadre adorable, où toute la nuit le charme féminin a triomphé.

Les toilettes, les bijoux étaient à l'avenant. Et d'abord, la maîtresse de la maison en robe empire de pékin rayé à fleurs, gris tourterelle; sa fille aînée, M$^{me}$ Halphen, en tulle de même nuance, mais plus clair, encadré de panneaux de satin merveilleux, dessin Directoire, une épaisse guirlande de roses partant de l'épaule gauche pour descendre jusqu'au bas de la jupe; sa seconde fille, M$^{me}$ Gradis, en dentelles noires, parsemées de roses; une guirlande de feuillage de diamants jetée en sautoir, comme une pluie d'étoiles à travers la nuit; M<sup>lle</sup> Fould, la jeune sœur de ces dames, légère, aérienne dans un nuage rose, garni de roses pompons.

Très remarquées aussi : M<sup>me</sup> Hochon, en robe vert serpent; aucun bijou, aucune fleur, sa beauté dédaignant d'emprunter à ces ornements un inutile éclat; M<sup>me</sup> Jules Kœnigswarer, en robe de satin vert d'eau, accompagnée d'un floconnement de mousseline de soie brodée, une épaisse torsade d'iris et de tulipes formant bordure; diadème de diamants sur le front; la baronne de Précourt, en robe rouge de tulle et satin; M<sup>me</sup> Beer, délicieuse en tulle rose thé; M<sup>me</sup> Antonin Fournier-Sarlovèze, en rose aussi, sous une avalanche de violettes des bois; la comtesse Louis Cahen d'Anvers, en robe ivoire, éblouissante de paillettes d'or; des diamants et des plumes blanches piquant d'une gracieuse aigrette ses cheveux blonds; M<sup>me</sup> Gustave Péreire, en bleu ciel; M<sup>me</sup> Edouard Hervé, royale, dans du velours pourpre; la comtesse Ducos, en bleu pâle, recouvert de points de Venise et semé de bouquets de tulipes; M<sup>me</sup> Léon Chevreau, en damas boutons d'or, broché de roses; M<sup>me</sup> de Breuvery, en blanc, jacinthes roses tissées dans la robe; la baronne Georges de Plancy, en tulle rose, drapé de dentelles d'Angleterre; la vicomtesse Berthier, en grenat.

Citons encore parmi les plus jolies danseuses : M<sup>lle</sup> Tiby, M<sup>lle</sup> Caro, fille du colonel et nièce de l'académicien, M<sup>lle</sup> Kann, M<sup>lle</sup> Weisweilier, toutes blanches, toutes roses comme les filles du divin printemps.

Pendant qu'on danse à Paris, on danse aussi dans les bois. Les nymphes de Chantilly qui pleuraient, comme jadis celles de Vaux, après la disgrâce du fastueux surintendant du grand roi, se hâtent de sécher leurs larmes et les voilà qui se couronnent de verdure, en attendant que le muguet et la violette soient en fleur. Elles fêtent le retour de leur maître si longtemps éloigné d'elles.

C'est au milieu de leur allégresse que l'héritier des Condé va revoir ce merveilleux château qu'il a fait renaître de ses ruines et qu'il a embelli avec tant d'amour. Il s'était montré généreux envers la France en lui offrant le plus beau joyau de son trésor artistique. Elle s'est montrée généreuse envers lui en lui rendant un bien qui surpasse toutes les richesses — le sol de la patrie.

Veuf depuis vingt ans, frappé dans son affection paternelle par la perte successive de ses fils, le duc d'Aumale n'a plus que la France à aimer. Elle a eu son épée, elle aura sa fortune et quand, à son foyer de philosophe, il s'entourera de savants et d'artistes ou quand il se promènera sous ces ombrages qu'anime encore la voix de ces eaux qui « ne se taisent ni jour ni nuit », il pensera certainement qu'il n'est rien de plus doux, même pour un prince, que d'être un bon citoyen.

## XXIV.

Obsèques nationales. — L'amiral Jaurès. — Dimanches de Carême. — Les conférences du Père Monsabré à Notre-Dame. — L'Hôtel Colbert. — L'Hôtel de Castries. — Le château de la Grange les Camaldules.

21 mars 1889.

Au nom de la France, Paris a fait de solennelles obsèques à l'amiral Jaurès. Pendant plusieurs heures, le mouvement de son quartier, le plus animé et le plus brillant, s'est suspendu devant la pompe des funérailles qui honoraient l'homme de cœur, le citoyen éminent et dévoué dont une fin soudaine et prématurée venait d'enlever les services au pays. Et, pendant que le triste cortège s'avançait majestueusement au milieu de tout l'apparat qui entoure de ses démonstrations légitimes la dépouille d'un grand fonctionnaire de l'État, la foule témoignait, par son attitude, combien elle s'associait au deuil officiel. Massée sur la place de la Concorde, sur la terrasse des Tuileries, sur le péristyle du Palais-Bourbon et aux abords de l'hôtel des Invalides, son émotion se traduisait par un silence digne et recueilli. On a constaté souvent le respect que la population parisienne garde pour la mort. L'entrain, la pétulance, la gaîté primesautière et parfois tapageuse qui sont les traits distinctifs de son caractère et qui font dire que, chez elle, l'esprit court les rues, s'arrêtent brusquement à la rencontre d'un corbillard : à plus forte raison marque-t-elle une pieuse déférence aux personnages illustres dont elle est venue spontanément saluer les restes.

Les organes de la presse ont rendu un unanime hommage aux mérites de l'amiral Jaurès. Des voix éloquentes ont retracé en face de son cercueil les phases glorieuses de sa carrière. On l'a montré énergique et vaillant, toujours animé d'un patriotique amour pour le drapeau de la France, soit qu'il le déployât, comme marin, dans les mers lointaines, ou comme soldat sur les champs de bataille, soit qu'il s'appliquât à attirer vers nos couleurs dans les délicates missions de la diplomatie la considération et les sympathies des puissances étrangères.

Ses qualités privées n'étaient pas moins rares. Il faut l'avoir connu pour apprécier son humeur charmante, son imagination vive et alerte, qui se répandaient en saillies et en finesses d'un coloris tout méridional et qui faisaient de lui un convive très recherché. Il y joignait une obligeance et une serviabilité incomparables, soutenant la cause de ses amis, lorsqu'elle lui paraissait juste, avec une fougue batailleuse qui n'admettait point l'insuccès.

A côté de cet entrain généreux et, comme pour

le mettre en relief, rayonnait la nature douce et bonne de M^me Jaurès, qui allie à sa grâce sereine de créole un penchant plein de modestie pour les œuvres philanthropiques. On sait qu'elle compte parmi les coopératrices les plus dévouées de l'Association des Dames françaises et qu'il y a quelques semaines, à peine installée au ministère de la Marine, son premier soin fut de prêter son concours à la vente de charité dont le produit devait servir à l'augmentation du matériel de nos ambulances.

C'était un ménage fort uni. Après les séances du Sénat, l'amiral avait hâte de se délasser dans la paix de son charmant hôtel de la rue de la Pompe, où ses goûts artistiques avaient accumulé des merveilles rapportées de ses voyages et de ses missions. Il était très fier des curieuses faïences espagnoles qu'il avait réunies pendant son ambassade à Madrid, courant, furetant comme un simple particulier chez les marchands de bric-à-brac, et de ses magnifiques porcelaines de Chine qui renfermaient de nombreux échantillons des services de table sur lesquelles les grandes familles de l'aristocratie faisaient reproduire leurs armes au dix-septième et au dix-huitième siècle, par les soins des comptoirs de la Compagnie des Indes ou des établissements que les Jésuites dirigeaient dans le Céleste-Empire. Couvrant les murs de la salle à manger à ne pouvoir y loger un clou, ces richesses éblouissaient le regard de leurs nuances de pourpre et d'azur, nuées légères que sillonnaient des éclairs d'or, et le soir, aux lumières, elles laissaient tomber une pluie de paillettes d'une incandescence si singulière qu'on se serait cru dans les mystérieuses splendeurs d'un sanctuaire de Boudha.

Le cabinet de travail de l'amiral était également rempli d'objets d'un grand prix et d'une originalité exquise. Là, il surveillait lui-même les progrès de l'instruction de son fils qu'il avait retiré naguère du collège pour lui donner tous ses soins. Il souriait lorsqu'on lui disait que cet adolescent de 15 ans, petit et robuste comme les matelots bretons, ne pouvait être à meilleure école. Et, de fait, l'amiral était homme à vouloir que l'héritier de son nom ne fût pas seulement un marin intrépide mais qu'il eût encore la science et les capacités nécessaires pour remplir, à son tour, de grandes destinées.

Après ces labeurs, M. Jaurès ouvrait joyeusement ses bras à sa petite-fille dont le babil l'enchantait. Il aimait d'ailleurs les enfants et leur témoignait une telle condescendance que, naguère, dans une soirée intime à la Banque de France, il fut sur le point d'abandonner un whist, qu'il faisait avec de graves personnages politiques, pour venir à la rescousse d'une charade organisée par les jeunes invités de M$^{me}$ Magnin.

Une personnalité de ce mérite, pourvue à ce point des dons de l'esprit et du cœur, ne peut disparaître sans emporter de cruels regrets. Aussi, l'autre jour, les amis nombreux qui étaient réunis aux Invalides, tout en adressant leurs regrets à l'homme public qui est tombé au service du pays, pleuraient aussi l'homme privé dont la mémoire reste souriante et chère.

Dans cette église toute tendue de noir, devant ce catafalque, enveloppé de trophées, pendant que l'harmonie des orgues se mêlait au chant du clergé et que les vibrations du canon faisaient passer comme un souffle d'anciens souvenirs à travers les étendards que la victoire a suspendus aux voûtes, il était impossible de ne point éprouver une impression très vive.

Aussi bien, quelles que soient les convictions qu'on ait, les pompes du culte catholique ont un caractère qui, à défaut de l'âme, frappe les sens. Il ne faut donc point s'étonner de l'affluence qu'elles attirent dans ce temps de carême où la dévotion dépend autant de la mode que de la croyance.

Tous les dimanches, à Notre-Dame, les conférences du Père Monsabré sont suivies par une foule d'hommes qui remplissent la nef du portail à l'autel. Le commun des mortels se presse autour de la chaire. L'aristocratie fait face à la tribune dans le banc d'œuvre qui, d'année en année, prend des proportions plus étendues, ce qui s'explique puisqu'il est une source de revenus pour les fermiers des chaises. Il y a là de vieux sénateurs, de vieux députés, des présidents d'une infinité de conférences, de jeunes sportsmen qui ne peuvent s'empêcher de regarder leurs montres pour savoir s'ils n'arriveront pas trop tard aux courses, des adolescents amenés par leur précepteur et qui espèrent qu'après le sermon M. l'abbé voudra bien les conduire à la bourse des timbres-postes aux Champs-Élysées. Quand le duc de Nemours est à Paris, il est rare qu'il ne vienne pas se ranger, en compagnie de son fils le duc d'Alençon, parmi les auditeurs du révérend père. Ce prince représente l'élément pieux de la maison d'Orléans et les sentiments qu'il témoigne forment un piquant contraste avec la physionomie du roi Vert-Galant, que ses traits reproduisent d'une façon si frappante.

Mais la figure qui attire le plus les regards est celle de l'archevêque, figure si paternelle et si affable qu'elle rappelle celle des saints que le moyen-âge a sculptés au portail.

A peine le prédicateur a-t-il fait son dernier signe de croix que l'assemblée se disperse rapidement au milieu du fracas des chaises renversées, et le prélat reste seul pour entendre le chant des vêpres, assis au milieu de son clergé, dans sa haute stalle de chêne sculpté, paisible et doux comme une vision du temps qui n'est plus.

Alors, il y a un grand charme, pour peu qu'on soit de tempérament artiste, à se promener dans la vieille basilique, à regarder ses peintures, ses vitraux, ses mausolées et à songer, pendant que la voix grêle des enfants de chœur s'unit à la voix chevrotante des chanoines, à tout le défilé des siècles qui a passé là sans rien laisser derrière lui qu'un peu de sa poussière.

Immuable, la basilique voit disparaître, tour à tour, les quartiers qui l'enveloppaient de leur ombre. Voici que la percée effectuée à travers le cloaque avoisinant la place Maubert, la mettra désormais en communication directe avec la rue Monge. Sait-on que cette ouverture vient d'emporter la résidence d'un des plus illustres ministres de Louis XIV?

Oui, Colbert demeurait dans une de ces rues étroites, envahies depuis par la misère. Il y a quelques jours à peine, on voyait encore son hôtel dépecé, montrant son large escalier à rampe de fer forgé, ses hautes fenêtres découpées en petits carreaux et les curieux bas-reliefs qui ornaient sa cour intérieure, racontant par des allégories et des devises la gloire et la magnificence du grand roi. Des plaques de cheminée, aux fleurs de lys de l'écu royal et à la couleuvre que le ministre avait prise pour armes parlantes, traînent encore sur le sol parmi les décombres et les gravois.

Si l'on éprouve de la mélancolie à voir tomber d'illustres demeures, le même sentiment vous pénètre quand on apprend qu'elles sortent des familles qui les ont possédées pendant des siècles.

Parmi celles-ci se trouve l'hôtel de Castries qui vient d'être acheté par M. Louis Lebeuf de Montgermont. Le duc, frère de la maréchale de Mac-Mahon, n'a point laissé d'enfants; sa veuve, fille du baron Sina, s'est remariée au vicomte Emmanuël d'Harcourt. A la suite de ces événements s'est décidée la vente de l'immeuble. Le nouvel acquéreur habitera le premier étage. Ancien attaché d'ambassade et, partant, très accueilli dans la société cosmopolite, vivant au milieu d'un entourage fort ami des arts (il a épousé la fille du peintre Schnetz) il aura des appartements qui se prêteront à merveille à ses goût hospitaliers.

Ses locataires resteront, au moins pour plusieurs années, M. et Mᵐᵉ Henri Chevreau, qui habitent le rez-de-chaussée, avec la jouissance du jardin, où ils ont donné, l'année dernière, un garden-party, qui a eu beaucoup de succès.

M. Henri Chevreau, après avoir occupé les postes les plus brillants dans la carrière administrative sous l'Empire (il a été tour à tour préfet du Rhône, préfet de la Seine et ministre de l'intérieur), a renoncé à la vie publique depuis qu'il a échoué aux dernières élections législatives de l'Ardèche où il possède des propriétés considérables.

Doué d'infiniment d'esprit, causeur aimable, il a gardé les traditions de courtoisie d'autrefois. Les femmes élégantes sont charmées de le recevoir dans leurs salons, et toutes les conversations s'arrêtent devant la sienne qu'il émaille d'observations vives et de charmantes anecdotes. Vice-président du Cercle des Champs-Elysées, il fréquente ce qu'il y a de plus distingué à Paris. Aussi sa maison serait-elle un centre très recherché, si la santé délicate de sa femme n'y rendait les réunions moins nombreuses.

Son fils, M. Urbain Chevreau, qui a été quelque temps au ministère des affaires étrangères, est aussi très répandu. Ami intime du prince de Poix, il est de toutes les soirées de la duchesse de Mouchy. On le rencontre très fréquemment aussi chez la princesse Mathilde. Mais il quitte volontiers Paris l'hiver pour faire de longs séjours à Naples; il y est fort apprécié par la haute aristocratie de la ville.

M<sup>lle</sup> Henriette Chevreau a épousé le baron Gourgaud avec qui elle vit beaucoup à la campagne depuis qu'il a quitté l'armée.

Une des magnifiques habitations qu'affectionne le jeune ménage est le château de la Grange, situé entre Crosne et Brunoy, résidence historique où la duchesse de Guise passa une partie de son veuvage, après l'assasinat de Blois.

Indépendamment de ses beautés architecturales et du charme de ses jardins, cette demeure a le mérite, pour la charmante baronne, d'être toute proche des Camaldules où son père et sa mère se fixent au printemps.

Monsieur et M. H. Chevreau possèdent là l'ancien couvent des hermites de Gros-Bois qui fût célèbre au siècle dernier. Mais il ne faut point croire que ce soit un séjour austère. On y est enveloppé par des orêts riantes et on y domine la jolie vallée d'Yères.

Tout autour, s'échelonnent des vallons consacrés à la culture des roses. En juin, la reine des fleurs s'y épanouit dans toute sa gloire. C'est un cadre enchanteur, une décoration à la Watteau, où chantent les rossignols et roucoulent les tourterelles, une retraite aimable faite à souhait pour les propos gracieux et les tendres devis, un rêve de poésie intense aux portes mêmes de la ville.

## XXV.

Diners de Carême. — Le duc et la duchesse de Chartres. — L'hôtel de la Tremoïlle. — Un portrait de la duchesse d'Aoste. — Au château de Farnborough. — Le baron et la baronne Haussmann. — Raouts et concerts. — Un troubadour.

27 mars 1889.

Le Carême n'est décidément pas un hôte incommode et chagrin pour la Société parisienne. Il n'est pas habillé de noir; il n'a pas la mine allongée, la face pâle. Il ne s'est point mis de cendre sur les cheveux en signe de deuil. Il est, au contraire, vêtu de rose et de bleu; il a l'œil vif, le teint clair, la lèvre souriante, comme un abbé de cour, et son tricorne est orné de fleurs. Il pirouette galamment sous les lustres; il assiste aux comédies, il écoute de la musique, et, de ci de là, il n'hésite pas à danser un menuet ou une gavotte aux sons entraînants des violons.

Partout on se réunit et jamais les salons n'ont été plus brillants, les toilettes plus fraîches, les visages plus aimables.

Les dîners sont nombreux.

Si le général Boulanger continue à avoir son couvert mis tous les soirs à une table nouvelle, le duc et la duchesse de Chartres sont, d'autre part, des convives très recherchés.

Ce n'est pas que le couple princier tienne beaucoup au monde. A la gravité de la représentation, à la gêne de l'étiquette, il préfère l'intimité aimable du foyer et l'indépendance de la vie bourgeoise. Mais comment se soustraire aux devoirs de sa position, comment décourager les empressements de ses amis? Et puis, quelque rang qu'on occupe, on se sacrifie toujours un peu pour ses enfants. Le prince Henri a vingt-deux ans, la princesse Marguerite en compte vingt. A cet âge on ne voit que les sourires de l'existence; tout mouvement est une ivresse, toute sortie devient une fête.

Mais le duc et la duchesse ne poussent point la condescendance jusqu'à rester bien tard dans les salons dont ils daignent être les hôtes. C'est généralement entre dix heures et demie et onze heures qu'ils retournent à la rue Jean-Goujon. La duchesse est aise d'en avoir fini avec le cérémonial qui s'attache inévitablement à sa présence. Elle se félicite de n'être plus en « petite chapelle », sur un divan, au milieu d'un cercle de dames respectueuses. Elle dit volontiers au duc qu'il est moins à plaindre qu'elle, lui qui peut aller et venir, en causant, dans la liberté du fumoir.

Un mot peint bien la simplicité et les sentiments de cette princesse. Un jour qu'au jeu des petits-papiers, elle avait à répondre à la traditionnelle question :

Que voudriez-vous être? Elle écrivit sans hésiter : « La femme d'un officier français. »

Le dernier dîner d'apparat offert au duc et à la duchesse de Chartres a eu lieu chez le duc et la duchesse de la Trémoïlle. Dans cette aristocratique demeure, ils ont retrouvé la distribution pratique et le confort ingénieux des habitations anglaises. Cet hôtel, le premier de l'avenue Gabriel après le cercle des Champs-Elysées, tranche complètement sur ceux du voisinage qui affectent tous le style du dix-septième et du dix-huitième siècles. Avec son hall colossal, enfermé dans un avant-corps briques et pierres, surmonté d'un pignon denticulé, il rappelle les seigneuriales résidences que l'on rencontre à Londres dans le West End, le quartier de la fashion.

Bâti par M. Abeille, successivement occupé par une famille de l'Amérique du Sud et par M. Henry Say, le frère de la vicomtesse de Trédern et de la princesse Amédée de Broglie, son architecture primitive doit le caractère britannique qui la distingue aux transformations si heureusement opérées par le duc de la Trémoïlle. Sa serre est une merveille. La duchesse, qui a réuni aux diamants de famille de son mari les inestimables pierreries de sa mère, la comtesse Duchâtel, femme du célèbre ministre de Louis-Philippe, n'en aime pas moins les fleurs, ces bijoux vivants dont l'art des joailliers ne peut rendre qu'une imparfaite image. Aussi, du fond de son jardin d'hiver jusqu'au milieu de ses appartements, s'épanouissent-elles dans toutes les grâces d'un éternel printemps.

Chez le duc et la duchesse de Mouchy, on a fêté le retour du prince Murat, qui était allé passer une partie de l'hiver à Naples, auprès de sa fille aînée, mariée, il n'y a pas encore deux ans, au duc de Lovello.

Les invités louaient beaucoup le ravissant portrait que la duchesse d'Aoste vient d'envoyer à chacune des dames françaises qui se sont réunies pour lui offrir un cadeau à l'occasion de son mariage. Et, de fait, cette photographie du format grand album est extrêmement réussie. La princesse est debout, les bras tombant gracieusement à mi-corps, dans une attitude pleine de simplicité et de noblesse. Sa tête fine, aux lignes sculpturales, se présente de trois quarts, légèrement inclinée à gauche. Éclairée par de grands yeux noirs d'un charme un peu rêveur, elle respire une sérénité olympienne. La coiffure à la grecque toute frisée sur les tempes, laissant seulement le haut du front découvert et s'élevant en une pyramide très accusée, que soutiennent deux bandelettes, rappelle celle des déesses sorties des fouilles de Tanagra. Mais l'ajustement est bien moderne. La robe, du bon faiseur, est de couleur claire, ornée de bandes de peluche qui descendent parallèlement au corsage décolleté en carré et garni d'entre-deux de dentelles ; les manches, également ornées d'une large bordure de dentelles posée à plat, s'arrêtent au coude; sur l'épaule, une coque de rubans s'épanouit. Point d'autres bijoux que des boucles d'oreilles en forme d'anneaux et une barrette de perles attachée sur un des revers de la guimpe plissée en tuyaux d'orgue.

Aux liens de parenté s'unit, chez le duc et la duchesse de Mouchy, le culte des souvenirs. Il est rare qu'on n'y parle pas avec une affectueuse sollicitude de l'impératrice Eugénie.

Des personnes qui sont allées récemment à Farnborough ont rapporté d'excellentes nouvelles de sa santé. La cure qu'elle a suivie à Amsterdam a eu des résultats très favorables. Elle n'est plus obligée de s'appuyer, pour marcher, sur les cannes dont elle faisait usage. Mais si les forces lui sont revenues, grande demeure sa tristesse. Uniquement entourée du duc de Bassano, de M. Piétri et de M$^{me}$ Lebreton-Bourbaki, elle sort peu. Elle reste plus volontiers assise aux fenêtres du château ouvrant toutes sur le petit monastère qui garde les cendres de son époux et de son fils et où elle a marqué la place qu'elle doit occuper entre eux après sa mort.

Cette chapelle, dont l'architecture gothique convient à sa destination sévère, est le centre de toutes les perspectives du parc. C'est pour la veuve et la mère inconsolée l'unique horizon qui attire encore ses yeux et son cœur. A tout le reste la malheureuse femme témoigne une indifférence absolue.

Les amis qui ont eu l'honneur d'être reçus par l'Impératrice la semaine dernière, ne lui ont point entendu confirmer les projets de voyage en Espagne qu'on lui attribuait récemment.

Pendant qu'ils étaient auprès d'elle, ils ont été témoins d'une attention touchante de la part d'un des membres les plus distingués de l'armée britannique. Le général Simons, gouverneur de Malte, venu à Farnborough avec sa femme, a apporté à Sa Majesté un cierge colossal que les habitants de l'île offrent chaque année à leur chef militaire, comme ils le faisaient autrefois au grand-prieur de l'Ordre dont ils étaient les sujets. Ce cierge, reçu avec beaucoup de gratitude, a été placé devant le mausolée du prince impérial.

Parmi les réceptions qui méritent encore d'être signalées, il ne faut point oublier celle qui réunira, ce soir même, dans le vaste hôtel de la rue Boissy-d'Anglas, autrefois occupé par Junot, duc d'Abrantès, les nombreux amis du baron et de baronne Haussmann. L'ancien préfet de la Seine est né le 27 mars 1809. Il a donc aujourd'hui même quatre-vingts ans. Le respect et l'affection que lui ont attirés ses éminentes qualités lui vaudront à l'occasion de cet anniversaire beaucoup d'empressements et d'hommages. Il s'y ajoutera la considération qu'inspire une verte vieillesse que la vigueur physique et morale n'a point trahie.

Le baron, il y a quelques semaines déjà, célébrait ses noces d'or, comme son père, ancien intendant militaire de la grande armée les avait célébrées lui-même. C'est un événement qui se reproduit rarement d'une génération à l'autre.

Plusieurs membres de la société parisienne ont assisté à la double cérémonie, plus heureux que le baron lui-même qui ne put rendre à ses parents, au cours de la fête dont ils étaient l'objet, les devoirs affectueux que lui prescrivait sa piété filiale, un ordre de l'empereur l'ayant appelé aux Tuileries juste au moment où les deux vieillards allaient se mettre à table au milieu de leurs enfants et petits-enfants.

La figure de M. Haussmann est populaire. Tout le monde connaît sa haute stature à peine courbée, serrée dans une redingote, ornée d'une grosse rosette multicolore, ses traits énergiques, son nez busqué, son front intelligent, encadré de légères mèches blanches. La physionomie de la baronne a moins de relief. Aimant peu le monde, elle a toujours vécu dans son intérieur, se plaisant surtout dans sa terre de la Gironde. A l'apogée de sa situation officielle, elle se distinguait par une très grande et très affable simplicité. Elle ne fut pourtant point à l'abri des méchants qui la prétendaient naïve. N'allèrent-ils pas jusqu'à lui attribuer une répartie qui, si elle n'eût pas été l'invention d'une cruelle malice, eût porté atteinte, non seulement à l'esprit de la femme, mais encore au désintéressement du mari. On racontait qu'en plein salon de l'hôtel de ville, M$^{me}$ Haussmann avait dit, dans une conversation relative aux embellissements de Paris : « Nous n'avons pas de chance. Si nous

« achetons une maison, elle est expropriée le lende-
« main. »

On cherchait par un tel commérage à diminuer l'intègre personnalité du transformateur de la capitale. L'avenir s'est chargé de le justifier; il est descendu pauvre du pouvoir, et, sans les traitements afférents aux fonctions qu'il remplit dans diverses administrations, il ne pourrait tenir un train de maison en rapport avec le rôle considérable qu'il a joué.

Des réceptions d'un caractère plus étendu ont eu lieu dimanche chez la duchesse de Maillé et chez la duchesse Pozzo di Borgo, sans parler de celles de la duchesse d'Uzès où il continue d'y avoir foule. M. et M<sup>me</sup> Lambert de Sainte-Croix ont été particulièrement entourés lundi. Beaucoup de dames et d'exquises toilettes : la duchesse d'Audiffret-Pasquier, la marquise de la Ferronnays, la baronne de Kœnneritz, née Beust, M<sup>me</sup> Aubry-Vitet, dans une délicieuse robe bleu-paon, des branches de mimosa, parsemées d'une rosée de diamants dans les cheveux; la marquise de Beauvoir, en robe de velours gorge de pigeon, mauve rosé et gris argent, forme princesse, à très longue traîne, M<sup>me</sup> Paulmier, en robe de velours « fraise écrasée ». Du côté des habits noirs, le général baron de Charette, le duc d'Audiffret, le marquis de la Ferronnays, MM. Paul de Cassagnac, Ferdinand Duval, Denormandie, Lacave-Laplagne, Leprovost de Launay, de Bunsen, de la Brière, etc., etc.

Et la musique? Elle est fort en vogue. Il n'est bruit que du magnifique concert qui a eu lieu vendredi à l'Élysée.

La veille, M^me Materna a chanté chez la baronne Gustave de Rothschild; elle s'est fait encore applaudir, avant-hier, chez la comtesse de Beaumont-Castries. La sœur de la maréchale de Mac-Mahon qui a le goût de tous les arts, comme en témoigne son admirable hôtel de l'avenue de l'Alma, où, entre autres merveilles, figurent deux des œuvres les plus remarquables de Baudry et de Carolus Duran, est notamment une dilettante *di primo cartello*. Éprise de Wagner, elle s'est plu à donner elle-même le signal des applaudissements aux compositions du maître, interprétées avec un très grand style par la diva.

Dimanche, Faure a recueilli ses lauriers accoutumés chez la reine d'Espagne. En même temps, la harpe de Godefroy a paru plus harmonieuse et plus aérienne que jamais.

Le jour précédent, M^me d'Yvon a rouvert les portes de son hôtel du boulevard de Courcelles qui étaient restées fermées depuis la mort de son mari.

Eût-elle simplement convié ses relations à revoir sa collection, qui compte parmi les plus belles de Paris, que leur plaisir eût été suffisant. Mais elle leur a ménagé la surprise d'un fort agréable concert avec Melchissédec, Risler, Léon Pugeault, M^lles Risarelli et Andrée Delaunay entre autres artistes. La marquise de Beaumont et la comtesse Mniszech représentaient au programme l'élément mondain. On ne pouvait s'arrêter à un choix plus heureux.

Comme intermède, Jean Rameau a récité plusieurs de ses exquises poésies. Avec son teint méridional, ses yeux rêveurs et sa luxuriante chevelure noire, le charmant poète ressemblait, dans ce cadre plein des souvenirs d'autrefois, à un troubadour accueilli sous les fiers lambris d'un manoir de Languedoc ou de Guyenne. Au son de sa voix chaude, qui racontait les beautés de la nature, les splendeurs de l'été en même temps que les tendresses et les mélancolies du cœur, les vieux portraits semblaient sourire comme à un écho mélodieux des âges évanouis. Un souffle doux, remuait les tapisseries, passant sur les objets précieux qui ont figuré dans les cours d'amour et que des âmes de chevaliers et de châtelaines, toujours unies, frôlaient peut-être d'un vol ému.

## XXVI.

Retour du Printemps. — Modes de saison. — La mi-carême dans l'atelier de M^me Madeleine Lemaire. — Bal chez M^me Joseph Reinach. — Réception chez M^me la Princesse Mathilde. — L'*Épatant*

4 avril 1889.

Vive le printemps !

Le voilà qui nous revient, souriant et gracieux, dans le triomphe de sa lumière. Pour célébrer son retour, ce n'est pas seulement l'Hippodrome qui rouvre ses portes, le concours hippique qui reprend ses séances, où la réapparition des uniformes militaires va jeter comme un épanouissement de coquelicots et de bluets, sur le sable doré de la piste, il y a, de par la ville, tout un mouvement et toute une gaieté qui révèlent la présence de l'aimable dieu, également propice aux amoureux, aux modistes et aux roses.

Les marchés aux fleurs resplendissent : autour des colonnes de la Madeleine, à l'ombre du vieux beffroi du palais de justice, c'est une jonchée de Fête-Dieu qui émaille le pavé, c'est un de ces tapis merveilleux qui ne se déroulent que pour la victoire ou l'hyménée. Les violettes, les narcisses et les jonquilles roulent en charretées odorantes à travers les rues; les merles gazouillent le long des terrasses encore solitaires des Tuileries. Toujours dans le mouvement, en dépit de ses années, le marronnier du Vingt-Mars songe à changer de toilette. Les belles dames font comme lui.

Déjà, le matin, on les rencontre, dans des amazones de coupe nouvelle, trottant d'une allure impatiente vers le bois et, dans l'après-midi, elles y retournent pour chercher les tiédeurs de la brise, pour épier les premières violettes, mollement assises au fond de leur coupé dont elles ont eu soin de baisser les glaces, très désireuses que la température, encore adoucie, leur permette bientôt d'étaler leur élégance dans le grand jour de leur victoria.

Les toilettes claires hésitent pourtant à se montrer au dehors. Comme il est de règle d'échanger des visites jusqu'à Pâques, robes et manteaux craignent de s'exposer à la perfidie des giboulées en descendant devant une porte cochère qu'une voiture ne peut pas franchir, ou en gravissant les degrés d'un perron insuffisamment protégé par une marquise plus décorative qu'utile. Les chapeaux sont plus audacieux. Ils se confient à l'empressement du valet de pied qui, d'un bras vigoureux, étendra sur eux, en cas d'averse, la protection de son parapluie, et ils s'en vont à tout risque, pleins de grâces friponnes et d'intentions mutines.

Pour être au goût de la saison, ils doivent être très bas, presque plats, à la manière d'Outre-Manche. Un rien les décore, une fleur, une aile d'oiseau, un brin de velours, un feston de broderie, et c'est tout.

N'en déplaise à la mode, l'exagération est à éviter en ce genre, car elle rend la tête minuscule et enlève par conséquent de l'harmonie aux proportions du visage.

Il y a aussi les grands chapeaux ronds, à larges bords, ombrant les traits, en leur donnant de la douceur.

Ils conviennent plutôt à la promenade, et ce sont eux qui seront peut-être encore d'actualité, le mois prochain, dans les garden-parties ou dans les excursions qu'on fera à Versailles pour le centenaire de l'ouverture des États Généraux. Ils sont garnis de plumes amazones, de rubans de fantaisie, d'oiseaux de mer. On y ajoute le grand voile à l'impératrice Joséphine, froncé, sous le menton, par quelque petit nœud de satin ou de moire.

Quant à l'arrangement des cheveux, il ne ressemble en rien à celui qui avait été adopté il y a quelques années. Alors volumineux, composé de marteaux superposés, de grosses nattes, de chignons plantureusement épanouis, ce dernier avait déjà détrôné sans retour les familials bandeaux plats, les rêveuses boucles à l'anglaise, les touchantes ondulations à la vierge qui étaient en honneur au commencement du règne de Napoléon III et qui ont si bien inspiré le pinceau de Winterhalter. Il se distinguait par un retour très accusé aux combinaisons capillaires de l'époque de Louis XV et de Louis XVI. Seule la poudre y manquait.

Aujourd'hui, la coiffure grecque est la plus et la mieux portée. Étroite du haut, dégageant les tempes, ornée le soir, tantôt de bandelettes enroulées et de pouffs microscopiques, tantôt d'un feuillage frêle, d'une fleur délicate, souvent d'une marguerite, d'une étoile ou d'un croissant de diamants, elle ne comporte pas d'ornements compliqués. Les cheveux sont simplement relevés en torsade, au-dessus de la nuque, projetant une mèche légère et des frisures plus vaporeuses encore sur le sommet du front.

Quelques femmes essaient pourtant de revenir au catogan, aux coiffures plates et basses d'autrefois, mais cette tentative ne sied pas à toutes les physionomies. Elle réussit généralement aux très jeunes filles dotées d'un visage élégamment aminci ou aux personnes que la nature a pourvues d'une chevelure *personnelle* abondante et qui trouvent ainsi le moyen de la faire apprécier.

Malgré l'anachronysme, le genre grec s'harmonise bien avec le style Henri III qui, pour les robes, tend à remplacer peu à peu les modes du Directoire et de l'Empire.

Si la fantaisie continue à chercher ses inspirations dans le passé, il est douteux qu'elle opère d'utiles investigations à travers les ajustements de l'année 1830 dont la Mi-Carême a provoqué une courte résurrection dans l'atelier de M^me Madeleine Lemaire.

L'aimable et gracieuse artiste avait imaginé de faire revivre, avec le concours de quelques amis, la société mondaine sortie de la Révolution de Juillet. Elle avait compté d'abord ne recevoir que de la jeunesse, songeant à réunir surtout l'intimité de sa fille. Mais, quand on joint au talent les qualités du cœur, les empressements et les hommages sont toujours ardents à venir à vous. C'est le rôle des fleurs d'attirer les brillants papillons. M^me Madeleine Lemaire vit avec elles dans un trop doux commerce pour se défendre de leur ressembler.

Elle a donc été obligée d'ouvrir plus largement les portes de son hospitalière demeure, et, quoi qu'elle eût résolu, la sauterie est devenue une fête, délicieusement encadrée entre un dîner plein d'entrain et un souper plus joyeux encore.

Hâtons-nous de dire qu'en choisissant pour sa soirée les costumes contemporains du triomphe du romantisme, la maîtresse de la maison avait moins en vue la grâce que la gaieté. Ses travestissements personnels ont toujours eu, d'ailleurs, une tendance à provoquer un aimable sourire. C'est ainsi qu'à un bal donné autrefois chez M^me Alexandre de Girardin, aujourd'hui M^me Louis Ganderax, elle s'était pittoresquement affublée des jupes et du caraco d'une charbonnière, poussant le réalisme jusqu'à s'enduire les mains de suie.

L'autre soir, elle représentait une grande dame ayant hôtel à la Chaussée-d'Antin, au temps de Musset, la coiffure en ailes de pigeon, avec grosses coques où s'intercalaient des roses; M$^{lle}$ Suzette Lemaire, sa fille, était jolie à ravir, dans sa toilette de demoiselle à marier, les cheveux plats d'un côté, très relevés de l'autre, un mélange adorable de modestie et d'audace. M$^{lle}$ Faciano, nièce de la comtesse Soltyck, était très charmante aussi, mais rappelait-elle bien l'époque? En revanche, M$^{me}$ et M$^{lle}$ Poirson étaient absolument 1830, et l'on ne savait s'il fallait admirer le plus en elles l'exactitude ou l'originalité.

Délicieuse également, M$^{lle}$ Chaplin, au bras de son jeune frère en Lamartine, à ses débuts; M$^{me}$ Hochon, toujours très belle, en amazone, avait l'air d'un véritable Alfred de Dreux; son mari en chasseur fashionable faisait songer aux brillants cavaliers admis aux laisser-courre du prince de Condé.

Du côté amusant : M$^{me}$ Aubernon de Nerville, portant un béret de velours noir à franges d'or qui eût fait mourir de jalousie les étudiants de nos jours; M. Arthur Baignères, en malade *du temps*, si consciencieux dans son rôle qu'il a eu la constance, pour imiter une fluxion, de garder une moitié de pomme d'api sous la joue gauche cinq heures durant; M. Gaston Berardi, d'un flegmatisme incomparable, en amiral anglais; M. Brincant, épique, en gendarme; Detaille, en lancier des plus réussis; Clairin, en moutard, à qui M. Prudhomme n'eût point manqué d'adresser des remontrances tant il se montrait espiègle; particulièrement comique, Julien le Blant, en petite fille avec des pantalons blancs, à dents, — inénarrables; Louis Ganderax, en poète chevelu; Paul Hervieu, en romantique; M. et M^me Jacques Normand, en mariés de la rue Saint-Antoine; S. Arcos, un Goya, sorti de son cadre.

Parmi les déguisements à succès, il faut mentionner aussi M. et M^me Jourdain, M. et M^me Duez, M^mes Jeanniot, Boussodet, Avril, M^lle Barthet, M^me Pasca et sa fille M^me Carnette, M^me Louis Ganderax; Gervex, George Hugo « des rapins, des lions, des beaux, des bas-bleus », tout ce que Paris compte d'artistique et d'attrayant.

Au milieu de cette débauche d'organdi, de satin d'Alger, de velours des Indes, de cachemire à grands ramages, de turbans de mousseline, d'oiseaux de paradis, de camées retenant des écharpes de tulle aux épaules, de fils d'or fixant des Saint-Esprit sur le front, de revers, de cravates et de toupets invraisemblables, la belle M^me de Bernardaki, un peu souffrante et à qui la pâleur seyait à merveille, s'était contentée de venir « en matinée » d'une élégance suprême et très fin de siècle, éblouissante sous une constellation de diamants.

Vendredi, un bal extrêmement brillant, dans un autre genre, avait lieu avenue Van-Dyck, chez M^me Joseph Reinach. Il s'y trouvait de bien jolies toilettes à commencer par la maîtresse de la maison, en robe de satin orange, le cou enveloppé d'un long boa de plumes pareilles. Puis : M$^{me}$ Jules Ferry, en crêpe de chine ivoire, encadré de panneaux de velours émeraude, corsage à la vierge, piqué de marguerites de diamants. Pour toute parure, un croissant de diamants posé très haut sur ses cheveux blonds.

M$^{me}$ Magnin, en tulle noir, parsemé de perles d'acier, coiffure de chrysanthêmes et de diamants; M$^{lle}$ Magnin, en tulle bleu, sur du surah jeune.

M$^{me}$ Gautereau, en satin bleu de ciel, corsage bas, en velours saphyr, brodé d'or, cordons de turquoises s'enroulant sur la tête autour d'un croissant de diamants.

M$^{me}$ Dreyfus, née Saint-Victor, en satin rose de bengale, corsage fleuri de lilas.

M$^{me}$ Ocampo, superbe dans une robe de satin jaune, accompagnée d'une ceinture de velours gros vert, brodé d'or; étoiles formant diadème.

M$^{me}$ Spitzer, en satin bleu pâle, coupé d'une écharpe de satin blanc.

La baronne d'Estournelles, que promenait M. Jules Ferry, très élégante dans une robe de lampas fond blanc, tissé de fleurs multicolores; couronne de marguerites et de stellaires.

M$^{me}$ Besnard, en tulle bleu pailleté d'or.

Une autre toilette, fraîche et blanche comme un matin de printemps, était portée par une jeune femme charmante, c'était M$^{me}$ Théodore Reinach, alors dans tout l'éclat de la vie et du bonheur. Qui eût dit que la mort la guettait à la porte de cet hôtel en fête et qu'un mal foudroyant la ravirait à l'affection des siens moins de quarante-huit heures après cette nuit brillante où elle apparaissait au milieu de tous les hommages? Les fleurs de la serre où elle était assise durent encore et elle n'est déjà plus! Qu'il y a de tristes lendemains aux plus beaux soirs.

Un deuil non moins cruel à failli attacher ses crêpes à l'hôtel hospitalier de M$^{me}$ la princesse Mathilde. Aussi y avait-il, dimanche, dans le salon de Son Altesse, une affluence particulière de notabilités mondaines qui étaient venues la complimenter à l'occasion du péril auquel son frère, le prince Jérôme, a échappé dans le naufrage de la *Comtesse de Flandre*.

La princesse, encore très émue, n'avait reçu que des télégrammes la rassurant sur l'issue du fatal événement. Le prince, qui avait continué sa route vers Londres, n'avait pu lui écrire, le service des postes n'enfreignant pas le repos dominical si rigoureusement observé en Angleterre. Dans ses dépêches, il n'avait, toutefois, pas oublié de témoigner un vif regret de la perte de son valet de chambre, le fidèle Théodule, qui avait mérité sa confiance par un dévouement de longue date.

Parmi les personnes présentes se trouvaient le duc de Mouchy et la duchesse, superbement habillée de velours rouge tout uni, un collier de diamants à quadrillés grecs, retenu par un ruban ponceau autour du cou; le duc et la duchesse de Cadorre, le comte Benedetti, son fils et sa belle-fille, M$^{me}$ Raimbeaux, la baronne Frédéric Sellière, la comtesse Ducos, le général Cambriels, M$^{me}$ et M$^{lle}$ Chaix-d'Est-Ange, M. et M$^{me}$ Gavini, M. de Bouteyre, le baron de Saint-Prix.

Un des sujets de la conversation était la réouverture du Cercle de l'Union artistique dans sa nouvelle et somptueuse installation de la rue Boissy-d'Anglas.

Aussi bien, si Grimod de la Reynière, le fastueux gastronome, rentrait, dans cet hôtel, qui était le sien au siècle dernier et où l'on venait en foule admirer ses collections et savourer ses dîners, il serait étrangement surpris de la transformation de son logis.

Elle offre, en effet, le modèle le plus accompli des perfectionnements du goût et du confort de nos jours. On arrive par un vestibule royal dallé de marbre, où le service du vestiaire s'accomplit grâce à un système ingénieux qui fait disparaître et remonter par une trappe les vêtements confiés à ses soins; dans le voisinage, après avoir dépassé des annexes prévoyant tout l'imprévu de la toilette, s'ouvre un vaste salon conduisant à un autre salon tendu de tapisseries admirables et au fond duquel se développe un escalier monumental, à double révolution, qui semble avoir été imaginé pour l'ascension triomphale des élégances féminines : de là, une large et magnifique ouverture donne sur la salle des fêtes, splendide avec ses voussures dorées et ses loggias aériennes. Puis, une enfilade de salons s'offre au jeu, à la causerie, à la lecture.

Au second étage, on trouve la salle à manger immense et accompagnée de cabinets particuliers où les membres du cercle pourront traiter leurs amis et leurs amies, comme au restaurant; un office où l'on pourrait donner un bal; enfin, la bibliothèque, la salle d'escrime, la salle d'hydrothérapie.

Au troisième étage, les cuisines sont dignes du pays de Cocagne, avec leurs dépendances où il y a des coffres pour tenir les viandes au frais, et des bassins de marbre pourvus de robinets d'eau chaude et d'eau froide pour laver la vaisselle en un tour de main. Bref, tout concourt au bien-être et à l'agrément dans cet incomparable édifice.

Les femmes, proches parentes des membres du cercle, ont été admises à le visiter hier au son d'un orchestre qui était comme un prélude des plaisirs mondains qui les y attendent. De deux à sept heures, le charmant défilé s'est poursuivi et on n'entendait que des bouches roses murmurant avec un sourire : « En vérité, c'est merveilleux! » Les hommes disaient eux : ç'est *épatant*, consacrant par le baptême de l'approbation le nom que le nouveau cercle a reçu de l'argot, son parrain.

## XXVII.

La semaine sainte. — Arrêt du mouvement mondain. — Mort de la comtesse Duchâtel. — L'Exposition de peinture au cercle des Champs-Élysées. — Mondains artistes.

11 avril 1889.

Nous entrons dans la période austère du carême : il est de bon ton de ne plus danser. Une des dernières soirées où l'on ait valsé a été donnée, avec beaucoup de succès, par M$^{me}$ Lévêque, femme du sous-gouverneur du Crédit foncier. Quantité de notabilités du monde officiel se pressaient, mercredi, dans son élégant appartement de la rue François 1$^{er}$, et, sous les tapisseries artistiques qui ornent les murailles, il y avait un éblouissant parterre de jeunes filles, jolies et gracieuses à l'envi les unes des autres, charmantes primevères enveloppées d'un nuage de mousseline, où les perles blanches du jais versaient comme une matinale rosée, où l'or des fleurettes et des mignonnes étoiles répandues en semis sur la diaphane légèreté du tissu, piquait çà et là le rayonnement de ses feux.

Les dieux des tentures, immobilisés dans l'ennui de leur Olympe, semblaient suivre d'un air jaloux les brillants cavaliers qui emmenaient à leurs bras ces aimables sylphides. Il y avait un certain Apollon qui regardait de côté, comme s'il eût voulu descendre de son char ; il se disait apparemment que les mortels ne s'en plaindraient pas puisque c'était la nuit, et il eût été fort aise, à n'en pas douter, de faire inscrire son nom sur les gentils carnets de bal aussi souvent que M. Ernest Carnot, le fils du président de la République. La réunion s'est prolongée tard, personne ne se sentant fatigué. Mais il faut bien que tout finisse. Et puis, on se dédommagera après Pâques. Il paraît qu'on ne pensera qu'à se divertir pour fêter l'ouverture de l'Exposition, coïncidant avec le triomphe du divin printemps. Paris, semblable au pont d'Avignon, verra danser tout le monde, tout le monde en rond. Les orchestres sont retenus jusqu'au milieu de mai.

Il faudrait être sorcier pour obtenir de leurs chefs un tour de faveur.

On dit merveille des fêtes qui inaugureront les annexes destinées à agrandir les salons hospitaliers de l'Élysée et des réceptions des ministères dont laplupart sont dotés de vastes jardins propres aux surprises et aux enchantements des illuminations. M. Spuller, bien que célibataire, n'en maintiendra pas moins les brillantes traditions de l'hôtel du quai d'Orsay.

Les deux filles de son frère, trésorier général du Gard, M$^{mes}$ Delpeuch et Duflos, qui unissent la grâce à la jeunesse, feront les honneurs de son salon.

La colonie étrangère élabore aussi d'attrayants programmes. Le lundi de Pâques, M$^{me}$ Diaz-Erazo, une des femmes les plus jolies et les plus élégantes de la société de l'Amérique du Sud, donnera un bal travesti, dans son luxueux hôtel de l'avenue Marceau. M$^{lles}$ Diaz-Erazo, qui n'ont rien à envier à la beauté maternelle, font grand mystère des costumes qu'elles ont choisis. Mais qu'importe que les roses se montrent entourées de dentelles, enrubannées de satin, ne sont-elles pas toujours des roses?

En ce moment, si les violons se taisent, les lustres s'éteignent aussi. La duchesse de Noailles est restée chez elle pour la dernière fois mardi soir; tous les noms de l'armorial de France sont venus lui présenter leurs hommages à cette occasion.

Avant-hier, M. et M$^{me}$ Lambert de Sainte-Croix ont également clos la série de leurs réceptions. L'assistance était particulièrement nombreuse et brillante.

Il s'y trouvait le duc de Doudeauville et la duchesse, très belle dans une magnique robe de soie et tulle, bleu turquoise, une légère écharpe de tulle de même nuance formant draperie, des diamants incomparables dans les cheveux; le duc de Broglie, le général de Charette, M. Alfred Sommier et M$^{me}$ Alfred Sommier, en toilette demi-deuil blanche, accompagnée d'une longue traîne gris argent, portant sur la tête une aigrette de marabout sertie de diamants et de perles. Au mileu d'un cercle nombreux, M. Buffet, était très félicité, par un groupe de sénateurs et de députés, du discours qu'il avait prononcé le jour même au Luxembourg. Non loin de lui, se tenaient M. Andrieux, le marquis d'Harcourt, le baron Tristan Lambert. Puis Mme Édouard Hervé, toujours très belle et très élégante, en robe de satin crevette avec une coiffure de roses entremêlées de perles; Mme Beulé, en satin blanc, avec couronne de mimosas; le comte d'Haussonville, M. Aubry-Vitet et Mme Aubry-Vitet, en satin crème, MM. Laugel, Bigot, député de la Mayenne, le comte et la comtesse de Riancey, le baron de Barante, M. Jacques Piou, député de la Haute-Garonne, et Mme Jacques Piou en robe de soie bleu clair de lune, des nœuds bleu saphyr ornant le corsage et s'étageant en coques dans les cheveux; M. Pierre de Witt et Mme Pierre de Witt, très remarquée dans sa toilette Louis XV blanche à semis Pompadour; le baron du Teil, beaucoup de notabilités du corps diplomatique et de la colonie espagnole, qui retrouvait des compatriotes d'origine dans la maîtresse de la maison et sa belle-fille, Mme Alexandre Lambert de Sainte-Croix. Cette dernière avait une toilette à caractère d'un goût très original et très seyant : elle portait une robe de soie pékin à très larges rayures, noir et blanc, avec une longue ceinture cerise, forme Directoire, tombant sur le côté, des rubans et des plumes cerises dans les cheveux.

Il n'est pas besoin de dire que la fuite du « Général » et les nouvelles de Bruxelles défrayaient les conversations. Mais un autre sujet y apportait en même temps une note émue. C'est la mort de la comtesse Duchâtel, qui vient de s'éteindre à Biarritz après une longue et cruelle maladie. Fille du comte Bernard d'Harcourt, ancien ambassadeur de France à Londres, à Rome et à Berne, cette jeune femme avait épousé le comte Tanneguy Duchâtel, fils du célèbre ministre de Louis Philippe, qui, après avoir occupé d'importantes situations diplomatiques, est aujourd'hui membre de la Chambre des députés. Belle à ravir, douée de l'esprit éminemment original et distingué des Saint-Priest, qu'elle tenait de sa mère, riche à millions, ayant un des plus beaux hôtels du faubourg Saint-Germain, une terre considérable dans la Guyenne, une villa exquise sur les bords de l'Océan, un palais japonais, près de Jonzac, vraie merveille de l'Orient transportée dans les verdures où coule la Charente, il semblait que le ciel n'eût plus rien à lui accorder. Mais si elle a été gratifiée de tous ses dons, elle n'a pu en jouir qu'un moment. Elle n'a pas même eu la douceur de les quitter en ignorant qu'elle les perdait.

Cette beauté rayonnante de fière et délicieuse ambassadrice, qu'à Vienne le pinceau de Makhart a immortalisée dans un de ces portraits à la manière du siècle du grand roi, s'en est allée, lentement minée par un mal impitoyable ; ces épaules, qui avaient un écrin royal pour parer leur grâce faiblissaient sous le poids d'une dentelle ou d'une fleur, et chaque jour, les ravages de la mort poursuivaient plus tristement leur œuvre. La pauvre femme avait conscience de son état; elle avait cessé de se montrer, même à sa famille, et, à l'époque récente du mariage de sa sœur avec M. Catoire de Bioncourt, elle ne s'était point senti le courage ou la force de paraître à la cérémonie, qui devait pourtant être célébrée sans longueur et sans apparat dans l'intimité de la nonciature.

Elle avait prié son mari de l'emmener à Biarritz; de courtes promenades sur la plage, de fréquentes contemplations de la mer, mystérieuse image de l'infini, furent les derniers événements de sa vie, dont les débuts avaient été marqués de tant d'éclat, de tant de mouvement et de plaisir!

Ces tristes destinées sont de nature à inspirer des réflexions graves, mais le monde n'en reste pas moins le monde : il n'a pas le temps de s'apitoyer longuement sur le sort de ceux qui ne sont plus.

La fin prématurée de la comtesse Duchâtel mettra en deuil la maison d'Harcourt et la maison de la Trémoïlle, dont le chef a épousé la sœur du comte. On la plaindra dans les salons du faubourg Saint-Germain et l'animation parisienne suivra son cours.

Il y aura d'aussi jolies toilettes au concours hippique et au cercle de la rue Boissy-d'Anglas, où l'Exposition de peinture attire en ce moment une foule très élégante.

Nous avons été frappé en parcourant cette exposition du nombre de mondains qui s'adonnent à notre époque et avec beaucoup de goût au culte de l'art. Pour ne citer que quelques-unes des œuvres, signées de noms appartenant à la société, voici du duc de Sabran Pontevès deux jolis paysages, l'un nous montrant le ciel de France, l'autre les éblouissements de l'Adriatique; du comte Hubert de la Rochefoucauld, à qui la palette est aussi familière que le trapèze, un beau portrait de la duchesse de la Roche-Guyon ; de M. Edmond de Lastic, un pont sur la Mayenne; une marine et des yachts en course, de M. Paul Marcotte de Quivières, un intérieur bien séduisant de M. Moreau-Nélaton, une grand'mère bien touchante du vicomte de Rougé, un merveilleux Léman du baron de Foucaucourt et d'imposantes falaises de M. Maurice Delondre, enfin une scène biblique du baron de Coubertin, et un paysage d'hiver de M. Sedille.

. A la sculpture, nous avons retrouvé, d'autre part, les noms du vicomte Henry de Saint-Seine, du comte d'Astanières, du baron de Buffières, de M. Guy de Kervéguen, du comte R. de Gontaut-Biron, de M. H. de Vauréal.

Au siècle dernier, Jean-Jacques gourmandait les gentilshommes de leur oisiveté, et prêchait à la jeunesse dorée de son temps de se créer une profession ou un métier. Il eût été bien surpris si on lui eût dit que ses conseils, alors peu écoutés, seraient suivis un jour avec une telle émulation d'ardeur et de talent.

## XXVIII.

Les plaisirs mondains, au temps de Pâques, il y a cent ans. — Attraction de la société moderne pour les cérémonies du culte. — Religion et littérature. — Conférences et sermons.

18 avril 1889.

A l'heure où, coïncidant avec le recueillement traditionnel de la *semaine sainte*, l'apprêt des grandes fêtes, qui vont solenniser le centenaire, ralentit le mouvement mondain et substitue une sorte d'accalmie à l'entrain des plaisirs, n'y a t-il pas quelque intérêt à se demander comment la société parisienne se comportait, il y a un siècle, en ce même mois d'avril? Pâques tombait le 12. Suivant l'usage, depuis la veille de la *Passion* jusqu'au lundi de Quasimodo, c'est-à-dire pendant trois semaines, tous les spectacles restaient rigoureusement fermés. La foire Saint-Germain s'était, d'autre part, clôturée le 4, veille des Rameaux. Elle se tenait alors au milieu du faubourg dont elle avait pris le nom et, comme, indépendamment des bijoutiers et des merciers de Paris, les marchands de Reims, d'Amiens, d'Orléans, de Nogent et de Beaumont s'y donnaient rendez-vous, comme il s'y trouvait un grand nombre de cafés, une multitude de jeux et de curiosités, des saltimbanques, des acrobates, des dompteurs d'animaux sauvages, parmi lesquels Audinot avec son théâtre d'enfants, et Nicolet, avec ses danseurs de corde, occupaient une place privilégiée, les gens du bel air s'y rendaient en foule comme les *genreux* vont à Neuilly de nos jours.

Si l'opéra et la comédie chômaient, on avait, du moins, pour se dédommager, le concert spirituel qu'on désignait ainsi parce qu'on n'y entendait que des motets ou autres morceaux de musique sacrée. Grâce à l'habileté de M. Legros qui en avait pris la direction depuis peu, son exécution ne laisait rien à désirer. Il avait lieu dans une salle du Palais des Tuileries, mais il était public. Les loges se payaient six livres, les galeries quatre et trois les places du parquet, spécialement réservé aux hommes. Ce festival ne se donnait qu'aux jours de solennités et seulement lorsque les théâtres ne jouaient pas. Aussi réunissait-il d'autant plus d'amateurs que ses auditions étaient plus rares.

Les femmes avaient en ce temps pascal une nouvelle occasion d'exhiber leurs toilettes et de recevoir les empressements des *freluquets* — les pschutteux d'alors. — C'était le *Combat du taureau*. Dans une vaste arène, située derrière l'hôpital Saint-Louis, sur l'ancienne route de Pantin, le furieux animal, qui a prêté sa forme à Jupiter pour l'enlèvement d'Europe, apparaissait au milieu d'évolutions plus attrayantes que périlleuses. D'autres bêtes, dont l'art avait soumis la férocité naturelle, offraient des intermèdes variés. Et le public d'accourir! C'était l'éclosion des nouveautés de printemps, l'étalage charmant des costumes et des coiffures que le génie des tailleurs et des modistes avait longuement élaborés pendant l'hiver.

Le concours hippique, dont ce spectacle était l'inconscient précurseur, nous a valu ces jours-ci un semblable régal. Nous y avons constaté que le rouge cardinal et le vert gazon étaient absolument au goût du jour. En 1789, le roi ayant dit qu'une robe feuille morte portée par la reine était « couleur de puce », on ne voulut plus porter que cette nuance : elle changeait de ton, suivant qu'elle prétendait rappeler le dos ou le ventre de l'audacieux insecte, qui avait assurément ses entrées à la cour puisqu'il y était si bien connu.

Pour le vêtement masculin, c'était le zèbre de la ménagerie de Versailles qui fournissait le modèle de son pelage. Depuis l'habit jusqu'aux bas, en passant par le gilet, ce n'étaient que rayures pareilles à la toison bariolée du charmant quadrupède.

On avait aussi, pour se montrer, les courses de chevaux qui commençaient à être fort suivies. Elles résultaient d'une convention passée entre plusieurs grands seigneurs qui s'étaient engagés à payer annuellement une somme de six cents livres pour avoir le droit de faire courir, avec cette clause restrictive que les chevaux seraient français et reconnus pour tels par des experts. Vincennes avait le privilège de ces journées sportives; toutefois, il n'y en avait que deux, le 15 avril et le 4 octobre.

Mais où triomphait véritablement la mode, c'était à la fameuse promenade de Longchamps, les mercredi, jeudi et vendredi de la semaine sainte.

L'archevêque de Paris, Christophe de Beaumont, ému de la dissipation qu'entraînait l'office des ténèbres dans la célèbre abbaye, où les peu rigides religieuses faisaient venir les chœurs de l'Opéra en vue d'attirer le beau monde, avait, il est vrai, pris des mesures pour mettre un terme à ce scandale. Mais si le sommeil de la sœur de Saint-Louis, la pieuse fondatrice du monastère, n'était plus troublé par les vains bruits du siècle dans la chapelle désormais close, la foule n'en assiégeait pas moins de son mouvement joyeux les murs de la vieille maison. Les allées du Bois de Boulogne, par où on s'y rendait traditionnellement, étaient sillonnées de plus de quatre mille voitures, rivalisant de luxe et d'élégance.

A côté des grandes dames, rayonnaient les *impures* comme on désignait peu galamment alors les marchandes de sourires.

Entre les équipages de Mlle Duthé et de Mlle Guimard, on voyait passer la voiture féerique de la duchesse de Valentinois, vrai carrosse de Cendrillon dont les panneaux étaient revêtus de porcelaine de Sèvres et dont les quatre chevaux gris pommelé étaient tout caparaçonnés de soie cramoisie, brodée d'argent. D'innombrables piétons restaient bouche bée, admirant ou réprouvant suivant leur goût le spectacle que leur offrait si complaisamment la vanité de la richesse.

Sous Louis XVI, l'influence des encyclopédistes était trop prépondérante pour qu'on allât beaucoup à l'église par dévotion, même aux approches de Pâques. C'était un plaisir de dilettanti. Mais tout le monde s'en jugeait digne et, lorsque M. Couperin, organiste du roi, ou M. Miroir ou M. Chauvet « aveugle de naissance » touchaient l'orgue à la Sainte-Chapelle, à Saint-Germain-des-Prés et à Notre-Dame-de-Bonne-Nouvelle, il fallait retenir ses places.

Aujourd'hui, la société élégante ne se pique plus de philosophie et sa ferveur semble revivre. Sans doute la musique continue à lui offrir un régal au milieu des pompes qui accompagnent les cérémonies du culte catholique. Le parfum délicat de l'encens et des cierges qui se mêle à celui des fleurs dont la grâce est répandue à profusion sur les *tombeaux*, accueille son empressement au seuil de tous les sanctuaires. Mais, si les séductions se multiplient autour des sens, l'âme aussi est invitée à s'émouvoir.

L'éloquence de la chaire déploie toute sa rhétorique pour retenir nos mondains. Partout il y a des retraites qui se renouvellent chaque matin et chaque soir.

Celles qui se donnent à la Madeleine, à Saint-Roch

et à Saint-Augustin sont principalement fréquentées par les dames. Dans la première de ces églises parle le père Milon. Sa fougue se tourne parfois à des tableaux quelque peu naturalistes qui ne sont pas sans effaroucher le gracieux auditoire. A Saint-Roch, le prédicateur, l'abbé Macchiavelli, justifie son nom par une finesse plus légère et une habileté plus persuasive. A Saint-Augustin, un autre nom semblait prédestiné à exercer son influence sur le beau sexe, c'est celui du révérend père Boulanger; il est extrêmement goûté.

Au couvent de l'Assomption, rue de Lubeck, bien que la chapelle soit encore en construction, il y a une assistance féminine des plus *select* pour entendre la sainte parole.

La supérieure, qui est aussi spirituelle que charmante, pense que ses élèves ne doivent pas être absolument séquestrées du monde, où leurs vertus et leurs mérites sont appelés à briller un jour, et elle permet volontiers à leurs mères de s'associer aux exercices religieux des chères enfants.

Bien plus, pendant tout l'hiver, elle a inauguré pour l'instruction des unes et le plaisir des autres une série de conférences littéraires qui ont eu un très grand succès.

Au fond de la vaste salle joyeusement éclairée par ses dix grandes fenêtres, une estrade était dressée sous une glorieuse figure de la Vierge en son Assomption. Des ecclésiastiques et des hommes du monde s'y sont fait tour à tour entendre.

Monseigneur d'Hulst a parlé sur le libéralisme, l'abbé Bernique sur Jérusalem et la Pelestine, et l'abbé Merklin sur le bonheur ; était-ce bien toutefois celui que rêvent les mignonnes têtes qui étaient suspendues à ses lèvres ?

M. Gauthier a traité du romantisme au XIX$^e$ siècle ; M. Colson, professeur à l'École polytechnique, de la chimie culinaire. M. Mayol de Luppé a raconté l'histoire des Bourbons d'Espagne, le comte de Riancey, celle des Habsbourg, le comte de Barral celle des Bragance. Le baron d'Avril a retracé les hérésies des Églises d'Orient. M. de Lapparent a développé avec projections électriques, les mystères des volcans.

La supérieure, étant jeune et jolie, (elle a tout à fait le type des portraits de Velasquez), la galanterie avait beau jeu pour lui présenter de délicats hommages : à entendre l'harmonie des périodes qui se déroulaient en son honneur on se fût cru volontiers à l'Académie.

Parmi les dames présentes à ce tournoi d'éloquence se trouvaient ordinairement, la comtesse Hoyos, ambassadrice d'Autriche, M$^{me}$ de la Gravière, M$^{me}$ de Loulay, la comtesse d'Azincourt, M$^{me}$ de Sainte-Péreuse.

Rien n'était joli comme le coup d'œil offert par cette aristocratique réunion. Les élèves paraissaient bien un peu morfondues de la simplicité de leur uniforme au milieu des élégances qui les entouraient.

Mais qu'elles se fussent consolées si elles avaient su combien leur jeunesse suffisait à les rendre exquises ! Beaucoup d'entre elles sont douées de grâces qui ne manqueront pas de faire un jour l'ornement de nos salons. Pour n'en citer que quelques-unes, voici : M$^{lles}$ Jeanne de Ham, Odette de Vauréal, Hélène et Marguerite de Chastellux et M$^{lle}$ Valentine d'Azincourt — un vrai Greuze — entre ses deux amies, M$^{lles}$ Jeanne de Loulay et Yvonne de Riancey, bien dignes de lui faire un cadre.

A Notre-Dame, le père Monsabré continue ses conférences du carême par des prédications d'un caractère moins théologique. Chaque soir, elles attirent une foule nombreuse sous les voûtes de la vieille cathédrale qui semble plus grandiose et plus imposante encore dans la lueur incertaine que répand le feu des lustres à travers la profondeur des nefs. Ces exhortations sont précédées du chant du *Miserere*, grave mélopée, qui rappelle les psalmodies des Chartreux dans la nuit.

L'orateur ne s'adresse qu'aux hommes. Mais les chapelles et les galeries qui font face à la chaire sont remplies de femmes, vêtues de robes sombres, embéguinées de dentelles discrètes, et qui, dans la circonstance, ne céderaient point leur chaise de paille pour un fauteuil de brocart à l'Opéra.

Pourquoi cet empressement? Les curieuses espèrent-elles tirer des paroles du bon père quelques révélations originales et piquantes? ou bien veulent-elles se servir de ses admonestations pour se forger des armes contre ceux dont elles partagent la vie sans toujours l'embellir?

Indépendamment de ces réunions pieuses, réservées aux classes dirigeantes, il y en a qui sont destinées à un public de moindre envergure. Des conférences se donnent, surtout sur la rive gauche, pour les étudiants, pour les employés de commerce et pour les simples ouvriers. Il y en a pour les bonnes anglaises et pour les institutrices allemandes. Il y en a pour les Bretons. On ne paraît avoir oublié que les Auvergnats.

## XXIX.

Les œufs de Pâques. — Bal à sensation chez la comtesse de Kersaint. — Une révolution pacifique. — Matinée de contrat à l'hôtel de Breteuil.

25 avril 1889.

Ondées d'avril, moues de jolies femmes : ce mois charmant malgré ses caprices n'en a pas moins mis en fleurs les jardins et les salons.

A Pâques, beaucoup de Parisiens, séduits par la douceur de la température, ont quitté leur bonne ville et sont allés se retremper à la campagne.

Quand on a dîné, dansé, soupé tout l'hiver, on n'est pas fâché de renoncer momentanément aux potages bisques, aux dindes truffées, aux aspics de foie gras et de se coucher à l'heure où s'allument les premières étoiles. Le rossignol, le coucou, la fauvette, dont M$^{me}$ de Sévigné, fuyant Versailles, se plaisait à écouter le chant « lorsqu'ils rouvraient le printemps dans nos bois », dédommagent de bien des séances musicales qu'on a dû subir dans des salons surchauffés, derrière de grosses dames que le manque d'air rougissait comme des pivoines. Aussi n'a-t-on pas regretté d'avoir fait une fugue aux champs.

Et puis, tout en goûtant le repos et le calme de la nature, on donnait la liberté aux enfants que les collèges et les couvents avaient retenus captifs à l'ombre de leurs grands murs de prison.

Par ses ébats et ses transports, ce petit monde faisait concurrence aux oiseaux. Quelque tapageur qu'il soit, à certains moments, on ne peut s'empêcher de le trouver aimable, quand on le voit si heureux et si vivant.

Pendant que les bébés battaient des mains aux tulipes et aux jacinthes des corbeilles ou jetaient des cris de joie à la vue de la basse-cour effarée, le jeune rhétoricien essayait fiévreusement le bicycle à l'aide duquel il se propose de parcourir tout l'arrondissement aux grandes vacances; de leur côté, moins voyageuses, mais non moins ardentes à se divertir, ces demoiselles du Sacré-Cœur ou de l'Assomption organisaient sur la pelouse une palpitante partie de crocket. Jolis et simples tableaux où se complaît l'amour paternel si rarement en possession de lui-même !

Nombre de familles s'inspirent encore des traditions d'autrefois pour célébrer Pâques. En certaines provinces du Midi, on se congratule et on échange des cadeaux comme au premier janvier. Et de fait, ne serait-il pas plus logique que l'année, comme c'était l'usage jusqu'aux deux tiers du seizième siècle, commençât civilement avec le renouveau et fût saluée par la verdure et les fleurs plutôt que par la neige et les frimas?

Dans l'ouest de la France, où les pieuses traditions sont encore si vivaces, on met une sorte de solennité à la distribution des œufs de Pâques; ce n'est pas qu'ils aient de la valeur. Ils proviennent du poulailler; ils ont été simplement durcis et peints en jaune, en violet ou en rouge. Mais l'abstinence ayant été rigoureusement observée pendant la semaine sainte, ils ont comme une saveur de nouveauté pour ceux qui vont les recevoir.

La châtelaine les a fait présenter à M. le curé, à la grand'messe, pour qu'il les bénît et aussitôt son retour au logis, elle les répartit entre les enfants, les domestiques et les fermiers, respectueusement rangés sur son passage dans le vestibule ou la galerie.

A Paris, il n'a pas été nécessaire que les œufs de Pâques eussent obtenu la consécration de l'Église pour être favorablement accueillis. Aussi bien, le diable s'occupe d'eux parfois et ce n'est pas toujours aux femmes de temple ou aux femmes de foyer qu'on offre les plus beaux. A celles-ci on envoie la fantaisie du jour qui est sortie des élucubrations de quelque confiseur à la mode : c'est une majolique ou une porcelaine qui affecte plus ou moins la forme d'un œuf et qui servira à rafraîchir des violettes sur la petite table de peluche, rehaussée de vieil or, placée près du fauteuil favori; plus souvent, c'est une corbeille de fleurs naturelles où se balance un colibri.

Les oiseaux, travestis en personnages, à la façon des illustrations des fables de La Fontaine ou de Florian, paraissent d'un goût moins sûr, en dépit de leur originalité.

Quant à *ces dames*, on ne sait toujours qu'imaginer pour leur plaire. L'une d'elles a reçu dans une cage en treillis d'or, voilée de lilas et de muguet, un couple de tourterelles blanches qui tenaient dans leurs becs une rivière de diamants, symbole d'un lien indestructible.

Une autre a été gratifiée d'une magnifique corbeille d'orchidées, où s'étalaient dix-huit œufs d'or mouchetés de turquoises. Ces œufs s'ouvraient et contenaient chacun deux grosses perles.

Les orchidées accompagnaient bien un présent si galant. Ces fleurs bizarres et contournées qui ont des nuances si délicates et si variées, des formes si aériennes, qui tiennent à la fois du papillon et de l'oiseau-mouche, qui dardent sur vous des antennes frémissantes et qui semblent vous regarder avec des yeux de velours, sont en vérité la production la plus étrange et la plus exquise que la civilisation moderne ait tirée de la flore. C'est l'emblème des raffinements où elle est parvenue. C'est la fleur *fin de siècle* dans sa beauté singulière et sa grâce inquiétante.

Aussi est-elle très à la mode. A une de ses dernières réceptions, M^me Carnot en avait paré sa toilette; chez M^me Heine-Furtado, elle forme une voûte pâle sur toute la longueur du jardin d'hiver qui conduit aux salons intimes; au concert de M^me d'Yvon, elle s'étalait sur le buffet parmi les coupes et les drageoirs d'argent du surtout du seizième siècle, mariant les tons vagues de son coloris à l'éclat adouci du métal.

Beaucoup de femmes en ornent leur chevelure. A la boutonnière des jeunes gens, elle a remplacé le gardenia et l'œillet blanc qui avaient eux-mêmes détrôné le camélia.

Une révolution plus importante semble, d'ailleurs, vouloir se produire dans le costume masculin et c'est le brillant salon de la comtesse de Kersaint qui, lundi dernier, a servi de théâtre à ses débuts. Il s'agissait, par un coup, sinon de maître, du moins de petit-maître, de substituer à la terne et vulgaire uniformité de l'habit noir l'éblouissante et originale diversité de l'habit de couleur. Assurément, la tentative était hardie, mais comme elle émanait d'une élite de mondains, dont l'élégance incontestée peut se permettre des audaces, elle devait obtenir au moins un succès d'estime. Il est, toutefois, permis de douter que, dans des sphères plus modestes, elle trouve un grand nombre d'imitateurs.

Le frac, perdant son aspect funèbre, ne serait vraisemblablement pas seul à être l'objet d'une transformation.

Le pantalon, gêné par le contraste d'un vêtement revenu aux coquetteries de l'ancien régime, voudrait jouer du marquis à son tour. Il se métamorphoserait en culotte. Le rigide plastron ne tarderait pas à se chiffonner en jabot de dentelles, et l'escarpin, qui croirait rester plébéien s'il se contentait d'un nœud de rubans, se démènerait si gentiment qu'il obtiendrait, le fripon la boucle et le talon rouge des beaux messieurs qui pirouettaient avec tant de grâce dans les boudoirs et les ruelles.

Enfin, le claque disgracieux dont l'Angleterre nous a fait le perfide présent, fatalement vaincu par le coquet tricorne ou quelque chose d'approchant, retraverserait le détroit pour cacher sa honte dans les brouillards de la Tamise.

Tout cela serait charmant, si l'on pouvait aller dans le monde en carrosse ou en chaise, comme au bon vieux temps. Mais on n'a plus l'humeur ou le moyen de sortir en aussi brillant équipage. Malgré l'égalité, dont nous voyons le nom s'étaler fièrement au frontispice de nos monuments, les voitures de louage sont plus nombreuses que les voitures de maîtres, et vraiment, monter chaque soir en fiacre avec un accoutrement Louis XVI, cela prolongerait un peu trop les jours gras.

Et puis, il faudrait forcément augmenter sa garde-robe. Il ne serait pas décent de porter toute une saison un habit dont la couleur spéciale se serait forcément gravée dans la mémoire d'autrui. On s'exposerait à quelque sobriquet narquois comme celui qu'appliquait Célimène au Misanthrope. Nos élégants objecteront, sans doute, qu'ils se résigneront volontiers à soumettre leur tenue aux exigences de la mode nouvelle. Ils se mettront en bleu chez les jeunes femmes, en gris chez les douairières, en violet épiscopal dans les maisons bien pensantes, ouvertes au clergé, en vert espérance dans les boudoirs où la galanterie tient ses assises. Ils seront en jaune écu à un dîner de financier, en rose aurore à une réception de contrat.

Mais il y a de par les salons quantité de gens sérieux, hommes politiques, littérateurs, artistes dont le goût encore plus que la fortune ne voudra point passer par cet arc-en-ciel. Ils continueront sans doute à pester contre un habillement qui les fait marcher de pair avec les maîtres d'hôtel et les ordonnateurs des pompes funèbres, mais ils auront peine, étant données les mœurs démocratiques que nous avons, à rejeter de leurs épaules cette tunique de Nessus.

Le bal à sensation qui a eu lieu chez la comtesse de Kersaint n'a pas été le seul événement de ce lundi de Pâques. Il y a eu dans la journée une fort nombreuse et fort élégante assistance à l'hôtel du Comte et de la Comtesse de Breteuil. On venait complimenter leur fille à l'occasion de son prochain mariage avec le comte Jean de La Rochefoucauld. Parmi les plus empressés se trouvaient naturellement les membres de la très nombreuse famille du fiancé, à commencer par le duc et la duchesse de Doudeauville. Une foule de notabilités du faubourg Saint-Germain leur faisait escorte. Il y avait aussi beaucoup de membres du parti bonapartiste qui n'ont pas oublié que la comtesse de Breteuil est la fille de M. Achille Fould, un des plus remarquables ministres de Napoléon III, et beaucoup d'hommes politiques attirés par leur admirative sympathie pour le frère de la future, l'éloquent et aimable député des Hautes-Pyrénées.

Après un court voyage de noces, le jeune couple se rendra à Pontivy où le comte de La Rochefoucauld est en garnison.

Voilà une ville heureuse qui est assurée de trouver dans le salon de la nouvelle comtesse un délicat reflet de la société parisienne dans toute sa distinction, toute son élégance et toute sa grâce.

## XXX.

Anniversaire de l'ouverture des États-Généraux. — Paris et Versailles, il y a cent ans.

5 mai 1889.

Demain, l'Exposition universelle ouvrira ses portes grandioses à l'impatience publique. Elle entonnera, sur un mode nouveau, par la puissante voix de ses machines, un solennel *Te Deum* à la gloire du travail. Elle illuminera ses dômes, ses galeries et ses jardins, offrant au triomphe des artisans de la paix les splendeurs ordinairement réservées, après des luttes sanglantes, à l'apothéose des héros de la guerre. Le prodigieux monument qui la domine s'éclairera lui-même d'une auréole inconnue, comme il sied à un colosse engendré par le dieu-progrès.

En attendant qu'il préside à cette solennité qui marquera brillamment dans les fastes de notre histoire, le Gouvernement va célébrer aujourd'hui avec une pompe égale le centenaire de l'ouverture des États Généraux. Cette date glorieuse, qui s'est levée à l'horizon français comme l'aube resplendissante de la rénovation du monde, évoque de trop patriotiques souvenirs pour qu'il n'y ait pas un charme à faire revivre en quelque sorte la mémorable journée et à rappeler, à un siècle de distance, les particularités dont elle a été marquée, comme si on avait figuré soi-même au nombre de ses acteurs.

Nous sommes donc en mai 1789. Versailles est en rumeur autour des députés de la nation qui, depuis quinze jours, arrivent des quatre coins de la France.

Le dimanche 3, le roi d'armes de France et les hérauts d'armes ont annoncé, par une proclamation solennelle, sur toutes les places et dans tous les carrefours de la ville, que la procession générale de la cour et de l'Assemblée aurait lieu le lendemain ainsi que la messe du Saint-Esprit dont la piété de Louis XVI a voulu que l'ouverture des États généraux fût précédée.

Cette double cérémonie, favorisée par un temps splendide, a eu pour théâtre les deux églises de Versailles, Notre-Dame et Saint-Louis. De la première, est parti le cortège, étalant toute la magnificence des pompes religieuses, uni à tout l'apparat de la majesté royale; dans la seconde a été offert le sacrifice divin et l'évêque de Nancy, chargé du discours, après avoir retracé les souffrances du peuple, a fait à la justice et à l'humanité du pouvoir un si chaleureux appel que l'assistance, transportée d'enthousiasme, a ébranlé du tonnerre de ses applaudissements le recueillement des voûtes sacrées.

Mais ce n'est qu'un prélude. L'événement que réclame l'impatience nationale, c'est la réunion de l'assemblée qui est fixée au lendemain mardi. Elle se tiendra à une heure de l'après-midi dans l'hôtel des Menus, situé sur l'avenue de Paris. Le bâtiment a été splendidement aménagé pour la circonstance.

La salle a 120 pieds de long sur 37 de large. Elle est entourée de colonnes cannelées, d'ordre ionique, supportant un entablement enrichi d'oves et surmontées d'un plafond percé en ovale dans le milieu. Le jour tombe doucement de cette baie, tamisé par un velum de taffetas blanc.

Au centre s'élève une immense estrade, dressée pour le roi et sa cour. Elle est comme enveloppée de velours par un dais colossal dont les retroussis sont attachés aux colonnes. Un semis de fleurs de lys est répandu sur la riche étoffe.

C'est comme un sanctuaire au fond duquel, très ample et très élevé, brille le trône du roi. A gauche, il y a un grand fauteuil pour la reine et des tabourets pour les princesses; à droite, s'alignent des pliants pour les princes.

Auprès du marche-pied du trône, une chaise à bras attend le garde-des sceaux, à gauche, et, à droite, il y a un pliant pour le grand chambellan.

Au bas de l'estrade, un banc est réservé aux ministres secrétaires d'État; il est précédé d'une longue table recouverte d'un tapis de velours violet, brodé de fleurs de lys d'or.

Sur le côté droit, des banquettes sont destinées aux

quinze conseillers d'État et aux vingt maîtres des requêtes invités à la séance ; les banquettes de gauche sont réservées aux gouverneurs et aux lieutenants généraux des provinces.

Dans la longueur de la salle sont rangées d'autres banquettes, celles de droite sont pour le clergé, celles de gauche pour la noblesse. Au fond sont les places attribuées au Tiers-État.

Sur les côtés s'étendent des galeries ; les plus voisines de l'estrade seront occupées par les dames de la cour en grande parure, les autres par les dames qui ne sont point de l'entourage royal, mais qui devront être également en toilette habillée. On a élevé des gradins sur toutes les travées pour les spectateurs, munis de cartes, c'est-à-dire pour l'élite du royaume et la fleur des étrangers.

Le parquet disparaît entièrement sous d'admirables tapis de la Savonnerie, fournis par le garde-meuble.

A Paris, dès cinq heures du matin, le public, friand de la nouveauté qui l'attend à Versailles, s'est mis en route pour ne pas arriver en retard. Il y a sur la place Louis XV, aujourd'hui la place de la Concorde, un défilé prodigieux d'équipages de toute forme et de toute couleur. C'est, précurseur du tramway, l'immense *carrabas* avec son attelage de huit chevaux qui marchent au petit pas. Il ressemble à une cage d'osier et les voyageurs y sont secoués comme des poulets portés pêle-mêle au marché ; c'est le *coucou*, non moins incommode et ouvert à tous les vents, qu'on appelle malicieusement *pot de chambre* en raison de sa caisse arrondie et évasée ; puis viennent les lourds carrosses de remise. Ordinairement, quand on les prend pour aller à Versailles on les paye un louis, avec un supplément de six livres nécessaire au règlement de l'impôt que prélèvent les écuries du roi sur les véhicules qui pénètrent dans la ville royale ; aujourd'hui ces carrosses sont hors de prix. Il y a aussi des cabriolets plus légers, mais qui sont fort mal tenus. Au milieu de ce brouhaha passent comme des météores les voitures de la cour qui sont venues prendre des gens en charge ou des personnes de qualité. Et leur luxe, leurs dorures écrasent orgueilleusement la longue fille de capotes poudreuses et de roues crottées qu'elles laissent derrière elles. Aussi bien, le long du cours la Reine, et encore plus au-delà des barrières, on s'avance au milieu d'un nuage de poussière épaisse que la pluie seule a mission d'abattre et qui rend la circulation extrêmement désagréable.

On remarque quantité de dames. Depuis plusieurs mois elles sont absolument engouées des idées nouvelles et elles n'auraient garde de manquer à un événement d'où vont sans doute découler des choses très inattendues et très curieuses.

A noter l'extrême simplicité des toilettes : robes courtes en étoffes légères, popeline, tulle, mousseline, linon, grands tabliers, énormes fichus, souliers plats. Presque tous les chapeaux sont en paille, ornés de rubans. Aucun diamant; rien que des bijoux d'acier ou de verroterie.

Le luxe du commencement du règne est complètement aboli. On y avait renoncé pour plaire à la reine lorsqu'elle s'amusait aux bergeries de Trianon; on affecte de le mépriser encore davantage aujourd'hui, mais parce qu'on ne parle plus que d'égalité et de réformes.

Quelques femmes, pour témoigner de leur indépendance, ont arboré une partie du vêtement masculin, la redingote à triple collet, le gilet court; elles ont noué leurs cheveux à la catogan; elles saluent négligemment du bout d'une badine à pomme d'or.

Les hommes ont également mis de côté tout ce qui eût constitué une parure et une recherche hors de saison. Ils inaugurent le frac noir contre lequel la jeunesse de 1889 commence seulement à élever une protestation timide. Le vêtement n'a conservé des raffinements de l'élégance passée que de petits revers d'étoffe nuancée de tons clairs. La poudre est supprimée; le claque remplace le tricorne. C'est l'anglomanie qui a dicté ces modes. La révolution s'accomplit dans le costume avant qu'elle ne transforme les institutions.

Cahin-caha on est arrivé à Versailles. Que de mouvement, que d'entrain autour du palais et tout le long de l'avenue qui mène à l'hôtel des Menus! La foule grouille sur les trottoirs; elle s'étouffe aux fenêtres des maisons.

Dès neuf heures du matin, le marquis de Brézé,

grand-maître des cérémonies, assisté de deux aides, a présidé au placement des députés dans l'enceinte. Ils avaient tous été préalablement convoqués dans l'une des deux salles voisines, qui étaient destinées aux délibérations particulières des ordres du clergé et de la noblesse. Ils sont appelés par députations, à tour de rôle, système défectueux qui exige plus de deux heures pour leur installation.

Le costume de cérémonie a été fixé par un ordre du roi.

Les cardinaux sont en chape rouge; les archevêques et évêque en rochet et en camail, soutane violette, bonnet carré. Les abbés, doyens, chanoines, curés et autres députés du second ordre du clergé, en soutane, manteau long et bonnet carré.

La noblesse a revêtu l'habit de la saison à manteau d'étoffe noire, avec parement de drap d'or, veste analogue au parement du manteau, culotte noire, bas blancs, cravate de dentelle, chapeau à plumes blanches, relevé à la Henri IV, comme l'est celui des chevaliers de l'ordre; il n'est pas nécessaire que les boutons de l'habit soient d'or.

Le tiers a l'habit, la veste et la culotte de drap noir, les bas noirs et le manteau court de soie ou de voile, tel que les personnes de robe sont dans l'usage de le porter à la cour, une cravate de mousseline, un chapeau retroussé sans ganses ni boutons, semblable à celui qui coiffe les ecclésiastiques lorsqu'ils sont en habit court.

Le prince de Condé, avec son fils le duc de Bourbon et son petit-fils le duc d'Enghien, viennent d'arriver, ainsi que le prince de Conti, pour recevoir le roi à son entrée dans la salle. Le duc d'Orléans figure parmi les députés.

Peu après la duchesse d'Orléans, la duchesse de Bourbon et la princesse de Conti se présentent et gagnent les places de tribunes qui leur sont réservées. Un murmure d'admiration s'élève devant la princesse de Lamballe, lorsque, dans son grand habit de soie blanche, tout fleuri de roses, elle s'avance, la grâce et la douceur répandues en un rayonnement divin sur son charmant visage.

Mais les trompettes sonnent, les tambours battent aux champs. Voici le cortège royal.

Il commence par les voitures où se trouvent le service du roi et ceux des princes et des princesses du sang, puis vient le carrosse des grands officiers de la couronne. Ce carrosse est occupé par le prince de Vaudémont, grand écuyer de France, le duc de Fronsac, premier gentilhomme de la chambre, le duc d'Ayen, capitaine des gardes du corps, et le marquis de Chauvelin, maître de la garde robe.

C'est un éblouissement de roues peintes en rouge, de panneaux où s'enroulent des arabesques de fleurs sur fond d'or, de harnais et de livrées qui brillent de mille feux.

Mais tout cela est surpassé par le carrosse du roi qui apparaît au milieu des gardes du corps, comme une arche sainte. Mollement balancée sur ses huit ressorts, sa caisse semble faite de lumière et ses crépines d'or, ses soieries aussi blanches que les fleurs de lys, dont les écussons des portières reproduisent l'emblème, brillent d'un éclat merveilleux.

Louis XVI est avec ses frères, le comte de Provence et le comte d'Artois, ses neveux les ducs d'Angoulême et de Berry, et son cousin le duc de Chartres, celui qui doit être un jour Louis-Philippe.

Revêtu du grand manteau royal, il porte un chapeau à plumes dont la ganse est enrichie de diamants.

Peu d'instants après arrive le cortège de la reine. Elle est aussi accompagnée d'un détachement des gardes du corps et son carrosse ressemble à un carrosse des mille et une nuits. Autour d'elle sont assises M$^{me}$ la comtesse de Provence, M$^{me}$ Élisabeth, M$^{mes}$ Adélaïde et Victoire, tantes du roi, et la princesse de Chimay, sa dame d'honneur.

A peine les voitures se sont-elles arrêtées devant l'hôtel des Menus qu'on vient prévenir Leurs Majestés que tout le monde est placé. Le roi, précédé des princes et suivi des grands-officiers de la couronne, fait alors son entrée. La reine arrive à son tour dans le costume le plus magnifique, brocart blanc sur longue traîne de velours bleu foncé, une splendide aigrette de diamants dans les cheveux.

Elle est pensive, un peu inquiète, sachant qu'elle n'est plus populaire, mais les acclamations qui s'élèvent la rassurent et c'est avec la grâce dont elle est coutumière qu'elle monte lentement vers l'estrade, sa dame d'honneur portant le bas de sa traîne.

Le roi reste debout quelques minutes, attendant que la cour soit placée. Il ôte un instant son chapeau, s'assied, se relève et lit le discours où il exprime d'un ton beaucoup plus paternel que royal ses sentiments et ses espérances. Le garde des sceaux prend la parole après le souverain. Il est fort goûté et la cérémonie s'achève au milieu d'un enthousiasme général. Le roi et la reine se retirent heureux et émus des transports qui suivent leurs pas. De douces illusions pénétrent leur cœur. Ils croient encore à l'avenir!

Tout est fini pourtant. L'ancien régime touche à son agonie; ce n'est plus qu'un décor qui va tomber au premier souffle. Louis XVI aura encore quelques occasions de parler en maître. Jamais plus Marie-Antoinette n'apparaîtra dans l'éclat de la majesté royale.

Au milieu de la désaffection et de l'impopularité grandissantes, le soleil de Louis XIV ne jettera plus que des rayons s'affaiblissant. Déjà l'astre de la monarchie s'éclipse devant l'aurore de la liberté.

## XXXI.

Éclat de la saison mondaine. — Le succès de l'Exposition n'entrave pas le mouvement du plaisir. — Bals et soirées. — Le baron et la baronne Adolphe de Rothschild. — Matinée de contrat chez le baron et la baronne de l'Espée. — En s'amusant la société parisienne n'oublie pas d'être charitable.

13 mai 1889.

Chaque année la société parisienne redouble d'animation au printemps. Pareille au papillon qui s'abandonne aux caresses du soleil et à l'enivrement des fleurs, elle court de plaisir en plaisir, laissant les noirs soucis s'en aller avec les frimas, et ne s'arrêtant plus qu'aux côtés aimables de la vie qui lui sourit comme un jardin délicieux où tout est lumière, grâce et parfum.

Aux séductions accoutumées qui la retiennent à la ville se joignent les splendeurs de l'Exposition. Elle n'échappe point à l'impression captivante de cette œuvre colossale qui unit la nouveauté à la grandeur.

On était allé au Champ de Mars par curiosité; on y retourne par goût, et, le matin aussi bien que le soir, mondains et mondaines s'y retrouvent, explorant les vastes galeries, peuplées des magnifiques inventions de l'industrie et des exquises productions de l'art, s'émerveillant au spectale des civilisations mortes ou des civilisations lointaines, se livrant à des comparaisons gastronomiques entre toutes les cuisines de l'univers, s'attardant le long des avenues qu'un coup de baguette semble avoir fait sortir de terre dans l'enchantement de leur verdure touffue, savourant la fraîcheur de la nuit devant les marbres mythologiques que, dans un mélange inconnu jusqu'alors, le feu de Vulcain baigne en même temps que l'eau des Naïades.

Ces promenades, d'ailleurs, ne font point tort aux salons. Jamais on n'y a vu plus d'entrain. Dîners, réceptions, concerts, bals blancs, bals roses, tout est fête sous les lambris de nos élégantes demeures. On a dansé tour à tour chez la baronne de Morogues, dans le bel hôtel de la rue Vaneau, autrefois occupé par la famille Dalloz; chez la marquise de Laborde, rue d'Anjou et chez la comtesse Jean de Montebello, cousine de l'ambassadeur de France à Constantinople, qui possède, en cette aristocratique et verdoyante rue Barbet-de-Jouy, qu'on prendrait pour une rue de Versailles, une installation merveilleuse, cadre digne de son éclatante beauté.

Chez M$^{me}$ Dumez, femme du président de la cour des comptes, chez la baronne de Reinach et chez la comtesse de Rancy on a fait de la musique.

Un des plus beaux dîners de la saison a été donné par le baron et la baronne Adolphe de Rothschild en leur somptueuse résidence du parc Monceau.

On sait que le maître de la maison est le chef du rameau de sa famille qui s'est établi autrefois en Italie et qui a joui d'une situation extrêmement en vue à Naples sous les Bourbons. Admis lui-même dans l'intimité du roi Ferdinand, son palais était le rendez-vous de toute l'aristocratie et ses fêtes, organisées avec une ingénieuse variété, passaient pour des événements. Officier de la garde royale, gentilhomme accompli, musicien distingué, collectionneur émérite, il avait tout pour attirer et pour séduire.

Aujourd'hui devenu Français, le Baron ne quitte Paris, son séjour de prédilection, que pour aller passer l'été dans sa délicieuse villa du lac Léman où il réunit de nombreux amis, moins désireux de s'asseoir à sa table, d'admirer ses jardins, de se promener sur son yacht, un des plus coquets de ceux qui sillonnent ces eaux bleues et limpides, que d'apprécier le charme de ses œuvres et de savourer les grâces de son esprit.

Sa femme, la baronne Julie, fille du baron de Rothschild de Vienne, le seconde admirablement dans ses habitudes hospitalières. Elle ne tient pas seulement à lui par les doubles liens du sang et de l'affection, elle partage ses goûts artistiques et leur union est resserrée par une confraternité de talent.

M<sup>me</sup> Adolphe de Rothschild est, en effet, une nature éminemment intelligente et fine. Si elle ne compose pas comme sa sœur la baronne Willy à qui la jolie mélodie : *Si vous n'avez rien à me dire*, interprétée avec tant de succès par la Patti, a fait une célébrité européenne, personne n'apporte plus de compétence qu'elle au jugement d'une œuvre musicale. Elle peint des aquarelles exquises et son attrait pour la nature est si grand qu'elle ne dédaigne pas de s'occuper de photographie, afin d'emporter un souvenir immédiat des paysages qui l'ont frappée. Les épreuves qu'elle obtient sont d'une perfection rare, mais le mérite en revient moins à la qualité des objectifs qu'elle emploie qu'à l'habileté de ses opérations où elle dépense beaucoup d'ardeur et de sollicitude.

Il faudrait des pages pour décrire les merveilles amoncelées dans le logis de ce couple aimable et distingué : tableaux de maîtres, livres rares, meubles de style, dont plusieurs historiques, miniatures, tabatières, tout cela réuni dans d'immenses et splendides salons ouvrant sur les frondaisons du parc Monceau. Aussi bien, le catalogue de ces richesses n'est point encore achevé. Le baron le rédige lui-même avec une attention d'autant plus scrupuleuse qu'on assure, qu'après lui, n'ayant point d'enfants, il veut que le musée du Louvre c'est-à-dire la France, hérite de ses collections. Rien n'était magnifique l'autre soir comme cette enfilade de pièces rappelant les palais de Rome et de Venise, toutes éclairées *à giorno*, et pour trente convives seulement : prévenance raffinée qui permettait aux amateurs d'admirer à l'aise les toiles et les objets d'art dont ils étaient entourés, et aux femmes de déployer sans entrave leurs fraîches toilettes, nuançant de leurs grâces de fleurs printanières ce fond de tapisseries et de dorures où les siècles racontent leur histoire avec des chefs-d'œuvre.

Dans le vestibule quinze valets de pied poudrés, en livrée prune de monsieur, rehaussée de galons d'or, culottes courtes, bas de soie, se tenaient rangés derrière un suisse majestueusement appuyé sur sa hallebarde. Dans la salle à manger quinze maîtres d'hôtel, également poudrés, faisaient le service avec de la vaisselle plate.

Chaque convive avait son nom, imprimé, dans un médaillon en forme de jarretière, sur le menu liseré de bleu qui portait au verso le chiffre du baron.

Voici, à titre de curiosité, la succession des mets qui ont été présentés sur cette table somptueuse.

Consommé aux quenelles printanières  
Crême à la Fabert

Petites caisses Richelieu  
Turbot sauce Homard  
Pièce de bœuf Régence

Turbans de volailles zéphir  
Filets de cailles Magyar  
Chaud-froids de foies gras en Bellevue

Punch au vin de Champagne  
Poulardes rôties sauce Perigueux

Asperges en branches  
Croustades à la Marie-Stuart  
Mousse de fraises à l'Impériale

Ce dîner avait lieu en l'honneur de l'ambassadeur d'Autriche et de la comtesse Hoyos et n'a pas été suivi de réception. Il n'eût pourtant tenu qu'au bon plaisir du baron et de la baronne d'avoir foule à cette occasion, leurs relations étant très nombreuses, tant dans la société parisienne que dans la société cosmopolite. Mais ils préfèrent les charmes de leur intimité. Au milieu des hôtes illustres qui se plaisent à la partager, il faut citer le roi de Naples, faveur d'autant plus rare que François II vit très retiré et n'accepte jamais aucune invitation. En devenant l'hôte du baron et de la baronne Adolphe de Rothschild, il prouve le cas qu'il fait de leur dévouement.

Parmi les fêtes réussies de cette semaine, mentionnons aussi celle qu'a donnée vendredi M$^{me}$ Jules Porgès. Le cotillon annoncé a pris les proportions d'un très grand bal. Au nombre des invités se trouvaient les ambassadeurs d'Angleterre et d'Autriche, le duc et la duchesse de Morny, le duc et la duchesse de Conegliano, beaucoup de notabilités du faubourg Saint-Germain et toute l'élite de la colonie austro-hongroise, à laquelle appartient M$^{me}$ Porgès.

Très brillante aussi la matinée qui a eu lieu hier chez le baron et la baronne de l'Espée à l'occasion de la signature du contrat de mariage de leur fille avec M. Albert Firmin-Didot. Enveloppé des beaux jardins qui s'étendent entre la rue Casimir-Périer et la rue de

Belle-Chasse, leur charmant hôtel a vu toutes les élégances du monde s'unir à toutes les grâces de la nature.

Nous y avons reconnu le vicomte et la vicomtesse de Maricourt, la comtesse de Charnacé, la baronne de Blanzay, la comtesse Ducos, la comtesse d'Auteroche, M. Buffet, M. Forgemol de Bostquénard, le vicomte de Saint-Georges, le baron Malouët, le baron Fleury, le baron et la baronne de Pontalba.

La maîtresse de la maison portait une superbe robe de lampas vieux cuivre, rehaussée de fleurs brochées; la jeune fiancée était en toilette de cachemire blanc couverte de broderies crême. M$^{me}$ Paul Firmin-Didot, mère du futur, avait une toilette de damas gris, tissée de fleurs, et un chapeau de velours gris garni de cytises et de passementeries d'or. Bien jolie, M$^{lle}$ de Pontalba en fourreau à mille raies gorge de pigeon vert émeraude et bleu turquoise, guimpe et manchettes de guipures et large chapeau Rubens, noir, tout festonné de chèvrefeuille.

Si la société mondaine pense au plaisir elle n'oublie pas les malheureux, témoin le splendide concert donné cette nuit, au profit des œuvres de Montmartre, par M$^{me}$ Marchesi avec le concours désintéressé de plusieurs artistes des plus aimés du public parisien.

M$^{me}$ Eames, la nouvelle étoile de l'Opéra, a chanté délicieusement : *Pleurez mes yeux*, et son succès a été égal quand elle a interprété le duo de *Mireille* avec

Talazac, merveilleusement en voix. De bien charmantes poésies ont été récitées entre temps par M{ lle} Reichemberg avec son art exquis.

Le duo de *Semiramide* par M{ me} Stoddard et M{ lle} Elliot a été fort applaudi aussi.

La princesse Blanche d'Orléans, M{ me} Armand Heine, M{ me} Ernest Denormandie, la baronne d'Etchegoyen, la comtesse Jacques de Fitz-James, la comtesse de la Roche-Aymon, la duchesse Pozzo di Borgo et autres dames patronnesses *di primo cartello* avaient attiré autour d'elles une nombreuse élite : la grande salle de l'hôtel Continental ressemblait à un véritable salon.

Ce festival a lieu tous les ans. Il a porté bonheur à M{ mes} Eames et Melba qui toutes deux s'y sont fait entendre pour la première fois au public parisien.

Ses harmonies ont surtout permis à de nobles cœurs d'ouvrir des asiles à de touchantes infortunes. La musique élevait autrefois les murailles de Thèbes. Elle fait mieux aujourd'hui.

Et quand on songe que la société française ne refuse jamais son concours aux œuvres de bienfaisance, on s'étonne qu'elle ait tant de détracteurs. Peut-on médire d'elle, sans injustice, lorsqu'on la voit constamment s'élever par l'art et se purifier par la charité ?

## XXXII.

Continuation des fêtes mondaines. — Grands mariages. — Les noms de l'aristocratie à un siècle de distance. — A travers les fastes de la librairie française.

16 mai 1889.

Une fête nouvelle figure chaque jour aux éphémérides du calendrier mondain.

On a dansé samedi chez la comtesse Vitali et dimanche chez la duchesse de Lévis-Mirepoix. Lundi, la *crème* de la société élégante s'est retrouvée chez la baronne Gustave de Rothschild. Avec ses vastes salles où toutes les magnificences du luxe s'allient à toutes les richesses de l'art, sa terrasse imposante et son perron monumental qui descend sur les pelouses du jardin, ample et majestueux, comme ces escaliers du grand siècle où la fantaisie de Watteau groupait d'adorables marquises, habillées de rose et de bleu, l'hôtel de l'avenue de Marigny ressemblait à une exquise évocation du passé.

Dans les allées touffues que termine une serre immense, faite de cristal, de verdure et de fleurs, ainsi qu'un palais magique, la lumière des salons se prolongeait en une clarté charmante, qui tenait à la fois du crépuscule et de l'aurore, réveillant sous le feuillage les nids des ramiers et des merles, tout confus d'entendre une musique plus douce que leurs roucoulements et leurs cadences.

Les femmes qui se trouvaient là n'avaient rien à envier à celles de la cour du roi-soleil, au point de vue de la naissance, de la richesse, et de la beauté.

Pour n'en citer que quelques-unes, nommons l'ambassadrice d'Angleterre, la duchesse de Doudeauville, la duchesse d'Albuféra, la duchesse de Feltre, la duchesse de Gramont, la marquise du Bourg, la marquise de Meyronnet, la marquise de Broc, la comtesse Gudin, la comtesse de Riancey, la vicomtesse de la Poëze, la comtesse Georges Vitali.

L'escadron des jeunes filles était conduit par Mlle de Rothschild, en blanc, charmante sous sa chevelure brune et dans sa taille mignonne de petite fée, avec cet air fier et décidé, qui n'enlève rien à la grâce de sa physionomie.

Vers la fin de la nuit, on a soupé par petites tables, après un cotillon des plus animés. Toutes les saisons s'étaient rendues tributaires du menu, où l'on voyait, autour des poissons, des pièces de viande et de gibier, des légumes précoces et des pâtisseries délicates, les fraises et les cerises du printemps, les pêches de l'été, les raisins de l'automne et la neige de l'hiver, changée en mets savoureux.

Chez la marquise de Blocqueville, il y a eu, le même soir, une réception artistique dans ce bel hôtel du quai Malaquais, briques et pierres, que Jean-Casimir, roi de Pologne, a habité, avant de se retirer à l'abbaye de Saint-Germain des-Prés, et qui a servi de modèle à un des décors de *Jean de Thommeray*.

Lundi encore, chez la baronne Digeon, fille adoptive du baron Théodore de Lesseps une amusante représentation a été donnée sur un théâtre coquettement aménagé. C'était une parodie de l'Athalie de Racine, où les vers pompeux du poète cher à M$^{me}$ de Maintenon étaient fort comiquement travestis et émaillés des néologismes les plus audacieux. Les principaux interprètes de la pièce étaient l'aînée des filles de la maîtresse de la maison, dont la tournure de jeune déesse s'allie à un talent de comédienne consommée ; M$^{lle}$ Thomas de Moncourt, qui joint l'esprit d'un lutin à la vivacité d'un oiseau, et M. Pierre Martelet, qui s'est montré fort plaisant en commis-voyageur à l'accent tudesque, introduit, par une série d'aventures abracadabrantes, dans le temple servant d'asile au jeune Eliacin.

Nombre d'autres plaisirs attendent la société parisienne. Un de ceux dont la perspective allume le plus les convoitises et les impatiences est le grand bal costumé qui aura lieu le 25 mai chez M. Cernuschi.

Les invitations sur papier maïs, rehaussé de jolis dessins à la sanguine, indiquent que la fête aura pour local la salle de Bouddha, fameuse par son originalité et par sa splendeur. Libellées d'une façon moins banale que les cartes destinées ordinairement aux convocations mondaines, elles portent cette mention :

M. Cernuschi espère que M... voudra bien l'honorer de sa présence.

M$^{me}$ Magnin, femme du gouverneur de la Banque de France, recevra durant quatre lundis, à partir du 20 mai. Cette série sera sans doute partagée entre la musique et la danse comme celle de l'année dernière. A défaut de pareilles attractions, on n'hésiterait pas d'ailleurs à se rendre rue de la Vrillière, tant on est sûr d'y trouver tous les charmes de la causerie. M$^{me}$ Magnin est une des femmes les plus spirituelles de Paris et elle sait se ménager un entourage qui n'est pas incapable de lui donner la réplique.

Le 24, on valsera chez M$^{me}$ Haentjens, fille du maréchal Magnan et veuve de l'ancien député de la Sarthe. Les habits de couleur sont facultatifs.

Au milieu du mouvement mondain que complique la nouveauté de l'Exposition, comment trouve-t-on encore le temps de contracter hyménée?

Il n'y a cependant jamais eu plus de mariages dans la haute société.

La jeunesse de l'aristocratie court à l'envi au pied des autels, et les grands noms qui figuraient, il y a un siècle à l'assemblée des États-Généraux, en attendant d'être inscrits sur les listes de l'émigration ou sur les arrêts du tribunal révolutionnaire, retentissent en ce moment à travers les publications matrimoniales, encore entourés de l'éclat et de la considération des anciens jours.

C'est le comte de Bouillé qui vient d'épouser M^lle d'Hunolstein dont la mère est une Montmorency-Luxembourg. Qui sait si, pendant qu'à l'église les orgues accompagnaient de leurs sons mourants le défilé des assistants, on n'aurait pu entendre, par une coïncidence bizarre, la voix des cuivres entonnant, pour quelque fête à l'esplanade des Invalides, ce chant de la Marseillaise qui a marqué de l'épithète *d'infâme* le dévouement du marquis de Bouillé, aïeul du fiancé, à la cause de la royauté?

C'est le prince de Poix, fils du duc de Mouchy, qui épouse M^lle de Courval; c'est le vicomte de Montesquiou-Fezensac qui s'allie à M^lle de Noailles; c'est le comte de Gontaut-Biron qui prend pour femme M^lle de la Ferronnays.

Dans d'autres sphères, où l'honneur, la distinction et le mérite ont droit aussi à nos hommages, des alliances remarquables se forment également.

Hier, par exemple à Sainte-Clotilde, on célébrait l'union de M. Albert Firmin-Didot avec M^lle de l'Espée. Une foule très élégante et très nombreuse assistait à la cérémonie.

Nous y avons retrouvé le général et M^me de Biré, le vicomte et la vicomtesse de Maricourt, le baron et la baronne de Pontalba, le comte et la comtesse d'Hédouville, la comtesse de Charnacé, la comtesse Ducos, M^me Beulé, M. Chauchat, conseiller d'État, M. Forgemol de Bostquénard, M. et M^me de Gournay, M. et M^me de Nalèche.

La mariée était en satin blanc avec corsage garni de fleurs d'oranger, un bouquet pareil retenant le voile de tulle.

Sa mère, la baronne de l'Espée, avait une robe de lampas gris, à dessins noirs et argent. M^me Firmin-Didot, mère du marié, portait une toilette de pékin Sévigné, vert myrthe, à devant de brocart de soie rose, tissé de fleurs, avec chapeau assorti et orné de passementerie d'or.

Déjà le frère aîné de M. Albert Firmin-Didot, M. Georges Firmin-Didot, un jeune secrétaire d'ambassade très apprécié au quai d'Orsay, épousait il y a quelques jours à peine M^lle de Maricourt.

Cette double union a rappelé l'attention sur leur famille qui occupe une situation si honorable dans le monde et qui s'y distingue non seulement par le talent, mais encore par une loyauté et une bienfaisance qu'on retrouve chez elle de génération en génération.

Les Didot, dont le nom est synonyme de Dieudonné, sont originaires de Lorraine.

Vers 1480, un de leurs ancêtres possédait la seigneurie de Han. Son fils, Jean, fut anobli, en 1521, par le duc Antoine. Il portait *d'azur aux* 3 *billettes d'or, accostant un croissant d'argent, montant en abime et surmonté en chef d'une étoile d'or et d'une molette d'éperon de même.*

Au milieu du dix-septième siècle ces armes sont conservées par Denis Didot, marchand de Paris et capitaine de la garde civique à la porte Dauphine.

Jean-François, son fils, embrasse la carrière de l'imprimerie et de la librairie, cet art où ses descendants allaient surpasser tous leurs émules et qui, selon la pittoresque expression de l'un d'eux, « doit faire la nuance entre l'homme de lettres et l'artiste. »

Alors, suivant la coutume du temps, ce Didot avait son enseigne *A la Bible d'or*. Il eut, fort innocent, d'étranges démêlés avec Voltaire dont il avait publié les œuvres et fut, de ce fait, incarcéré à la Bastille, d'où ses puissants amis ne tardèrent point à le faire sortir.

François-Ambroise, son fils et son successeur, devint imprimeur du clergé et du comte d'Artois. Il appartenait à la race d'hommes intelligents et laborieux que le dix-huitième siècle produisit comme une floraison magnifique et qui, par leurs œuvres ou leurs inventions, contribuèrent si puissamment à la gloire artistique de la France.

C'est à lui qu'on doit l'introduction du papier vélin dans notre pays. Louis XVI le chargea, par brevet, d'imprimer, pour l'instruction du dauphin, les classiques français et latins qui forment la collection d'Artois. Il demeurait dans l'ancien hôtel des Stuart, rue Saint-Hyacinthe et ses établissements avaient une telle renommée que les plus grands personnages tels que la duchesse de Chartres, le prince Henri de

Prusse, le baron de Breteuil, ministre de la maison du roi, se plaisaient à le visiter.

Benjamin Franklin, désireux d'inculquer les principes de la typographie à son petit-fils William Temple, âgé de treize ans, confia cet enfant aux soins de Didot.

L'illustre fondateur de l'indépendance de l'Amérique, en amenant à l'imprimerie le jeune apprenti, se prit à manier une presse et, comme les assistants restaient stupéfaits de son habileté : « Ne vous étonnez point, Messieurs, leur dit-il en souriant. C'est mon premier métier. »

François-Ambroise Didot laissa deux fils, Pierre et Firmin. L'aîné, imprimeur du comte de Provence, maria une de ses filles à Bernardin de Saint-Pierre, qui composa chez son beau père, à Essonne, ce roman de *Paul et Virginie* qui devait faire couler tant de larmes.

Le cadet, élevé au collège d'Harcourt, porta l'art de la typographie à un degré qu'il n'avait pas atteint jusqu'alors. Graveur hors ligne, il fondit les caractères du fameux *Racine* dont la perfection n'a pas été surpassée. L'impression de la *Lusiade* et de la *Henriade* accrurent encore sa réputation.

L'empereur Alexandre le visita en 1815, et lui dit à la vue de ses presses : « Voici une artillerie qui l'emporte sur la mienne. »

Firmin Didot avait d'ailleurs amélioré les caractères de la langue russe, et l'impératrice Catherine lui avait envoyé son portrait en témoignage de son estime. Parmi ses amis figuraient Helvétius, Tracy, Delille, Ducis, Millevoye, Courrier et Girodet; ce dernier fit son portrait qu'on voit au Louvre.

Aussi bien, vivant dans le perpétuel commerce des grands génies, il s'était adonné à la littérature, répétant volontiers :

« Je sers tantôt Vulcain et tantôt les neuf sœurs. »

Talma, son condisciple, lui avait promis de jouer le principal rôle de sa tragédie d'*Annibal*. La mort seule délia le fameux acteur de cet engagement.

Firmin Didot était encore un homme de bien dans la haute acception du mot. Il était le protecteur et le soutien de ses ouvriers; il les soigna pendant la terrible épidémie cholérique de 1832, avec un dévouement admirable, dans son propre domaine de Mesnil-sur-l'Estrée, où il repose aujourd'hui, entouré de la reconnaissance de la contrée.

MM. Georges et Albert Firmin-Didot sont ses arrière petits-fils. S'ils n'ont point suivi sa carrière, ils ont du moins hérité de ses principes d'honneur et de charité.

En évoquant le souvenir de cette pléiade d'hommes éminents, n'est-on pas tenté de dire avec Legouvé :

> Gloire à l'imprimerie !
> A toi dont les bienfaits signalent l'influence,
> Source de nos grandeurs, arbre fertile, immense,
> Dont les parfums errants dispersés dans les airs,
> De leurs germes féconds remplissent l'Univers!

## XXXIII.

Un des plus beaux bals de la saison. — L'hôtel du baron Alphonse de Rothschild. — Souvenirs de Talleyrand. — Des hôtes aussi généreux qu'aimables.

24 mai 1889.

La fête donnée avant-hier par le baron et la baronne Alphonse de Rothschild mérite d'être soulignée d'un trait d'or sur le calendrier mondain. La beauté du décor et l'éclat de l'assistance en ont fait un éblouissement.

Il est onze heures. Encadré de ses grilles solennelles, le portail monumental de l'hôtel du grand banquier, qui fut autrefois la demeure du prince de Talleyrand, laisse passer les équipages; ils s'arrêtent sous un flot de lumière devant le large perron qui présente, au fond de la cour, ses degrés hospitaliers. Les lions énormes qui y sont accroupis semblent regarder d'un air doux les fraîches toilettes et les souriants visages passant devant eux.

Le vestibule s'ouvre avec ses proportions colossales et son caractère de sévère magnificence. Soutenu par des colonnes ioniques, dallé de marbre blanc et noir, il est orné de statues dont les piédestaux disparaissent sous des buissons d'azalées. Dans un renfoncement deux dauphins entrecroisés forment une fontaine qui distille goutte à goutte sa fraîcheur et son harmonie; des guirlandes de fleurs y mêlent les grâces de leur coloris et de leur parfum.

Une haie de laquais se tient immobile, en livrée d'une sobre élégance : veste à pans gros bleu garnie d'une double rangée de boutons de cuivre plats, sans armoiries et sans chiffre, et laissant à peine entrevoir l'extrémité du gilet de panne jonquille. Bas de soie rose, souliers à boucles; point de poudre.

L'escalier est immense, tout en pierre et d'une architecture qui offre un des plus beaux spécimens de l'époque de Gabriel. La rampe de fer bruni, d'un dessin grec très pur, accompagne doucement les marches que recouvre un tapis rouge. Au-dessus du palier, qui conduit aux appartements, de blanches statues s'alignent dans des niches dont le rebord est jonché de roses; telles devaient être les offrandes aux divinités de l'Olympe, au Parthénon ou à Delphes. Le plafond s'arrondit en voussures percées d'œils-de-bœuf qui rappellent la décoration de la célèbre antichambre du roi, au palais de Versailles.

En montant, on aperçoit l'enfilade des salons, par de grandes fenêtres vitrées qui permettront tout à l'heure de regarder, comme des loges d'un théâtre, le flot grandissant des invités, arrivant dans le chatoiement des traînes soyeuses, le nuage des dentelles encore jetées sur les épaules nues, la fulguration des pierreries, pareilles à des constellations en marche.

C'est une succession de pièces grandioses tendues, les unes de brocart rouge, les autres de tapisseries anciennes; ici, un boudoir de soie cerise brodée de grandes fleurs d'argent, étoffe contemporaine du roi-soleil; là, un petit salon décoré des fines et délicates peintures qu'on retrouve dans les atriums de Pompéi ou, plus près de nous, dans le pavillon de musique à Trianon.

Les portes, les glaces, les lambris sont, d'ailleurs, du style empire, et conservent le cachet grave que leur imprima l'ancien maître du logis, le grand dignitaire de l'État sous Napoléon. Il n'y a pas d'enchevêtrement de draperies, pas de confusion de sièges, pas d'entassement de bibelots, mais tous les meubles sont des chefs-d'œuvre, d'admirables pièces de musée. Les toiles qui pendent aux murs sont assez espacées les unes des autres pour ne point se nuire. Les connaisseurs peuvent les contempler à l'aise et quel régal pour leurs yeux! Rien que des Velasquez, des Rubens, des Rigaud, des Téniers, des Fragonard, des Boucher, des Watteau, la fleur des productions exquises de l'art des siècles passés.

Des réflecteurs, capitonnés d'étoffe assortie à celle des tentures et ingénieusement dissimulés derrière des corbeilles de roses, mettent en pleine lumière ces toiles incomparables.

Une seule vitrine, mais c'est un écrin qui contient d'inimitables merveilles, bijoux des quinzième et seizième siècles, orfèvreries ciselées comme des dentelles, verreries légères comme des nuées, véritable trésor d'un prince des contes de Perrault. En face, une série d'émaux les plus précieux peut-être qu'une collection ait jamais réunis.

Cependant la foule élégante se presse de plus en plus, défilant devant les huissiers qui introduisent sans annoncer. Les maîtres de la maison se tiennent dans le second salon; ils ont un mot aimable, une poignée de mains affectueuse pour chacun de leurs hôtes.

La baronne, dont l'avenant accueil rehausse si bien l'immuable beauté, est en blanc, dans une superbe robe brochée, recouverte de point d'Angleterre; une ceinture de satin vieil or flotte autour de sa taille, un magnifique collier de perles s'enroule à son cou. A côté d'elle est sa fille, M$^{me}$ Maurice Ephrussi dans une robe de soie brochée rose hortensia, pailletée d'or, qui sied à ravir à sa taille élégante et à sa physionomie si gracieuse. Un seul rang de perles au cou et une abeille de diamants dans les cheveux. On dirait l'aurore descendue de l'empyrée pour sourire de plus près aux mortels.

Non loin, la baronne Gustave de Rothschild se montre en gris-perle et point de Venise, très entourée.

Voici l'ambassadrice d'Autriche en tulle crème,

parsemé de violettes de Parme; l'ambassadrice d'Italie, en polonaise de faille noire avec devant brodé vert émeraude; la comtesse de Pourtalès, en tulle et satin vert gazon, drapé de guirlandes de roses thé; la princesse de Wagram; la princesse Murat, en tulle bleu céleste sur une traîne de satin pareil, relevée de roses soufre, pluie de diamants au cou; la duchesse d'Uzès, en satin ivoire, écharpe de lin, œillets rouges au corsage; la princesse de Broglie en satin bouton d'or; la duchesse de Gramont, en bleu pâle, satin et tulle, recouvert d'un semis d'or; la duchesse de Morny, en tulle aurore, style Pompadour, tout fleuri de roses de mai; la vicomtesse de la Rochefoucauld, née princesse de la Trémoille, en tulle blanc, rayé de satin pareil, double rivière de diamants au cou; la marquise de Gallifet, en toilette orange avec ceinture empire gris argent et bretelles d'or; la marquise de Massa; M$^{me}$ Edgard Stern, en soie *tulipe drap d'or*, un croissant de diamants dans les cheveux; la marquise de Saint-Sauveur dans un nuage de tulle coquelicot.

Voici encore la comtesse de Belbeuf, la comtesse Ducos, la vicomtesse de La Rochebrochard, la comtesse de Meffray, en drap d'argent; la vicomtesse de Montreuil, la comtesse d'Alsace, la marquise de Massa, la marquise de Chaponnay, la baronne Reille, la vicomtesse de Croÿ, M$^{me}$ de Salverte. Là un quatuor de beauté est formé par la marquise d'Hervey de Saint-Denis, en crêpe de Chine rose pâle relevé à la grecque et bordé de galons d'argent; M^me Jules Porgès, en broché blanc, sur lequel courent des bouquets d'iris; la comtesse Gudin, en tulle bleu pâle, avec corsage de pékin Sévigné, et M^me Hochon, en brocart blanc, rayé de rouge.

Parmi les hommes, le duc et le prince de Broglie, le baron Haussmann, le comte de Galard, le prince Murat, M. Camille Doucet, M. Magnin, gouverneur de la Banque de France, le comte de Chabrol, le comte d'Andigné, le comte de Gabriac, le baron Reille, M. Bamberger, le duc de Montmorency, le duc de Luynes, le duc de Vallombrose, MM. Dubois de l'Etang, Girod de l'Ain, le baron Calvet-Rogniat, MM. Chevandier de Valdrôme, Gréa, Urbain Chevreau, Manuel, le baron de la Bastide.

Constatons que les habits noirs triomphent sur toute la ligne; un seul habit couleur puce paraît fort dépaysé au milieu d'eux. Quant à la fleur adoptée par les jeunes gens, c'est l'œillet blanc qui l'emporte sans partage, piqué en grosse touffe à la boutonnière.

Mais, l'orchestre de Waldteufel a fait entendre ses accords, et on se précipite avec ardeur dans la salle de bal. Elle est très belle cette galerie avec ses peintures blanches et ses moulures incrustées de filets de cuivre. Des rideaux de lampas bleu de ciel encadrent ses croisées dont plusieurs sont ouvertes pour rafraîchir l'atmosphère. Elle est, d'ailleurs, absolument dépourvue de sièges, ce qui évite l'envahissement des personnes qui ne dansent pas. Mais, par les trois grandes baies qui y donnent accès, on peut suivre le balancement des couples qui tourbillonnent comme des phalènes, sous le grand lustre dont les bougies se mêlent à des globes électriques posés très haut en couronne. Au-dessus de la principale de ces portes, plane encore l'aigle impériale laissant échapper de ses serres des guirlandes de laurier. N'est-il pas curieux de penser que l'auguste oiseau a abrité de ses ailes les complots royalistes, couvés dans cet hôtel, où Talleyrand, comblé des faveurs de Napoléon, préparait la chute irréparable de son maître, jusqu'à ce qu'il y donnât l'hospitalité à l'empereur Alexandre de Russie pendant l'invasion?

Un rapprochement non moins singulier s'offrirait à l'esprit du philosophe dans cette même salle s'il songeait à regarder le portrait de Marie-Antoinette, rayonnante de jeunesse et de beauté, portrait qui fait précisément face à la fenêtre devant laquelle l'échafaud de la malheureuse reine fut dressé!

Mais l'heure n'est point aux souvenirs tragiques. Aussi bien, la fête bat son plein et le baron Alphonse de Rothschild lui-même vient de faire un tour de valse avec la marquise d'Hervey de Saint-Denis, qui, après une telle galanterie, ne saurait se déterminer à partir encore.

Dans la salle à manger on commence à souper debout, en attendant que de petites tables y soient dressées après le cotillon. Elle est ornée de cinq grands lustres de cristal de roche et percée de cinq grandes croisées qu'enveloppent des rideaux de satin orange, à bandes de soie blanche, brodée de fleurs de nuances variées. Des peintures pompéiennes décorent les murailles, d'un côté; l'autre paroi est recouverte de glaces où se mire un beau buste du seizième siècle. Au bout de la pièce, dans une grande niche de marbre gris, incrusté de bronze, on voit une remarquable statue de Vénus se garant contre une flèche que veut lui décocher l'Amour.

Le buffet est splendidement servi : des corbeilles de vieux Sèvres portent les fruits, l'anse fleurie d'azalées. Mais la nouveauté la plus curieuse est, sous un rideau d'orchidées, un immense rocher de glace, formé de blocs superposés que l'électricté éclaire à l'intérieur d'un rayonnement si radieux qu'on les prendrait pour de fantastiques pierreries sorties du royaume des fées.

Un appel joyeux annonce le cotillon. Il est conduit par M$^{me}$ Maurice Ephrussi et le comte de Narbonne-Lara. Point de ces accessoires prétentieux qu'un goût équivoque cherche à mettre à la mode, mais beaucoup de fleurs; une profusion de roses et de muguet. Comme actualités, une immense tour Eiffel composée d'une infinité de petites tours que les danseurs se partagent et des ombrelles où sont peints les bâtiments de l'Exposition universelle.

Hélas, voici le jour; sa lueur bleue tombe en flots divins sur la place de la Concorde et les terrasses des Tuileries.

Il faut bien songer à se retirer. Le baron et la baronne de Rothschild continuent à faire jusqu'au dernier moment les honneurs de leur maison. On les quitte émerveillé, ravi de leur bonne grâce, de leur exquise simplicité et l'on songe, avec beaucoup de douceur, que s'ils ont le cœur large pour leurs amis, ils l'ont plus large encore pour les malheureux.

## XXXIV.

Une fête chez Bouddha. — Les splendeurs de Venise mêlées aux mystères de l'Asie. — Triomphe du déguisement. — La mode du jour chez la comtesse de Pourtalès et la marquise de Trévise.

30 mai 1889.

Au milieu des fêtes mondaines qui continuent à envelopper Paris d'un cycle de lumière et d'harmonie, le bal costumé donné samedi par M. Cernuschi a brillé d'un éclat particulier.

Dès le seuil du curieux et magnifique hôtel de l'avenue Velasquez, on était saisi par l'aspect grandiose de l'escalier de pierre, qui avait peine à laisser passer le flot montant des masques, dont sa blancheur faisait merveilleusement ressortir la bigarrure joyeuse. On se serait cru au seizième siècle, à Venise, dans quelque hospitalier palais ouvrant ses larges portes aux tourbillonnantes fantaisies du carnaval. Comme dans les tableaux qui nous sont restés de cette époque charmante, une galerie supérieure contenait un orchestre et, sur le palier, pour compléter l'illusion, le maître du logis se présentait dans une dalmatique de pourpre, pareille à celle que portaient les sénateurs qui accompagnaient le doge, lorsqu'il allait, en signe d'hyménée, jeter son anneau d'or à l'Adriatique; costume dont la sévère richesse seyait bien d'ailleurs à sa physionomie énergique et douce.

Mais une fois les premiers salons franchis, la vision italienne s'évanouissait et on tombait en plein rêve d'Orient, un rêve où, à vrai dire, ne se déroulaient point les tapis chatoyants des mosquées ni les claires étoffes qui recouvrent les divans paresseux, derrière la dentelle des moucharabies; où le parfum bleu des cassolettes ne montait point en spirales légères, mais où tout un peuple de bronze semblait vous accueillir dans un de ces temples qui abritent l'immobilité quarante fois séculaire des religions de l'extrême Asie.

Qu'on se figure une salle immense, dont tout un côté est occupé par une fenêtre unique formant un cintre de sanctuaire; sur les trois autres parois, des gradins de chêne clair portant une prodigieuse hiérarchie de divinités aux attitudes étrangement variées, aux regards vagues qui paraissent absorbés dans la contemplation de choses que ne voient pas les humains; entre chacune de ces images, jetant son éclat sur leurs silhouettes sombres, une corbeille de fleurs qu'on prendrait pour une offrande; plus haut, une galerie circulaire qui ressemble à un jubé, plus haut encore de vastes armoires, fermées de glaces comme des châsses et où s'alignent d'autres théories de figures de bronze, parmi une multitude d'animaux bizarres, de végétaux fantastiques, de vases extraordinaires qui s'offrent comme la révélation d'un culte inconnu.

Le regard se perdrait sur la diversité de ces objets s'il n'était principalement attiré par un colosse qui trône en maître au centre de la salle. C'est Bouddha, le dieu de l'Inde. Il est assis sur la plate-forme octogonale d'un piédestal creux, sorte de tabernacle percé de huit baies dont aucune barrière ne défend l'accès et où l'on chercherait volontiers des prêtres en robe blanche, autour d'un autel. Sa tête géante monte jusqu'aux frises, et là, il y a une nouvelle tribune, faite d'une dentelle de bois, merveilleuse comme une broderie, qui contient encore un orchestre.

La musique qui tombe de ces hauteurs en pluie harmonieuse n'a, toutefois, rien de sacré; elle se module en gaies cadences de valses et de quadrilles, et à ses accords entraînants des couples se forment, dansant dans le chatoiement des étoffes et le scintillement des pierreries. A voir le nombre et la variété des costumes, la distinction, l'élégance, la grâce qui les rehaussent, on dirait qu'un miracle s'est accompli, que l'élite des générations qui se sont succédé sur la terre, à travers les siècles, vient de ressusciter sous l'œil bienveillant de la divinité de bronze.

Mais qu'on observe les visages, ils n'appartiennent point aux époques disparues. Ce sont gens de connaissance, qui sont bien à nous et qui, par leur position, leur fortune, leur mérite, leur talent, nous font un honneur que nous n'avons point à partager avec d'autres temps.

Il serait impossible, sans dresser la liste complète des notabilités parisiennes, d'énumérer tous les noms retentissants réunis dans cette pléiade brillante. Citons, au hasard du souvenir, en commençant par le sexe aimable sans qui les fêtes les plus lumineuses ne seraient que ténèbres : M$^{me}$ Madeleine Lemaire, en robe couverte de plumes de paon, la tête auréolée du même plumage; sa charmante fille, M$^{lle}$ Suzette Lemaire, en *Diane Louis XV*; M$^{me}$ Legendre, femme du poète, l'auteur applaudi de *Beaucoup de bruit pour rien*, en ajustement rappelant les fières grandes dames des portraits de Reynolds; M$^{me}$ Doucet, en *Esmeralda*; M$^{me}$ Diaz-Erazo, sœur de l'ancien président de la République de l'Équateur, en *Marie Stuart*, avec jupe de satin maïs, et fraise constellée de pierreries encadrant les épaules; M$^{me}$ Gautereau, en *impératrice Joséphine*, un ample manteau de pourpre tombant sur la traîne de satin blanc; M$^{me}$ de Benardaky, splendide en *princesse bulgare*, le front ceint d'une haute tiare de diamants; M$^{me}$ Hochon, en costume Louis XVI, un chapeau Trianon, coquettement posé sur ses cheveux poudrés; M$^{me}$ Lippmann, née Dumas, en robe empire, le devant de la jupe brodé et rebrodé de roses; M$^{me}$ Magnin, femme du gouverneur de la Banque de France, en *Charlotte Corday*, M$^{lle}$ Magnin en *Iris, messagère des dieux*; la marquise de Lambertye, *en dame de la cour des Valois*, habillée de velours mauve surchargé de diamants; M$^{me}$ Beulé en *marquise Pompadour*, costume fait d'étoffes du temps;

M^me Charles Hayem, en *Marie de Médicis*; M^lle José de Hérédia, en *Aragonnaise,* type très gracieux de Manola; M^me Chéron en *dogaresse;* M^me Besnard, M^lle Stevens, également en costumes vénitiens; M^me Jeanniot, en robe verte, style 1830, très réussie; M^lle Membrée, en *Japonnaise, Fleur de Roseau;* M^me et M^lle Poirson, en *femmes du meilleur monde* des romans de Balzac, la jeune fille très piquante avec sa robe rouge et sa coiffure de cerises; M^lle Lévy, en *femme fellah;* M^lle Diane de Parny, en *Arlequine;* M^lle Jeanne Hugo en *paysanne bourbonnaise;* M^lle Mathilde Say, en *Fleur de Chic* de la Révolution; M^lle Fuchs, en *Chrysanthème.*

Du côté des hommes, MM. van Beers en *Louis XIII* gris; Charpentier, en *Buffalo Bill;* Émile Zola, maigri, très ascétique dans sa robe de capucin; Émile Bergerat, en *nègre;* Ollendorf, en *Charles XV;* Georges Hugo, en *lancier polonais;* Paul Hervieu, en *César Birotteau;* Jacques Blanche, Jamain, aussi, en 1830; Jean Lorrain, étincelant de verve, *en affilié à la bande du courrier de Lyon;* Doucet, en *Charles VI du bal des Ardents;* Courtois, en *dieu japonais,* une tête de Lucines Verus roux. Beaucoup d'habits rouges, comme Guy de Maupassant, quelques habits noirs, comme le baron Alphonse de Rothschild, M. Thomas de Barbarin, le duc de Vallombrose, le docteur Labbé, plusieurs d'entre eux ayant pris au fez une ombre de déguisement, comme Quatrelles et M. Fuchs.

On allait souper par une enfilade de pièces, ornées de bronzes et de majoliques, qui s'enchevêtrent autour de la salle de Bouddha et que termine un escalier profond qui semble descendre dans les entrailles de la terre. La galerie, où le buffet était dressé, n'est pourtant situé qu'au rez-de-chaussée, mais les détours qu'on faisait pour y parvenir et l'uniformité des murs roses, semés à l'infini de la fleur symbolique du Japon, vous donnaient l'illusion d'un labyrinthe, d'un entrecroisement d'arcanes, comme il y en avait dans le temple d'Éleusis pour le déploiement des fêtes de Cérès.

Si la bonne Déesse eût pu voir du haut de son Olympe les produits de la nature accumulés sur la table hospitalière de l'amphytryon, elle eût reconnu que les conseils qu'elle donnait à Cécrops pour enrichir la terre n'avaient pas été perdus. Quelle abondance et quelle variété !

Lucullus n'a jamais mieux traité ses hôtes et m'est avis que ses esclaves eussent été moins prompts en leur service que l'armée des maîtres d'hôtel, se multipliant chez M. Cernuschi, portant tous, comme insigne, à leur boutonnière, sur une carte découpée en losange, l'image dorée du miraculeux Bouddha.

Pendant que le travertissement triomphait avenue Velasquez, la mode du jour s'étalait dans sa quintessence la plus exquise chez la comtesse Edmond de Pourtalès. Oh ! les jolies toilettes ! Voici d'abord celle de la maîtresse de la maison, cette grande dame incomparable dont l'image restera comme l'incarnation de la grâce et de l'élégance à la fin du dix-neuvième siècle. Une robe de satin mauve rosé, toute garnie de dentelles blanches, fleurie de primevères jaunes; les mêmes primevères se mêlant à du tulle mauve dans les cheveux et, tout autour de ce petit pouff d'une légèreté très seyante, des diamants épars comme des gouttes de rosée. Au cou, un collier de perles admirables, descendant des épaules sur le corsage et s'enroulant en sautoir, jusqu'à la taille, comme le grand cordon de l'ordre du *Bon goût*.

La baronne Christian de Berckheim, fille de la comtesse, était en tulle bleu où s'égouttait une pluie de boutons d'or et la comtesse Paul de Pourtalès sa belle-sœur, en blanc; des bouquets de boutons d'or s'épanouissant au corsage et festonnant le bas de la jupe.

Puis, il y avait la duchesse de Doudeauville en splendide toilette de satin noir, avec une couronne de feuillage de diamants sur la tête, une rivière de diamants, rehaussée par un ruban de velours noir, au cou, une flèche et une profusion de marguerites de diamants sur le corsage; la comtesse d'Haussonville, en tulle bleu crépuscule, éclairé d'une constellation d'étoiles d'or; la princesse Murat, en satin blanc, garni de lilas blancs, lilas et diamants dans les cheveux; M$^{me}$ Maurice Ephrussi, née Rothschild, en satin blanc, aussi, recouvert de tulle blanc pailleté de jais blanc, coiffure de diamants; la marquise d'Hervey de Saint-

Denis, en moire antique orange, avec bouquets de primevères blanches, ceinture blanche, rubans pareils à la jupe et croissant de diamants dans les cheveux; la comtesse d'Alsace, en satin bouton d'or; la marquise d'Espeuilles, née Bassano, en satin blanc broché.

Mises également avec un goût suprême, la duchesse de Luynes, la comtesse de Jarnac, la marquise de Talleyrand, la comtesse de Belbeuf, M$^{me}$ et M$^{lle}$ Mallet, M$^{me}$ et M$^{lle}$ Hartung.

Indépendamment de M$^{lle}$ Agnès de Pourtalès, jolie comme une fleur de printemps, se faisaient remarquer, parmi les danseuses infatigables, M$^{lle}$ de Luynes en fourreau de satin bleu, recouvert d'une jupe de tulle treillissée d'or, un mince feuillage d'or formant un nimbe à son angélique figure, M$^{lle}$ de Brantes, en tulle jaune pâle tout fleuri de giroflées sauvages, M$^{lle}$ de Fougères, en tulle jaune d'or, où des paquerettes couraient, mêlées à des bluets; M$^{lle}$ d'Haussonville, en tulle blanc, moucheté d'or, avec une large ceinture de satin vert gazon.

Reconnu dans la foule des habits noirs : le général prince Murat, le prince Joachim Murat, le prince de Sagan, le général marquis d'Espeuilles, le duc de Montmorency, le duc de Luynes, le baron Édouard de Rothschild, le comte de Beaucaire, le comte d'Andigné, le comte de Narbonne-Lara.

Une partie de la même assistance se retrouvait le lendemain dimanche chez la marquise de Trévise qui recevait, assistée de sa fille, mariée au prince de Cystria, fils aîné du prince de Lucinge-Faucigny.

Se souvient-on de cette délicieuse gravure du dix-huitième siècle intitulée *le Concert?* On y voit une assemblée, triée sur le volet, « un parterre de duchesses » en grande toilette, se pâmant à une audition de musique, dans un vaste salon Louis XIV, éclairé d'un multitude de lustres?

Eh bien! l'hôtel de Trévise offrait la reproduction fidèle de ce tableau. Le cadre était le même; le même enthousiasme a accueilli les morceaux chantés par M$^{me}$ de Guerne et par la princese de Cystria, lorsqu'elles ont interprété, l'une, le grand air de la *Traviata* et la valse de *Juliette*, l'autre, la délicieuse romance de *Mignon*. M. H. Bemberg, le jeune maëstro mondain, accompagnait ces dames au piano.

Parmi les personnes présentes se trouvaient la comtesse Fernand de la Ferronnays, le marquis et la marquise de Juigné, le marquis de Talhouet-Roy et la marquise, majestueusement belle dans sa robe noire et sous son diadème de diamants; la comtesse de Talhouet-Roy, en noir, tout illuminé de diamants, comme sa sœur aînée, le comte de Caraman et la comtesse, née Padoue, Aristarchy-Bey, le comte et la comtesse A. de La Rochefoucauld, la comtesse de Kersaint, en moire vert d'eau, drapé de tulle rose; le duc de Luynes, le prince de Poix, le vicomte de Bourqueney, le baron de la Grange, le baron d'Etchegoyen.

La marquise de Trévise portait une magnifique

toilette gris argent et vieil or. Coiffée, dans le style Louis XVI, de bluets et d'épis avec un doigt de poudre, elle faisait penser aux beautés de la cour de Marie-Antoinette. Mais cette grande dame n'a pas seulement les charmes du visage; les fées semblent l'avoir douée de toutes les qualités nécessaires à une patricienne. Esprit, bienveillance, fidélité à l'amitié, bonne grâce, bonne humeur, goût des arts, ces précieux dons sont tous à elle.

La princesse de Cystria, grande, élancée, à la tête fine de la Diane de Houdon, est la digne fille d'une telle mère. Elle était bien belle l'autre soir dans sa toilette de satin aurore, un grand papillon de diamants posé sur elle comme sur une rose.

## XXXV.

Nouveau bal chez la comtesse de Pourtalès. — Mariage du comte Pierre de Grammont et de M<sup>lle</sup> de Maillé, du vicomte de Montesquiou et de M<sup>lle</sup> de Noailles. — Quelques souvenirs.

6 juin 1889.

Les salons sont à la veille de se fermer, les violons vont se taire et la société mondaine, grisée de musique, lasse du délicieux tourbillonnement des valses que la clarté des lustres semblait retenir comme un vol fulgurant de lucioles, sous l'odorante effeuillaison des premières roses, ne tardera pas à aller chercher, sinon le repos, du moins d'autres plaisirs dans le sein verdoyant de la nature. Mais, en attendant qu'elle retrouve l'ombre de ses charmilles patrimoniales, qu'elle puise des forces nouvelles à l'urne des naïades ou qu'elle se retrempe au contact vivifiant de la mer, elle clôture la série de ses fêtes par des soirées qui empourprent comme un bouquet de feu d'artifice le firmament parisien.

C'est ainsi que lundi le second bal de la comtesse de Pourtalès a été un véritable éblouissement. De l'élégante façade de l'hôtel de la rue Tronchet, une longue tente de coutil, rayé bleu et blanc, s'avançait jusqu'au ras du trottoir. Éclairée de lanternes et tapissée de plantes vertes, elle rejoignait la porte cochère, dont le dallage disparaissait sous un moelleux tapis courant entre deux larges banquettes de fleurs. Au fond de la voûte, un grand velum, drapé à l'italienne, masquait l'entrée de la cour qui, malgré ses vastes proportions, n'eût pu contenir le flot pressé des équipages.

La livrée, en tenue foncée, d'un style sobre, veste à pans de drap uni, culottes de panne noire et bas de soie de même nuance, rehaussés de galons d'or formant jarretière, s'alignait dans le vestibule qui, débordant de l'odorante dépouille des jardins, ressemblait, avec ses murailles de marbre rouge et ses statues antiques, au seuil d'un temple de Flore.

D'une vasque d'onyx, la chatoyante moisson tombait en cascade, emplissant les corbeilles posées à terre et bordant les marches de l'escalier où son entassement, à chaque encoignure, élevait comme un reposoir dressé là pour fêter le passage des Grâces. Mais, à mesure qu'on montait, la joyeuse parure s'avivait encore; elle enguirlandait la haute et large glace qui met sa lumière sur le premier palier, elle festonnait les chambranles des portes, s'amoncelait dans l'embrasure des fenêtres, puis serpentait en torsades légères autour de la rampe, pour atteindre et envelopper la balustrade qui accompagne le retour du degré. Les colonnes en vieux chêne, à chapiteaux corynthiens et à cannelures relevées de filets d'or, qui soutiennent le plafond, percé au centre d'un vitrage gravé aux chiffres des maîtres de la maison, étaient elles-mêmes reliées par d'épais cordons de feuillage que des pivoines, blanches et rouges, égayaient de leur frais coloris, et, comme il y avait entre leurs fûts de merveilleuses tentures de soie qui pendaient à larges plis dans le vide, on croyait pénétrer dans une tribune magnifiquement ornée pour quelque cérémonie triomphale.

C'est au milieu de ce décor que le comte et la comtesse recevaient leurs invités. Leur fille aînée, la baronne de Berckheim, qui ne quitte guère son mari, ordinairement éloigné de Paris par ses fonctions d'officier instructeur à l'École d'application d'artillerie de Fontainebleau, n'était pas auprès d'eux. Mais ils avaient pour les aider à faire les honneurs de leur logis leur seconde fille, M<sup>lle</sup> Agnès de Pourtalès, et leur bru, la comtesse Paul, ainsi que leurs trois fils.

Les chroniqueurs mondains qui se flattent sans doute d'avoir le don de double vue et qui, pour gagner du temps sur leurs confrères, rédigent le compte rendu des fêtes avant qu'elles n'aient eu lieu, ont raconté que la princesse de Metternich, qui est en ce moment parmi nous, assistait au bal de sa fidèle amie et que sa présence n'avait pas été la moindre attraction de la soirée. Ils ont dit combien elle était restée aimable et spirituelle; pour un peu ils auraient cité ses bons mots.

La vérité est que l'ancienne ambassadrice d'Autriche-Hongrie, un peu souffrante, ne se trouvait pas rue Tronchet. En revanche, on y comptait l'élite de la haute société parisienne : la duchesse de Doudeauville, la duchesse de Luynes, accompagnée de sa fille et de son fils, le jeune duc, la comtesse d'Haussonville, le général prince Murat, le prince et la princesse Joachim Murat, le duc et la duchesse d'Albufera, la marquise d'Hervey de Saint-Denis, le comte et la comtesse d'Alsace, le vicomte et la vicomtesse de la Rochefoucauld, la marquise de Laborde, la marquise de Galliffet, la comtesse Le Marois, la baronne Gustave de Rothschild, la baronne de Brantes, le comte et la comtesse Aymery de La Rochefoucauld, le marquis et la marquise de Virieu, M$^{me}$ de Monbrison, le comte et la comtesse Fleury, le comte et la comtesse Jean de Ganay, l'amiral baron Duperré, la marquise de Saint-Sauveur, la baronne Hottinguer, le marquis et la marquise d'Aramon, le marquis et la marquise de Las Marismas, la marquise de La Grange, la comtesse de Meffray, la comtesse de Mortemart, la comtesse de Partz, M. Carolus Duran, le comte de Gabriac, le comte d'Andigné, la baronne de Noirmont, M. et M$^{me}$ Fernand Ratisbonne. M$^{me}$ Saly Stern, le baron de la Bastide, le comte de Beaucaire, le comte de Podenas, le comte de Contades, le baron et la baronne Albert de Rothschild, le comte de Gramont d'Aster, le comte de Narbonne-Lara.

La diplomatie étrangère était représentée par l'ambassadeur d'Italie et M. de Giers, conseiller de l'ambassade de Russie, fils du chancelier de l'empire.

On dansait dans la grande galerie qui donne sur la cour. Les fenêtres étaient ouvertes, mais des stores de gaze empêchaient l'air extérieur d'atteindre trop brusquement les épaules nues.

D'autre part, de grands blocs de glace, émergeant d'une ample corbeille de verdure et de fleurs, répandaient au loin leur rafraîchissante vapeur.

Au-dessus de ce rocher se trouve le beau portrait de la comtesse, une des œuvres les plus appréciées de Carolus Duran. Cette toile n'est pas la seule qui se détache des tentures de lampas vert myrthe qui recouvrent les murs. Il en est plusieurs qui sont dues au pinceau des anciens maîtres et qui ont un prix inestimable : reliques précieuses de la célèbre collection Pourtalès. Au milieu d'elles, on admire un Rembrandt hors ligne et qui est bien à sa place dans cette salle à caissons Renaissance, dont la perspective est terminée par une monumentale cheminée de pierre qui a pour principal motif de sculpture un buste antique de marbre noir aux yeux et à la bouche dessinés de traits d'or.

Devant cet âtre solennel l'orchestre se tenait dissimulé par un treillage tout fleuri de roses.

Pendant qu'il faisait entendre ses mélodieux accords, les personnes qui ne dansent pas allaient causer dans les salons qui ouvrent sur la rue Tronchet : il y en a deux. Le premier, qui n'est pas très grand, est tendu de soieries japonaises ; le second, très allongé, doit à une large baie de former à la fois une galerie et un boudoir. Décoré de lampas rouge et de rideaux de velours et de soie de même nuance, il contient aussi d'admirables tableaux parmi lesquels on remarque le portrait de M$^{lle}$ Dugazon dans le rôle de Nina, production exquise de l'art du dix-huitième siècle, et un délicieux pastel de la baronne de Diétrich, parente de la comtesse de Pourtalès.

Aussi bien, dans l'une et l'autre de ces pièces, tout révèle le goût délicat qui a valu à la maîtresse de la maison d'obtenir le rang suprême dans le royaume de l'élégance. Elles sont comme le reflet de sa grâce lumineuse ; le temple est digne de la déesse.

Les toilettes qui passent sont bien jolies. Citons : la duchesse de Doudeauville en satin blanc, garni de dentelles ; elle porte une couronne de feuillage où des diamants brillent en rosée. Son corsage est traversé d'une large barrette faite de diamants et de rubis. Une écharpe de tulle enveloppe ses épaules de la légèreté d'un nuage. La duchesse de Luynes est également en blanc, comme la comtesse d'Haussonville ; des guipures pain bis s'étagent sur le devant de sa robe ; des diamants ornent sa chevelure, entremêlée de bandelettes à la grecque. La princesse Murat est en bleu céleste, relevé de roses jaunes, du feuillage et des diamants dans les cheveux ; la duchesse d'Albufera, en bleu pâle ; la comtesse Gudin, en moire antique blanche, brodée de grandes fleurs d'or, une touffe de roses au corsage; la marquise d'Hervey de Saint-Denis, en satin rose pâle, le devant de la robe bordé d'une guirlande de roses un peu plus foncées, la taille entourée d'une ceinture rose, nouée à l'enfant; la comtesse d'Alsace, en satin gris argent, dentelé de ruches pareilles posées en triangle, avec ceinture de satin jaune, et croissant de diamants sur la tête; la comtesse Fleury, en satin blanc uni, avec traîne de satin blanc broché, du chèvrefeuille en guirlande sur la jupe et dans les cheveux.

La marquise de Gallifet, la marquise de Laborde, la comtesse Le Marois avaient adopté le satin jaune dont la gamme courait sur elles entre le bouton d'or et le vieux cuivre; la duchesse de Morny était en satin aurore, parsemé de roses pompons; M$^{me}$ de Monbrison en satin blanc soutaché d'or et agrémenté de velours noir; M$^{me}$ Saly Stern, en satin blanc, avec un flot de rubans roses formant ceinture.

Une mention spéciale est due à la toilette de la comtesse de Pourtalès qui avait une superbe robe de damas blanc tissé de lilas rosés et de feuillage vert naissant, dont les panneaux ouvraient sur un devant de dentelles pailleté de jais. Elle portait en outre une ceinture de moire myrthe et une touffe d'œillets roses, en écharpe, sur le corsage qu'illuminaient les perles de son grand collier, s'enroulant autour du col et du buste; un assemblage léger de tulle, de satin et d'œillets roses lui composaient la plus gracieuse coiffure qu'on pût rêver.

Très élégantes aussi la comtesse Paul de Pourtalès dans son habit Louis XVI à mille raies vert d'eau et sa jupe de tulle blanc, garnie de roses du roi, et M{ⁱˡᵉ} Agnès de Pourtalès, en tulle blanc, semé de roses de mai.

A deux heures, un magnifique souper a été servi. L'énumération des mets était rédigée sur carte bristol bleuté à filets d'argent. D'un médaillon timbré de la couronne comtale se détachaient les armes de la famille de Pourtalès : le pélican donnant sa chair à ses petits, avec cette devise : *Qui non dilectis?*

L'élégant vélin portait comme mention :

### SOUPER DU BUFFET
#### du 3 juin

Consommés de volailles chauds et froids
Saumon sauce vénitienne
Daubes de bœuf mode
Galantine de volailles à la gelée
Jambon d'York à la gelée
Pâtés de foie gras de Strasbourg
Volailles froides gelées
Salade alsacienne
Asperges à l'huile
Gros baba glacé au rhum
Ambroisie glacée
Petites brioches
Petits napolitains glacés chocolat
Pains vanille
Sandwichs
Pains à la française
Pains de volaille
Chocolat
Gelée au kirsch garnie de fraises

Les fêtes comme celles que nous venons de raconter ne sont pas seules destinées à faire époque en cet heureux printemps. Ses annales garderont aussi la mémoire des grands mariages qu'il semble avoir eu pour mission d'éclairer de ses sourires. Ils forment une brillante série qui se poursuit sans interruption depuis trois semaines.

Tout récemment encore c'est la maison de Grammont qui s'alliait à la maison de Maillé.

Le jeune marié, le comte Pierre, officier au 1$^{er}$ cuirassiers, descend des Grammont de Franche-Comté qu'il ne faut pas confondre, comme on le fait souvent, avec les Gramont du Béarn. Si ces derniers se sont élevés par une illustration croissante jusqu'au duché-pairie, les premiers ont une origine plus ancienne. Ils forment un rameau de la maison de Granges qui appartenait au haut baronnage de la vieille chevalerie de Bourgogne. Leurs titres remontent au onzième siècle et on voit figurer dans leur généalogie saint Théodule, évêque de Sion, au temps de Charlemagne. Au douzième siècle, Guy, sire de Granges, fut chargé de recevoir à leur passage en Franche-Comté, les reliques des rois mages que Frédéric Barberousse enlevait au trésor de Milan pour les donner au chapitre de la cathédrale de Cologne où elles sont encore exposées à la vénération des fidèles. L'empereur, appréciant la piété et la bravoure du chevalier, lui confia le soin de veiller à l'avenir sur la précieuse châsse et lui permit à cette occasion d'écarteler ses armes *d'azur à trois têtes de carnation couronnées d'or*, faveur dont le sire de Granges se plut à perpétuer le souvenir dans sa maison par la devise qu'il prit alors : *Dieu aide au gardien des rois.*

Sous la monarchie espagnole comme sous la souveraineté française, l'histoire des Grammont est intimement liée à celle de la Franche-Comté.

De nos jours, ils se sont distingués dans nos Assemblées législatives ; leur grande charité est célèbre dans leur contrée, qu'ils ont enrichie d'une foule d'établissements de bienfaisance.

Hier, à Saint-Pierre du Gros-Caillou, c'était M<sup>lle</sup> de Noailles qui épousait le vicomte de Montesquiou.

Ah ! qu'il se présente d'une allure bien française ce nom de Noailles ! autour de lui resplendit comme une auréole de gloire, de vertu et d'esprit. Le maréchal de Noailles, un des plus grands capitaines de Louis XIV, fut assez apprécié de son maître pour obtenir, en faveur de son fils, la main de M<sup>lle</sup> d'Aubigné, nièce de M<sup>me</sup> de Maintenon ; la fameuse marquise offrit comme cadeau nuptial à sa parente la terre dont elle portait le nom, et ce magnifique domaine est demeuré entre les mains des descendants de M<sup>lle</sup> d'Aubigné, précieux objet de leur intelligente sollicitude.

A la même époque le cardinal de Noailles consacrait par sa sainteté le trône archiépiscopal de Paris. Sous Louis XV, le duc de Noailles passait pour un des hommes les plus fins de la cour. Il avait son franc parler. N'osa-t-il pas riposter familièrement au roi qui lui disait que les fermiers généraux soutenaient l'État : « Oui, sire, comme la corde soutient le pendu. »

Aux États Généraux, dont le Centenaire nous intéresse si vivement, c'est le vicomte de Noailles qui, dans la fameuse nuit du 4 août, fut le promoteur de l'abolition des privilèges. Sa femme, sa belle-mère et son aïeule n'en furent pas moins toutes trois immolées sur l'échafaud, le même jour, donnant l'exemple de la plus admirable résignation.

En perdant aujourd'hui son nom, M<sup>lle</sup> de Noailles en retrouve un qui occupe aussi une grande place dans notre histoire. Le sang des Montesquiou a coulé sur maints champs de bataille; ils ont puisé dans son ardeur l'inspiration de maintes actions généreuses.

La France moderne peut-elle oublier ces souvenirs? Non, pas plus qu'un arbre ne saurait mépriser ses fleurs.

## XXXVI.

Matinée de contrat chez la Comtesse de la Ferronnays. — L'ancien hôtel de la famille de Biron. — *Garden party* chez la Princesse de Sagan. — Le Prince de Galles. — Au bois, le matin. — La Potinière.

13 juin 1889.

Quelle société choisie, quelle distinction native, quelle suprême élégance n'a-t-on point vues dimanche dernier chez la comtesse de la Ferronnays ? Si un nouveau d'Hozier se fût trouvé dans le vestibule, sur le passage des invités, il eût pu se borner à enregistrer leurs noms pour composer un nobiliaire aussi complet que celui du fameux juge d'armes de Louis XIV. Les duchés de Noailles, de Mouchy, de Luynes, d'Uzès, de Broglie, de Rohan-Chabot, des Cars, de Doudeauville, de Blacas, de Mirepoix, avaient là leurs chefs, encadrés des autres représentants des plus marquantes familles du faubourg Saint-Germain.

Un jeune couple, objet de toutes les faveurs du sort, puisqu'il marche à l'hyménée avec les dons réunis de la naissance, de la fortune, de la jeunesse et de la grâce, avait attiré autour de lui cette aristocratique réunion.

Il s'agissait, en effet, de signer le contrat de mariage de M<sup>lle</sup> Élisabeth de la Ferronnays avec le comte de Gontaut-Biron.

La fiancée, qui a été l'hiver dernier l'ornement des bals blancs donnés pour elle par sa grand'mère dans ce bel hôtel du Cours-la-Reine, où les fleurs et les lumières mêlaient encore une fois leur éclat en son honneur, est la fille du marquis de la Ferronnays, député et conseiller général de la Loire-Inférieure, et de la marquise, née des Cars. Ses ancêtres figurent au premier rang de la noblesse de Bretagne. Un d'eux prit part à la septième croisade, dirigée par saint Louis, et combattit glorieusement à la sanglante journée de la Massoure.

Leur illustration s'est perpétuée jusqu'à nos jours. Sous la Restauration, le comte de la Ferronnays, après avoir représenté la France en Russie et fait partie, comme ministre des affaires étrangères, du cabinet Martignac, succéda à Châteaubriand à l'ambassade de France près le Saint-Siège. C'était un homme d'un grand mérite et d'une grande bonté. De nombreux enfants se pressaient autour de lui et semblaient appelés, par leurs qualités brillantes, à jouer un rôle prépondérant dans le monde. La mort les a presque tous moissonnés à la fleur de l'âge, mais une main pieuse a conservé leur mémoire Qui n'a lu, il y a quelques années, *les Récits d'une sœur ?* Qui n'a été ému du charme répandu sur ces pages consacrées au souvenir exquis d'un foyer où régnaient tant d'union, tant de vertu et tant de poésie?

M<sup>lle</sup> Élisabeth de la Ferronnays est l'arrière-petite-fille de l'éminent diplomate. Par sa mère, fille cadette du duc des Cars, elle appartient à la maison de Pérusse, qui remonte au onzième siècle et qui compte, entre autres illustrations, Harduin, chevalier croisé en 1248, Anne des Cars, connu sous le nom de cardinal de Givry, et Charles des Cars, évêque de Langres.

Les origines du fiancé ne sont pas moins lointaines et glorieuses. Il est le fils d'Armand comte de Gontaut-Biron et de Jehanne de Clérembault, et petit-fils d'Armand-Louis de Gontaut-Biron, marquis de Saint-Blancard, et de la marquise, née princesse de Bauffremont.

Quatre maréchaux de France figurent parmi ses aïeux, dont la devise : *Perit sed in armis*, sied bien à des soldats. Le château patrimonial, dont il héritera un jour, est un des plus curieux manoirs historiques de France. Il occupe une situation très pittoresque dans l'arrondissement de Mirande et renferme des richesses artistiques de premier ordre. Un incendie a malheureusement détruit, à une époque récente, plusieurs de ces joyaux, qui, au transcendant mérite de l'œuvre, joignaient le prix inestimable du souvenir. Mais les vieux murs ont résisté à la flamme ; ils ont été réparés avec une intelligente sollicitude, et il s'y trouve encore des merveilles capables de retenir longtemps la curiosité des connaisseurs.

Quant à l'hôtel habité, sous l'ancien régime, par la famille de Biron, il est aujourd'hui la propriété des dames du Sacré-Cœur, qui l'ont acheté, en 1848, pour moins de deux cent mille francs. Son portail monumental, sa vaste cour, pavée comme celle de Versailles, et sa façade imposante, percée de larges fenêtres à la Mansart, présentent encore la solennité d'autrefois. Mais les boiseries des salons, qui étaient du style Louis XV le plus achevé, ont été enlevées naguère et vendues au baron de Rothschild pour une somme, d'ailleurs, à peu près équivalente au prix d'acquisition de l'immeuble. D'autre part, les communs, qui avaient grand air, ont fait place à une chapelle dont les offices sont très à la mode mais dont l'aspect est assez disgracieux. Les jardins, du moins, ont conservé les belles perspectives qu'ils doivent au génie de Le Nôtre, et leurs parterres, festonnés de buis, leurs nobles charmilles, s'étendent sans interruption de la rue de Varenne à la rue de Babylone, le long du boulevard des Invalides, jusqu'à la maison-mère, où est morte en grande vénération la fondatrice de la communauté, M$^{me}$ Barrat. On estime ce terrain à plusieurs millions.

Malgré leur richesse, les dames du Sacré-Cœur ont une règle sévère ; elles se contentent pour leur logis des mansardes primitivement réservées à la domesticité de la famille de Biron. Sur la porte de la troublant. Au bout des hautes frondaisons, qui l'isolent du bruit et de la vulgarité du dehors, seul, le dôme des Invalides, montrait sa tiare d'or : on eût dit d'un temple antique, précédé d'un bois sacré.

Aussi bien Periclès et Aspasie, transportés en ces beaux lieux, n'eussent pas eu à regretter les jardins de l'Académie ni les rives de l'Illissus où ils promenaient leur amour et leur rêverie. Ils auraient cru n'être point sortis des éternelles délices du séjour des Champs-Elyséens et, sans la nouveauté du langage et du costume, ils auraient reconnu l'habituel cortège que leur font, au dire des poètes, le mérite et la beauté.

L'assemblée comptait, en effet, parmi tout ce qu'il y a de plus distingué, de plus spirituel et de plus aimable dans notre temps. C'était bien la fleur d'une société qui, en dépit de l'envie, n'a pas d'émule pour donner le ton à l'Europe. L'héritier de la couronne d'Angleterre et des Indes a prouvé le cas qu'il fait de cette aristocratie en venant se mêler à elle et rien ne pouvait être plus flatteur que l'empressement de ce prince qui avait manifesté l'intention de se réserver, autant que possible, pendant son séjour à Paris, l'indépendance assurée à l'incognito. Il est arrivé à cinq heures et demie, dans une calèche à huit ressorts, dont les panneaux portaient les armes de la Grande-Bretagne et dont la livrée, en culottes courtes, avait la tenue sobre et correcte qui distingue les équipages de Malborough-house. Il était accompagné de son fils aîné, le Prince Albert-Victor, jeune homme d'une distinction froide et toute britannique, bien que ressemblant physiquement à sa mère. L'un et l'autre étaient vêtus d'une redingote foncée, la boutonnière ornée de fleurs, suivant l'usage adopté par tout Anglais qui est du monde. Mais le Prince de Galles avait un chapeau gris, tandis que le duc de Cornouailles était coiffé d'un chapeau noir.

A l'apparition de ces hôtes royaux, sur l'escalier du jardin, une sorte de recueillement s'est produit dans l'élégante assistance, puis les respects et les hommages se sont multipliés autour d'eux. La princesse de Sagan s'était portée à leur rencontre, superbe dans sa robe de crêpe de Chine mauve, enserrée d'une ceinture de crêpe jaune, le corsage et la jupe recouverts de dentelles blanches, un chapeau à la Rembrandt, orné de plumes lilas et jaunes, ombrant son aristocratique visage. Elle était suivie du comte de Talleyrand-Périgord, son second fils, cavalier brillant et aimable s'il en fut, qui commence à tenir dans la société le rang dû à sa naissance, à sa fortune et à son mérite. Le prince de Galles a daigné offrir son bras à la princesse et se promener longuement avec elle sur les pelouses du jardin. De temps à autre, il s'arrêtait pour causer familièrement avec des personnes admises à l'honneur de son intimité. Son Altesse a semblé prendre un plaisir particulier à s'entretenir avec le duc et la duchesse de Mouchy. Mais l'attention que le fils de la Reine Victoria prêtait à la conversation ne l'empêchait pas de promener des regards de connaisseur sur toutes les jolies femmes qui l'enveloppaient de leur distinction et de leur éclat. A laquelle de ces dames eût-il pu décerner le prix d'élégance et de beauté? On jugera de son embarras quand on saura que là se trouvaient réunies la comtesse Aymery de La Rochefoucauld, en ravissant déshabillé Louis XVI, blanc, coiffée une capote de dentelles noires, qui renfermaient dans leurs plis trois roses d'une couleur exquise, tirant sur le lilas, et la comtesse de Kersaint, sa sœur, en toilette très originale mais très séyante, sa jolie tête un peu trop cachée peut-être par un chapeau de paille à larges bords, orné de plumes vertes et mauves, la comtesse Jean de Montebello, la comtesse Conrad de Maleissye, la marquise de Saint-Sauveur, idéale dans un buisson de roses entremêlé de gaze bouton d'or, la comtesse de Meffray, en vert, M$^{me}$ Gabriel Bocher en bleu pâle, brodé d'or, M$^{me}$ Hochon, M$^{me}$ Jules Porgès, la marquise de Beauvoir, charmante dans du satin très pâle, brodé de soie, les cheveux relevés à la Marie-Antoinette, la marquise et la comtesse de Talhoüet-Roy, nées Merinville, moins sœurs par la naissance que par la grâce, toutes deux en délicieux fourreau, noir et blanc, avec chapeau Trianon, couvert de dentelles noires et de longues branches de marguerites, M$^{me}$ Thouvenel, M$^{me}$ Ferdinand Bischoffsheim, la comtesse de Berg, M$^{me}$ de Boutourline, la comtesse de Brigode, née Gramont, M$^{me}$ de Mier, M$^{me}$ Saly Stern.

Bien d'autres personnalités, méritent encore, à des

points de vue divers, d'être citées dans la brillante assemblée, telles que le duc de Rohan, le général baron de Charette, la duchesse de Luynes, le duc et la duchesse d'Albufera, le prince et la princesse de Wagram, le comtesse de Charnacé, la marquise de Gallifet, le comte et la comtesse de Durfort, le baron de Saint-Amand, le peintre Detaille, M. Charles Bocher.

Avant la fin du jour, on a quelque peu dansé dans les salons, et M$^{me}$ de Sagan a fait un tour de valse avec le général de Charette.

Un détail d'un modernisme bien typique : le comte Joseph Primoli avait apporté un petit appareil photograhique qui lui a permis de prendre un cliché instantané de la princesse pendant qu'elle causait avec son hôte auguste, le prince de Galles.

La société parisienne n'est pas exclusive dans ses plaisirs. Si elle a du goût pour les jardins en fête, elle aime également la verdure, baignée par le grand air. On sait qu'elle recherche les profondes avenues du bois de Boulogne avec un empressement qui témoigne de sa prédilection.

Elle a vraiment raison de l'appeler le *Bois*, comme s'il n'en existait pas d'autres; l'art s'y unit, en effet, assez étroitement à la nature pour en faire un lieu de délices, qui n'a point de pareil au monde. Et ce n'est pas seulement en ces journées consacrées aux plus belles luttes hippiques de l'année, qu'allant à Longchamps ou à Auteuil, le beau monde jette à sa chère promenade des regards attendris; il lui consacre une partie de sa matinée, tout heureux de s'enfoncer au trot de ses équipages ou de ses montures sous l'épais entre-croisement des ombrages.

Jamais la *Potinière* n'a été plus fréquentée. On désigne sous ce surnom, dont l'étymologie est facile à trouver, la réunion des élégants à cheval et en voiture qui sont convenus de se rencontrer chaque matin, de dix heures à midi, sur un certain point de l'allée des Poteaux, dans le voisinage du Pré Catelan.

Toute l'assemblée se connaît; aussi n'est-ce qu'un long échange de saluts, de bonjours affectueux et de compliments musqués comme la senteur de l'*impérial russe*, le parfum à la mode, qui flotte dans l'air, se mêlant à l'arôme lointain des acacias. Les belles dames mettent pied à terre et causent avec les cavaliers. On a toujours tant de choses à se dire dans cette ville, où les événements se pressent tellement qu'au bout de huit jours ils paraissent vieux d'un siècle! La soirée de la veille, le mariage du lendemain, le petit scandale dont on ne parle qu'à mots couverts, sous l'ombrelle discrètement baissée, provoquent les réflexions et les commentaires, mais toujours sur le ton de la parfaite urbanité.

L'légant carrefour ressemble, en effet, à un cercle de duchesses, et le demi-monde n'a point encore hasardé ses champions, même les plus empennés, dans ce tournoi de « noble compagnie ». Ainsi que nous le disait naguère d'un petit air de triomphe une ravissante et spirituelle comtesse qui s'y promenait :

« L'essaim aristocratique des abeilles met en fuite le bataillon malfaisant des guêpes. »

Que de brillants équipages ce matin-là ! Entre les mails, supérieurement attelés, de M. H. Ridgway et de M. Paul Schneider, passait, en voiture de chasse, d'un goût très original, le vicomte de La Rochefoucauld, fils aîné du duc de Doudeauville. Puis, dans des voitures à poneys, la comtesse Jean de Ganay et sa jolie sœur M$^{lle}$ Martine de Béhague ; la comtesse Jacques d'Aramon, ayant avec elle la comtese Louis de Montesquiou ; la comtesse de Maleissye tenant les guides, le comte à ses côtés.

En boggy, le vicomte Hector de Galard conduisait sa cousine la comtesse de Mortemart, née Hunolstain, le vicomte Carl de Beaumont en tiers.

Un peu plus loin, on admirait beaucoup dans son *duc*, d'une élégance consommée, dont elle dirigeait elle-même l'attelage, avec une superbe assurance, la jeune princesse de Cystria, née Trévise, accompagnée de sa charmante amie la comtesse de Talhouët-Roy, l'une et l'autre en délicieuses toilettes pareilles, de pékin gris et crême, d'une fraîcheur toute printanière.

Venaient ensuite, dans leurs victorias, la marquise de Saint-Sauveur et la comtesse Edmond de Pourtalès ; l'attelage de cette dernière, d'une correction parfaite, d'un sérieux irréprochable eût attiré les regards s'ils n'eussent été retenus par le sourire toujours si gracieux et si bienveillant de celle qu'il promenait.

En phaëton, se montrait le marquis de Massa, coiffé de son chapeau de paille familier.

L'escadron des cavaliers et des amazones n'était pas moins éblouissant. En tête, le maréchal de Mac-Mahon, escorté de son officier d'ordonnance et galopant toujours comme au bruit du canon. Ensuite M. Clémenceau, un des assidus du Bois, sur un cheval bai reconnaissable de loin à sa queue, traînant presqu'à terre; le duc de Vallombrose, sur un cob rouan; la blonde marquise de Castellane, causant gaîment avec le général marquis de Galliffet.

Tout près d'eux caracolaient le vicomte des Monstiers-Mérinville, un de nos plus brillants officiers de cavalerie, puis le marquis et le comte de Talhoüet-Roy, tous deux fils de l'ancien ministre; enfin la marquise d'Hervey de Saint-Denis et la comtesse de Meffray, rivalisant d'élégance et de beauté.

Vous vous complaisez naturellement à un tel défilé et, quand vous rentrez, vos yeux et vos oreilles restent remplis de son éblouissant fracas. L'air vif vous a ouvert l'appétit; vous déjeunez de bon cœur et vous n'avez que de riantes pensées en songeant à toutes ces femmes délicieuses entrevues au seuil de votre journée comme des fées propices. Faut-il vous étonner alors que vous n'ayez point écouté les oiseaux ni regardé les fleurs?

## XXXVII.

La saison mondaine ne finit plus au Grand Prix. — Dîner chez Mme Heine. — Le *garden party* de Mme Henri Chevreau. — Soirées musicales à l'hôtel de Jaucourt et au château de Franconville. — Le dernier roi d'Yvetot.

20 juin 1889.

Autrefois, il était de bon ton de ne plus se montrer dans Paris après la réunion du Grand Prix. On semblait s'être donné le mot pour partir dès le lendemain. Tardait-on de trois ou quatre jours, on ne parvenait à se justifier de cette infraction au code de l'élégance que par un prétexte grave : l'indisposition d'une tante à héritage, l'achat d'un cheval, la négligence d'une couturière qui avait manqué de parole. Au bout d'une semaine, on n'aurait point osé ouvrir ses persiennes ; on fixait une consigne sévère à son concierge pour qu'il répondît aux indiscrets qu'on était à Trouville ou à Vichy ; et si, las d'être enfermé dans son appartement, entre ses meubles couverts de housses et ses tentures sentant le camphre, on se décidait à aller sournoisement prendre l'air, on avait soin de faire déposer, bien en évidence, sur le siège de sa voiture quelque valise qui pût laisser croire qu'on traversait la ville d'une gare à l'autre.

Aujourd'hui, la mode n'impose plus ces exigences ni ces craintes. On s'en va quand on veut; personne ne songe à s'étonner de vous rencontrer sur les boulevards ou au Bois. Les merveilles de l'Exposition sont, d'ailleurs, incontestées, et il est parfaitement admis qu'elles vous retiennent au détriment des eaux, de la campagne et de la mer.

Aussi le mouvement mondain continue-t-il à être très brillant. La plupart des salons restent ouverts, et si on a la bonne fortune d'avoir un jardin, on se plaît à y grouper ses amis autour des frais gazons qu'un arrosage incessant humecte, depuis l'aube, de sa pluie légère.

Dimanche soir, celui de M<sup>me</sup> Heine-Furtado offrait aux invités qu'elle avait réunis pour dîner la magnifique perspective de ses grands vallonnements et de ses épais ombrages. Sous la nuit radieusement étoilée, ces masses de verdure prenaient les nuances sombres de l'émeraude, tandis que les admirables corbeilles où se presse une abondance de fleurs, variées à l'infini, chargeaient l'air de leurs effluves embaumés. Le café était servi sur la vaste terrasse qui conduit à ce *Paradou*, par d'imposants degrés, et, aucun des bruits du pavé ne parvenant à franchir les ramures entre-croisées des vieux arbres, on se serait cru en pleine nature, très loin de Paris. Une cloche sonnait la fin d'une récréation dans un pensionnat du voisinage; pour un peu on eût cru entendre l'*Angelus* d'un clocher rustique.

Séduite par les charmes de ce délicieux séjour, véritable villégiature *intra muros,* la compagnie qui se trouvait rassemblée à l'hôtel de la rue de Monceau ne cessait de renouveler ses instances pour que l'aimable maîtresse de la maison ne s'installât pas encore à Rocquencourt. Ces vœux ont d'autant plus de chances d'être exaucés que M$^{me}$ Heine est très occupée en ce moment de son dispensaire, qui demeure l'objet de sa tendre et bienfaisante sollicitude. D'ailleurs si, par suite de l'état de sa santé, elle a dû renoncer, depuis Pâques, à des réceptions nombreuses, elle attache du prix à retenir autour d'elle les amitiés fidèles dont les hommages la suivraient moins facilement à la campagne.

Parmi ses hôtes de dimanche figuraient le comte et la comtesse Vigier, M$^{me}$ Bataille, le général de Rochebouët, M. Daubrée, membre de l'Institut; M. Léon Chevreau, député de l'Oise; M. Féry d'Esclands, qui avait présidé dans la journée chez le comte Potocki un assaut d'armes des tireurs italiens actuellement à Paris; plusieurs diplomates étrangers : le baron et la baronne de Itajuba, le comte de Lœwenhaupt, Missak Effendi, et enfin les véritables enfants de la maison, le prince et la princesse Joachim Murat.

La princesse portait une ravissante toilette de cachemire bleu pâle avec un fichu Louis XVI, plissé en tuyau d'orgue, et une large ceinture de moire vert-pré tombant sur le côté.

Lundi, ç'a été encore le triomphe de la verdure et des fleurs, chez M^{me} Henri Chevreau, qui occupe le magnifique rez-de-chaussée de l'ancien hôtel de Castries, acheté dernièrement par M. de Montgermont. Il y avait *garden party* dans le jardin, un des plus beaux et des plus vastes du faubourg Saint-Germain.

Quel joli cadre pour une réunion mondaine! Une large couronne d'arbres séculaires encerclant une pelouse immense, quadrillée sur ses bords de banquettes de roses, qui forment un adorable parterre à la française; au centre, un grand bassin ovale à bordure de marbre, d'où jaillit, d'une vasque, soutenue par des tritons, une éblouissante gerbe d'eau, et, tout autour, sous les bosquets, des allées de sable fin invitant à la promenade et à la causerie dans la douceur des apartés.

Cependant, la majeure partie de l'assistance se tenait sur la terrasse qui fait suite aux salons, et le tableau y perdait un peu de son animation. Serrées, pressées les unes contre les autres, les toilettes ne se montraient pas tout à fait à leur avantage. Il y en avait pourtant de fort réussies, à commencer par celle de M^{me} Chevreau, qui portait une jupe de faille blanche, recouverte de Valenciennes et rehaussée d'une ceinture de moire couleur de blé mur.

La comtesse de Pourtalès avait un costume empire, en cachemire de l'Inde maïs, des guirlandes de roses blanches courant en broderie au bas de la jupe, sur les épaules un petit mantelet tombant très bas, et une capote de paille garnie de bluets, sous une grande ombrelle de soie bleue donnant sa douceur au visage; la comtesse Gudin était en sicilienne grise, ornée de broderies crème, un large chapeau Louis XVI voilé de tulle blanc, très coquettement posé sur ses cheveux blonds; la comtesse Louis Cahen d'Anvers, en robe chamois, à palmettes blanches, avec pèlerine de nuance assortie, formant carrick; M$^{me}$ Thouvenel, en robe de gros grain vert gazon; la comtesse Multedo en blanc, un fichu à la Charlotte Corday, fraise écrasée, noué à la taille, chapeau blanc. M$^{me}$ Saly Stern avait une délicieuse toilette de mousseline de soie brodée, sur laquelle flottait une ceinture de moire mauve, et un chapeau Trianon où s'épanouissait un bouquet de plumes mauves et maïs. En pékin Sévigné, se montrait la marquise de la Valette, née Rouher; M$^{me}$ Guzman Blanco, en poult de soie, à rayures gris perle, dont les draperies Louis XVI étaient agrémentées de nœuds de moire noire. Très élégantes aussi, M$^{me}$ Haentjens, en mousseline de soie mauve, garnie d'entre-deux de Valenciennes, le chapeau fleuri de violettes de Parme; la baronne de Précourt en mousseline groseille; M$^{me}$ de Kronenberg, en bleu pâle, la vicomtesse de Grouchy, en pékin bleu vert, les basques d'un habit du temps de Louis XVI descendant sur la jupe; M^me Fournier-Sarlovèze, en gris tourterelle, la vicomtesse de Montreuil, en gris souris, la comtesse Ducos en bleu, à rayures Pompadour, sous un mantelet de dentelles noires, enfin la comtesse Bégoüen, M^me Léon Chevreau, la marquise de Toulongeon, la comtesse Feury, M^me Cunisse, M^me Subervielle.

Du côté des jeunes filles, M^lle Haentjens était en costume Pompadour, rayé rose, un boa de plumes blanches autour du cou; M^lle Guzman Blanco, en sicilienne blanche, relevée de galons d'or, style Pompeïn s'enroulant en ceinture et bordant le bas de la robe, M^lle Ducos, en pékin bleu ciel, forme Lévite, garni de guipures anciennes et coupé de broderies d'or, avec chapeau bergère où des fleurs de pommier tremblaient en pluie d'étoiles, M^lle de Latena en blanc, en blanc aussi M^lle de Pourtalès.

Parmi les hommes figuraient les ambassadeurs de Russie et d'Italie, MM. Camille Doucet, Carolus Duran, Gavini, le comte de Chaudordy, le marquis d'Ayguesvives, le général Friant, le comte Maurice d'Andigné, le comte Albert Vandal, le comte de Narbonne-Lara, le comte de Gabriac, M. Clément de Royer, M. Biadelli.

La conversation était si animée qu'une fanfare de piqueurs, en tenue de chasse, habit gros vert, culotte de peau, bottes à l'écuyère, et coiffés du traditionnel lampion, passait presque inaperçue. Ce n'est aussi qu'à la fin de l'après-midi, qu'on s'est décidé à écouter les jolies romances chantées, avec accompagnement d'instruments à cordes, par des Napolitains, vêtus à la façon des pêcheurs du quai de Santa-Lucia. Leur chef, dont la puissante encolure émergeait assez comiquement de ce costume, plutôt fait pour l'allure vive et décidée d'un Masaniello, roulait d'aise ses gros yeux devant l'approbation tardive des belles dames et sa physionomie n'en devenait que plus plaisante.

Le même soir, on se retrouvait chez la marquise de Jaucourt, où une troupe d'amateurs, composée de la comtesse de Guerne, née Ségur, du marquis de Castellane, de M. André Pastré et de M. Lelubez ont délicieusement interprété le joli opéra de *Philémon et Baucis*.

Là du moins, on eût pu entendre voler une mouche.

Aussi bien, les aimables artistes méritaient tous les suffrages et, dès la répétition, M$^{me}$ Krauss et M$^{lle}$ Reichenberg, qui sont juges en la matière, leur avaient prédit un éclatant succès.

Une innovation à signaler à propos de cette soirée : on avait élevé sur un corridor, parallèle au salon où la scène était dressée, une estrade composée de gradins qui permettait aux hommes, ordinairement si sacrifiés en pareille circonstance, de voir la scène par-dessus l'éblouissant parterre des spectatrices assises à leurs pieds.

L'hôtel de Jaucourt a, d'ailleurs, de vastes proportions et offre le type le plus parfait des aristocratiques demeures du faubourg Saint-Germain, avec ses hauts plafonds, ses boiseries de chêne peintes en blanc, son luxe sobre, un peu sévère, dont de vieux portraits constituent presque le seul ornement et où semble flotter comme une vague odeur de peau d'Espagne, mélancolique parfum des élégances discrètes d'autrefois.

Mais le goût de la marquise a jeté toutes les grâces d'un éternel printemps sur l'austérité du vieux logis. C'est par une longue vérandah, éblouissante de fleurs, qu'on y accède, et c'est là que, l'autre soir, très brillante aussi, la livrée, en habit feuille de tabac, culottes courtes, bas de soie et aiguillettes d'argent, se tenait, rappelant le luxe des antichambres de l'ancien régime.

Avant-hier, autre solennité musicale dans la banlieue parisienne, chez le duc de Massa, à Franconville. Sait-on que le châtelain de ce village était, au moment de la Révolution, le comte d'Albon, dernier roi d'Yvetot? Il y avait créé d'admirables jardins dont la décoration devait plaire à « l'homme sensible », à « l'homme honnête », comme on disait alors. Partout s'élevaient des monuments consacrés à l'Amitié, à l'Amour conjugal, à la Vertu et au Génie. Des ruines et des grottes faisaient songer au merveilleux des romans de l'ancienne chevalerie, tandis qu'on se sentait ému par la simplicité et l'innocence des bergeries de l'âge d'or.

L'antiquité avait aussi ses autels dans le parc seigneurial. On y voyait encore, près du *bosquet de Clarens*, destiné à perpétuer le souvenir des malheurs de la tendre Julie, un temple dédié au Christ mourant. Dans le *réduit de l'amour*, le buste de la comtesse d'Albon avait pour inscription *Idol mio*; plus loin, une île charmante dédiée à Hygie, déesse de la santé, offrait toutes les commodités et toutes les douceurs du bain.

Le comte avait ses appartements en un logis qui ne différait point, par son extérieur de la maison du pâtre, chargé de veiller sur le troupeau qu'il avait fait venir du fond de la Suisse. On lisait sur le seuil ces vers qui peignent bien l'époque :

> Dégoûté de la cour et fatigué des villes,
> Je me suis caché dans ces lieux.
> Qui veut couler des jours tranquilles
> Doit fuir également les hommes et les dieux.

## XXXVIII.

Les Princesses de Poix.

27 juin 1889.

Princesse de Poix ! Ce titre d'une distinction si aristocratique est venu s'ajouter, depuis quelques jours, comme une parure nouvelle, aux grâces d'une très charmante jeune fille de la société parisienne, M<sup>lle</sup> de Courval. Elle le doit à son mariage avec le fils unique du duc de Mouchy, brillant héritier de la branche cadette de la maison de Noailles. Deux femmes de cette illustre famille l'ont seules porté avant elle : il eût suffit à leur éclat. Mais, grandement nées l'une et l'autre, belles à ravir, douées de sentiments hors de pair, marquées du sceau de toutes les vertus, elles eurent encore le privilège de briller du lustre attaché à leur propre personne. Aussi y a-t-il, ce semble, quelque à-propos à évoquer leur noble et sympathique souvenir dans un moment où le monde s'arrête, doucement impressionné, devant les heureux auspices de l'union qui vient de s'accomplir.

Le maréchal duc de Mouchy, que son inaltérable

dévouement à la monarchie devait conduire presque octogénaire à l'échafaud, en même temps que sa vénérable épouse, compagne fidèle de sa mort comme elle le fut de sa vie, avait, aux jours où la fortune ne lui prodiguait que des sourires, reçu en présent de la marquise de Richelieu, sa marraine, la principauté de Poix.

Il résolut, après avoir pris l'agrément du roi, d'en constituer par ordre de primogéniture l'apanage de sa descendance. Son fils aîné, le nouveau prince, avait à peine atteint sa quinzième année qu'il fut question de le marier. Un collègue du duc de Mouchy, le maréchal prince de Beauvau fut aise de donner à ce jeune homme la main de sa fille unique qui passait pour un des partis les plus considérables de la cour. Il prouva, en outre, par la cession de la survivance de sa charge de capitaine des gardes, le cas qu'il faisait de son gendre.

Le fiancé de M<sup>lle</sup> de Beauvau avait deux ans de moins qu'elle. Fort gâté par de tendres parents, il n'avait pas encore rejeté les naïvetés et les emportements de l'enfance ; il était, d'ailleurs, si petit qu'au repas nuptial il fallut l'asseoir sur des coussins pour qu'il fût au niveau de sa femme. Aussi l'affection que lui témoigna la princesse et qui fut toujours constante, par une rare exception aux habitudes de l'époque, s'imprégnit-elle d'un caractère moins conjugal que maternel. Le jeune mari s'en irritait volontiers au grand amusement de l'entourage. Il n'en resta pas moins l'admirateur passionné de celle que la Providence avait associée à sa destinée.

Et certes, la princesse méritait bien d'être l'unique objet de son culte. Elle était ravissante. On a d'elle, à Mouchy, un portrait qui n'est pas signé mais qui semble être de Boucher, tant s'y trahit la manière vaporeuse et charmante de ce peintre exquis. Il est impossible de contempler plus délicieuse image : un front aux lignes d'une pureté antique, un nez aquilin, d'une délicatesse extrême, des yeux noirs, très couverts et qui semblent lancer du feu, une bouche sans égale, qui respire à la fois la bonté, l'intelligence, la fierté, donnant à la physionomie une extraordinaire intensité d'expression et de vie. Avec cela, une fraîcheur éblouissante, un col et une gorge superbes. A la suite de convulsions, dont elle avait été atteinte dans son enfance, M$^{me}$ de Poix avait conservé une démarche un peu débile. La faiblesse de ses jambes s'était encore ressentie des épreuves d'une maternité plusieurs fois renouvelée; il en résultait quelque gaucherie dans son attitude, mais une gaucherie adorable qui, au dire des contemporains, n'ajoutait à sa personne qu'un charme de plus.

Son esprit était à l'avenant de son aimable visage. Vive, ardente, impétueuse, tournée aux réparties, n'admettant pas la contrainte et n'écoutant que son cœur, on l'a dépeinte comme tour à tour « folle de gaîté, de colère et de tendresse ». De ce feu se détacha toujours, avec un éclat particulier, la flamme de ses effusions maternelles. Elle ne chérissait rien tant que ses deux fils, mais elle eut beaucoup d'amis. Dès le jeune âge, elle s'était liée intimement avec la duchesse de Bouillon, la princesse d'Hénin, la duchesse de Lauzun et M$^{me}$ de Simiane. L'élément masculin était représenté dans son salon par le comte de Coigny, le duc de Guines, le prince Emmanuel de Salm, M. de Lally, les abbés de Damas et de Montesquiou. C'était un des centres les plus recherchés de cette société du dix-huitième siècle, combinaison quintessenciée de toutes les délicatesses de l'esprit et de tous les perfectionnements du goût, à laquelle il avait fallu être mêlé, comme se plaisait à le répéter Talleyrand, pour pouvoir apprécier la douceur de vivre.

Le prince de Poix était fanatique de Voltaire et des autres maîtres de la philosophie, dont les hardiesses n'étaient alors considérées que comme des stimulants à la pensée. La princesse eut un enthousiasme pareil pour les idées libérales du duc de Choiseul. Aussi mêla-t-elle ses empressements aux hommages que la petite cour de Chanteloup, plus aimable, sinon plus nombreuse que celle de Versailles, prodiguait au ministre en disgrâce. Elle eut la même admiration pour La Fayette et pour Necker : elle n'hésita pas à admettre M$^{me}$ de Staël au premier rang de ses intimes.

Mais, au bruit des premiers orages qui vinrent ébranler l'ancien régime, elle ne se fit pas d'illusion sur les conséquences terribles de la révolution à laquelle les généreuses illusions de sa caste avaient, pour ainsi dire, laissé le champ libre.

Personne n'est plus atteinte qu'elle par les événements qui suivent la chute de la royauté. Le prince de Poix n'a pas voulu émigrer pour mettre, jusqu'au bout, au service du trône son dévouement et son épée. Dans la journée du 10 août, fidèle à son poste de capitaine des gardes, il protège Louis XVI et Marie Antoinette pendant la périlleuse traversée du jardin des Tuileries; il les suit à l'assemblée. Dans la loge du logographe, il est debout derrière eux, accueillant d'un air dédaigneux les imprécations et les menaces de la foule. Il faut que le roi use de son autorité pour que le prince consente à se soustraire aux fureurs grandissantes qui se tournent vers lui. Mais les forcenés qui ont déjà pris goût au sang aristocrate n'ont point envie de perdre une si belle proie. Ils s'acharnent à la poursuite du prince, ils fouillent le palais où ils l'ont vu rentrer et, sans le zèle de quelques employés subalternes qui le cachent dans les combles du vieux Louvre, M. de Poix deviendrait une nouvelle victime des égarements de la populace.

Il reste plusieurs heures étendu sur une poutre pendant que les cris de mort retentissent autour de lui. Enfin le silence se fait; il est seul. Des issues dérobées le conduisent à la rue; il cherche un cheval, il l'enfourche et court vers la barrière qu'il franchit d'un bond, comme s'il se fût agi d'un obstacle dans le manège de Versailles. Galopant nuit et jour, il arrive à Granville. Un navire est là prêt à faire voile. Le prince s'y jette; le bâtiment s'avançant vers le large, il se croit sauvé, mais une tempête soudaine oblige le pilote à regagner le port. Une imprudence, un hasard et c'en est fait du fugitif. La Providence avait heureusement résolu de ne pas le perdre. Après de mortelles angoisses, il réussit à descendre sain et sauf sur le sol hospitalier de l'Angleterre.

Son fils aîné, qui sera plus tard le duc de Mouchy, est resté en France; il combat à la frontière avec son oncle, le vicomte de Noailles, l'ardent promoteur de l'abolition des privilèges dans la fameuse nuit du 4 août. Mais le jeune gentilhomme, en dépit de sa bravoure, porte un nom trop compromis pour se trouver en sûreté dans les armées de la République. Il lui faut aussi passer à l'étranger, s'il ne veut mourir sans profit pour sa patrie.

Pendant ce temps la princesse de Poix demeure toujours à Paris; elle n'a pas quitté l'hôtel de Mouchy. Ses beaux parents, le duc et la duchesse, sont arrêtés dans leur terre et conduits à la prison du Luxembourg et sa belle-sœur, la duchesse de Duras est également jetée dans les cachots. Elle doit à son énergie, à sa prudence, peut-être aussi à sa santé, affaiblie par le chagrin et qui inspire la pitié aux cœurs les plus durs, de ne pas éprouver le même sort. Tous les quinze jours elle se fait transporter à la section de son quartier pour établir son identité et sa présence. En passant par les rues, elle voit les affiches qui annoncent que la tête de son mari est mise à prix. Elle entend la voix des crieurs jeter à la foule la terrifiante nouvelle de l'exécution de son beau-père et de sa belle-mère, le maréchal et la maréchale de Mouchy. Elle apprend par les mêmes hurlements que la maréchale de Noailles et la duchesse d'Ayen, ses tantes, et la vicomtesse de Noailles sa belle-sœur, sont montées à la fois sur l'échafaud — trois générations faucheés en un seul jour!

Au milieu de ses malheurs, son second fils, Just de Noailles, est sa consolation. Il reste auprès d'elle, affectueux et tendre. S'il se résout à s'éloigner parfois c'est pour aller accomplir ses devoirs religieux au fond de quelque quartier perdu, dans l'asile ignoré d'une cave humide et sombre. Il a quinze ans à peine; mais il sait que beaucoup des chrétiens qui priaient dans les catacombes étaient plus jeunes encore. Sa piété ne s'effraie pas à la pensée de cueillir comme eux la palme du martyre.

Tant d'épreuves devaient cependant avoir un terme. Il n'y a pas d'orage qui ne soit suivi d'un rayon de soleil, pas de vent de tempête qui ne soit remplacé par le souffle de la brise. Au 18 Brumaire, le prince de Poix revint en France avec son fils aîné. Il retrouva les débris de son patrimoine que la courageuse attitude de sa femme avait préservé d'une confiscation totale. Le château de Mouchy n'avait plus rien, il est vrai, de sa splendeur passée, mais ses maîtres s'y réunirent pourtant vers 1804. Jamais il ne leur avait paru aussi beau qu'avec ses meubles de noyer et ses rideaux de cotonnade.

C'est alors que la princesse de Poix songea à reformer son salon de toutes les épaves de la société de l'ancien régime. Son accueil n'en fut pas moins bienveillant pour ceux de ses amis qui s'étaient ralliés au nouvel état de choses. Avec la Restauration, la famille de Noailles, suivant l'expression pittoresque d'un de ses membres, sembla remonter elle-même sur le trône. Elle fut remise en possession de ses honneurs et de ses charges. M$^{me}$ de Poix fut environnée d'un redoublement de considération; les égards se multiplièrent autour d'elle. Elle exerça avec une autorité croissante son rôle de grande dame et son influence de chef de famille.

Vieillie, atteinte de cécité et retirée à la campagne, elle n'en demeura pas moins fort entourée, aucune altération ne s'étant produite dans l'enjouement de son esprit et la bienveillance de son caractère. Chaque année, Louis XVIII allait la voir au château du Val, qu'elle habitait près de Saint-Germain et qui avait appartenu à son père, le maréchal de Beauvau. Le monarque se présentait en grande pompe dans un carrosse à huit chevaux et escorté de sa maison militaire. Sa dignité, jointe à l'embarras de sa corpulence et à l'incommodité de la goutte, l'empêchait de mettre pied à terre. Mais la princesse, toujours prévenue à l'avance de l'arrivée du royal cortège, avait soin de se trouver en voiture au milieu du carrefour qui précède la grille du château. Elle était censée devoir au hasard la rencontre de Sa Majesté qui, mise en belle humeur par l'à-propos de ce subterfuge, lui débitait des compliments sur le ton de la plus parfaite galanterie. Aussi disait-elle à qui voulait l'entendre que jamais il n'y avait eu de plus grand roi sur le trône.

Madame de Poix mourut à quatre-vingt-quatre ans laissant d'universels regrets. Deux événements attristèrent sa fin, la mort de son fils aîné qui ne laissa pas d'héritier mâle et la révolution de juillet dont elle fut particulièrement outrée.

Le titre de princesse de Poix fut porté après elle, mais seulement sur le tard, par sa belle-fille. Cette dernière s'était primitivement appelée la comtesse Just de Noailles et, c'est sous ce nom qu'elle fut successivement attachée en qualité de dame d'honneur à l'impératrice Marie-Louise et à la duchesse de Berry. Elle était fille d'Archambaud de Talleyrand-Périgord et nièce du fameux prince de Talleyrand. Sa mère, Madeleine-Henriette-Sabine Olivier de Senozan de Viriville, avait été une des dernières victimes de la Terreur : elle figure dans le célèbre tableau de Muller qui, momentanément enlevé des galeries du Luxembourg, vient d'être placé au palais de Versailles.

Lorsqu'elle fit ses débuts à la cour de Napoléon, M<sup>lle</sup> de Talleyrand ressentit une vive inclination pour le comte Just de Noailles qui, de son côté, la trouva fort aimable. Le fils de la princesse de Poix, justifiant les promesses de son adolescence, était devenu un homme accompli. Chambellan de l'Empereur, comte de l'Empire, titres dont le nouveau souverain, très bienveillant aux noms de l'ancien régime, avait rehaussé le prestige de sa jeunesse et adouci le souvenir de ses infortunes, il jouissait de beaucoup de crédit aux Tuileries. Aucune opposition ne semblait donc devoir retarder une union où les sympathies s'alliaient aux convenances. Talleyrand se montra cependant très hostile à ce projet, ayant rêvé pour sa nièce un parti plus brillant encore. Mais les volontés de fer se brisent souvent dans les petites mains de l'Amour. Il se fit un jeu de mettre en pièces la résistance du puissant ministre.

M. et M$^{me}$ de Noailles n'eurent point regret de s'être donnés l'un à l'autre. Ils furent parfaitement heureux. La comtesse était remarquablement belle. Grande, élancée, elle avait un port majestueux, une chevelure d'ébène et de très beaux yeux noirs. Elle ressemblait à une matrone romaine; elle en avait aussi les vertus. Elle fut une épouse irréprochable et une mère parfaite, double privilège qui semble être de tradition parmi les femmes appelées à l'honneur de perpétuer la famille de Mouchy. Elle eut trois fils qui se montrèrent dignes de sa sollicitude. La mort ne permit malheureusement qu'à un seul d'entre eux, le père du duc actuel, de jouer un rôle dans le monde où il paraissait qu'ils dussent briller à l'envi les uns des autres.

Le comte Just de Noailles, ayant survécu à son frère aîné, fut enregistré à la Pairie comme prince-duc de Poix. Il n'avait d'ailleurs repris la cocarde blanche qu'à la suite de l'abdication de Napoléon en 1814. Il n'en fut pas moins accueilli avec distinction par Louis XVIII qui lui confia la gestion de l'ambassade de France à Saint-Pétersbourg. Sa carrière de diplomate ne l'empêcha pas de s'adonner à ses goûts de bibliophile. Largement ouverte aux savants et aux lettrés, sa maison devint un lieu aimable entre tous où la meilleure compagnie tenait à honneur d'être admise. Sa femme était l'âme de ces réunions. Elle était, au surplus, extrêmement appréciée au Pavillon de Marsan, le Petit-Château, comme on disait alors, et il n'était aucune des dames de la duchesse de Berry qui pût surpasser sa grâce et sa beauté

La galerie de Mouchy possède son portrait par Quinson, un des peintres renommés de l'époque. Elle est représentée en habit rouge, avec l'air assuré, le sourire fier des nobles amazones qui suivaient les chasses de Rambouillet derrière Charles X.

La nouvelle princesse de Poix a dans ces deux nobles figures de précieux modèles. Ce qu'on dit de son mérite porte à croire qu'il lui sera facile de les imiter. Aussi bien, ne voulut-elle point regarder en arrière, elle aurait auprès d'elle le type accompli de toutes les grâces et de toutes les vertus, Madame la duchesse de Mouchy.

## XXXIX.

La galanterie française dans l'armée. — Les courses de Fontainebleau. — Une partie nautique sur la Seine. — Fête militaire à Saint-Germain. — Le dernier raout de la comtesse Greffulhe. — A propos de la vente Secrétan. — Du pain et des spectacles.

*4 juillet 1889.*

Quelques esprits chagrins prétendent que la galanterie française n'existe plus, mais il suffirait de tourner les yeux vers l'armée pour reconnaître qu'elle est bien vivante encore et qu'elle reste aimable et ingénieuse à la fois. La semaine dernière, par exemple, à Fontainebleau, la garnison s'est multipliée pour rehausser l'éclat et augmenter l'attrait des courses qui, chaque année, ramènent sur les pelouses de la jolie vallée de la Solle une assemblée très choisie. A vrai dire, cette fois-ci, la réunion, bien que formée d'un brillant contingent de Parisiens à la mode, et de l'élite des châtelains du voisinage, était moins nombreuse que de coutume. On se demandait même, en comptant les défections, s'il y avait chance qu'elle se renouvelât l'été prochain. Mais, dans la sélection qu'elle présentait, que de noms connus, que d'élégances incontestées! C'étaient le comte et la comtesse de Pourtalès, installés pour quelques jours chez leur fille aînée, mariée au baron de Berckheim, capitaine instructeur à l'école d'application d'artillerie, la comtesse de Gramont d'Aster, le vicomte et la vicomtesse d'Harcourt, la baronne de Günzburg, M^me Edmond Martell, M^me Gillois. Une apparition a été un délicieux trio composé de la comtesse Jean de Ganay, de M^lle de Béhague, sa sœur et de la comtesse André de Ganay, née Le Marois, sa belle-sœur, qui quitte à peine son voile de mariée. Elles étaient venues ensemble de Courance, le magnifique domaine du baron de Haber qui appartenait anciennement à la famille de Nicolaï et qui possède un parc dont les arbres, plusieurs fois séculaires, aux troncs puissants enroulés les uns aux autres comme des lianes géantes, sous de longues draperies de lierre, offrent un champ inépuisable à l'étonnement et à l'inspiration des artistes.

Les officiers ne se sont pas contentés d'apporter sur le turf leur entrain et leur humour, — l'esprit plus scintillant encore que l'uniforme. Ils ont imaginé d'offrir aux dames une surprise digne des splendeurs de l'époque du grand roi.

La nuit venue, un bateau illuminé, et fleuri, semblable à un esquif de conte de fées, s'est trouvé, comme par enchantement, pour procurer à ces belles mondaines la douceur d'une promenade au souffle pur de l'eau, sous l'azur étoilé du ciel. On s'est embarqué au milieu d'un frou-frou de soie, dans un vol léger d'exclamations joyeuses et, tandis qu'un orchestre, placé à l'arrière du pont, laissait tomber dans le silence de la nature l'enivrante harmonie des valses, on a descendu lentement le fleuve. C'était comme une vision de la royale galère où montait la duchesse de Bourgogne quand, suivie de tout ce qu'il y avait de jeune et d'aimable à la cour, elle quittait Trianon pour rester jusqu'au lever de l'aube sur le grand canal, dont la surface paisible s'empourprait de la lueur des lanternes vénitiennes et frissonnait sous la caresse des roses qui, glissant en pluie le long des tapis de velours, s'effeuillaient amoureusement avec les devis tendres, échangés à mi-voix.

De même qu'autrefois à Versailles, un feu d'artifice a terminé la fête, mettant au bout du charmant voyage son flamboiement d'apothéose.

A Saint-Germain-en-Laye, mardi dernier, le quatrième chasseurs a fait preuve d'une égale originalité et d'une égale courtoisie. Désireux de rappeler par une grande solennité, à l'occasion de son cent dixième anniversaire, les fastes de son histoire, il avait converti la cour de son quartier en un vaste carrousel où des tribunes hospitalières ont accueilli un flot pressé de notabilités élégantes.

Le spectacle a commencé par la présentation des divers drapeaux que le régiment a eus depuis sa fondation qui remonte au milieu du dix-huitième siècle;

son effectif était alors composé des arquebusiers de Grassins.

On ne pouvait se défendre d'une émotion profonde à la vue de ces vingt étendards reconstitués avec un soin pieux tels qu'ils étaient jadis. De leurs plis se dégageait, en effet, comme un bruit de bataille, comme un chant de victoire, mêlé à une odeur de poudre, et on songeait non sans attendrissement aux humbles héros qui, en tombant obscurément dans les sillons sanglants, avaient une dernière fois tourné les yeux vers ces bannières, saluant en elles l'image adorée de la patrie. On se disait que leur couleur avait pu changer, mais point la vaillance des soldats qui les ont tour à tour défendues et on sentait bien qu'à l'heure du péril l'ardente jeunesse, dont elles stimulaient en ce moment l'enthousiasme, par de nobles souvenirs, saurait combattre et mourir à l'exemple des glorieux devanciers.

Un pronostic certain de cet héroïsme ne ressortait-il pas, d'ailleurs, de la précision et de la hardiesse qui ont marqué les exercices du brillant tournoi? Le succès en a été complet et jamais applaudissements n'ont été plus spontanés que ceux qui en ont salué la fin.

Le soir, pour clôre dignement une journée si bien commencée, les sous-officiers ont donné une représentation théâtrale, qui n'a pas recueilli moins de suffrages. Assurément l'aisance des acteurs ne rappelait que de très loin celle des sociétaires de la Comédie française; leurs visages basanés, leurs mains vigoureuses tranchaient quelque peu avec le physique de leur emploi. Mais que de bon vouloir, que de naturel et de gaîté!

Entre temps, les Parisiens en villégiature à Saint-Germain se sont mis en frais pour recevoir leurs amis. Il y a eu notamment un déjeuner chez la comtesse de Robien et un dîner chez la comtesse Costa de Beauregard. Ici et là les convives étaient à peu près les mêmes. Nous citerons parmi eux le marquis et la marquise de Virieu, le comte et la comtesse de Gontaut-Biron, la vicomtesse du Bouchage, la marquise du Roure, la comtesse de Florian, le comte de Brissac. On est revenu par le dernier train, les oreilles encore toutes bourdonnantes de l'éclatant allegro des fanfares.

Ces échappées vers la banlieue et ses verdoyantes retraites n'impliquent pas qu'on songe à quitter définitivement Paris. On veut y rester au contraire pour admirer à son aise le merveilleux spectacle de l'Exposition. Mais, afin de s'appartenir davantage, on renonce volontiers à recevoir. Le dernier raout de la comtesse Greffulhe semble avoir fermé la série des soirées.

Il a été le prétexte d'un délicieux concert, organisé avec une telle simplicité qu'on l'eût dit improvisé. Et pourtant, des artistes de premier ordre, Faure, M$^{lle}$ Richard rehaussaient le programme de l'éclat de leurs noms. La comtesse de Guerne, cette grande dame dont le talent n'a rien à envier à celui des plus illustres divas, a bien voulu chanter aussi. Un air de la *Vestale* de Spontini a été pour elle un véritable triomphe.

Comme public, une soixantaine de dilletantes au plus, tous triés sur le volet : la princesse de Ligne, fille du duc de Doudeauville, la princesse de Caraman, l'ambassadeur de France à Constantinople et la comtesse de Montebello, le prince Edmond de Polignac, le marquis de Castellane, le comte de Ségur, le comte de Mosbourg, le baron Adolphe de Rothschild, Eugène Lami, le célèbre doyen des aquarellistes.

La maîtresse de la maison, dans une ravissante toilette blanche d'une fraîcheur exquise et qui seyait délicieusement à sa poétique beauté, a fait avec sa grâce accoutumée les honneurs de son salon. De nombreux hommages lui ont été offerts en retour, mais il s'y est mêlé le regret de penser qu'on ne pourrait plus les lui renouveler chez elle que l'hiver prochain.

Aussi bien, le bel hôtel de la rue d'Astorg est un centre mondain très recherché. Occupé au commencement du siècle par les Mouchy que la Révolution avait chassés de leur demeure patrimoniale, sise rue de l'Université à l'emplacement où s'élèvent aujourd'hui les bureaux du ministère de la guerre, il paraissait voué à d'aristocratiques destinées. Son sort actuel n'a pas menti à son origine.

D'autres foyers sont moins heureux, témoin celui où s'abritait naguère une opulente famille. Tout Paris a défilé cette semaine devant la célèbre collection qui en constituait la merveille. Mais, en voyant se disperser les remarquables toiles et les précieux objets d'art qu'une intelligente sollicitude y avait accumulés, a-t-on songé à évoquer la tristesse et les regrets de celui dont ces trésors faisaient tout récemment encore l'orgueil et la joie? Dans cette ville immense et enfiévrée, les préoccupations, les affaires, les plaisirs tiennent tant de place qu'une larme ne saurait y couler à l'aise. Et cependant, on s'y heurte à chaque pas aux épreuves, aux amertumes et aux injustices. A ne considérer qu'un côté de cette vente, qui a passionné la curiosité publique, huit jours durant, quel sujet de méditation offrirait, si on avait le temps de s'y arrêter, la glorification posthume de Millet! Ce peintre admirable, dont les deux mondes se disputent le chef-d'œuvre, aujourd'hui qu'il n'est plus, vivant, avait à peine de quoi subvenir à ses besoins. Le prix de ses toiles méconnues ne suffisait pas toujours à acquitter les termes de son humble loyer et, souvent, aux cris de détresse de ses enfants pleurant la faim; il était obligé de jeter son pinceau pour prendre une bêche qui lui permît d'arracher, au fond de son jardin de pauvre ouvrier, les légumes destinés à la maigre pitance du repas familial. Terrassé par la souffrance, par les privations et par les veilles, en proie aux affres du doute que lui inspire son propre génie, il meurt. Et voilà qu'il est subitement porté au premier rang des hiérarchies artistiques qu'encense la foule, voilà que ses œuvres rapportent plus d'or qu'il ne lui en eût fallu pour bâtir un palais?

Mais pourquoi disserter de la sorte? Il y aura ce soir *fête de nuit* au Champ-de-Mars et la tour-colosse, l'idole nouvelle que Paris adore, apparaîtra dans des splendeurs d'apothéose. Tout n'est-il pas pour le mieux dans le meilleur des mondes, du moment que le peuple a du pain et des spectacles?

## XL.

La vie mondaine à l'Exposition. — Dîner chez M^me Le Ray. — Une voyageuse devant l'Éternel. — Concert villageois chez la Duchesse de Lévis. — Durée du prestige de la noblesse. — Le Prince et la Princesse de Poix à Mouchy. — Mariages du Vicomte de Rochechouart et de M^lle de Bruc, du Vicomte de Castellane et de M^lle O' Tard de la Grange.

11 juillet 1889.

Nous touchons à la mi-Juillet : toutes les ardeurs de l'été embrasent nos rues; le soleil et la poussière s'acharnent contre la fraîcheur de nos jardins; nous sommes menacés, de par les règlements de nos édiles, de ne plus boire que de l'eau de Seine, en échange de celle que nous envoyaient les sources taries, et cependant personne ne part. Personne ne songe à aller secouer la fatigue et la langueur de cette chaude saison sur les plages, dans les villes d'eaux ou au milieu des campagnes que dorent les moissons nouvelles.

Il se dégage assurément de l'énorme masse de fer qu'ont absorbée les charpentes de l'Exposition un aimant inconnu qui exerce son irrésistible influence sur la société parisienne. Le Champ-de-Mars, dont la solitude et l'ennui n'étaient autrefois remplis que par la rude poussière des escadrons de cavalerie, voit maintenant toutes les élégances, que régit la mode, dérouler leurs phalanges gracieuses dans son enceinte, métamorphosée en royaume des Mille et une Nuits. Mondains et mondaines y passent leur vie, s'extasiant aux merveilles qui appellent leurs yeux, se complaisant aux spectacles et aux danses, s'attardant au bord des fontaines qui jettent à l'azur des nuits radieuses le miracle de leurs eaux pareilles à des gerbes de pierreries en fusion.

On ne rentre chez soi que pour dormir, la faim trouvant, dans les annexes du palais enchanté, de quoi subvenir à la fois à ses besoins et à ses fantaisies. Là les cuisines de l'univers entier exhalent l'alléchant fumet de leurs fourneaux et il faudrait que l'estomac de Pantagruel triplât de capacité pour qu'il pût goûter seulement pendant une journée à toutes les victuailles qui sortent de ces officines de la gourmandise. Les boissons réunies formeraient un fleuve; il n'y manque que l'ambroisie des dieux qui, en donnant l'immortalité, permettrait de s'y désaltérer toujours. Mais les Hébés sont nombreuses et, par leur grâce, elles n'ont rien à envier à leur sœur de l'Olympe.

Quelques personnes ont cependant encore leur table dressée chez elles. C'est ainsi qu'un très beau dîner vient d'être donné par M$^{me}$ Le Ray, mère du duc d'Abrantès et de la comtesse de Faverney. Sur le point d'entreprendre un des lointains voyages où son humeur aventureuse l'entraîne chaque année, elle a réuni autour d'elle une partie de son intimité, qui s'est empressée de lui témoigner ses regrets et ses vœux.

Parmi les vingt-cinq convives, à qui l'hospitalier hôtel de l'avenue Henri-Martin a ouvert ses portes, se trouvaient le duc et la duchesse de Bellune, avec leurs charmantes filles, le Prince Alexis Galitzin, ce russe si parisien, le comte de Moüy, un diplomate écrivain, qui n'aura qu'à traverser le pont des Arts pour obtenir le couronnement de sa brillante carrière, la comtesse Ducos, M$^{me}$ Alfred Le Roux, M$^{me}$ Beulé, toutes trois veuves de ministres, puis le comte et la comtesse d'Argy, la comtesse d'Azincourt, fille du Baron de Jouvenel, un des députés les plus spirituels du second empire, et de jeunes attachés au quai d'Orsay, le vicomte de Moüy, M. Jacques de Perrinelle, ce dernier neveu du comte de Monti qui eut l'honneur d'être l'ami et le confident du comte de Chambord, pendant le long exil de Frohsdorf, et qui peut être proposé comme le type de ces nobles courtisans du malheur à qui la Providence semble avoir donné la mission d'accompagner, de soutenir et de consoler les princes à travers les durs chemins de l'adversité.

Connaissant à fond l'Italie, l'Espagne et la Grèce, pèlerine fervente des saints lieux, où sa bienfaisance a laissé une trace d'or au seuil de tous les établissements charitables qui entourent le tombeau du Christ, M$^{me}$ Le Ray n'a pas craint de pousser, à différentes reprises, jusqu'aux extrêmes limites de l'Asie Mineure.

Elle a vu à Palmyre le temple fameux où l'antiquité rendait au soleil un culte mystérieux et splendide; elle y a parcouru les vastes colonnades, dont les ruines prodigieuses racontent au désert le faste de Zénobie, cette autre Cléopâtre qui voulut aussi se mesurer avec le colosse romain et qu'il ne devait pas épargner davantage.

Les cheiks des tribus nomades, émerveillés de la venue de notre compatriote accouraient lui offrir l'hospitalité de leurs tentes et la protection de leurs armes. Ils croyaient retrouver en elle l'originale et puissante figure de Lady Stanhope qui, au sein des brumes de la Tamise, avait rêvé de changer la face du monde religieux, dans les clartés de l'Orient, et qui, fixée en Palestine, au milieu d'adeptes subjugués par son ascendant singulier, montra complaisamment à Lamartine la cavale blanche, née toute sellée, dont parlent les Écritures et qu'elle réservait au triomphe du nouveau Messie.

Mais M<sup>me</sup> Le Ray, mieux inspirée que l'excentrique anglaise, n'a pas la prétention de rien innover en matière de foi. Personne ne professe au contraire plus de respect pour les enseignements de l'Église, et le principal mobile de ses lointaines pérégrinations est peut-être de chercher dans la cendre des civilisations mortes la lueur des dogmes chrétiens. C'est ainsi qu'au-delà de Bagdad, elle s'est plu à interroger les vallées où la tradition place le Paradis terrestre et que, devant les assises encore debout de la tour de Babel, elle s'est montrée plus attentive aux naïfs récits de l'histoire sainte qu'aux pompeux souvenirs de Belus et de Semiramis.

Cette année, Mme Le Ray se propose de visiter la Perse. Elle y retrouvera la trace des Prophètes, moins effacée par le souffle des siècles que la marche triomphale d'Alexandre, et les palais de Suse et d'Ecbatane, qui jonchent le sable de leur splendeur, pâliront sans doute à ses yeux devant le tombeau de Daniel. Elle compte passer quelques semaines à Ispahan pour s'y reposer de ses fatigues. Aussi bien, le voyage qu'elle est sur le point d'entreprendre n'est pas seulement pénible; il présente de réels dangers pour une femme qui s'enfonce à cheval dans des solitudes peu sûres, uniquement accompagnée d'un courrier français et d'un service d'indigènes, réunis au dernier moment sur des indications toujours vagues.

Peu de Parisiens seront vraisemblablement tentés de suivre l'exemple de Mme Le Ray. La plupart d'entre eux se plaignent déjà de l'éloignement de leurs terres et sont aises qu'une brise de leurs vallées, un parfum de leurs bois leur arrive sans qu'ils aient à se déranger.

Cette saine odeur de terroir s'est respirée chez le duc et la duchesse de Lévis, vendredi dernier. Elle accompagnait un orphéon champêtre, la fanfare de Léran, venue la veille du fond de l'ancien comté de Foix, pour visiter l'Exposition.

Messieurs les musiciens, après être restés bouche bée devant la Tour Eiffel et les fontaines lumineuses, se sont dit qu'ils avaient aussi chez eux une merveille dont on leur enviait l'orgueil à plus de vingt lieues à la ronde, le château de M. le duc, qui est dans sa famille depuis des siècles et qu'il a restauré à beaux écus d'or, comme au temps où tout le pays obéissait à ses ancêtres. Ils se sont souvenus, les braves garçons, que, sous ces fières tourelles, on ne trouve pas seulement de beaux meubles et de belles tapisseries, mais encore de bons conseils et de généreuses aumônes. M. le duc n'est-il pas la bienveillance même? Y a-t-il plus de bonté que chez M$^{me}$ la duchesse douairière et plus de grâce que chez M$^{me}$ la duchesse sa bru? Alors nos artistes campagnards, pour témoigner leur reconnaissance à leurs châtelains, ont imaginé de leur donner un concert comme ils ont coutume de le faire, là-bas, au village les jours de fête.

Ils étaient vraiment curieux à observer ces rudes et naïfs paysans, installés sous les superbes lambris de l'hôtel de l'avenue d'Antin, et jouant à qui mieux mieux de leurs instruments rustiques dans un salon tout doré. Quelques sourires accueillaient leur gaucherie, chez les hommes, mais les belles dames se montraient sympathiques à leurs robustes carrures et il n'était pas jusqu'aux vieux portraits de famille, un peu pâlis par le temps, qui n'eussent l'air de s'intéresser à eux comme à des gens qu'on a connus autrefois, figures d'humbles clients, réunis et protégés à l'ombre tutélaire du donjon patrimonial. Eux, ne s'apercevaient de rien. Ils n'étaient occupés qu'à ne point faire de fausses notes. La musique finie, ils ont chanté des romances dans leur patois imagé et sonore, des romances qui leur rappelaient leur pays, leurs foyers et les gentilles promises qui danseraient bientôt encore avec eux, dans la splendeur des soirs de moisson, et cela leur causait une émotion qui ajoutait un charme de plus à la chaude expression de leurs voix? Ont-ils su, ces bouviers et ces vignerons, qu'ils avaient pour auditeurs le Ministre de Belgique, le ministre de Portugal et la comtesse de Valbom, le marquis et la marquise d'Havrincourt, la marquise de Narbonne-Lara, le comte et la comtesse Aymery de La Rochefoucauld, le comte et la comtesse de Vesins, le comte et la comtesse de Brimont, le baron et la baronne de Baulny? Que leur importent ces noms? Ils ont été applaudis par des messieurs mieux mis que leur sous-préfet et des dames plus belles que la vierge de leur église, cela leur suffit et, tout de même, pour des gars de l'Ariège, c'est vraiment bien agréable d'avoir eu son petit succès à Paris.

Pour nous, il nous paraît singulier de constater l'autorité et le prestige qu'ont gardés les noms de l'ancien régime, précisément à l'époque où se célèbre le centenaire du plus grand mouvement démocratique qui ait passé sur le monde. La noblesse pouvait se dire, il y a un siècle, en voyant autour d'elle le flot populaire monter ainsi qu'un fleuve déchaîné et emportér comme des fétus de paille ses privilèges, ses titres, ses biens et jusqu'au plus pur de son sang, qu'elle n'aurait pas de lendemain. Mais, en dépit des orages qu'elle a traversés, elle s'est perpétuée jusqu'à nous, victorieuse de toutes les épreuves et, bien qu'elle n'ait plus d'immunités qui la distinguent du reste de la nation, plus d'attributions qui lui permettent d'exercer une influence sur les affaires de l'État, elle se maintient au-dessus des masses, pareille à un sanctuaire, environné de lumière.

Les plébéiens que la banque, le commerce ou l'industrie ont enrichis, sachant qu'ils ne peuvent entrer dans ce cénacle, s'efforcent du moins d'en ouvrir les portes à leurs filles au moyen d'une clef forgée du plus fin de leur or. Le monde leur sait gré de réussir. Comme le faisait déjà observer au siècle dernier un homme de cour, le baron de Besenval « il est reçu en France que les opinions et les préjugés sur les mariages doivent toujours céder à une certaine proportion d'argent et la somme plus ou moins forte déterminer le blâme ou l'approbation publique. » Un grand seigneur, épousant une roturière pourvue d'une grosse dot, passait simplement alors pour *fumer ses terres*. On dit moins crûment aujourd'hui qu'il *redore son blason*. Personne ne songe à le blâmer. Bien au contraire, on le félicite et on l'envie. Mais qu'il trouve une héritière riche dans son propre milieu, les suffrages qui viennent à lui atteignent facilement l'hyperbole.

C'est ainsi que la confirmation de l'alliance du jeune duc de Luynes avec Mlle d'Uzès, alliance dont le vœu des deux familles a été moins l'instigateur que le penchant mutuel des fiancés, peut être considérée comme un véritable événement. Du reste, pendant que les personnages du monde officiel mettent leur zèle à évoquer les souvenirs de la Révolution, la haute société semble n'avoir d'attention que pour les brillants hyménées contractés par les petits-fils des émigrés.

On a regretté à cette occasion que le mariage du prince et de la princesse de Poix n'eût pas eu l'apparat dont on se flattait de le voir entouré; les regards se sont du moins tournés avec complaisance vers Mouchy, où le jeune couple, au retour de son voyage de noces, a été l'objet d'un réception pompeuse, sous des arcs enrubannés.

C'est d'ailleurs à Paris que la bénédiction nuptiale a été donnée au vicomte de Rochechoüart et à Mlle de Malestroit de Bruc. Le marié est le fils aîné du comte de Rochechoüart, chef du nom et des armes de sa maison et de la comtesse, née La Rochejacquelein. Issue des vicomtes de Limoges, cette famille passe pour avoir reçu la ville de Rochechoüart en apanage, dès le dixième siècle. Un de ses membres, Aymeric IV fit partie de la première croisade et se couvrit de gloire sous la bannière de Godefroy de Bouillon. Deux cardinaux, un maréchal de France, sept chevaliers des ordres figurent parmi ses illustrations. De nos jours, elle est représentée par deux branches. L'aînée est celle des comtes de Rochechouart, la cadette a obtenu de Louis XIV l'érection en duché-pairie de la terre de Mortemart. A cette dernière appartenait la marquise de Montespan. On sait que le sang de la belle maîtresse du grand roi coule dans les veines des princes de la maison d'Orléans, deux de leurs plus célèbres ascendants, celui qui devait être le Régent et celui qui devait être Philippe-Égalité, ayant épousé l'un, sa fille, M$^{lle}$ de Blois, l'autre son arrière-petite-fille, M$^{lle}$ de Penthièvre.

M$^{me}$ de Montespan était douée comme son frère, le duc de Vivonne, et comme ses sœurs, M$^{me}$ de Thianges et l'abbesse de Fontevrault, d'un esprit étincelant. Devenu proverbial, cet esprit, héréditaire dans sa race, n'est pas une des moindres séductions de l'aimable foyer où le duc et la duchesse de Mortemart fêtaient naguère le soixantième anniversaire de la plus fidèle et de la plus touchante union. Ces deux vénérables personnages n'ayant que deux filles, la marquise de Laguiche et la comtesse de Mérode, le titre ducal qui les pare, avec moins d'éclat que leurs vertus, passera à la ligne collatérale de leur branche, ligne qui a pour chef actuel François-Marie-Victurnien de Rochechouart, marquis de Mortemart, grand d'Espagne de première classe, marié à Virginie-Marie-Louise de Sainte-Aldegonde, dont il a trois fils et trois filles.

Les armes des Rochechouart sont bien connues. Ils portent *fascé ondé d'argent et de gueules de six piè-*

*ces*. Leur devise, faite d'un jeu de mots, a pour but d'établir que leurs *ondes* existaient avant la mer : *ante mare undæ*.

La jeune fille qui vient d'entrer dans leur maison est aussi de vieille roche. Les Malestroit de Bruc figurent, en effet, au premier rang de la noblesse bretonne. On trouve parmi eux plusieurs chevaliers croisés, un vice-chancelier de Jean duc de Bretagne, deux lieutenants généraux des armées de Louis XIV, un garde du corps de Louis XVIII et un lieutenant colonel des Cent-Suisses. Ils habitent toujours leur province et ce qu'elle renferme de plus distingué se réunit avec empressement, pendant la belle saison, dans leur château du Châtelier, une des plus agréables résidences du département d'Ile-et-Vilaine.

Un autre mariage a été hier l'objet des sympathies parisiennes, c'est celui du vicomte de Castellane et de M<sup>lle</sup> O'Tard de la Grange. Le contrat de cette union a été signé samedi soir à l'hôtel Pastré chez les grands-parents de la fiancée. La comtesse souffrante n'avait pu présider cette cérémonie et son absence n'a pas été sans jeter une ombre sur les fleurs et les sourires qui s'épanouissaient à l'envi dans son élégant et hospitalier logis. Elle avait d'ailleurs confié le soin de la remplacer à sa fille, la baronne O'Tard de la Grange, qui, magnifiquement vêtue de damas blanc rehaussé de broderies d'or, se tenait à l'entrée des salons, à côté de la comtesse de Castellane, en robe de satin violet, recouverte de Valenciennes.

Devant les deux mères, enveloppés du même rayonnement de bonheur, les futurs recevaient les félicitations des invités, qui avaient trouvé dans la triomphale montée de l'escalier, tout jonché de l'odorante dépouille des jardins, comme un présage charmant des jours fleuris, réservés à l'hymen dont ils venaient saluer les prémices. Dans sa robe de crêpe, plus rose que les roses qui répandaient autour d'elle leur parfum délicat, la fiancée apparaissait comme la merveille de cette éblouissante floraison.

## XLI.

Garden-party à l'ambassade d'Angleterre. — Les derniers grands mariages de la saison. — Le duc de Clermont-Tonnerre et le général comte de Palikao.

6 août 1889.

Le mois de Juillet s'est terminé aussi brillamment qu'il avait commencé et Paris a eu pour la haute société des attraits plus irrésistibles que ceux de la villégiature qui, ordinairement à l'époque où nous sommes, se fait goûter par les gens de bon ton, au bord des sources thermales, sur les plages ou dans les châteaux. Rien n'a manqué à l'éclat de cette dernière quinzaine.

Au lendemain de la journée de liesse populaire et bruyante qu'a ramenée la fête nationale, dont les drapeaux et les lampions n'ont, d'ailleurs, pas sensiblement rehaussé l'éclat de la joyeuse kermesse qui chante par nos rues depuis l'ouverture de l'Exposition, il y a eu à l'Ambassade d'Angleterre une réception marquée au sceau d'une exquise élégance et d'une distinction suprême.

Il semblait qu'après les éblouissantes garden-parties

que la chronique mondaine a récemment enregistrées, il ne fut plus possible de trouver rien d'original dans ce genre. La matinée, offerte par le comte et la comtesse de Lytton, et dont M. Austin Lee, le sympathique secrétaire de l'Ambassade, avait, sous leurs auspices, réglé très heureusement le programme, a eu cependant un caractère particulier et comme une saveur primordiale que l'imitation des coutumes anglaises n'a pas encore su complètement s'assimiler chez nous. On eût dit, par comparaison, d'une épreuve *avant la lettre.*

Le soleil ayant eu un lever maussade, on avait craint tout d'abord qu'il ne se montrât pas propice à l'aimable réunion. Aussi, une ingénieuse prévoyance avait-elle multiplié les massifs de verdure et les corbeilles de fleurs dans les somptueux salons de la princière demeure pour qu'on pût y trouver, en même temps qu'un refuge, l'illusion d'un jardin. Mais l'astre capricieux est apparu au moment où l'on comptait le moins sur sa présence : prodigue de ses sourires, il semblait confondre les roses et les femmes dans la douceur d'une même caresse.

Les unes et les autres se pressaient à l'envi sur la vaste pelouse qui, du seuil de l'hôtel s'étend jusqu'à l'avenue Gabriel, encadrée d'ombrages non moins vieux et solennels que ceux des Champs-Élysées. Afin d'éviter aux minces souliers de satin le contact de l'herbe, d'épaisses nattes de Chine avaient été jetées sur le gazon. Une multitude de chaises, cannées d'or, étaient disséminées de droite et de gauche, offrant aux invités les *commodités de la conversation*. Au bas du perron, un canapé et des fauteuils de brocatelle avaient été disposés en demi-cercle sur un tapis de Beauvais. C'est là que M^me Carnot, arrivée à cinq heures, dans une très belle toilette de satin cerise, recouverte de dentelles noires, a été amenée par la comtesse de Lytton et s'est tour à tour entretenue avec le Nonce Apostolique, le Ministre des affaires Étrangères, l'Ambassadeur et l'Ambassadrice d'Italie, le Ministre du Portugal et la comtesse de Valbom, le Ministre des Pays-Bas et M^me de Stuers, le Ministre de Suède et la comtesse de Lœwenhaupt.

Parmi les autres assistantes se trouvaient : la duchesse douairière de Gramont, la duchesse de Richelieu, la marquise de Gallifet, la marquise de Saint-Sauveur, la marquise de Bérenger, la marquise d'Hervey de Saint-Denis, la marquise d'Anglesey, le marquis et la marquise de Maleissye, la comtesse Ducos, la comtesse Jean de Montebello, le comte de Pontevès, le comte Olivier de la Bourdonnaye, lady Campbell, les barons Alphonse, Gustave et Adolphe de Rothschild, le baron et la baronne de Itajuba, le baron de Mesnard, M. Meissonnier, le général Appert, le baron de Saint-Amand.

La comtesse de Lytton était en robe de satin blanc et faille grise. Lady Constance, sa fille aînée, très élégante dans une toilette de pékin bleu pâle, l'aidait à faire les honneurs.

Des buffets, somptueusement servis et surchargés de pièces d'orfévrerie comme le luxe britannique est seul à en posséder, étaient dressés le long des avenues et au fond du jardin. Un orchestre de Tziganes jouait dans un carrefour et ses ardentes harmonies faisaient frissonner le feuillage sous leur souffle de feu.

Parmi les cavaliers les plus galants auprès des dames, on a beaucoup remarqué M. Ernest Carnot, qui avait accompagné sa mère. Mis à la dernière mode de Londres, coiffé du chapeau gris, le bouquet d'œillets blancs à la boutonnière, il avait l'air d'un gentleman arrivant en ligne directe de Hyde-Park.

Le représentant de la Reine Victoria, complètement remis de l'affection douloureuse qui l'éprouvait naguère, recevait avec empressement les félicitations de ses hôtes et leur témoignait sa gratitude par l'avenante simplicité de son accueil.

On sait que ce grand seigneur joint aux talents du diplomate toutes les grâces du littérateur et toutes les séductions du poète. Sa conversation tour à tour grave et enjouée devient étincelante lorsqu'il rencontre un partner digne de lui donner la riposte. Très bienveillant aux artistes et aux écrivains, qu'il traite en confrère, il est souvent l'objet de cette bonne fortune et l'autre jour encore, on le voyait lutter d'entrain avec le grand peintre Meissonnier, avec M$^{lle}$ Eames, la nouvelle étoile de l'opéra et surtout avec Mrs. Emily Crawford, une des femmes les plus spirituelles de la colonie britannique, qui occupe une place si distinguée dans la presse de son pays, où elle fait paraître sur notre société des articles pleins de finesse et d'humour.

Deux jours après la garden party de l'Ambassade d'Angleterre, l'église Saint-Philippe du Roule s'est mise en fête à l'occasion du mariage du comte Alan de Montgommery et de Mlle Double de Saint-Lambert. Impossible de trouver un couple mieux assorti, plus de distinction s'alliant à plus de grâce.

Le comte de Montgommery est, en effet, un des hommes qui donnent le ton à la société parisienne et la jeune fille qu'il a choisie pour compagne n'a jamais pu paraître dans nos salons sans y exciter l'admiration générale.

Une très nombreuse et très brillante compagnie était venue s'associer aux joies de cet hyménée. On y remarquait entre autres, le général prince Murat, le prince de Sagan, le duc de Montmorency, le duc et la duchesse de la Trémoïlle, le duc de Mouchy, le comte et la comtesse de Pourtalès, la marquise de Gallifet, le comte et la comtesse Aymery de La Rochefoucauld, la comtesse de Mailly-Nesle, la vicomtesse de Croÿ, l'amiral baron Duperré, le général baron de Charette, le comte de Turenne, le comte Louis d'Andigné, le baron de Saint-Amand, M. Eugène Lami, M. Henry Blount.

Le général Magnan était venu tout exprès de Marseille, avec sa famille, pour assister à la cérémonie. On le félicitait beaucoup de la prochaine union de sa fille avec M. Double de Saint-Lambert, frère de la nouvelle comtesse de Montgomery.

M<sup>lle</sup> Vera Magnan, la fiancée dont il s'agit, est une jeune personne vraiment ravissante et accomplie. Elle a de qui tenir pour être belle. Sa mère, née à Haritoff est une des femmes qui ont été le plus admirées à la cour de Napoléon III. M<sup>lle</sup> Magnan, d'autre part, peut prétendre à l'intelligence par son père qui, actuellement placé à la tête de la brigade de cavalerie de Marseille, marche dignement sur les traces de l'illustre maréchal dont il est le fils et dont la brillante carrière rappelle les jours glorieux du second empire.

Un autre mariage a tenu en éveil les sympathies de la société parisienne, c'est celui du vicomte Adrien Fleury qui, lui aussi, porte un nom jadis très étroitement mêlé aux splendeurs impériales. Capitaine au second Chasseurs d'Afriques, ce jeune homme est le fils du feu général Fleury, qui, aide de camp et grand écuyer de l'Empereur, sénateur, ambassadeur à Saint-Pétersbourg, eut surtout l'honneur d'être l'ami et le confident de Napoléon III, dont la bienveillance le créa comte très peu de temps avant la chute de la dynastie. La comtesse Fleury sa mère, née Calley de Saint-Paul, est la petite-fille du savant Gay-Lussac et a pour sœur la duchesse d'Isly, bru du maréchal Bugeaud, qui, restée veuve, sans enfants, verra s'éteindre avec elle ce beau titre. Le frère aîné du vicomte Adrien, le comte Maurice, qui a renoncé à la carrière diplomatique où il a laissé de très bons souvenirs, a épousé la fille du baron Deslandes, femme aimable, spirituelle et fort à la mode. Son frère cadet, le baron Émile, sert comme lui à l'armée d'Afrique. La jeune personne qu'il conduisait hier à l'autel est M<sup>lle</sup> Renée Bianchi, dont le père, ancien député de l'Orne, compte parmi les membres les plus appréciés du cercle de l'Union artistique. Très remarquée dans les bals de la saison dernière, elle paraissait encore plus jolie que de coutume dans sa robe de satin blanc, recouverte de mousseline plissée en tuyaux d'orgue, des fleurs d'oranger retenant son grand voile et s'épanouissant en bouquet à sa ceinture.

On ne se serait pas cru au mois d'août à voir l'affluence qui se pressait dans la nef de Saint-Pierre de Chaillot derrière le cortège nuptial. Énumérer tous les noms connus serait véritablement impossible ; citons simplement, le comte et la comtesse de Rancy, le comte et la comtesse de Pracomtal, la marquise de La Grange, le général de Miribel, le général Petit, M<sup>me</sup> Beulé, M. et M<sup>me</sup> Delagarde, M<sup>me</sup> Hochon, le comte de Talleyrand, le comte Maurice d'Andigné, MM. Gourgaud, Galard, Giraudeau, de Nalèche, Maurice Haentjens, etc.

Mais, si c'est ordinairement à Paris, le centre mondain par excellence, que se célèbrent les unions aristocratiques, la province en voit aussi qui déroulent leur pompe sous les arceaux de ses vieilles cathédrales.

A Reims, tout récemment, l'auguste édifice, qui, durant tant de siècles, a été associé aux gloires de la monarchie et dont les voûtes grandioses ont si souvent retenti de la victorieuse allegresse des Te Deum, s'est rempli des doux chants de l'hyménée pour saluer un jeune couple qu'un nouveau Massillon est venu bénir. Son Éminence le cardinal Langénieux, qui occupe avec tant d'éclat le siège illustré par saint Rémy, s'est en effet rendu dans la vénérable basilique afin de remettre lui-même l'anneau nuptial au prince de Chimay et à M<sup>lle</sup> Werlé.

Le marié qui porte un des plus grands noms de l'Europe est le fils de Joseph de Riquet, prince de Chimay et de Caraman, ministre des affaires étrangères de Belgique. Par sa mère, morte il y a cinq ans et fille du vicomte Anatole de Montesquiou-Fezensac, il tient à une de nos plus anciennes lignées. Une branche de sa famille est d'ailleurs française et a pour chef le duc de Caraman. Il a deux frères et trois sœurs, dont l'aînée, célèbre dans les salons de Paris par son esprit, sa grâce et sa beauté est la comtesse Greffulhe.

La mariée, pour ne pas remonter à d'aussi nobles origines, n'en a pas moins un nom qui est synonyme d'honneur et de loyauté. Son père, qui figure au premier rang de l'industrie champenoise, répand en bienfaits innombrables l'immense fortune qu'il doit à son intelligence et les services qu'il a prodigués aux malheureux, ces chers objets de la sollicitude de l'Église, lui ont valu du Souverain Pontife le titre de comte. La sœur de M. Werlé, M<sup>me</sup> Alfred Magne, dont la charité mérite d'égales louanges, a épousé le fils de l'ancien ministre de l'Empire dont elle est restée veuve avec deux enfants, un fils qui est un très brillant officier de cavalerie et une fille mariée au vicomte Daru.

Faut-il dérouler des crêpes de deuil en même temps que des voiles d'hyménée, tresser à la fois des couronnes d'immortelles et des couronnes de myrthe, mêler l'amertume des larmes à la douceur des sourires?

Nous ne saurions pourtant passer sous silence deux morts qui viennent d'impressionner douloureusement la société parisienne, celle du duc de Clermont-Tonnerre et celle du général de Montauban, comte de Palikao. Chacun de ces deux noms a sa place dans les fastes de notre histoire. On a vu l'un croître et s'épanouir avec les lys de la royauté; l'autre a pris son vol avec l'aigle impériale.

La famille de Clermont-Tonnerre a eu pour berceau la baronnie indépendante et souveraine de Clermont, cachée comme une aire inaccessible au milieu des montagnes abruptes du Dauphiné. Sa filiation remonte à Siboud de Clermont qui vivait à la fin du onzième siècle. Un de ses membres, Geoffroy de Clermont, était au nombre des pieux chevaliers que l'exemple de saint Louis entraîna à la septième croisade. Parmi les autres personnages qui ont contribué à son élévation successive figurent un grand maître de l'ordre de Saint-Jean de Jérusalem, un maréchal, un cardinal, un ministre. Elle obtint de Charles IX l'érection en duché-pairie du comté de Tonnerre qu'elle avait acquis en 1496. Ses armes sont de *gueules à deux clefs passées en sautoir.*

Le defunt duc, Gaspard-Louis-Aimé de Clermont Tonnerre était né le 15 mars 1812. Il s'était marié en premières noces à Cécile de Clermont-Montoison et en secondes noces à Marie de Nettancourt-Vaubécourt. C'était un homme remarquable par la noblesse de ses sentiments, la distinction de son esprit et la courtoisie de ses manières, qui étaient véritablement exquises. Vice-président du Conseil-Général de l'Eure depuis plus de trente ans, il ne jouissait pas seulement dans ses terres de Glissoles et d'Ancy-le-Franc du respect et des sympathies qui s'attachaient à son caractère chevaleresque, il occupait encore une situation privilégiée dans le faubourg Saint-Germain et, s'il y comptait de brillantes parentés, il y comptait aussi de rares amitiés : à celles-ci comme à celles-là sa perte demeurera longtemps sensible.

Son titre et les hautes traditions de race dont il a été l'intègre dépositaire trouvent un digne héritier dans la personne du marquis de Clermont-Tonnerre, son fils unique. Le nouveau duc s'est distingué dans la carrière diplomatique et il y a atteint le grade de premier secrétaire d'ambassade. Il a d'ailleurs épousé la fille d'un ancien et éminent titulaire du Ministère des Affaires étrangères, le marquis de Moustier.

Le général de Montauban, comte de Palikao, qui vient de s'éteindre aux eaux d'Allevard, à peine âgé de cinquante-neuf ans, ne portait pas moins honorablement un nom illustre. Associé aux campagnes de son père, il dut à sa bravoure et à ses mérites de marcher rapidement sur les traces du vainqueur de Pékin. Fait peut-être unique dans nos annales militaires, ces deux soldats eurent l'orgueil de figurer en même temps dans les cadres de l'armée active avec le grade de général. L'un était arrivé très jeune à cette situation enviée, pour avoir combattu vaillamment sur tous les champs de bataille du second empire, l'autre y avait été maintenu, après la limite d'âge, pour avoir commandé en chef devant l'ennemi.

Il y a en ce moment même à l'Exposition universelle un admirable portrait du défunt qui porte la signature de Bandry. M. de Montauban est représenté en uniforme, debout auprès de son cheval. Il a l'attitude fière et martiale qui indique l'énergie et le courage d'une grande âme. Et de fait, il était de ces chefs dont le seul regard électrise les troupes. Mais s'il savait jouer son rôle au milieu de la mitraille, il n'était pas moins à sa place dans un salon. Esprit distingué et fin, causeur aimable, il était universellement apprécié.

Cependant depuis quelques années, il préférait la vie de famille au tourbillon mondain. Passant l'hiver dans son hôtel du faubourg Saint-Honoré et l'été dans son domaine du Cosquer, un des plus beaux châteaux de la Bretagne, il se consacrait ardemment à l'éducation de ses enfants comme s'il eût prévu que bientôt il n'aurait plus la douceur de les former à son image. Il laisse quatre orphelins, deux filles qu'il a eues de son premier mariage avec Mlle de Butterfield, une très charmante et très riche héritière d'Amérique, et deux fils, nés de sa seconde union avec Mlle Catherine de Gricourt, fille du marquis de Gricourt, chambellan de l'empereur Napoléon III. Ces derniers sont en bas âge; ce n'est donc pas avant longtemps que l'aîné d'entre eux se présentera dans le monde avec le glorieux titre de comte de Palikao.

# XLII

A l'Exposition. — La Tour Eiffel. — Goût du public jour l'art rétrospectif et les souvenirs du passé. — La Tour du Temple.

21 août 1889.

Les plates-formes de la Tour Eiffel ont été, au commencement de ce mois, les premières étapes de la villégiature. Après les longues promenades à travers les galeries et les annexes de l'Exposition universelle, on était heureux d'y monter pour s'y soustraire au flot grandissant de la foule, pour éviter le charivari des concerts exotiques, la poussière des pousse-pousse et des fauteuils roulants, l'odeur forte des victuailles, mangées économiquement sur les genoux par le peuple-souverain. On y retrouvait avec délices un air pur où ne se mêlaient point les effluves de toutes les races humaines, où la fumée du tabac ne se combinait pas avec les relents de la charcuterie, où la sueur ne s'alliait pas au musc, où le cambouis des machines ne jetait pas son souffle gras et huileux à travers les parfums écœurants des boutiques arabes.

Sans doute, on y était en nombre et on y parlait à

la fois les diverses langues qui sont répandues sur la surface de la terre. Mais c'était une Babel de bonne compagnie où Brébant vous donnait à manger et où Figaro, toujours spirituel, se gardait bien de vous raser, trouvant qu'il était plus opportun de vous offrir sa plume pour inscrire votre nom parmi d'augustes paraphes qu'on ne voit figurer d'ordinaire qu'au bas des protocoles religieusement conservés dans les archives ministérielles.

Quarante siècles regardaient autrefois du haut des Pyramides les troupes rassemblées autour du conquérant qui allait porter la guerre à travers l'Europe. Un plus grand nombre de princes et de rois ont contemplé du sommet de notre colosse de fer les rassurants exploits d'un régime qui veut la paix.

Le futur souverain d'Angleterre et des Indes, comme le Holstein assis sur le trône restauré de Codrus, le fastueux monarque de la Perse fulgurant dans l'arc en ciel de ses pierreries de même que Dinah-Salifou, le roitelet d'Afrique, fièrement drapé dans le coutil de son burnous, Romanof, Hohenzollern, Bragance, Saxe-Cobourg, Majestés venues dans l'apparat officiel ou Altesses amies de leurs aises, aussi mal dissimulées sous le subterfuge de l'incognito qu'elles le sont sous le velours du masque dans un bal à l'Opéra, toutes ces têtes couronnées ou près de l'être ou l'ayant été ou pouvant le redevenir ont été forcées de reconnaître, devant un spectacle sans exemple, que la République n'était pas la sanguinaire furie dont on s'était plu à leur faire le portrait, mais qu'elle était, au contraire, une hôtesse aimable et très bonne fille qui ne demandait qu'à rire et à s'amuser, pourvu qu'on n'oubliât pas de la respecter.

Les aigles perchent haut; il n'y a donc pas à s'étonner qu'ils aient eu tant de goût pour l'édifice qui vient de dépasser tous les autres par la hardiesse de ses proportions. Mais les moineaux ont aussi des ailes qui portent très loin leur fantaisie. C'est sans doute ce qui explique que la Tour ait eu le même prestige pour les petits.

Ils l'admirent, ils l'aiment, ils en sont engoués, ils ne parlent que d'elle, parce qu'elle frappe leur imagination et émeut leurs sens. Seul le penseur s'arrête attristé devant le colosse glorifié; il se demande tout bas s'il ne doit pas voir en lui le symbole du matérialisme appelé à écraser bientôt, sous son pied d'airain, les croyances et la poésie d'autrefois.

Remarque curieuse à faire : il y a cent ans, une autre tour charmait le public français. C'est la *tour de Malbrouck*, que la romance naïve, composée par la nourrice du dauphin, avait mise à la mode. Pas de grand seigneur, pas d'opulent financier qui ne voulût avoir la sienne dans ses jardins. On copiait celle que la reine avait fait construire, à côté de sa laiterie, au bord du lac de Trianon. On y montait en troupe joyeuse, dans des costumes à la Watteau, avec des souliers à talons rouges, de la poudre sur les cheveux et de grandes cannes, enrubannées de rose et de bleu, comme en portent les bergers d'opéra, et, là, parmi les madrigaux musqués, les soupirs pâmés devant une nature factice qu'on prenait pour la véritable, on se laissait aller aux illusions du jour. Les verdures solennelles, les draperies de fleurs qui semblaient isoler le parc du reste du monde empêchaient de voir l'horizon et les nuages sombres qui s'y amoncelaient, prêts à laisser tomber la foudre avec une pluie de sang.

« Madame monte à sa tour ! » disait-on des belles marquises gravissant l'escalier en spirale du léger monument, appuyées au bras des petits-maîtres qui se piquaient de cacher sous l'ironie de Voltaire l'*âme sensible* de Rousseau.

C'est le même cri que la raillerie cruelle du peuple allait bientôt jeter à la Reine, lorsqu'il lui était permis de chercher un peu d'air sur les créneaux de sa prison.

La Tour du Temple ! Voilà encore un édifice qui a attiré les regards et occupé les esprits ! Et aujourd'hui qu'il n'en reste plus pierre sur pierre, son souvenir continue à émouvoir les cœurs.

Eh ! bien, qu'on se tourne vers les hauteurs du Trocadéro, on verra sa saisissante image se dresser comme une vision fantastique ; on le retrouvera tout semblable à ce qu'il était au moment où un des plus lugubres drames de l'histoire allait se dérouler dans ses murailles.

Les hommes éminents qui ont présidé à l'organisation de l'Exposition universelle n'ont pas oublié qu'un des caractères distinctifs de notre époque est son goût pour les choses du passé et qu'elle y apporte une curiosité ardente, un intérêt passionné. Ils ont fait appel aux recherches ingénieuses des érudits, aux délicates inspirations des artistes; ils ont puisé dans les trésors de l'État.

Grâce à cette heureuse impulsion, l'administration de la guerre a exhumé de glorieuses figures et le public est demeuré saisi d'admiration devant tous ces héros, qui se montraient radieusement illuminés du reflet de leurs prouesses, dont le sanctuaire des musées, des bibliothèques et des archives avait seul gardé la mémoire, parmi tant d'images sans culte et de noms sans écho. La reconstitution des diverses habitations que l'Humanité s'est construites à travers les âges est, ailleurs, le saisissant résumé de ses longues luttes pour la vie; elle y apparaît faible, craintive, et superstitieuse à ses origines; policée, artiste et aimable, à mesure que son intelligence s'éclaire et que sa foi s'épure; opulente et fastueuse dans le triomphe de la victoire, triste et humiliée dans l'accablement des revers, mais se relevant toujours et marchant vers le progrès dont la fulgurante lumière semble guider son regard d'aigle. Le bois et la pierre racontent ses mœurs; on remarque dans leur assemblage l'influence des religions qu'elle a pratiquées et des climats où elle a vécu. C'est un résumé physiologique qui respire un puissant intérêt.

Dans les galeries du Palais des Arts Libéraux l'attention est d'autre part attirée par les plus exquises productions du travail de l'homme; on y a sous les yeux les étapes successives que son intelligence a parcourues depuis les temps lointains où, encore à l'état de nature, il tâtonnait dans les ombres de l'ignorance; elles s'illuminent d'une lumière plus vive à mesure qu'elles se rapprochent de nous. On dirait d'une route qui, sortant de la nuit, est baignée d'heure en heure des croissantes clartés du jour. De distance en distance, comme des génies conducteurs, les quatre grands siècles de l'Histoire semblent indiquer les carrefours où la civilisation a laissé sa trace glorieuse, avançant d'un pas inébranlable et sans regret au cœur, sentant bien qu'elle n'avait pas atteint le but promis à ses destinées.

Des détails charmants, des curiosités exquises se détachent du merveilleux ensemble. On se passionne pour des dentelles : elles sont si anciennes et si délicates qu'elles ont dû habiller des princesses ayant des fées pour marraines. On a la berlue devant des lunettes. On est tout surpris de rencontrer, à côté des bésicles de l'alchimiste qui cherchait la pierre philosophale dans son laboratoire enfumé, le lorgnon du muscadin qui se pâmait d'aise, en regardant les beautés à la mode passer sous les verdures claires du Palais Royal. Les vieilles reliures racontent les bibliothèques dispersées, les hôtels et les châteaux détruits, les familles éteintes. Que de doigts studieux ou légers, amoureux ou pieux ont effleuré ces tranchants dédorés et ces blasons pâlis! Ici, la découverte des aérostats déroule ses annales sur des assiettes, sur des éventails, sur des tabatières et sur des boîtes à mouches. Là, de simples feuilles de papier, des affiches évoquent mille circonstances de la vie publique, depuis les alléchants appels aux *beaux hommes* que recherchaient les régiments de l'armée royale, jusqu'aux proclamations qui consacrent la disparition d'un régime ou la chute d'un chef d'État, celles-ci s'accordant toutes pour promettre au peuple des réformes et une prospérité nouvelles.

Plus loin, le char d'un Titus rase le carrosse d'une Du Barry, la chaise à porteurs qui promenait la dame du palais dans les jardins de Marly est voisine de la patache qui amenait la villageoise à la ville entre un moine et un soldat.

Les instruments de musique ne sont pas moins suggestifs : la princesse de Lamballe n'a-t-elle pas promené ses mains divines sur une de ces harpes? A ce clavecin, Marie-Antoinette n'a-t-elle pas chanté *Plaisirs d'amour* et *Pauvre Jacques?*

Mêmes évocations, mêmes poétiques souvenirs au palais du Trocadéro. Quel entassement de richesses! Quel éblouissement de merveilles? Des collections particulières, dont il suffit de citer les possesseurs, les Rothschild, les Yvon, les Spitzer, pour établir qu'elles sont hors ligne; la plupart des trésors, appartenant aux cathédrales et aux églises historiques, tout cela encore d'une telle magnificence que la poussière des barbares et des bandits qui avaient cru dévaster le monde doit en tressaillir de rage et d'envie.

L'initiative privée a suivi l'exemple du Gouvernement. A tous les abords du Champ de Mars, elle a élevé des édifices destinés à nous donner l'illusion d'une autre époque. La Bastille, avec ses gardes françaises et ses sans-culottes, ses bouquetières, ses ravaudeuses et son Latude, a ouvert la série de ces reconstitutions. Bientôt la Tour de Nesles devait nous rendre Marguerite de Bourgogne et sa légende faite de volupté et de sang; puis le Petit-Châtelet a dressé ses créneaux, avec Ravaillac pour premier rôle.

Mais, au milieu de toutes ces reproductions du passé, la Tour du Temple tient une place à part. Aucun monument n'était, en effet, de nature à causer une sensation aussi profonde, tant par le type de son architecture que par l'intérêt de ses souvenirs.

Il y a cent ans, il passait pour un des édifices « les plus solides du royaume ». Il était resté debout à travers les transformations de la capitale et racontait toujours la funèbre histoire des Templiers. Cinq siècles s'étaient écoulés depuis que Frère Hubert, trésorier des chevaliers, avait fait sortir de terre cette masse gigantesque destinée à servir de témoignage à leur formidable puissance et pas une des vieilles pierres ne s'était descellée. On parlait encore des trésors qui avaient excité la convoitise de Philippe-le-Bel, lorsqu'en un jour d'émeute, il avait trouvé un refuge dans l'imprenable forteresse; le procès fameux qui s'était terminé par la suppression de l'ordre et la fin effroyable de ses membres était encore dans toutes les mémoires. En vain, l'administration bienveillante et aimable des chevaliers de Malte, à qui l'enclos privilégié du Temple était postérieurement échu, en vain les fêtes données à l'hôtel du Grand-Pieuré, où les beaux esprits se pressaient autour de femmes illustres et charmantes, avaient-elles jeté des fleurs sur ce drame déjà si vieux. On ne l'avait point oublié.

Mais quelle autre tragédie allait en effacer le souvenir ! N'était-ce point là que la royauté captive et avilie allait traîner son agonie ?

La Tour du Trocadéro rappelle exactement celle qui servit de prison à Louis XVI et à sa famille.

D'abord, une enceinte, muraille que le comité du Salut-Public avait fait élever à l'intérieur du système de défense fermant l'enclos et qu'il jugeait insuffisant. C'est un gros rempart, qui est percé d'une porte charretière bardée de fer et maintenue par d'énormes verrous et d'une seconde porte, plus étroite mais tout aussi cadenassée, servant de guichet. Les geôliers, avec leurs trousseaux de clefs, les municipaux, avec leurs armes, se tiennent là. Le seuil franchi, on se trouve au pied de l'immense donjon, flanqué de ses quatre tourelles ; les faisceaux de fusils et de piques, les pièces de canon, le va-et-vient des sentinelles, le renouvellement des gardes montantes indiquent l'étroitesse et l'horreur de cette geôle. Mais qui hésite à y pénétrer ?

A quelque opinion qu'on appartienne, on ne peut se défendre d'une grande commisération pour les infortunés qui ont supporté au Temple des souffrances que l'imagination des poètes n'eût pu inventer, fussent-ils Sophocle ou Shakespeare. Louis XVI et Marie-Antoinette, accablés sous le poids de fautes séculaires, dont ils ont subi le châtiment avec une dignité et une résignation sans défaillance, ont revêtu l'auréole du martyre. Il n'y a pour eux que de l'attendrissement et de la pitié.

On va donc voir la prison royale et on est vraiment frappé de la façon fidèle et minutieuse, dont elle se présente aux visiteurs.

Voici l'escalier unique, dans la tourelle de gauche. Il conduit au premier étage, converti en immense corps de garde; on passe, on a hâte d'arriver aux lieux habités par les captifs, pour les plaindre; car, La Bruyère l'a dit : « L'infortune des princes nous touche plus que celle des autres hommes. »

Au second étage, se montrent l'appartement du roi, la chambre qu'à l'origine il occupait avec le dauphin, celle du fidèle Cléry; la salle à manger où les repas avaient lieu, sous les regards méfiants des gardes placés dans l'antichambre voisine et qui pouvaient épier à leur aise par le vitrage de la porte; dans la tourelle de droite, l'oratoire où le fils de Saint-Louis allait élever son âme en vue du sacrifice.

Au second, il y a l'appartement des *femmes*,

comme disait le langage révolutionnaire de l'époque,
mais quelles femmes! Des femmes qui avaient dans
leurs veines le sang de toutes les maisons souveraines
de l'Europe, qui tenaient par la parenté la plus proche
aux empereurs et aux rois et à qui il était réservé de
gémir entre des murs nus, sans pain, sans linge, sans
vêtements, avec des tortures morales, mille fois plus
déchirantes que les privations matérielles!

La chambre de Marie-Antoinette, celle de
M$^{me}$ Royale, celle de M$^{me}$ Élisabeth, comme celle du
roi, ont le mobilier qui les garnissait : humbles lits,
humbles chaises, humbles tables, toute la pauvreté
des mansardes faisant suite aux splendeurs de Versailles!

Mais rien n'est plus touchant que le cachot du petit
dauphin, cette fleur d'innocence et de grâce desséchée dans l'épouvante de sa solitude et de ses appels
désespérés auxquels la tendresse de sa mère ne pouvait plus répondre!

Toutes les scènes du drame royal sont représentées par des personnages de cire qui ont été exécutés
d'après les portraits et les bustes de nos musées;
les adieux du roi à sa famille sont d'une vérité saisissante.

Par la seule majesté de ses proportions, par la
seule mélancolie de son aspect, la Tour du Temple
se recommande d'ailleurs à l'attention.

Placée sur les hauteurs du Trocadéro, à l'angle
du boulevard Delessert et de la rue Chardin, elle

domine de ses soixante mètres les pelouses qui descendent vers la Seine et on la voit de tout Paris.

D'en bas, elle se détache sur le ciel comme une sorte de calvaire, le calvaire de la royauté.

Et ceux qui, des hauteurs de sa plate-forme, regardent au loin, n'ont pas, Dieu merci, comme Louis XVI et les siens, à contempler l'horrible vision des têtes coupées et des piques sanglantes; ils n'entendent point l'atroce clameur de la populace en délire, mais ils ont devant eux le spectacle d'une ville immense, occupée à la glorification du travail, ville aimée entre toutes, parce que ses erreurs, ses emportements, ses colères ne prennent ordinairement leur source que dans des aspirations généreuses, l'amour de la justice, l'amour de la liberté, et parce que ses larmes sont toujours prêtes à laver le sang qu'elle a versé.

## XLIII

Paris-Babel. — Le duc de Bragance. — Physionomie de la rue. — Grandes villégiatures. — Les plages à la mode. — Charles III, prince de Monaco.

28 septembre 1889.

Le firmament parisien s'est mis en frais de lumière et de chaleur, ce mois-ci, pour complaire sans doute aux populations exotiques que l'Exposition Universelle a rassemblées dans son enceinte. Il leur a prodigué les faveurs d'un soleil équatorial et les délices d'une température torride. C'était plaisir de voir Annamites, Congoliens, Sénégalais et Arabes étirer paresseusement leurs membres dans ce bain de feu. Les Javanaises se croyaient enveloppées du souffle ardent qu'exhalent les volcans de leur île, et n'en dansaient qu'avec des grâces plus voluptueuses. Les âniers du Caire se réveillaient, comme si le simoun fût venu caresser leurs têtes brunes de jeunes Pharaons, et leurs yeux s'avivaient d'étincelles qu'on eût dit tombées du splendide rayonnement de leur ciel natal. Pour un peu, les Canaques, rejetant la vareuse de flanelle rouge, le pantalon de coutil et les bottines à élastiques, dont la pudeur européenne leur a révélé l'usage, eussent repris le mince ruban de lichen qui constitue leur costume national et exhibé, sans détour, à l'admiration féminine la vigueur de leurs formes athlétiques.

Les touristes venus de latitudes un peu moins méridionales ne se sont pas trouvés dépaysés non plus dans cette atmosphère embrasée.

L'héritier de la couronne de Portugal en a donné un auguste exemple. Du matin au soir au Champ de Mars, ce prince déployait à parcourir les galeries, transformées en étuves, une activité incomparable. Son ardeur ne s'est pas ralentie devant les fatigues de la chasse : il est allé à Rambouillet, où le duc de la Trémoille avait organisé une fête cynégétique en son honneur ; il eût été, dans des circonstances analogues, l'hôte du baron Alphonse de Rothschild, à Ferrières, si, par suite de la célébration anticipée du baptême de l'enfant nouveau-né du duc et de la duchesse d'Aoste, il n'eût été appelé à Turin plus tôt qu'il ne le pensait.

Quant aux hommes du nord, moins aptes à subir une température aussi tropicale, ils n'ont pas hésité pourtant à s'engouffrer dans la fournaise. L'asphalte amolli par une chaleur de trente degrés brûlait leurs chaussures, la réverbération des murailles aveuglait leurs yeux et leurs fronts se couvraient de sueur sous le poids d'une voûte d'airain. Mais comment résister aux séductions du Palais enchanté, à l'ensorcellement de la Tour-Fée, comment renoncer à la contemplation de merveilles qu'aucune époque n'avait encore vues et que les âges à venir ne connaîtront peut-être que par ouï dire?

Nos hôtes ont donc été plus nombreux que jamais et leur affluence a mis dans Paris une extraordinaire animation. Partout on les rencontre, partout on est obligé de leur céder le pas. Les restaurants, les cafés, les théâtres, les voitures leur appartiennent par droit de conquête. Il n'est pas jusqu'aux églises qui, à l'heure des offices, ne soient encombrés d'Anglais et d'Anglaises venus là, sur le conseil de leur *Bedæker*, pour entendre une musique « genre opéra ».

Ce qu'on raconte des foires célèbres où les populations de tous les climats se réunissaient au moyen âge ne peut donner une idée de la physionomie actuelle de nos boulevards. Les graves fils d'Albion enfermés dans leur faux col et dans leur *respectability* y coudoient les pétulants compatriotes de *Graziella* qui étalent complaisamment leurs cravates roses et leurs chapeaux de feutre blanc. Les Hollandais, à la démarche bon enfant de commerçants en rupture de comptoirs, un jour de kermesse, barrent la route aux solennels Espagnols qui s'avancent l'air hautain, comme s'ils suivaient Charles-Quint, derrière le dais du Saint-Sacrement à la Fête-Dieu. Les Russes, justifiant par leur élégance leur appellation de Parisiens du Nord, se croisent avec les Américains habillés de complets à carreaux et la lorgnette en bandoulière.

Des Arabes, des Turcs, des Persans, des Chinois forment des groupes clairs et chatoyants qu'on prendrait pour des masques en avance sur le mardi-gras. De ci, de là, quelque Allemand essuie ses lunettes, surpris de trouver chez l'*ennemi héréditaire* le mouvement et le plaisir, au lieu de la solitude et du désenchantement que lui avaient promis les gazettes d'Outre-Rhin.

Le soir, toutes les libellules des jardins de Vénus voltigent à travers cette mêlée, secouant leurs ailes, incendiant leurs regards, empressées à mettre en pratique le conseil donné par la chanson qui fait rage dans les cafés-concerts et qui doit singulièrement troubler dans leur dernier sommeil les écrivains du grand siècle :

> Allons! les petites cocottes!
> Vive la carotte!
> Qu'on boursicotte!
> Voilà l'Exposition
> Il faut vous faire une position!

Si le trottoir, de la Madeleine au faubourg Montmartre, voit le triomphe de celles qu'une littérature aussi peu relevée désigne du surnom de *Dégraffées*, le pont de la Concorde, le quai d'Orsay et les abords de la Porte Rapp sont le bruyant théâtre où se déroulent les évolutions des camelots. « Qui veut des tickets? » est le « Qui-Vive » dont ils vous accueillent au passage? Et que de métiers ingénieux, que d'inventions primesautières pour arriver à empocher quelques sous! Ouvreurs de portières et ramasseurs de bouts de cigare se sont faits marchands. Toute la pacotille parisienne a là ses étalages. Quant à la « Tour Eiffel » on en a mis partout.

Elles chantent, ces pauvres cigales! Elles chantent, sans souci de l'hiver qui viendra et de la bise qui les trouvera fort dépourvues. Pour quelques portes que la charité leur ouvrira alors, à combien d'autres ne leur dira-t-on pas :

> Vous chantez, j'en suis fort aise
> Eh! bien dansez, maintenant!

Les membres de la haute société qui ont été les premiers à souligner par leurs enthousiastes et fréquentes visites le succès de l'Exposition n'ont pas eu du moins à se priver, pour en admirer les merveilles, de leur villégiature accoutumée.

Le président de la République et Mme Carnot, après avoir si largement payé de leur personne pour maintenir le renom d'hospitalité dont jouit notre pays, sont allés goûter un repos bien mérité à Fontainebleau. Ils y vivent sans apparat, simples et accueillants dans l'intimité, comme ils le sont à Paris dans les cérémonies officielles.

Le duc d'Aumale, à l'exemple du Grand-Condé devenu vieux et peut-être désabusé des vanités humaines, s'entoure dans ce même Chantilly de savants et d'artistes. Son neveu, le duc de Chartres, chasse non loin de là dans les forêts qui entourent le petit château de Saint-Firmin où la duchesse, tout à ses devoirs de mère de famille, achève avec une tendre sollicitude de mettre le sceau aux grâces et aux vertus de celle que l'héritier de la maison de France vient de se choisir pour fiancée.

M<sup>me</sup> la princesse Mathilde est retournée à ses chers ombrages de Saint-Gratien. Un cercle restreint continue à être sa société de prédilection. Le jeune comte Primoli, qui appartient par son père à une des plus grandes familles de l'aristocratie romaine et par sa mère à la branche aînée des Bonaparte, est venu apporter chez Son Altesse le contingent de son humeur aimable et enjouée. Il sera bientôt suivi du prince Louis-Napoléon, fils cadet du prince Jérôme, qui, renonçant à servir sous le drapeau italien, va, dit-on, demander à l'empereur de Russie de lui donner une place dans son armée.

La vie est très sérieuse à Saint-Gratien. On y partage ses loisirs entre la promenade, la lecture, la musique et la causerie. Deux fois par semaine, le mercredi et le dimanche, la table s'élargit pour recevoir les invités venus de Paris, mais ce sont des amis fidèles, des hommes d'esprit depuis longtemps connus, familiers de la maison, qui n'y amènent ni trouble ni contrainte.

La princesse dans ces occasions fait chauffer le petit vapeur qu'elle a sur le lac d'Enghien pour offrir à ses hôtes le plaisir d'une promenade nautique. Très souvent, elle sort, simplement accompagnée de sa dame d'honneur, la baronne de Galbois et de sa jeune et charmante amie la vicomtesse Benedetti, fille de M. Isidore Salles, l'ancien préfet du Bas-Rhin. L'église de Saint-Leu où reposent le père et le frère aîné de Napoléon III est pour Son Altesse un pèlerinage favori.

L'existence a le même recueillement à la Forêt, chez le maréchal de Mac-Mahon et la duchesse de Magenta. On croirait en pénétrant dans le château retrouver quelque patriarcal foyer d'un autre âge et ses hôtes font penser à ces grands seigneurs du temps de Louis XIV, qui, après avoir rempli dans le monde la mission imposée à leur nom par la Providence, allaient se préparer dans leurs terres à une destinée plus glorieuse encore.

A Dampierre, la jeunesse a jeté ses chansons et ses rires.

La visite de la duchesse d'Uzès a été comme le prélude de la brillante union qui se prépare entre sa fille et le descendant du connétable de Louis XIII. La comédie est un des plaisirs qui a ses entrées dans cette hospitalière demeure. Le spectacle de cette année a été une *Revue* où toutes les actualités ont défilé depuis le général Boulanger jusqu'à la Tour-Eiffel et aux fontaines lumineuses. Mlle d'Uzès et Mlle de Luynes, qui sont sœurs par les séductions de la grâce en attendant de le devenir par les liens du sang, ont tenu leur rôle avec un merveilleux éclat. Leurs costumes étaient splendides.

Ah! que nous sommes loin du temps où les représentations d'*Esther* et d'*Athalie* n'étaient pas sans effaroucher un peu les scrupules de M^me de Maintenon et où elle voulait que ses pupilles ne parussent devant la cour que dans la simplicité de leurs costumes de pensionnaires !

Trouville et Deauville, après les courses, la grande décade pour employer l'expression adoptée par le sport, ont retenu leurs habitués. La princesse de Sagan continue à exercer là sa souveraineté mondaine. Nombre de femmes charmantes ont d'ailleurs passé sur ces plages : la marquise de Gallifet, la baronne Alphonse de Rothschild, la comtesse d'Amilly, la comtesse François de Gontant, la vicomtesse Henri Vigier, M^me Batbedat, M^me de Breuvery, M^me Fernand Ratisbonne. On a beaucoup admiré au milieu de ce brillant essaim deux jeunes mariées de la saison : la comtesse André de Ganay, née Le Marois, et la comtesse Alan de Montgommery, née Double de Saint-Lambert.

Il nous arrive de Biarritz des échos aussi sympathiques. Les grands ducs Georges, Alexandre et Michel, fils du grand duc Michel Nicolaïevitch y sont installés. Parmi la nombreuse et brillante colonie russe qui les entoure, on remarque la princesse Jourievsky, veuve morganatique du Czar Alexandre II, et sa sœur la comtesse de Berg ; le prince et la princesse Ourousoff, la princesse Galitzin, la princesse Kourakine, le comte Nicolas Orloff, l'amiral Aslantugoff, le baron de Kleiber.

D'autre part, la présence de la reine Régente à Saint-Sébastien attire sur la côte française une foule de notabilités espagnoles. Paris n'y est pas moins bien représenté. On a vu, en effet, défiler tour à tour sur la plage de Biarritz la duchesse de la Trémoïlle, accompagnée de son fils, le prince de Tarente, la comtesse de Chevigné, le marquis de Breteuil, la comtesse de Montebello, la vicomtesse de Pierredon, la baronne de Précourt, la comtesse de Rougemont, M. et M$^{me}$ de la Haye-Jousselin, la comtesse de Pontois-Pontcarré, M. et M$^{me}$ Pereire, M. et M$^{me}$ Carolus Duran, avec leurs charmantes filles, dont l'aînée est fiancée à M. George Feydeau, la comtesse de Sonis, le vicomte de Saint-Seine, le comte des Garets.

Au cours de ses déplacements une triste nouvelle est venue impressionner la société parisienne. C'est la mort du prince souverain de Monaco.

Né en 1818, Charles III était sur le trône depuis 1856. En dépit des événements considérables qui se sont accomplis chez ses puissants voisins pendant ce long règne, il a su par sa politique prudente et mesurée, empêcher qu'aucune atteinte ne fût portée à l'indépendance et à l'autonomie de son petit État. Français d'origine (il appartient à une branche de la maison de Goyon-Matignon qui fut substituée en 1731 à la maison de Grimaldi), il avait une prédilection marquée pour la France. Il y avait choisi son épouse, Antoinette de Mérode qu'il eut la douleur de perdre en 1864 et dont est né le fils qui lui succède, Albert Honoré Charles, duc de Valentinois. Lorsque Charles III quittait Monaco, c'était pour résider, tantôt à Paris dans son hôtel de la rue Saint-Guillaume, tantôt près de Soissons dans son château du Marchais. Il avait donné à un Français, le baron de Farincourt, ancien préfet de l'empire, le gouvernement de sa principauté. De nombreux Français composaient sa garde d'honneur. N'est-il pas permis de dire que son deuil est un deuil français?

## XLIV.

Les mondains ne se désintéressent plus des affaires publiques. — Nouveaux députés. — Courrier de Fontainebleau, de Versailles et de Saint-Germain. — Sur les bords de la Seine. — Les retours à Paris. — Adieux à l'Exposition.

25 octobre 1889.

Il fut un temps où les hommes du monde se désintéressaient volontiers des affaires publiques. Ils se contentaient de mener grand train, de réunir le luxe et le confort dans leur maison, de veiller à la tenue et à la correction de leurs écuries, de payer grassement un cuisinier et un maître d'hôtel qu'on leur enviait. Sous le régime de Juillet et sous l'Empire, la haute aristocratie donnait l'exemple de l'abstention. Elle ne frayait point avec les autres classes de la société. Elle restait isolée dans son faubourg, tenant ordinairement fermées les lourdes portes de ses demeures patrimoniales, et, lorsqu'elle quittait Paris pour aller aux champs, elle persistait à vivre à l'écart, dans ses terres, sans chercher à reprendre la moindre influence sur les anciens vassaux de ses aïeux.

Aujourd'hui, les préjugés de caste sont fort affaiblis et ceux à qui le ciel a distribué les avantages de la naissance et de la fortune paraissent comprendre qu'en ne faisant pas fructifier ces dons, ils seraient aussi coupables que le mauvais serviteur de l'Évangile. Si quelques-uns d'entre eux, fidèles à des opinions respectables, continuent à émigrer des fonctions de l'État comme leurs ancêtres émigraient des frontières du pays, il y a cent ans, du moins, ils ne laissent plus leurs fils épuiser leur jeunesse dans une stérile oisiveté. Il suffirait d'ouvrir les annuaires de l'armée, de la marine et de la diplomatie pour y voir figurer et non sans honneur beaucoup d'héritiers de noms illustres.

Les luttes électorales, qui viennent à peine de finir et où chacun a pu déployer son drapeau, ont prouvé, d'autre part, que des élégants, des clubmen habitués à briller sous les lambris des salons et dans les allées du Bois se sont sentis capables de jouer un rôle plus méritoire. Aux candidats qui briguaient et qui ont obtenu les suffrages populaires, les grands cercles ont fourni un contingent de premier ordre. Celui de l'Union Artistique, l'*Epatant*, pour le désigner par son appellation familière, envoie à lui seul au Palais-Bourbon le duc de Doudeauville, le prince de Léon, le prince d'Arenberg, le comte de Juigné, le comte Greffulhe, le comte Armand, le comte Albéric d'Espeuilles, M. Raphaël Bischoffsheim qui, après s'être occupé des étoiles du théâtre a voulu que la ville de

Nice pût admirer celles du firmament dans le magnifique observatoire dont il lui a fait présent, le comte de l'Aigle, le baron de Soubeyran, le baron Gérard, le comte de Montsaulnin, le comte de Maillé, le comte de Levis-Mirepoix, M. Du Breuil de Saint-Germain, M. de Rouvre, M. Jules de Lareinty, fils du baron de Lareinty, sénateur, M. Thirion-Montaulan, gendre de M. Magne, l'ancien ministre de l'Empire, M. Echassériaux, M. Paul Le Roux, M. Paul Deschanel, M. Jules Delafosse, etc.

Maintenant que l'urne fatidique a fixé le sort de chacun, les villégiatures élégantes, qui restaient absorbées dans l'attente de ses oracles, ont repris un peu de mouvement et d'entrain.

Fontainebleau a comme les années précédentes une colonie distinguée et aimable. Le vicomte et la vicomtesse Benedetti, en sortant de Saint-Gratien, se sont réinstallés dans leur belle villa de la rue Royale qui, par suite d'aménagements nouveaux, a subi une transformation aussi heureuse que complète. Le vicomte et la vicomtesse Onésime Agnado, qui ont fait partie l'un et l'autre de la maison de l'Impératrice Eugénie, donnent d'élégants dîners dans la villa où ils ont été précédés par le fameux chef d'orchestre Pasdeloup. Des soirées dansantes attirent le beau monde à la villa Saint-Honoré chez la comtesse de la Chapelle, des raouts à la villa Sainte-Marie chez M$^{me}$ Édmond Dollfus et des comédies de société à la villa de la Maison-Rouge, chez M$^{me}$ Albert Gillou.

M. et M^me de Monbrison reçoivent également dans la résidence qu'ils ont louée à la vicomtesse de Grandval. De même, le comte et la comtesse Chaptal à qui la vicomtesse de Beaumont a cédé son hôtel. Au milieu de cette brillante pléiade, on regrette l'absence du duc et de la duchesse de Bellune qui, contrairement à leurs habitudes, passent l'automne en Anjou.

Versailles se réserve pour l'arrière saison. Ses solennels ombrages n'en voient pas moins passer des hôtes de grande mine. Le duc de Nemours et sa fille la princesse Blanche, installés comme de coutume à la villa Trianon, se promènent souvent dans ce parc tout plein du glorieux souvenir de leurs ancêtres. Le prince Ferdinand de Bulgarie est allé leur rendre visite pendant son court séjour à Paris et a daigné à cette occasion déjeuner en petit comité chez M^me de Bourboulon, mère de son sympathique chambellan, M. Robert de Bourboulon, qui a laissé tant de regrets dans la société parisienne. Le comte et la comtesse de Riancey, la comtesse de Milhau, la générale Galinier se font remarquer aussi par leur fidélité à la ville de Louis XIV.

Dans les environs, M^me Boselli, dont le mari fut longtemps préfet de Versailles, a rouvert les portes de sa délicieuse habitation de Fausses-Reposes : elle y donne de grands déjeuners tous les samedis.

A Rocquencourt, M^me Heine-Furtado exerce toujours sa royale hospitalité. Toutefois ces temps derniers, les réceptions du Jeudi et les dîners du Dimanche ont revêtu un caractère plus intime par suite de l'absence de la princesse Murat qui, nouvellement accouchée, ne pouvait quitter sa chambre.

A Jouy, la famille Mallet a repris possession de ses trois châteaux. La baronne Pellenc s'y trouve également. Pendant que la gaieté règne en ces demeures, la tristesse est assise au foyer du maréchal Canrobert que la mort de sa femme vient d'éprouver si cruellement. Sa fille et son second fils sont auprès de lui, s'efforçant d'oublier leur propre deuil pour atténuer l'amertume du sien.

L'intimité triomphe à Saint-Germain. Le mouvement mondain ne s'y trouve guère que chez la baronne Digeon. On voit là beaucoup de jeunesse et les aimables officiers du régiment de chasseurs y brillent à l'envi. Parmi les hôtes les plus assidus, on remarque le comte Foulques de Maillé dont on annonce les fiançailles avec la charmante fille de la maison.

M$^{me}$ de Breuvery, la comtesse de Miramon, M$^{me}$ de Tournemine, M. et M$^{me}$ Ducrest de Villeneuve sont également installés dans diverses villas. On rencontre souvent sur la terrasse M$^{me}$ Detaille, mère de l'illustre peintre, accompagnée de ses deux filles dont l'aînée est mariée à M. Roy et dont la cadette épousera prochainement un officier de la garnison, M. Paul Arrault. M. Théodore Reinach, frère du Directeur de la République Française, ne sort guère, tout aux regrets que lui a laissés la fin prématurée de sa charmante femme, née Kann, enlevée, comme par un coup de foudre, au printemps dernier. En revanche, une maison, qu'un deuil bien cruel aussi avait fermée, commence à s'entr'ouvrir. C'est celle de M. Auguste Saint-Hilaire dont le fils, M. André Saint-Hilaire, compte parmi les jeunes diplomates les plus appréciés de la société parisienne. Il s'y donne d'élégants déjeuners qu'on se plaît à regarder comme un prélude à la reprise des magnifiques soirées musicales qui avaient lieu dans l'hospitalier salon de la rue d'Isly.

Beaucoup de royalistes manifestent, d'autre part, une grande prédilection pour cette ville qui, en même temps que les pompes et les amours de la jeunesse de Louis XIV, rappelle l'austère et long exil de Jacques II.

Le comte de Gourcuff y reçoit son gendre et sa fille, le comte et la comtesse de Dreux-Brézé. La naissance d'une charmante fillette est survenue fort à point pour permettre à l'aimable ménage d'offrir à la tendresse de leur hôte un filial écot.

Le vicomte de Gourcuff, frère du précédent, occupe une annexe du pavillon Henri IV. Non loin, habite la marquise d'Oraison et M$^{me}$ Gabriel Bocher, ainsi que la famille de Witt, malheureusement très préoccupée de la santé de son chef.

En remontant la Seine, vers le Mont-Valérien, on trouve une succession de demeures charmantes qui semblent exclusivement vouées au culte des lettres et des arts. Deux académiciens illustres, Alexandre Dumas et Sardou se partagent la suzeraineté de Marly. La musique est en honneur à Louveciennes chez le docteur Guyon et chez M. Lelubez, le brillant ténor mondain qui a eu tant de vogue cet hiver dans les salons. M^me Aubernon de Nerville, complètement remise de la maladie qui n'avait pas été sans alarmer ses amis, tient bureau d'esprit en sa villa du Cœur-Volant. M. Frédéric Spitzer, le grand collectionneur, à qui l'exposition rétrospective du Trocadéro doit tant de merveilles, a loué le château de la Jonchère où des matinées amènent chaque dimanche une aimable jeunesse autour de ses enfants.

De l'autre côté de Paris, les rives de la Seine comptent aussi de nombreux habitués. A Petit-Bourg, le château historique où le duc d'Antin, courtisan consommé, offrit une hospitalité fameuse au royal amant de sa mère et fit en une seule nuit abattre et disparaître les arbres d'une avenue que Louis XIV avait critiquée avant de se mettre au lit, M. et M^me Binder donnent des dîners et des chasses, très gracieusement assistés de leur fils, M. Maurice Binder et de leur fille, M^me de Kermaingant. A Piple, on a dansé chez la baronne Hottinguer. Près d'Etiolles, au domaine des Hauldres, qui a appartenu à M^me Poisson, quand sa fille, la future marquise de Pompadour se contentait encore du luxe conjugal qu'elle devait à M. Lenormand, seigneur du pays, M^me Le Soufaché, née la Marlier, et veuve du célèbre architecte a pour invités la baronne de Talleyrand, fille du général de Béville, ancien aide de camp de l'Empereur, le comte et la comtesse de Lisleroy, M. Lucien Michaux, ancien Directeur à la préfecture de la Seine, un des collaborateurs les plus distingués du baron Haussmann et M$^{me}$ Lucien Michaux.

Tous les dimanches des amis de Paris viennent se joindre à cette compagnie que la maîtresse de maison s'ingénie à distraire, sans se douter qu'elle ne saurait rien lui offrir de plus aimable que l'agrément de son esprit.

M$^{me}$ Le Soufaché n'en est pas moins soucieuse d'assurer les hommages de la postérité à la chère mémoire dont elle garde le culte. C'est ainsi qu'elle vient de faire don à l'École des Beaux-Arts de la splendide collection de livres que son mari, un des premiers bibliophiles de Paris, avait réunis avec amour pendant trente ans. Un superbe portrait du maître par Bonnat complète ce cadeau magnifique et figurera dans une des salles de l'ancien hôtel de Chimay, spécialement aménagée pour recevoir la bibliothèque de M. Le Soufaché.

Mais tous les Parisiens ne s'attardent pas à la campagne. Beaucoup d'entre eux ont repris leurs quartiers d'hiver, plus tôt que de coutume, attirés par le désir de revoir l'Exposition. Aux premiers rangs de cette avant-garde, citons le comte et la comtesse de Chambrun, M$^{me}$ Beulé, qui arrive de Biarritz, la générale Callier, M. et M$^{me}$ Sipière, la baronne Maximilien de Kœnigswarter et sa sœur, M^me Louis Kœnigswarter qui, toutes deux, reçoivent leur parenté de Vienne dans leurs beaux hôtels du quai de Billy et de la rue Galilée.

Comme on n'a encore aucune obligation mondaine, on vit beaucoup entre soi. On se complait au Champ de Mars, on y dîne encore quand le temps le permet. L'Espagne semble avoir, pour les distractions, le monopole des préférences de la société. Les courses de taureaux ont fait pâlir la renommée de la Buffalo Bill. Les danseuses du cirque d'Hiver n'ont qu'à secouer leurs castagnettes pour rassembler autour d'elles une foule enthousiaste, et les gitanas qui ont substitué leur troublante sorcellerie aux naïves aspirations du Palais des Enfants peuvent prétendre à occuper désormais une place, dans les annales magiques, à côté d'Urgande et de Mélusine, sous les noms de la Soledad et de la Maccarona.

Si l'Exposition a retrouvé quelques-unes des élégances qui ont contribué au succès de ses débuts, elle n'en est pas moins envahie par un public dont le contact n'a rien d'attrayant. C'est une foule, cliente des trains de plaisir, qui dévale des gares, comme un troupeau débandé, cohue moutonnière qui ne sait pas marcher et qui s'arrête à chaque pas, ahurie, les yeux ronds, la bouche ouverte, lâchant des réflexions idiotes. Elle s'en va, traînant des bandes d'enfants et les bras chargé de victuailles qu'elle ne consomme plus sur le gazon des pelouses, parce qu'il commence à faire froid, mais dont elle se goberge dans tous les coins du Palais des machines sur les bancs, sur les degrés des escaliers, sur les marche-pied des wagons ou simplement à terre, quand elle n'a pu se caser mieux.

Déjà, sous le souffle glacé des nuits d'octobre, les légers édifices, bâtis pour le plaisir d'une saison, présagent une ruine prochaine. Les murs s'effritent, les dômes se crevassent, les perrons se disjoignent. On dirait de décors qui auraient été oubliés à la pluie. Dans les jardins, les statues, dont le plâtre ne saurait prétendre aux tons chauds et vivants que revêt l'immortalité du marbre, ont pris une pâleur funèbre ou la teinte jaune des momies. Les roses qui s'épanouissaient, luxuriantes, variées à l'infini et belles à n'être effeuillées que par les doigts de l'Amour, ont fait place aux dahlias qu'on prendrait pour des fleurs de cire et aux chrysanthèmes qu'on met sur les tombes.

Les villages que les peuplades de l'Asie, de l'Afrique et de l'Océanie remplissaient de leur mouvement joyeux, sur l'Esplanade des Invalides, ressemblent aux habitations désertes d'une Pompéï exotique. Leurs hôtes sont reparties vers les rives lointaines chantées par Loti, emportant dans leurs yeux éblouis le rayonnement de notre civilisation. Ils la goûtaient, paraît-il, et beaucoup d'entre eux, n'était notre triste soleil, n'eussent demandés qu'à rester Parisiens. Les petites Javanaises ont pleuré en s'en allant. Elles se croyaient pareilles aux belles dames, ayant appris l'usage de la poudre de riz, dont la blancheur contrastait si drôlement avec leur peau couleur safran. Et puis, elles savaient des mots d'argot, qu'elles avaient appris au passage, comme Vert-Vert sur son bateau!

Mais, dans son ensemble, l'Exposition est toujours splendide. C'est surtout le soir qu'elle impressionne par la magnificence de son spectacle. Quand ses dômes illuminés rayonnent, pareils à des tiares de pierreries, quand sa tour embrasée jette sur elle des nappes d'or et de pourpre, quand l'arc-en-ciel que l'homme semble avoir pris à la puissance divine comme il lui a dérobé le feu, se fond en miraculeuses clartés dans l'eau de ses fontaines, on demeure saisi et troublé devant elle, car elle vous apparaît alors comme une vision biblique où le *Mane Thecel Pharès* va peut-être flamboyer.

On a souvent comparé les empires et les royautés à des édifices vermoulus, mais qui gardent encore les apparences de la force et de la durée. Plus ils sont proches de leur chute, plus ils en imposent par leur majesté. Le souffle harmonieux des fêtes continue à caresser leur seuil. L'enthousiasme des peuples entonne autour d'eux des chants d'éternité et demain ils ne seront que poussière.

Ainsi va finir en pleine apothéose l'Exposition du Centenaire. Sa place sera grande dans l'histoire. Mais quelle époque aura-t-elle marquée? Restera-t-elle comme le douloureux symbole d'une civilisation trop achevée pour pouvoir atteindre à un degré supérieur ou bien sera-t-elle la porte radieuse par où le génie humain doit s'élancer vers les conquêtes réservées à la gloire des temps nouveaux? Aura-t-elle salué l'aube qui s'allume ou le jour qui s'éteint?

FIN.

# TABLE DES MATIÈRES.

|     | Pages. |
|---|---|
| I. — Fin d'été. — Villégiatures aristocratiques. — Les chasses du maréchal de Mac-Mahon. — L'art chez les Altesses. — Rocquencourt. — Cangé. — Premiers feux d'automne.............. | 1 |
| II. — Mort de la duchesse douairière de Fitz-James. — Un sang royal. — Mariage du comte de Pontois-Pontcarré et de M$^{lle}$ de Ranchicourt, du marquis de Broc et de M$^{lle}$ de Meyronnet. — La vie mondaine à Fontainebleau....................... | 10 |
| III. — Mariage du duc de la Roche-Guyon et de M$^{lle}$ de Versainville-Odoard. — L'église du village natal. — Une sœur des rossignols. — Le marquisat de Versainville et le duché de la Roche-Guyon............................................. | 20 |
| IV. — La rue s'amuse. — Vive le brav' Général. — César ou Franconi? — Une idylle gênée par les cris de la foule. — Trois rivales d'élégance : Versailles, Fontainebleau, Compiègne. — Les vivants n'oublient pas les morts....................... | 27 |
| V. — *Te Deum* à l'église grecque en l'honneur des souverains de Russie. — Les Romanoff à Paris. — Autrefois et aujourd'hui. — La colonie russe des bords de la Seine................... | 37 |
| VI. — Une fille de Victor-Emmanuel. — Les Bragance sont aussi simples que les Romanoff. — Forêts et hallalis. — Injustice de la renommée. — Saint-Germain. — Luciennes. — Le pavillon du Barry................................................ | 47 |
| VII. — Les grands-ducs de Russie à Rambouillet avec le président de la République. — Goût des rois pour la chasse. — Son importance et son luxe sous les régimes disparus............ | 57 |
| VIII. — Solennités musicales. — Rentrée de M$^{me}$ Adelina Patti à l'Opéra. — Reprise de *Roméo et Juliette*. — La chambrée du mercredi. — Vie triomphale et mouvementée des divas....... | 70 |

## TABLE DES MATIÈRES.

Pages.

IX. — Hommage à M$^{me}$ Patti. — Une famille d'artistes. — Les Reszké. — Mariage de M$^{lle}$ Gilone d'Harcourt. — Glorieuses annales.................................................. 83

X. — Mort d'une femme de bien. — Un cénacle monarchique. — Souvenirs de l'hôtel de Galliera. — La vertu ne doit-elle pas être décorée comme le mérite? — Chez M$^{me}$ Nilsson. — Un mot d'Alexandre Dumas. — Matinées littéraires de M$^{me}$ Anaïs Ségalas. — La poésie et l'art scénique dans les salons............. 95

XI. — Embarras des étrennes. — Réunions intimes. — Dîners en petit comité chez M$^{me}$ la princesse Mathilde, chez le baron et la baronne Haussmann, chez le baryton Maurel. — Le salon de la comtesse de Beausacq et le *Livre d'or* de la comtesse Diane. — Une Reine-Auteur........................................ 106

XII. — Voyage à Paris de l'impératrice Eugénie. — *Mater dolorosa*. — Le duc et la duchesse de Mouchy. — La famille Murat. — *Christmas! Christmas!*........................ 117

XIII. — Ennuis et charmes du jour de l'an. — Le Bonhomme Étrenne. — Ce qu'on aime quand on n'a pas d'enfant. — La comédie et la musique au château de Dampierre. — Une troupe ducale. — Popularité de la famille de Luynes............. 129

XIV. — La semaine des *Rois*. — Malédictions des maîtresses de maison contre les chroniqueurs mondains. — Les réceptions de jour. — Les hommes qui font des visites. — Quelques usages des salons de bon ton.................................. 137

XV. — Les réceptions du monde officiel. — M$^{me}$ Carnot. — L'Élysée. — Dieux et philosophes. — Le Petit-Bourbon. — La maison de Condé. — Ministères. — Au Pavillon de Flore..... 148

XVI. — Mariage du duc de Maillé et de M$^{lle}$ de Wendel. — La famille de Maillé. — Brune et blonde. — M$^{me}$ Nilsson. — M$^{me}$ Sophie Cruvelli. — Le vicomte Vigier et son fils........ 158

XVII. — Magie des forêts. — Chasseurs convaincus. — Goût de la société pour la comédie. — Une grande voyageuse devant l'Éternel. — Aux Indes et chez le vice-roi d'Égypte. — Un repas homérique. — Anglaise de naissance, Française de cœur. 168

XVIII. — A la campagne, en hiver. — Mort de l'archiduc Rodolphe. — Sentiments de la France. — Trois oraisons funèbres qui attendent un Bossuet................................ 178

XIX. — Une Ville-Étoile. — Le cœur de Paris. — L'hôtel de Ville. — Les fêtes d'antan et les fêtes de demain................ 187

XX. — Son Altesse le Carnaval. — Fêtes à Paris. — Préparatifs d'un bal costumé à Versailles. — Danses et *confetti* sur le lit-

# TABLE DES MATIÈRES.

Pages.

toral de la Méditerranée. — La chasse au delà des Pyrénées. — Une famille bourgeoise qui donne une reine à l'Espagne et une reine à la Suède. — Impératrice manquée .............. 197

XXI. — Plaisirs de saison. — Tous les comédiens ne sont pas sur la scène. — Réunions politiques. — Mariage du comte Jean de La Rochefoucauld et de M$^{lle}$ de Breteuil. — Le concert des femmes du monde........................................... 206

XXII. — Les jours gras. — Où sont les masques d'antan ? — Réceptions de contrat chez le comte de Clermont-Tonnerre et Madame Hennesy. — Les Boisgelin. — Un dîner poudré. — Chez M$^{me}$ Heine. — Matinée d'enfants chez la baronne Gustave de Rothschild ................................................. 217

XXIII. — Dévotion mondaine. — Le faubourg Saint-Germain, sa manière d'être et ses concessions. — La duchesse d'Uzès. — Réceptions chez M. Lambert de Sainte-Croix et M. Antonin Lefèvre-Pontalis. — Le bal de M$^{me}$ Paul Fould. — Les nymphes de Chantilly et le duc d'Aumale..................... 228

XXIV. — Obsèques nationales. — L'amiral Jaurès. — Dimanches de carême. — Les conférences du Père Monsabré à Notre-Dame. — L'Hôtel Colbert — L'Hôtel de Castries. — Le château de la Grange, les Camaldules................................... 238

XXV. — Dîners de carême. — Le duc et la duchesse de Chartres. — L'hôtel de la Trémoïlle. — Un portrait de la duchesse d'Aoste. — Au château de Farnborough. — Le baron et la baronne Haussmann. — Raouts et concerts. — Un troubadour.. 248

XXVI. — Retour du printemps. — Modes de saison. — La mi-carême dans l'atelier de M$^{me}$ Madeleine Lemaire. — Bal chez M$^{me}$ Joseph Reinach. — Réception chez M$^{me}$ la princesse Mathilde. — L'*Épatant*.................................... 258

XXVII. — La semaine sainte. — Arrêt du mouvement mondain. — Mort de la comtesse Duchâtel. — L'Exposition de peinture au cercle des Champs-Élysées. — Mondains artistes......... 269

XXVIII. — Les plaisirs mondains, au temps de Pâques, il y a cent ans. — Attraction de la société moderne pour les cérémonies du culte. — Religion et littérature. — Conférences et sermons........................................................ 276

XXIX. — Les œufs de Pâques. — Bal à sensation chez la comtesse de Kersaint. — Une révolution pacifique. — Matinée de contrat à l'hôtel de Breteuil................................. 285

XXX. — Anniversaire de l'ouverture des États Généraux. — Paris et Versailles, il y a cent ans......................... 293

## TABLE DES MATIÈRES.

Pages.

XXXI. — Éclat de la saison mondaine. — Le succès de l'Exposition n'entrave pas le mouvement du plaisir. — Bals et soirées. — Le baron et la baronne Adolphe de Rothschild. — Matinée de contrat chez le baron et la baronne de l'Espée. — En s'amusant la société parisienne n'oublie pas d'être charitable.................................................. 303

XXXII. — Continuation des fêtes mondaines. — Grands mariages. — Les noms de l'aristocratie à un siècle de distance. — A travers les fastes de la librairie française................ 311

XXXIII. — Un des plus beaux bals de la saison. — L'hôtel du baron Alphonse de Rothschild. — Souvenirs de Talleyrand. — Des hôtes aussi généreux qu'aimables.................... 320

XXXIV. — Une fête chez Bouddha. — Les splendeurs de Venise mêlées aux mystères de l'Asie. — Triomphe du déguisement. — La mode du jour chez la comtesse de Pourtalès et la marquise de Trévise...................................... 329

XXXV. — Nouveau bal chez la comtesse de Pourtalès. — Mariage du comte Pierre de Grammont et de M$^{lle}$ de Maillé, du vicomte de Montesquiou et de M$^{lle}$ de Noailles. — Quelques souvenirs................................................. 339

XXXVI. — Matinée de contrat chez la comtesse de la Ferronnays. — L'ancien hôtel de la famille de Biron. — *Garden-party* chez la princesse de Sagan. — Le prince de Galles. — Au bois, le matin. — La Potinière............................. 350

XXXVII. — La saison mondaine ne finit plus au Grand Prix. — Dîner chez M$^{me}$ Heine. — La *garden-party* de M$^{me}$ Henri Chevreau. — Soirées musicales à l'hôtel de Jaucourt et au château de Franconville. — Le dernier roi d'Yvetot............. 363

XXXVIII. — Les princesses de Poix........................... 372

XXXIX. — La galanterie française dans l'armée. — Les courses de Fontainebleau. — Une partie nautique sur la Seine. — Fête militaire à Saint-Germain. — Le dernier raout de la comtesse Greffulhe. — A propos de la vente Secrétan. — Du pain et des spectacles................................................ 383

XL. — La vie mondaine à l'Exposition. — Dîner chez M$^{me}$ Le Ray. — Une voyageuse devant l'Éternel. — Concert villageois chez la duchesse de Lévis. — Durée du prestige de la noblesse. — Le prince et la princesse de Poix à Mouchy. — Mariages du vicomte de Rochechouart et de M$^{lle}$ de Bruc, du vicomte de Castellane et de M$^{lle}$ O' Tard de la Grange............. 391

XLI. — Garden-party à l'ambassade d'Angleterre. — Les derniers

grands mariages de la saison. — Le duc de Clermont-Tonnerre
et le général comte de Palikao........................... 403
XLII. — A l'Exposition. — La tour Eiffel. — Goût du public
pour l'art rétrospectif et les souvenirs du passé. — La tour
du Temple............................................. 415
XLIII. — Paris-Babel. — Le duc de Bragance. — Physionomie
de la rue. — Grandes villégiatures. — Les plages à la mode.
— Charles III, prince de Monaco ....................... 427
XLIV. — Les mondains ne se désintéressent plus des affaires publiques. — Nouveaux députés. — Courrier de Fontainebleau,
de Versailles et de Saint-Germain. — Sur les bords de la Seine.
— Les retours à Paris. — Adieux à l'Exposition .......... 437

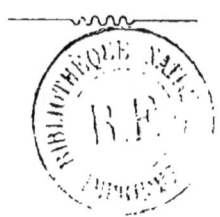

# TABLE DES NOMS

## DES CONTEMPORAINS CITÉS DANS LE VOLUME.

### A

Abattucci (Mlle)................ 6
Abeille ....................... 250
Abeille (Mme) ................. 77
Abdul-Azis.................... 153
Abdul-Hamid.................. 175
Abrantès (duc d')........ 146, 392
Adam (Mme Edmond)...... 144, 145
Adhémar (comtesse d')........ 143
Aguado (vicomte Onésime).... 439
Aguado (vicomtesse Onésime). 439
Aicard (Jean)................. 111
Aigle (marquis de l')...33, 34, 51, 170
Aigle (comte de l')............ 439
Aimery (baron d')............. 13
Alboni (Mme).................. 80
Albuféra (duc d')........ 342, 359
Albuféra (duchesse d'). 312, 342, 344, 359
Alençon (duc d')............. 243
Alexandre de Russie (grand-duc). 434
Alexis de Russie (grand-duc).. 41
Aligre (marquise d')........... 13
Alsace (comte d')............. 342
Alsace (comtesse d'). 324, 336, 342, 345
Amilly (comtesse d')....... 43, 434
Ancel ....................... 233
Ancel (Mme)............. 212, 233
Andigné (comte Maurice d'). 325, 336, 342, 368, 409
Andigné (comte Louis d')...... 407
Andigné de la Chasse (Juliette d'). 91
André (Édouard).............. 143
André (Mme Édouard).......... 143
Andrieux..................... 272
Anglesey (marquise d')........ 405
Angleterre (Victoria reine d'). 195
Angleterre (prince Albert-Victor d'), duc de Cornouailles. 356, 357
Aoste (duc d')............. 48, 428
Aoste (duchesse d').... 48, 251, 428
Appert (général).............. 405
Aramon (marquis d').......... 342
Aramon (marquise d')..... 143, 342
Aramon (comtesse Jacques d'). 361
Arcos (S.)................... 264
Arenberg (prince d')........... 438
Argy (comte E. d')............ 393
Argy (comtesse E. d').......... 393
Argy (comtesse d')............ 202
Aristarchy-Bey ............... 337
Armand (comte)............... 438
Arnault, député.............. 234
Arrault (Paul)................ 441
Aslantugoff (amiral).......... 434
Astanières (comte d')......... 275
Assomption (supérieure du couvent de l')......... 281, 282
Auber....................... 80
Aubernon de Nerville (Mme). 56, 263, 443
Aubry-Vitet ......... 233, 255, 272
Aubry-Vitet (Mme)............ 272
Audiffret-Pasquier (duc d') 233, 255
Audiffret-Pasquier (duchesse d')................... 233, 255
Audiffret-Pasquier (marquis d')...................... 233
Auguez...................... 71

Aumale (duc d')...... 155, 237, 431
Auteroche (comtesse d')...... 309
Autriche (empereur d'). 67, 153, 183, 184
Autriche (impératrice d')...... 183
Avril (baron d')................ 282
Avril (M$^{me}$).................... 264
Ayen (duc d').................. 211
Ayguesvives (marquis d')...... 368
Ayoub-Khan................... 174
Azincourt (comtesse d')... 282, 393
Azincourt (M$^{lle}$ Valentine d')... 283

## B

Bagration (princesse)....... 42, 43
Baignières (Arthur)............ 263
Baillet........................ 215
Bamberger.................... 225
Banuelos (comte de)........... 134
Banuelos (comtesse de)........ 134
Banuelos (M$^{lle}$ de)............. 135
Barante (baron de)...... 234, 272
Barbarin (Thomas de)......... 333
Bariatinsky (princesse)...... 39
Barral (comte de)............. 282
Barrat (M$^{me}$)................. 353
Bartet (M$^{lle}$).............. 215, 264
Bartholoni (M$^{me}$)............ 143
Bartholoni (M$^{lles}$)............ 143
Bassano (duc de)...... 144, 282
Bassano (marquis de)......... 144
Bastide (baron de la)..... 325, 342
Bataille (M$^{me}$)................ 365
Batbedat (M$^{me}$)............... 434
Baudoin...................... 215
Baudry....................... 256
Baulny (baron de)............. 397
Baulny (baronne de)........... 397
Beaucaire (comte Horric de). 336, 342
Beauharnais (comtesse de) ... 41
Beaumont (marquise de)...... 256
Beaumont-Castries (comtesse de)....................... 256
Beaumont (vicomte Karl de).. 361
Beaumont (vicomtesse de)..... 440
Beauregard (comtesse Costa de)........................ 387
Beausacq (comtesse de). 111, 112, 113, 114, 115, 116

Beauvoir (marquis de)........ 233
Beauvoir (marquise de). 233, 255, 358
Becque (Henri)............... 56
Beer (Jules)................. 56, 77
Beer (M$^{me}$ Jules)............. 56
Beer (Guillaume)............. 56
Beer (M$^{me}$ Guillaume).. 56, 223, 236
Beer (Edmond)............... 56
Beer (M$^{me}$ Edmond).......... 56
Beers (Van).................. 333
Begoüen (comtesse)........... 368
Béhague (M$^{lle}$ Martine de). 361, 384
Belbeuf (comtesse de).... 324, 336
Bellune (duc de)...... 18, 393, 440
Bellune (duchesse de). 18, 19, 56, 393, 440
Bellune (M$^{lles}$ de)............. 393
Bemberg (H.)................ 337
Benardaky (M$^{me}$ de)...... 264, 332
Benedetti (comte)....... 108, 267
Benedetti (vicomte).. 439, 267, 439
Benedetti (vicomtesse). 6, 226, 267, 433, 439
Berardi (Gaston)............. 263
Berckheim (baron Christian de)................... 143, 384
Berckheim (baronne Christian de)............. 8, 143, 335, 341
Berckheim (baronne de)....... 143
Bérenger (marquise de)....... 405
Berg (comtesse de)....... 358, 434
Bergerat (Émile)............. 333
Bergeret (Gaston)............ 111
Bernique (abbé).............. 282
Berthier (vicomtesse)......... 236
Bertrand (Joseph)............ 111
Besnard (M$^{me}$)........... 265, 333
Béthune (comte de)........ 34, 84
Beulé (M$^{me}$). 103, 144, 272, 316, 332, 393, 409, 444
Béville (général de).......... 444
Beyens (baron), ministre de Belgique...................... 397
Beyens (baronne)............. 444
Biadelli (comte Lucien)....... 368
Bianchi (Marius)............. 409
Bianchi (M$^{lle}$ Renée)......... 409
Bianchini (Charles).......... 78
Bigot (Armand).............. 272
Binder (Louis)............... 443
Binder (M$^{me}$)................ 443
Binder (Maurice)............. 443

CITÉS DANS LE VOLUME.

Bioncourt (Catoire de)..... 87, 274
Bioncourt (Mme Catoire de). 91, 93, 274
Biot (Alice).................... 78
Biré (général de)............. 315
Biré (Mme de)................. 315
Biron (famille de).... 352, 353, 354
Biron (comtesse de).......... 12
Bischoffsheim (Raphaël).. 78, 438, 439
Bischoffsheim (Mme Ferdinand). 81, 223, 358
Blacas (duc de)................ 350
Blanche (Jacques)............. 333
Blanco (Mme Guzman)......... 367
Blanco (Mlle Guzman)......... 368
Blant (Julien le).............. 264
Blanzay (baronne de)......... 309
Blocqueville (marquise de)... 312
Blount................. 78, 407
Blowitz (de).................. 176
Bocher (Charles)......... 103, 359
Bocher (Mme Gabriel). 53, 223, 233, 358, 442
Boisgelin (famille de)..... 224, 222
Boisgelin (comte Bruno de). 219, 220
Boisgelin (vicomte de)....... 222
Boisgelin (Jacques de).... 111, 212
Boissier (Gaston)............. 56
Bojano (duchesse de)......... 76
Bojano (Mlle Jeanne de)...... 76
Bonaparte (princesse Jeanne), marquise de Villeneuve. 143, 144
Bondy (vicomtesse de)........ 216
Bonheur (Rosa)............... 101
Bonnat................. 78, 444
Borghèse (princesse Marc-Antoine)........................ 214
Boselli (Mme)................. 440
Bostquénard (Forgemol de). 309, 316
Bouchage (vicomtesse du)..... 387
Bouillé (comte de)............ 315
Bouillier (Francisque)........ 234
Boulanger (général)... 28, 30, 207, 218, 272, 433
Boulanger (Mme).............. 30
Boulanger (Mlle)......... 28, 29
Boulanger (Rd père).......... 281
Bourboulon (Robert de)....... 440
Bourboulon (Mme de).......... 440
Bourdonnaye (comte de la), 76, 405

Bourg (marquise du)..... 144, 312
Bourqueney (vicomte de).... 337
Boussodet (Mme)............. 264
Bouteyre (A. de).............. 267
Boutourline (Mme de)........ 358
Bragance (duc de).... 49, 416, 428
Bragance (duchesse de)...... 49
Brantes (baronne de)........ 342
Brantes (Mlle de)............ 336
Bresson (vicomtesse de)..... 202
Breteuil (comte de).. 203, 213, 291
Breteuil (comtesse de). 213, 291, 292
Breteuil (marquis de). 213, 292, 435
Breteuil (baron de).......... 318
Breteuil (Mlle Marie de). 213, 291, 292
Breuil de St-Germain (du).... 439
Breuvery (Mme de). 53, 236, 434, 441
Briailles (comtesse Chandon de).............. 105
Bridieu (marquise de)........ 144
Brière (Léon de la).......... 255
Brignole (marquis de)........ 96
Brigode (comtesse de)........ 358
Brimont (comte de)........... 397
Brimont (comtesse de)........ 397
Brincant...................... 263
Brincart...................... 234
Brissac (comte de)........... 387
Broc (marquis de)........ 13, 14
Broc (marquise de)... 53, 216, 312
Broca (docteur).............. 111
Broglie (duc de). 233, 234, 271, 325, 350
Broglie (prince A. de)....... 325
Broglie (princesse A. de). 105, 250, 324
Bruc (famille de Malestroit de). 401
Bruc (Mlle de Malestroit de). 399, 401, 402
Buffet................ 271, 309
Buffières (baron de)......... 275
Bugeaud (maréchal) duc d'Isly. 408
Bulgarie (prince Ferdinand de). 440
Bunsen (de).................. 255
Bussy (Mme de).............. 104
Butterfield (Mlle de), comtesse de Palikao..................... 414

C

Cadore (duc de).............. 267

Cadore (duchesse de)........ 267
Cahen d'Anvers (comtesse Louis).
  222, 224, 236, 267, 367
Calderon..................... 203
Calla........................ 233
Callier (M$^{me}$)............ 143, 444
Calvet-Rogniat (baron)........ 325
Cambriels (général).......... 267
Camondo (comte de)........... 78
Campbell-Clarke........ 101, 164
Campbell (Lady).............. 405
Canovas del Castillo......... 103
Canrobert (maréchal)......... 441
Canrobert (maréchale)........ 441
Canrobert.................... 441
Canrobert (M$^{lle}$)........ 441
Caraman (duc de)............. 410
Caraman (prince de).......... 388
Caraman (comte de)........... 337
Caraman (comtesse de)........ 337
Cardoso...................... 226
Cardoso (M$^{lle}$).......... 226
Carnette..................... 264
Carnot (P$^t$ de la République). 2, 14,
 15, 49, 57, 68, 76, 142, 270, 431
Carnot (M$^{me}$). 49, 76, 148, 149, 289,
     405, 406, 431
Carnot (Ernest)........... 270 406
Caro (M$^{lle}$)............. 236
Cars (famille des)........... 351
Cars (duc de)................ 350
Cassagnac (Paul de).......... 255
Castellane (marquis de)... 369, 388
Castellane (marquise de)..... 362
Castellane (comtesse de)..... 401
Castellane (vicomte de)...... 401
Castex (général Hubert de)... 78
Castries (duc de)............ 244
Castries (duchesse de)..... 93, 245
Caux (marquis de)............ 71
Cazenove de Pradines......... 233
Cernuschi.. 71, 313, 314, 328, 329,
     334
Chabrol (comte de)....... 226, 325
Chaix d'Est-Ange (M$^{me}$)........ 267
Chaix d'Est-Ange (M$^{lle}$)........ 267
Chambord (comte de)......... 393
Chambrun (comte de)......... 444
Chambrun (comtesse de). 103, 126,
     127, 444
Chapelle (comtesse de la). 16, 32,
     439
Chaplin................... 71, 271

Chaplin fils.................. 263
Chaplin (M$^{me}$)............ 263
Chaponay (marquise de).. 144, 324
Chaptal (comte).............. 440
Chaptal (comtesse)........... 440
Charette (général baron de). 233,
  255, 271, 259, 359, 407, 431
Charette (baronne de)........ 42
Charles (Jeanne)............. 78
Charnacé (comtesse de). 309, 315,
     359
Charpentier.................. 333
Chartres (duc de). 49, 249, 250, 431
Chartres (M$^{me}$ la duchesse de). 49,
  227, 249, 250, 318, 431
Chassiron (baron de)......... 125
Chastellux (M$^{lle}$ Hélène de).... 283
Chastellux (M$^{lle}$ Marguerite de). 283
Chauchat..................... 316
Chaudordy (comte de)........ 368
Chayla (M$^{me}$ du)......... 216
Chéramy..................... 101
Chéron (M$^{me}$)............ 333
Chevigné (comtesse de)...... 435
Chevreau (Henri).... 194, 245, 246
Chevreau (M$^{me}$ Henri). 245, 246, 366
Chevreau (Urbain)........ 246, 325
Chevreau (Léon).............. 365
Chevreau (M$^{me}$ Léon). 444, 236, 368
Chevreau (M$^{lle}$).......... 86
Chézelles (vicomte de).. 33, 34, 51
Chézelles (vicomtesse de).. 34, 144
Chimay (prince de), ministre
 des affaires étrangères de Bel-
 gique...................... 410
Chimay (princesse de)........ 410
Chimay (prince de)........... 410
Circourt (comte Albert de).... 111
Circourt (comtesse Albert de). 111
Cissey (général de).......... 111
Clairin...................... 263
Clary (comte de)............. 204
Clavery...................... 234
Clémenceau................... 362
Clermont-Tonnerre (famille
 de).    411, 412
Clermont-Tonnerre (duc de). 411,
     412
Clermont-Tonnerre (marquis
 de)........................ 412
Clermont-Tonnerre (marquise
 de)........................ 412
Clermont-Tonnerre (comte de). 219

## CITÉS DANS LE VOLUME. 459

Clermont-Tonnerre (comtesse de).................. 219
Clermont-Tonnerre (M<sup>lle</sup> de)... 219
Clotilde (M<sup>me</sup> la princesse)..... 49
Cloué (M<sup>me</sup> l'amirale).......... 144
Cohn....................... 71
Colobria (baronne de)........ 202
Colonna-Ceccaldi (comtesse).... 53
Colson..................... 282
Conegliano (duc de).......... 308
Conegliano (duchesse de)..... 398
Contades (comte de).......... 342
Coquelin aîné............... 172
Cornillian (M<sup>lle</sup>)............... 104
Coubertin (baron de)......... 275
Courtois................... 333
Courval (M<sup>lle</sup> de).......... 315, 372
Craven (M<sup>me</sup> Augustus).... 176, 354
Crawford (Mrs Emily)..... 406, 407
Crépet..................... 72
Crosnier (M<sup>me</sup>)................ 104
Croy (vicomtesse de)..... 324, 407
Cruvelli (Sophie)...... 32, 165, 166
Cruvelli (Marie)............. 166
Cunisse (M<sup>me</sup>)................ 368
Cystria (prince de)............ 337
Cystria (princesse de). 337, 338, 361

## D

Dalloz (famille)............... 304
Dansaërt (M<sup>me</sup>)................ 71
Darclée (M<sup>me</sup>).................. 79
Daru (vicomte)............... 411
Daru (vicomtesse)............ 411
Daubrée..................... 365
David (M<sup>me</sup>)................... 73
Debrousse................... 77
Decazes-Stackelberg (baronne). 143
Delafosse (Jules)............. 439
Delagarde................... 409
Delagarde (M<sup>me</sup>).............. 409
Delaunay (Élie)............... 71
Delaunay (M<sup>lle</sup> Andrée)........ 256
Delondre (Maurice)............ 275
Delpeuch (M<sup>me</sup>)................ 270
Demailly (Paul)............... 111
Demidoff (prince Paul)........ 44
Demidoff, née Metchersky (princesse)...................... 44

Demidoff, née Troubetzkoy (princesse)...................... 44
Denormandie................. 255
Denormandie (M<sup>me</sup> Ernest).... 310
Derembourg (M<sup>me</sup> Palhès)...... 215
Deschamps (M<sup>lle</sup> Blanche)..... 70
Deschanel (Paul).......... 56, 439
Desgranges.................. 207
Desjoyaux (Noël)............. 18
Deslandes (baron)............ 408
Detaille............. 263, 359, 441
Detaille (M<sup>me</sup>)................. 441
Detaille (M<sup>lle</sup>)................. 441
Diane (comtesse). 114, 115, 116, 144
Diaz........................ 72
Diaz-Erazo (M<sup>me</sup>)......... 271, 332
Diaz-Erazo (M<sup>lle</sup>)............. 271
Didot (famille)... 316, 317, 318, 319
Didot (M<sup>me</sup> Paul Firmin-).. 309, 316
Didot (Georges Firmin-). 308, 315, 316, 319
Didot (Albert Firmin-)... 308, 315, 316, 319
Diérichs (M<sup>me</sup>)................ 54
Dietz (Jules)................. 234
Digeon (baronne). 52, 182, 313, 441
Digeon (M<sup>lle</sup> Trina).... 52, 313, 441
Dilke (Sir Charles)... 173, 174, 175
Dilke (Lady). 172, 173, 174, 175, 176, 177
Dinah-Salifou................ 416
Dollfus (M<sup>me</sup> Edmond)...... 18, 439
Double (baron).............. 16
Double (baronne)............ 16
Double de Saint-Lambert (baron)................... 167, 202
Double de Saint-Lambert (baronne)..................... 202
Double de Saint-Lambert..... 408
Double de St-Lambert (M<sup>lle</sup>).... 407
Doucet (Camille).......... 325, 368
Doucet..................... 333
Doucet (M<sup>me</sup>)................. 332
Doudeauville (duc de). 23, 271, 292, 350, 361, 388, 438
Doudeauville (duchesse de). 271, 292, 312, 335, 342, 344
Drée (comtesse de)........... 72
Dreux-Brézé (comte de)....... 442
Dreux-Brézé (comtesse de).... 442
Dreux-Brézé (vicomtesse de).. 144
Dreyfus (M<sup>me</sup>)................. 76
Dreyfus, née Saint-Victor (M<sup>me</sup>). 265

Driant (capitaine).............. 29
Driant (M^me).................. 30
Dubois (commandant)........ 104
Dubois de l'Étang............. 325
Dubos (M^me).................. 223
Dubost (M^me).................. 104
Duchâtel (comte)......... 250, 273
Duchâtel (comtesse).......... 250
Duchâtel (c^te Tanneguy).. 273, 274
Duchâtel (comtesse Tanneguy). 91.
  93, 250, 273, 274
Ducos (comtesse).... 216, 226, 236,
  267, 309, 315, 324, 368, 393, 405
Ducos (M^lle Bathilde). 216, 226, 368
Ducrest de Villeneuve........ 111
Ducrest de Villeneuve (M^me)... 111
Ducz............................ 264
Ducz (M^me).................... 264
Dufaure......................... 233
Dufaure (M^me)................. 233
Dufeuille....................... 233
Duflos (M^me)................... 270
Dumas (Alexandre)... 102, 109, 442
Dumas (M^me Alexandre)....... 110
Dumas (M^lle Jeannine)........ 110
Dumas (Marie)................. 104
Dumez........................... 304
Dumez (M^me)................... 304
Duperré (amiral baron)... 342, 407
Duran (Carolus).. 72, 256, 342, 343,
  368, 435
Duran (M^me Carolus)....... 72, 435
Duran (M^lles Carolus)....... 72, 435
Durfort (comte de)....... 214, 359
Durfort (comtesse de)......... 359
Duval (Ferdinand)........ 233, 255

E

Eames (M^lle)......... 309, 310, 406
Echassériaux................... 439
Elchingen (g^al duc d')..... 122, 124
Égypte (vice-reine d')......... 175
Elliot (M^lle).................. 310
Enault (M^me Louis)............ 72
Ephrussi (Michel)........... 19, 56
Ephrussi (M^me Michel)........ 56
Ephrussi (M^lle)............... 56
Ephrussi (M^me Maurice)... 77, 323,
  327, 335
Ernst (M^me).................. 104

Esclands (Féry d')............. 365
Espagne (Alphonse XII roi d'). 186
Espagne (reine-régente d')... 435
Espagne (reine Isabelle d')... 256
Espée (baron de l')............. 78
Espée (baronne de l')..... 308, 316
Espée (M^lle de l')..... 308, 315, 316
Espeuilles (g^al marquis d')..... 336
Espeuilles (marquise d')....... 336
Espeuilles (marq^se douairière). 16
Espeuilles (comte Albéric d')... 438
Espinasse (général)............. 6
Espinasse (M^me)................ 6
Esselin (M^lle)................. 78
Essling (princesse d')......... 144
Estissac (duc d')............... 214
Estournelles (baronne d')..... 265
Étampes (comte d')............. 13
Etchegoyen (baron d')......... 337
Etchegoyen (baronne d')...... 310
Eugénie (impératrice). 17, 117, 118,
  119, 120, 121, 125, 144, 153, 195,
  252, 253, 439

F

Faciano (M^lle)................ 263
Faria (vicomte de)............. 72
Farincourt (baron de)......... 436
Faure..................... 256, 387
Faverney (comtesse de)........ 392
Feltre (duchesse de).......... 312
Fernandez (Ramon), ministre
  du Mexique.............. 71, 103
Ferrari (Philippe)............. 100
Ferronnays (famille de la)..... 351
Ferronnays (comte de la) an-
  cien ministre)............... 351
Ferronnays (marq^is de la). 255, 351
Ferronnays (marq^se de la). 255, 351
Ferronnays (comtesse Fernand
  de la)............... 212, 337, 350
Ferronnays (M^lle Élisabeth de
  la).............. 212, 315, 351, 352
Ferry (Jules).................. 265
Ferry (M^me Jules)............. 265
Feuillet (Octave).............. 226
Feuillet (Richard)............. 226
Feydeau (Georges).............. 435
Fitz-James (famille de)..... 11, 12
Fitz-James (duc de)............ 12

CITÉS DANS LE VOLUME. 461

Fitz-James (duc<sup>esse</sup> douairière). 10
Fitz-James (comte Charles de). 12
Fitz-James (c<sup>tesse</sup> Jacques de).. 310
Flahaut...................... 109
Flavigny (comtesse de)........ 214
Fleury (général comte)........ 408
Fleury (comtesse)............. 408
Fleury (c<sup>te</sup> Maurice)... 408. 342, 408
Fleury (comtesse Maurice).... 105,
    342, 345, 368. 408, 409
Fleury (vicomte Adrien)....... 408
Fleury (baron Émile)..... 309, 409
Fleury (comte de)............. 342
Fleury (baron de)............. 162
Fleury (baronne de)........... 162
Floquet (M<sup>me</sup>)................ 156
Florian (comtesse de)......... 387
Foucaucourt (baron de)...... 275
Fontenay (de)................. 53
Fougainville (vicomtesse de).. 216
Fougères (M<sup>lle</sup> de)........... 336
Fould (Ach.) ancien ministre. 213,
                              292
Fould (Achille), député....... 226
Fould (M<sup>me</sup> Benoist).......... 153
Fould (M<sup>me</sup> Paul)......... 234, 235
Fould (M<sup>lle</sup>).................. 236
Fournier-Sarlovèze (M<sup>me</sup> Antonin)................. 216, 236, 363
Frère (général)............... 167
Freycinet (M<sup>me</sup> de)............ 156
Freycinet (M<sup>lle</sup> Cécile de)..... 156
Frézals (de).................. 33
Friant (général).............. 368
Froment-Meurice............... 233
Fuchs (Edmond)................ 333
Fuchs (M<sup>lles</sup>)............ 236, 333
Furtado....................... 6

G

Gabriac (comte de). 134, 135, 325,
                            342. 368
Gaillard...  ................. 85
Galard........................ 409
Galard (comte de)............. 325
Galard (vicomte Hector de).... 361
Galbois (baronne de)... 6, 108, 432
Galinier (générale)........... 440
Galitzin (prince Alexis). 40, 45, 393

Galitzin (princesse).......... 434
Galles (prince de).... 82, 201, 356,
            357, 358, 359, 416
Galles (princesse de)......... 357
Galliera (duchesse de).. 95, 96, 97,
            98, 99, 100, 101, 102
Galliffet (g<sup>nal</sup> marquis de)... 76, 362
Galliffet (marquise de)... 324, 342,
            345, 359, 405, 407, 434
Gamard........................ 233
Ganay (marquis de)............ 34
Ganay (comte Jean de)........ 342
Ganay (c<sup>tesse</sup> Jean de). 342, 361, 384
Ganay (c<sup>tesse</sup> André de).... 384, 434
Ganay (c<sup>tesse</sup> Jacques de).. 144, 162
Ganderax (Louis)......... 56, 264
Ganderax (M<sup>me</sup> Louis)..... 262, 264
Garcin........................ 103
Garden of Retisham-Hall (John). 125
Garden of Retisham-Hall, née
    Murat (Lady)............. 125
Garets (comte des)............ 435
Garnier (Charles)............. 84
Gaulot (Paul)................. 76
Gautereau (M<sup>me</sup>)....... 72, 265, 332
Gauthier...................... 282
Gavini de Campile........ 267, 368
Gavini de Campile (M<sup>me</sup>)...... 267
Gavioli (M<sup>lle</sup> Emma).......... 71
Gay-Lussac.................... 408
Genouilly (amiral Rigault de).. 111
Georges de Russie (grand-duc). 434
Gérard (baron)................ 439
Gérard, née Vuitry (M<sup>me</sup>)...... 176
Gérard (M<sup>lle</sup>)............ 105, 176
Germiny (comte Marcel de).... 111
Gervex........................ 264
Giers (de).................... 343
Gillois (M<sup>me</sup>)................ 384
Gillou (M<sup>me</sup> Albert).......... 439
Gilly (Numa).................. 180
Girard de Rialle.............. 234
Girardin (M<sup>me</sup> Alexandre de)... 262
Giraud........................ 72
Giraudeau..................... 409
Girod de l'Ain................ 325
Glasson....................... 234
Goblet (M<sup>me</sup>)................. 156
Godefroy...................... 256
Godelle....................... 233
Goldsmith (famille)........... 77
Goldsmith..................... 77
Goldsmith (S. H.)............. 55

Goluchowsky (comte Agénor)... 123
Goluchowsky (c<sup>tesse</sup> Agénor).. 123
Goncourt (Edmond de)........ 109
Gontaut-Biron (famille de). 352, 353
Gontaut-Biron (comte A.)..... 352
Gontaut-Biron (comtesse A.)... 352
Gontaut-Biron (c<sup>te</sup> de). 345, 354, 387
Gontaut-Biron (comtesse de)... 387
Gontaut-Biron (comte R. de)... 275
Gontaut-Biron (comtesse François de).............. 162, 434
Gontaut-Biron (Marguerite de, marquise d'Harcourt............ 93
Gounod....................... 70
Gourcuff (comte de).......... 442
Gourcuff (vicomte de)........ 442
Gourgaud (baron Napoléon)... 246, 409
Gourgaud (baronne Napoléon). 246
Gourgaud (baronne)........... 143
Gournay (de)................. 316
Gournay (M<sup>me</sup> de)............ 316
Gouy d'Arcy (comte de)....... 78

Gradis (M<sup>me</sup>)................... 235
Gramedo (comte de).......... 163
Gramedo (comtesse de)... 158, 163
Gramont (duc de)...... 19, 171, 211
Gramont (duchesse de) . 105, 312, 324
Gramont (duchesse douairière de)....................... 405
Gramont (comtesse de)....... 143
Gramont d'Aster (comte de)... 342
Gramont d'Aster (comtesse)... 384
Grammont (famille de)... 347, 348
Grammont (comte Pierre de).. 347
Grandval (vicomtesse de)..... 440
Grange (baron de la)......... 337
Gravière (amiral Jurien de la). 108
Gravière (M<sup>me</sup> de la).......... 282
Gréa.................... 76, 325
Grèce (Georges roi de)........ 416
Greffulhe (c<sup>te</sup> Charles). 19, 76, 438
Greffulhe (comtesse Charles). 214, 387, 388
Grévy (Jules)................ 68
Gricourt (marquis de)........ 414
Gricourt (M<sup>lle</sup> Catherine de) comtesse de Palikao............ 414
Grouchy (vicomtesse de)...... 367
Gudin (comtesse)........ 312, 325, 344, 367

Guerne (comtesse de).... 134, 135, 337, 369, 387
Guillemot................... 34
Günzburg (baronne de)... 223, 384
Guyon (D<sup>r</sup>).................... 443
Guyon (Eugène).............. 103
Guyon (M<sup>me</sup> Eugène).......... 103

H

Haber (baron de)............. 384
Haentjens (Marcel)............ 409
Haentjens (M<sup>me</sup>)...... 143, 314, 367
Haentjens (M<sup>lle</sup>)............. 368
Hallay (marquis du)...... 202, 272
Halphen, née Fould (M<sup>me</sup>)..... 235
Ham (M<sup>lle</sup> Jeanne de)......... 283
Hansen...................... 78
Harcourt (famille d')... 87, 88, 89, 90, 91, 92, 93
Harcourt (duc Eugène d').. 90, 91
Harcourt (duchesse Eugène d'). 92
Harcourt (marquis d')..... 91, 92
Harcourt (marquise d')... 91, 92
Harcourt (duc François d').... 92
Harcourt (duch. François d').. 91
Harcourt (Henri d')........... 92
Harcourt (Charles d')......... 92
Harcourt (c<sup>te</sup> Bernard d'). 91, 273
Harcourt (comtesse Bernard d'). 93
Harcourt (M<sup>lle</sup> Gilone d')...... 87
Harcourt (comte Jean d')..... 91
Harcourt (M<sup>is</sup> Bernard d'). 92, 272
Harcourt (vicomte Emmanuel d')................. 93, 245-384
Harcourt (vicomtesse d')....... 384
Harcourt (comte Amédée d').. 93
Harel (général).............. 200
Harel (M<sup>me</sup>)................. 200
Hartung (M<sup>me</sup>)............... 336
Hartung (M<sup>lle</sup>)............... 336
Haussonville (comte d')... 64, 272
Haussonville (comtesse d').... 335, 342, 344
Haussonville (M<sup>lle</sup> d')......... 336
Haussmann (baron). 110, 194, 253, 254, 255, 325, 414
Haussmann (baronne)... 110, 253, 254, 255
Hautpoul (baronne d')........ 199
Havrincourt (marquis d')..... 397

## CITÉS DANS LE VOLUME. 463

Havrincourt (marquise d')..... 397
Haye-Jousselin (de la)......... 435
Haye-Jousselin (M<sup>me</sup> de la)..... 435
Hayem (M<sup>me</sup> Charles).......... 333
Hédouville (comte d')......... 315
Hédouville (comtesse d')...... 315
Heine-Furtado (M<sup>me</sup>)... 6, 7, 32, 101, 123, 213, 224, 225, 226, 289, 364. 365, 440
Heine (M<sup>me</sup> Michel)............ 75
Heine (Georges)............... 75
Heine (M<sup>me</sup> Armand).......... 310
Hellmann (M<sup>me</sup>).............. 70
Hendlé (préfet de la Seine-Inférieure)................ 71
Hénin (prince d')............. 76
Henner...................... 113
Hennessy (M<sup>me</sup>).......... 219, 220
Hennessy (M<sup>lle</sup>).......... 219, 220
Henry (M<sup>me</sup>)................ 208
Herbette (M<sup>me</sup> Jules)......... 103
Hérédia (José Maria de)....... 111
Hérédia (M<sup>lle</sup> José Maria de)... 333
Hervé (Édouard)............. 233
Hervé (M<sup>me</sup> Édouard). 233, 236, 272
Hervey de Saint-Denis (marquise d')..... 134,135, 324, 325, 326, 335, 336, 342, 345, 354, 302, 403
Hervieu (Paul)............ 264, 333
Hervilly (M<sup>lle</sup> d')............. 79
Hesse (Edmond)............. 233
Heudes (Victor).......... 104, 164
Hitroff..................... 45
Hochon..................... 263
Hochon (M<sup>me</sup>)... 77, 236, 263, 325, 332, 358-409
Hollander (M<sup>me</sup>)............. 76
Hottinguer (baronne). 77, 342, 443
Houghton (lord).............. 111
Houssaye (Arsène)......... 45, 81
Houssaye (v<sup>te</sup> Henry)......... 108
Hoyos (c<sup>te</sup>), amb. d'Autriche... 308
Hoyos (comtesse). 282, 308, 323, 324
Hugo (Georges).......... 264, 333
Hugo (M<sup>lle</sup> Jeanne)........... 333
Hunolstein (baronne d')...... 315
Hunolstein (M<sup>lle</sup> d')........... 315
Hulst (M<sup>gr</sup> d')................ 282

I

Imperiali (marquis).......... 135

Invernizzi (M<sup>lle</sup>)............... 78
Isly (duchesse d')............. 408
Itajuba (baron d')........ 365, 406
Itajuba (baronne d')..... 365, 406
Ivry (marquise d')............ 76

J

Jamain..................... 333
Janicot (Gustave)............ 233
Janzé (vicomtesse de)..... 54, 445
Jarnac (comtesse de)......... 336
Jaucourt (marquise de)... 369, 370
Jaurès (amiral). 238, 239, 240, 241, 242
Jaurès (M<sup>me</sup>).................. 240
Jeanniot (M<sup>me</sup>).......... 264, 333
Joinville (prince de).......... 66
Jourdain.................... 264
Jourdain (M<sup>me</sup>)............... 264
Jourievsky (princesse)........ 434
Jouvenel (baron de)......... 393
Juigné (marquis de)......... 337
Juigné (marquise de)........ 337
Juigné (comte de)........... 438

K

Kalb (M<sup>lle</sup>)................... 215
Kann (M<sup>lle</sup>)................... 236
Keller (Esther)............... 78
Kergariou (comtesse de)..... 216
Kermaingant (M<sup>me</sup> de)....... 443
Kersaint (comtesse Raoul de).. 24, 289, 291, 337, 358
Kervéguen (Guy de)......... 275
Khédive (le)............. 153, 175
Kleiber (baron de)........... 434
Kœnigswarter (baron de)..... 78
Kœnigswarter (baronne de)... 146, 444
Kœnigswarter (M<sup>me</sup> Jules).... 236
Kœnigswarter (M<sup>me</sup> Louis).... 415
Kœnneritz (baronne de)...... 255
Kourakine (princesse)........ 434
Krauss (M<sup>me</sup>)................. 369
Kronenberg (Léopold de)..... 86
Kronenberg (Ladislas de)..... 86
Kronenberg (M<sup>me</sup> Ladislas de). 367

## L

Labbé (docteur).............. 333
Laborde (marquise de). 304, 342, 345
Lacave-Laplagne.............. 255
Lafargue (Alfred).......... 176, 233
Lafont (M<sup>lle</sup>)................... 215
Lagrange (marquise de).. 342, 409
La Guiche (marquise de la)..... 400
La Guiche (Gabrielle de)....... 93
Lamartine (de)..........., 112, 394
Lambert (général)............. 71
Lambert (baron)........... 16, 67
Lambert (baronne)............ 17
Lambert (baron Tristan)... 16, 17, 67, 272
Lambert (baronne Tristan). 17, 18
Lambertye (marquise de)...... 332
Lambrecht (M<sup>me</sup>)............... 215
Lami (Eugène)............ 388, 407
Lancastre (comte de).......... 71
Lancey (comtesse de)......... 54
Langénieux (M<sup>gr</sup>)............. 410
Laperche (M<sup>lle</sup>)............... 35
Lapparent (de)................ 282
Lara (M<sup>me</sup>)................... 72
Lareinty (baron de)........... 439
Lareinty (Jules de)........... 439
Las Marimas (marquis de)..... 342
Las Marimas (marquise de).... 342
Lassalle (général de)......... 171
Lastic (Edmond de)........... 275
Latena (M<sup>me</sup> de)............... 145
Latena (M<sup>lle</sup> Noémie de)... 146, 368
La Tour-d'Auvergne (princesse de)..................... 77
La Tour-Maubourg (marquis de). 67
Laubrière (M<sup>me</sup> de)........... 111
Laugel........................ 272
Laurent (Marie).............. 101
Lauriston (marquis de)....... 13
Lavedan...................... 233
Lavigerie (cardinal)......... 234
Lavoignat.................... 72
Lebaudy (M<sup>me</sup> Jules).......... 143
Lebeuf de Montgermont.. 244, 245, 366
Lebeuf de Montgermont (M<sup>me</sup>).. 245
Lebreton-Bourbaki (M<sup>me</sup>)..... 252
Lecointre.................... 234
Ledouble (M<sup>me</sup>).......... 132, 133
Lee (Austin)................. 404
Lee (M<sup>me</sup>)............... 404, 405
Lefèvre-Pontalis (Antonin). 13, 212, 233
Lefèvre-Pontalis (M<sup>me</sup> Antonin). 212, 234
Lefèvre-Pontalis (Amédée)..... 176
Legendre (M<sup>me</sup>)................ 332
Legrand (M<sup>me</sup> Pierre)......... 456
Lelubez.............. 56, 369, 443
Lemaire (M<sup>me</sup> Madeleine). 262, 263, 332
Lemaire (M<sup>lle</sup> Suzette)..... 263, 332
Le Marois (comte)............. 19
Le Marois (comtesse)..... 342, 345, 354
Lenepveu..................... 103
Léon XIII (S. S.)............. 410
Léon (prince de).............. 438
Léon y Castillo (de), ambassadeur d'Espagne.............. 225
Leprovost de Launay.......... 255
Le Ray (M<sup>me</sup>)... 146, 392, 393, 394, 395
Le Roux (Paul)............... 439
Le Roux (M<sup>me</sup> Alfred).......... 393
Leroy (Charles)............... 78
Leroy-Beaulieu (Anatole)...... 234
Le Soufaché............. 443, 444
Le Soufaché (M<sup>me</sup>)....... 443, 444
Lesseps (baron Théodore de).. 313
Leuchtenberg (duc Eugène de). 41, 465
Levavasseur (baronne)........ 76
Levêque (M<sup>me</sup>)................. 269
Levis (duc de)....... 350, 395, 396
Levis (duchesse de).. 311, 395, 396
Levis-Mirepoix (duchesse douairière de).................... 396
Levis-Mirepoix (comte de)..... 439
Lévy (M<sup>lle</sup>).................. 333
Ligne (princesse de)......... 388
Lillers (marquise de)........ 214
Lippmann (M<sup>me</sup> Maurice). 405, 410, 332
Lisleroy (comte de)........... 444
Lisleroy (comtesse de)........ 444
Lobanoff (princesse)....... 44, 45
Lobanoff-Rostow (princesse).. 44, 454
Loberty..................... 404
Loëwenhaupt (comte de), ministre de Suède........, 365, 405

## CITÉS DANS LE VOLUME. 465

Loëwenhaupt (comtesse de)... 405
Lorrain (Jean)................. 333
Louis-Philippe............ 66, 304
Loulay (M<sup>me</sup> de).............. 282
Loulay (M<sup>lle</sup> Jeanne de)........ 283
Lovello (duc de) prince de Torello............... 123, 124, 251
Lovello (duchesse de) princesse de Torello.............. 123, 251
Lozé (préfet de police)......... 71
Lozé (M<sup>me</sup>)..................... 71
Luard (comte du)............. 13
Lucinge-Faucigny (prince de). 134, 135, 337
Ludwig (M<sup>lle</sup>)................. 215
Lureau-Escalaïs (M<sup>me</sup>)......... 79
Luynes (duc de)..... 134, 135, 136, 325, 336, 337, 342, 350, 398, 433
Luynes (duchesse de). 134, 136, 176, 336, 342, 344, 359
Luynes (M<sup>lle</sup> Yolande de)..... 135, 336, 342, 433
Lyden (de).................... 103
Lytton (lord)........ 308, 404, 406
Lytton (comtesse de). 312, 404, 405
Lytton (lady Constance)....... 405

### M

Macchiavelli (abbé)............ 281
Mac-Mahon (maréchal de) duc de Magenta. 3, 4, 68, 92, 162, 362, 433
Mac-Mahon (maréchale de) duchesse de Magenta). 244, 256, 433
Maggiolo (vicomte)............ 233
Magnan (maréchal)... 143, 314, 408
Magnan (général)......... 407, 408
Magnan (M<sup>me</sup>)................. 408
Magnan (M<sup>lle</sup> Vera)........... 408
Magne (ancien ministre). 410, 411, 439
Magne (M<sup>lle</sup> Alfred)........... 410
Magne (Napoléon)............. 410
Magnin, gouverneur de la Banque de France............. 325
Magnin (M<sup>me</sup>).... 244, 265, 314, 332
Magnin (M<sup>lle</sup>).... ...... 265, 332
Maillé (famille de). 158, 159, 160, 347
Maillé de la Tour-Landry (duc de) 158, 160

Maillé (comte Foulques de). 161, 441
Maillé de la Tour-Landry, née Osmond (duchesse de). 160, 161, 216, 255
Maillé (comte Armand de).... 162, 233, 234, 439
Maillé (comtesse Hélène de)... 161, 162
Mailly (marquise de).......... 77
Mailly-Nesle (comtesse de).... 407
Makhart..................... 93
Makovsky.................... 45
Maleyssie (marquis de)....... 405
Maleyssie (marquise de)...... 405
Maleyssie (comte Conrad de).. 361
Maleyssie (comtesse Conrad de). 358, 361
Mallet (famille)............... 411
Mallet (M<sup>me</sup> Arthur)...... 198, 336
Mallet (M<sup>lle</sup>)................. 336
Malouët (baron).............. 309
Manning (cardinal).......... 176
Manuel, agent de change..... 163
Manuel (Eugène)......... 72, 325
Marchesi (M<sup>me</sup>) marquise de Castrone......... 110, 111, 309
Marcieu (comte Guy de)...... 249
Marcotte de Quivières (Paul)... 275
Marcya (M<sup>lle</sup>)................. 215
Maricourt (vicomte de)... 309, 315
Maricourt (vicomtesse de). 309, 315
Maricourt (M<sup>lle</sup> de)........... 316
Martelet (Pierre)............. 313
Martell (M<sup>me</sup> Edmond)........ 384
Martin (Henry).............. 111
Martiny..................... 78
Massa (duc de).............. 370
Massa (marquis de).......... 362
Massa (marquise de)......... 324
Massenet................ 78, 102
Materna (M<sup>me</sup>)............... 256
Mathilde (M<sup>me</sup> la princesse).. 5, 6, 49, 108, 109, 110, 246, 266, 432, 433
Maupassant (Guy de)......... 333
Maurel...................... 111
Mauri (M<sup>lle</sup>)................. 78
Maynard (M<sup>lle</sup>).............. 104
Mayol de Luppé.............. 282
Meffray (comtesse de). 76, 324, 342, 358, 362
Meignan (M<sup>gr</sup>)............... 104
Meissonnier............. 405, 406

L'ANNÉE MONDAINE. 30

Melba (M<sup>lle</sup>).................. 310
Melchissedec.................. 256
Méline (M<sup>me</sup>)................. 154
Membrée (M<sup>lle</sup>)............... 333
Menabréa ( général comte ),
    amb. d'Italie. 343, 405
Menabréa (comtesse)..... 324, 405
Merklin (abbé)............... 282
Mérode (comtesse de)........ 400
Merveilleux-Duvignaux........ 233
Mesnard (baron de)........... 405
Metternich (princesse de). 341, 342
Meyerbeer.................... 116
Meyronnet (famille de)........ 14
Meyronnet (marquise de).. 14. 216, 312
Meyronnet (M<sup>lle</sup> de)......... 13, 14
Michaux (Lucien).............. 444
Michaux (M<sup>me</sup> Lucien)......... 444
Michel Nicolaïevitch (grand-duc)........................ 434
Michel de Russie (grand-duc).. 434
Mier (M<sup>me</sup> de)................ 358
Milhau (comtesse de).. 31, 182, 440
Milhau (M<sup>lle</sup> de).............. 31
Millet....................... 389
Milon (Rév. Père)............. 281
Mingrélie (prince de).......... 124
Mingrélie, née Adlerberg (princesse de).................... 124
Mingrélie (pr<sup>esse</sup> Salomé de)... 123
Miramon (marquise de)....... 53
Miramon (comtesse de)....... 444
Miranda (comte Angel de)..... 103
Miranda (M<sup>lle</sup> de)............. 103
Miribel (général de).......... 409
Missak-Effendi................ 365
Mniszech (comtesse).......... 256
Mohrenheim (baron de), ambassadeur de Russie... 104, 113, 368
Mohrenheim (baronne de).... 40
Mohrenheim (M<sup>lles</sup> de)......... 40
Moitessier (M<sup>me</sup>).............. 216
Molitor (comtesse)............ 216
Mollard...................... 76
Monaco (Charles III prince de). 435, 436
Monaco, née Mérode (pr<sup>esse</sup> de). 435
Monbrison (de)............... 440
Monbrison (M<sup>me</sup> de)... 342, 345, 440
Monsabré (Rév. P.)........ 242, 283
Monstiers-Mérinville (vic<sup>te</sup> de). 362
Moncourt (M<sup>lle</sup> Thomas de).... 313

Montebello (comte de).... 304, 388
Montebello (comtesse de)..... 388
Montebello (comte Jean de)... 304. 387
Montebello (comtesse Jean de). 304, 358, 387, 405, 435
Montesquiou (c<sup>te</sup> Anatole de).. 410
Montesquiou (comtesse de).... 15
Montesquiou (c<sup>tesse</sup> Louis de).. 361
Montesquiou-Fezensac (vic<sup>te</sup> de)..................... 315, 348
Montgommery (comte Alan de). 407
Montgommery (c<sup>tesse</sup> de)... 408, 434
Monti (comte de)............. 393
Montmorency (duc de)... 325, 336, 407
Montreuil (vicomtesse de). 324, 368
Montsaulnin (comte de)....... 439
Moreau-Nélaton............... 275
Morio de l'Isle (M<sup>me</sup>).......... 182
Morny (duc de)............... 308
Morny (duchesse de). 308, 324, 345
Morogues (baronne de)........ 304
Mortemart (duc de)........... 400
Mortemart (duchesse de)..... 400
Mortemart (marquis de)...... 400
Mortemart (marquise de). .... 400
Mortemart (comtesse de).. 342, 361
Mosbourg (comte de)......... 388
Moskowa (prince de la)....... 67
Mouchy (duc de). 122, 123. 251, 252, 266, 315, 350, 357, 372, 407
Mouchy (duchesse de)... 77, 119, 121, 122, 123, 126, 246, 251, 252, 266, 357, 382
Moustiers (marquis de)........ 412
Moüy (comte de)............. 393
Moüy (vicomte de)............ 393
Multedo (comtesse)....... 146, 367
Munkacsy.................... 144
Munkacsy (M<sup>me</sup>) ............. 144
Murat (famille)....... 122, 123. 124
Murat (général prince).... 122, 251 336, 342, 407
Murat (prince Joachim).... 7, 122, 123, 224, 226, 324, 325, 336, 342, 365
Murat (princesse Joachim).. 7, 224, 324, 335, 342, 344, 365, 366, 441
Murat (prince Achille)..... 123, 124
Murat (princesse Achille). 123, 124
Murat (prince Lucien)......... 123
Murat (prince Louis-Napoléon). 123

Murat (p<sup>cesse</sup> Antoinette Catherine).................. 124
Murat (prince Louis)...... 124, 125
Murat (princesse Louis)........ 124
Murat (prince Eugène)........ 125
Murray (Lady)................. 202

## N

Nadaillac (comtesse de)....... 162
Nadaud ........................ 104
Nalèche (de)............. 316, 409
Nalèche (M<sup>me</sup> de)..... ........ 316
Naples (François II, roi de)... 308
Napoléon III... 67, 153, 195, 260, 292, 408, 433
Napoléon (Louis) prince impérial...... 17, 118, 119, 186
Napoléon (prince Jérôme). 49, 266, 432
Napoléon (prince Victor)... 49, 76
Napoléon (prince Louis)... 49, 432
Narbonne-Lara (marquis de)... 397
Narbonne-Lara (marquise de). 397
Narbonne-Lara (comte de )... 134, 135, 327, 336, 342, 368
Nemours (duc de)........ 243, 440
Nesselrode (comte de)........ 40
Neuforge (baronne de).... 101, 164
Ney (M<sup>lle</sup> Cécile)............... 122
Nicolas (grand-duc)........... 41
Nilsson (M<sup>me</sup> Christine) comt<sup>esse</sup> de Miranda.... 81, 101, 102, 103, 104, 164
Noailles (famille de)...... 348, 349
Noailles (duc de)........... 211, 350
Noailles (duchesse de).... 211, 271
Noailles (Hélie-Guillaume de).. 211
Noailles (Mathieu-Frédéric de). 211
Noailles (M<sup>lle</sup> Marie de).. 211, 315, 348, 349
Noailles (M<sup>lle</sup> Sabine de)....... 121
Noirmont (baronne de)....... 342
Normand (Jacques)........... 264
Normand (M<sup>me</sup> Jacques)....... 264

## O

Obolinsky (prince)............ 58
Obolinsky (princesse)........ 59

Ocampo (M<sup>me</sup>)................. 265
Oldenbourg (p<sup>sse</sup> Constantin d'). 41
Ollendorf................... 333
Ollivier (Émile)............... 176
Olry........................ 170
Oporto (duc d')............... 49
Oppenheim (famille)........... 77
Oppenheim................... 77
Oraison (marquise d')......... 442
Orbeliani (prince Alexandre).. 125
Orléans (duc d')........... 5, 432
Orléans (princesse Hélène d').. 5
Orléans (prince Henri d')... 4, 249
Orléans (princesse Marguerite d')............ 227, 249, 432
Orléans (princesse Blanche d'). 330, 440
Orléans (prince Emmanuel d'). 16
Orloff (comte Nicolas)......... 434
Ormesson (comte d')......... 38
Orsini (famille)............... 86
O'Tard de la Grange (baronne). 401
O'Tard de la Grange (M<sup>lle</sup>)..... 401
Ottolini (Gina)................ 78
Ourousoff (prince)........... 434
Ourousoff (princesse)......... 434

## P

Padoue (duc de).............. 17
Paixhans (général)............ 102
Palicot ................... 70, 71
Palicot ................... 71
Palikao (comte de)............ 413
Palikao (général de Montauban, comte de)..... 412, 413, 414
Pallain....................... 176
Paris (comte de)............ 5, 49
Paris (M<sup>me</sup> la comtesse de)... 5, 49
Pâris (Gaston M<sup>me</sup>)........... 176
Parny (M<sup>lle</sup> Diane de).. ....... 333
Partz (comtesse de).......... 342
Pasca (M<sup>me</sup>)................. 201
Pasdeloup................... 439
Passy (Louis)................ 234
Passy (Arnault)............... 234
Pastré (comtesse)............ 401
Pastré (André)............... 369
Pastré (M<sup>me</sup> André)........... 77
Patti (M<sup>me</sup> Adelina). 73, 74, 79, 80, 81, 82, 83, 84, 85, 101, 104, 306

468   TABLE DES NOMS DES CONTEMPORAINS

Patti (Carlo)................. 80
Patti (M<sup>lle</sup> Amélia)........... 80
Patti (M<sup>lle</sup> Carlotta).......... 80
Pattison (Mark).............. 172
Paulmier (M<sup>me</sup>)............... 255
Paulus .................. 201, 202
Payn (Miss).................. 81
Pays-Bas (roi des)............ 67
Pellenc (baronne)............. 141
Penaud (Alphonse)............ 111
Perdreau (M<sup>me</sup>).............. 354
Pereire...................... 435
Pereire (M<sup>me</sup>)................ 435
Pereire (M<sup>me</sup> Isaac)....... 199, 215
Pereire (M<sup>me</sup> Gustave)......... 236
Pérouse (comtesse de la)...... 76
Perrinelle (Jacques de)........ 393
Perse (Chah de).............. 416
Pessard (M<sup>me</sup>)................ 104
Petit (général)............... 409
Philosofoff (M<sup>me</sup>)............. 39
Pichon (M<sup>lle</sup>)................. 53
Piennes (comte de)............ 3
Piennes (comtesse de)......... 3
Pierreclos (comtesse de)....... 111
Pierredon (vicomtesse de)..... 435
Pietri ....................... 252
Pillet-Will (comte)............ 34
Piou (Jacques)........... 234, 272
Piou (M<sup>me</sup> Jacques)............ 272
Plaisance (duc de)............ 162
Plaisance (duchesse de)....... 162
Plancy (baronne Georges de).. 236
Pleumartin comtesse de)...... 144
Podenas (comte de).......... 342
Poëze (vicomtesse de la)...... 342
Poirson (M<sup>me</sup>)............ 263, 333
Poirson (M<sup>lle</sup>)............ 263, 333
Poisson (baronne)......... 53, 443
Poix (prince de).... 121, 122, 246, 315, 337, 372, 382, 399
Poix (princesse de)....... 382, 399
Polignac (prince Edmond de).. 388
Polignac (duchesse de)........ 216
Polovtsoff................... 46
Pomereu (marquise de)....... 13
Pontalba (baron de)....... 309, 315
Pontalba (baronne de).... 309, 315
Pontalba (M<sup>lle</sup> de)............ 309
Pontevès (comte de)......... 405
Pontois-Pontcarré (famille de). 13
Pontois-Pontcarré (marquis de). 13
Pontois-Pontcarré (comte de). 12

Pontois-Pontcarré (comtesse de)................. 13, 435
Porgès (M<sup>me</sup> Jules), 223, 308, 325, 358
Portugal (Marie Pia reine de). 48, 49, 50
Potocki (comte).............. 365
Poubelle (préfet de la Seine).. 71
Poubelle (M<sup>me</sup>)............ 71, 157
Pourtalès (comte Ed. de), 324, 341, 384, 407
Pourtalès (comtesse Ed. de), 8, 143, 202, 324, 334, 335, 339, 341, 342, 343, 344, 345, 361, 367, 384, 407
Pourtalès (comte Jacques de), 134, 135, 203
Pourtalès (comtesse Paul de), 8, 335, 341, 346
Pourtalès (M<sup>lle</sup> Agnès de), 203, 336, 341, 346, 368
Pozzo di Borgo (duchesse), 255, 310
Pracomtal (comte de)........ 409
Pracomtal (comtesse de)..... 409
Précourt (baronne de), 236, 367, 435
Primoli (comte Joseph)... 359, 432
Prusse (roi de)............ 67, 195
Pugeault (Léon).............. 256

Q

Quatrelles................... 333

R

Raimbeaux (M<sup>me</sup>)............. 267
Rally........................ 164
Rambuteau (comtesse de).... 246
Rameau (Jean)........... 104, 257
Rancès (M<sup>lle</sup>)................ 73
Ranchicourt (famille de)...... 13
Ranchicourt (M<sup>lle</sup> de)......... 13
Rancy (comte de)............ 409
Rancy (comtesse de).... 304, 409
Raphaël (M<sup>me</sup> Edward)..... 70, 73
Ratisbonne (Fernand)........ 342
Ratisbonne (M<sup>me</sup> Fernand). 16, 144, 223, 342, 434
Récipon (M<sup>me</sup>)............... 76
Reggio (duchesse de)........ 144
Reggio (marquise Oudinot de). 143

CITÉS DANS LE VOLUME.   469

Reichenberg (M^lle)........ 310, 369
Reille (baron)................. 325
Reille (baronne).............. 324
Reinach (Joseph)..... 176. 441, 442
Reinach (M^me Joseph)..... 264. 265
Reinach (Théodore).......... 441
Reinach (M^me Theodore).. 265. 266, 441. 442
Reinach (baronne de)........ 304
Renan.................... 56, 176
Renard....................... 31
Rende (cardinal di)........... 17
Renouard..................... 34
Reszké (Jean de)........... 79, 85
Reszké (Édouard de)....... 79. 86
Reszké (Joséphine de)..... 86, 87
Riancey (comte de).. 272. 282, 440
Riancey (comtesse de). 31, 272, 312. 440
Riancey (M^lle Yvonne de)..... 283
Richard (M^gr), archevêque de Paris................. 245
Richard (M^lle)................ 387
Richault (M^me).............. 404
Richelieu (duc de)............ 75
Richelieu (duchesse de)... 75, 405
Richtemberger (M^me)......... 72
Ricord (docteur).............. 71
Ridgway (M. H.).............. 361
Rigault (Paul)................ 72
Rimsky-Korsakoff, mère (M^me). 44, 45
Rimsky-Korsakoff (M^me)..... 45, 46
Risarelli (M^lle)............... 256
Risler........................ 256
Ritt (M^me)................... 72
Roberts (Frederik)........ 173, 174
Robien (comtesse de)......... 387
Roche-Aymon (comtesse de la). 310
Rochebouët (général de).. 226, 365
Rochebrochard (la vicomtesse de)........................ 324
Rochechouart (famille de)..... 399
Rochechouart (comte de)...... 399
Rochechouart (comtesse de)... 399
Rochechouart (vicomte de). 399, 401
Rochefonteuille (comtesse de la). 35
Rochefort (comtesse de)...... 233
Rochefoucauld (comte A. de la). 337, 342. 358, 397, 407
Rochefoucauld (comte Aymery de la). 24. 145. 337. 342, 358, 397, 407
Rochefoucauld (comte Jean de la)............ 213, 214. 291. 292
Rochefoucauld (comte Hubert de la).................. 24, 275
Rochefoucauld (vicomte de la). 134, 342, 361
Rochefoucauld (vicomtesse de la)................ 134, 324, 342
Rochefoucauld (M^lle Hélène de la)......................... 162
Roche-Guyon (duc de la). 20, 24, 26
Roche-Guyon (duchesse de la). 275
Rochethulon (comtesse de la). 216
Rodolphe (archiduc)..... 182, 183, 184. 185. 186
Rohan (duc de).......... 350. 359
Rohan (princesse de)......... 103
Romanof (les)............. 40, 41
Ronceray (M^me de)........... 76
Rotelli (M^gr), nonce apostolique..................... 405
Rothschild (baron Alphonse de). 329, 326, 328, 333, 405, 428
Rothschild (baronne Alphonse de).. 77, 329. 323, 326. 328, 416. 428. 434.
Rothschild (baron Édouard de). 336
Rothschild (baron Albert de).. 342
Rothschild (baronne (Albert de). 342
Rothschild (baron Gustave de). 405
Rothschild (baronne Gustave de). 77, 143. 226. 256-311, 323, 342
Rothschild (M^lle de)........... 342
Rothschild (baron Edmond de). 25
Rothschild (baron Adolphe de). 77, 305, 306, 308, 388, 405
Rothschild (baronne Adolphe de)............... 305, 306, 308
Rothschild (baronne Willy de). 306
Rougé (vicomte de)........... 275
Rougemont (comtesse de)..... 435
Roumanie (roi de)............. 114
Roumanie (reine de V. Sylva). 114, 115, 116
Roure (marquise du).......... 387
Rouvre (de).................. 439
Royer (Clément de)........... 368
Roy.......................... 441
Roy (M^me) née Detaille....... 441
Roys (marquise des).......... 216
Russie (Alexandre II empereur de).............. 153, 195. 434
Russie (empereur de).. 37, 67, 432

Russie (impératrice de)... 37, 128
Russie (prince impérial de).... 37
Russie (grands-ducs de). 40, 41. 57. 58, 434

## S

Sabran-Pontevès (duc de)..... 275
Sacré-Cœur (dames du)... 121, 353
Sagan (prince de).. 28. 76, 336, 407
Sagan (princesse de). 202, 355, 357, 359, 434
Sagan (M$^{me}$ de)................ 359
Saint-Amand (baron Imbert de). 84, 101, 127, 164, 359, 405, 407
Saint-Blancard (marquis de)... 352
Saint-Blancard (marquise de). 352
Saint-Didier (M$^{me}$ de)......... 216
Sainte-Aldegonde (Virginie-Marie-Louise de).............. 400
Sainte-Croix (de)............... 72
Sainte-Croix (Lambert de). 212, 233, 255, 271
Sainte-Croix (M$^{me}$ Lambert de). 212, 233, 255, 271
Sainte-Croix (M$^{me}$ Alexandre Lambert de)............ 233, 272
Saint-Georges (vicomte de).... 309
Saint-Germain................. 72
Saint-Hilaire (Auguste)........ 442
Saint-Hilaire (André)......... 442
Saint-Jean-Lentilhac (marquise de)................... 143
Saint-Laumer.................. 233
Saint-Martin (baronne Caruel de).................. 144, 216
Saint-Priest (vicomte de)..... 93
Saint-Priest (Élisabeth de) comtesse B. d'Harcourt...... 91
Saint-Prix (baron de)......... 267
Saint-Saens.................... 77
Saint-Sauveur (marquise de) 324, 342, 358-361, 405
Saint-Seine (vicomte Henry de). 275, 435
Sainte-Péreuse (M$^{me}$ de)....... 282
Saleta-Ricord.................. 71
Salles (Isidore)................ 433
Salverte (M$^{me}$ de)............. 324
Salviati (duchesse).............. 12

Samoyloff (comtesse)....... 43, 44
Sancey de Fresne (M$^{me}$)....... 45
Sanderson (M$^{lle}$)......... 102, 103
Sarah-Bernhardt.......... 172, 201
Sardou....................... 443
Sartiges (vicomtesse de)...... 77
Saulcy (de).................... 111
Say (Henry).................... 250
Say (M$^{lle}$ Mathilde)............ 333
Schirinsky (princesse Eudoxie). 124
Schlichting (Basile de)........ 46
Schneider (Paul).............. 361
Schnetz....................... 245
Secrétan (M$^{me}$)................ 103
Sedelmeyer (M$^{me}$)............. 198
Sédille........................ 275
Ségalas (M$^{me}$ Anaïs)....... 103, 104
Ségalas (M$^{lle}$ Bertille).......... 104
Ségur (comte de).... 134, 135, 338
Seillière (baronne Frédéric)... 267
Serre (M$^{me}$ de)................ 104
Sessevalle (M$^{me}$ de)............ 199
Sévène (Paul)................. 111
Seymiers (M$^{me}$ de)............. 411
Simon (Jules)............. 71, 212
Simon (M$^{me}$ Jules)......... 71, 212
Simon (M$^{me}$ Gustave).. 72, 212, 213
Simons (général).............. 253
Simons (M$^{me}$).................. 253
Sina (baron).................. 245
Sipière....................... 444
Sipière (M$^{me}$)................. 444
Skobeleff (général)............ 40
Soltyck (comtesse)............ 263
Sommier (Alfred)............. 271
Sommier (M$^{me}$ Alfred).... 176, 271
Sonis (comtesse de)........... 435
Soubeyran (baron de)......... 439
Soucy (baron de)............. 56
Soucy (baronne de)........... 56
Sourdis (M$^{me}$ David)........... 72
Souvarow (princesse)......... 39
Spitzer (Frédéric)........ 416, 443
Spitzer (M$^{me}$)................. 265
Spuller.................. 270, 405
Stanhope (Lady).............. 394
Stéphanie (archiduchesse) 184, 185
Stern (M$^{me}$ Edgard)............ 324
Stern (M$^{me}$ Saly) 224, 342, 345, 358, 367
Stevens (M$^{lle}$)................. 333
Stoddard (M$^{me}$).............. 310
Strakosh (Maurice)............ 80

CITÉS DANS LE VOLUME.   471

Stuers (de) des Pays-Bas...... 405
Stuers (M^me de)............ 77. 405
Subervielle (M^me)............. 368
Suin (vice-amiral de)......... 111
Sully-Prudhomme............ 111
Sylva (Carmen)........... 114, 115

T

Taillis (comtesse du).......... 202
Taïcoun (le petit)............. 195
Talazac..................... 310
Talhouët (marquis de)... 337, 362
Talhouët (m^quise de).. 143, 337, 358
Talhouët (comte de).......... 362
Talhouët (c^tesse de)... 337, 358, 361
Talleyrand (marquise de)..... 336
Talleyrand-Périgord (c^te de)... 357. 409
Talleyrand (comtesse de)...... 216
Talleyrand (baronne de).. 444, 445
Tarente (prince de)........... 435
Tavernier (M^me).............. 198
Téba (comtesse de)........... 153
Teil (baron du).............. 272
Théodule (valet de chambre du prince Jérôme)......... 266
Thiers..................... 68
Thirion-Montauban.......... 439
Thomas (Ambroise). 103, 111, 164, 165
Thomas (M^me Ambroise)...... 103
Thouvenel (M^me)......... 358, 367
Tiby (M^lle)................. 236
Tissot..................... 111
Toulongeon (marquise de)..... 368
Toulza (lieutenant-colonel).... 38
Tournemine (M^me de)......... 441
Trédern (vic^tesse de).. 145, 214, 250
Tremblay (Marie)............ 78
Trémoille (duc de la). 250, 274, 407, 428
Trémoïlle (duchesse de la)... 250, 274, 407, 435
Trévise (marquise de)... 233, 336, 337, 338
Trévise (comtesse de)........ 143
Troubetzkoy (prince).......... 77
Troubetzkoy (princesse)....... 44
Truffier.................... 215

Turenne (comte de)........... 407
Turenne (comtesse de)........ 104

U

Ulmann (M^me)................ 198
Ursel (duchesse douairière d'). 91
Uzès (duc d')................ 350
Uzès (duchesse d').... 51, 230. 231, 255, 324, 433
Uzès (M^lle d').............. 398, 433

V

Vacaresco (M^lle Hélène)........ 115
Valbom (comte de), ministre de Portugal).............. 397, 405
Valbom (comtesse de).... 397, 405
Valdrôme (Chevandier de)..... 325
Valentinois (duc de).......... 435
Valette (marquise de la)...... 367
Valfons (marquis de).......... 233
Vallombrose (duc de). 325, 333, 362
Vandal (comte Albert)..... 53. 368
Vandal (comtesse Albert)..... 53
Vanderbilt.................. 202
Vatimesnil (de).............. 13
Vatry (baronne de)........... 226
Vauréal (H. de).............. 275
Vauréal (M^lle Odette de)...... 283
Verconsin................... 104
Vergé du Taillis (général).... 18
Vergennes (comtesse de)...... 53
Versainville (marquis de)..... 22
Versainville (marquise de).... 22
Versainville-Odoard (M^lle de).. 20. 23, 24, 26
Vésins (comte de)............ 397
Vésins (comtesse de)......... 397
Vigier (comte)........... 166. 365
Vigier (comtesse)............ 365
Vigier (vicomte)............. 166
Vigier (vicomtesse).... 13, 32, 165, 166, 201, 202, 434
Vigier (vicomte René)......... 167
Vigier (vicomtesse René)...... 167
Villeneuve (de).............. 233
Villeplaine (de)............. 34
Villeroy (M^me).............. 77

Vincent (sir Edgar).......... 174
Violat (Irma)................ 78
Viricu (marquis de)....... 342, 387
Viricu (marquise de). 211. 342. 387
Vitali comtesse)............. 311
Vitali (comtesse Georges)...... 312
Viterbo...................... 215

## W

Wagner................... 81. 256
Wagram (prince de).......... 359
Wagram (princesse de)... 324, 359
Waldteufel............ 7, 207, 325
Wallon..................... 234
Wecker (docteur de)......... 71
Weisweiler (M<sup>lle</sup>).............. 236
Wendel (famille de)...... 162, 163
Wendel (M<sup>lle</sup> Carmen de).. 157, 163
Werlé (comte).............. 410
Werlé (M<sup>lle</sup>)................ 410

Wey (Francis)................ 111
Witt (Pierre de)...... 233, 27 , 442
Witt (M<sup>me</sup> Pierre de).. 233, 272, 442
Wladimir (grand-duc).. 37, 38, 40, 57, 58
Wladimir (grande-duchesse)... 37. 38, 39, 40
Wolkonsky (prince).......... 40
Woronzoff (princesse)........ 45

## Y

Yvon (M<sup>me</sup> d')........ 256, 289, 416

## Z

Zamoïsky (famille).......... 86
Zola (Émile)................ 333
Zurlo (princesse)....... 141, 216
Zuylen de Nyevelt (baronne de). 202

ERETTE
TERSPATENT

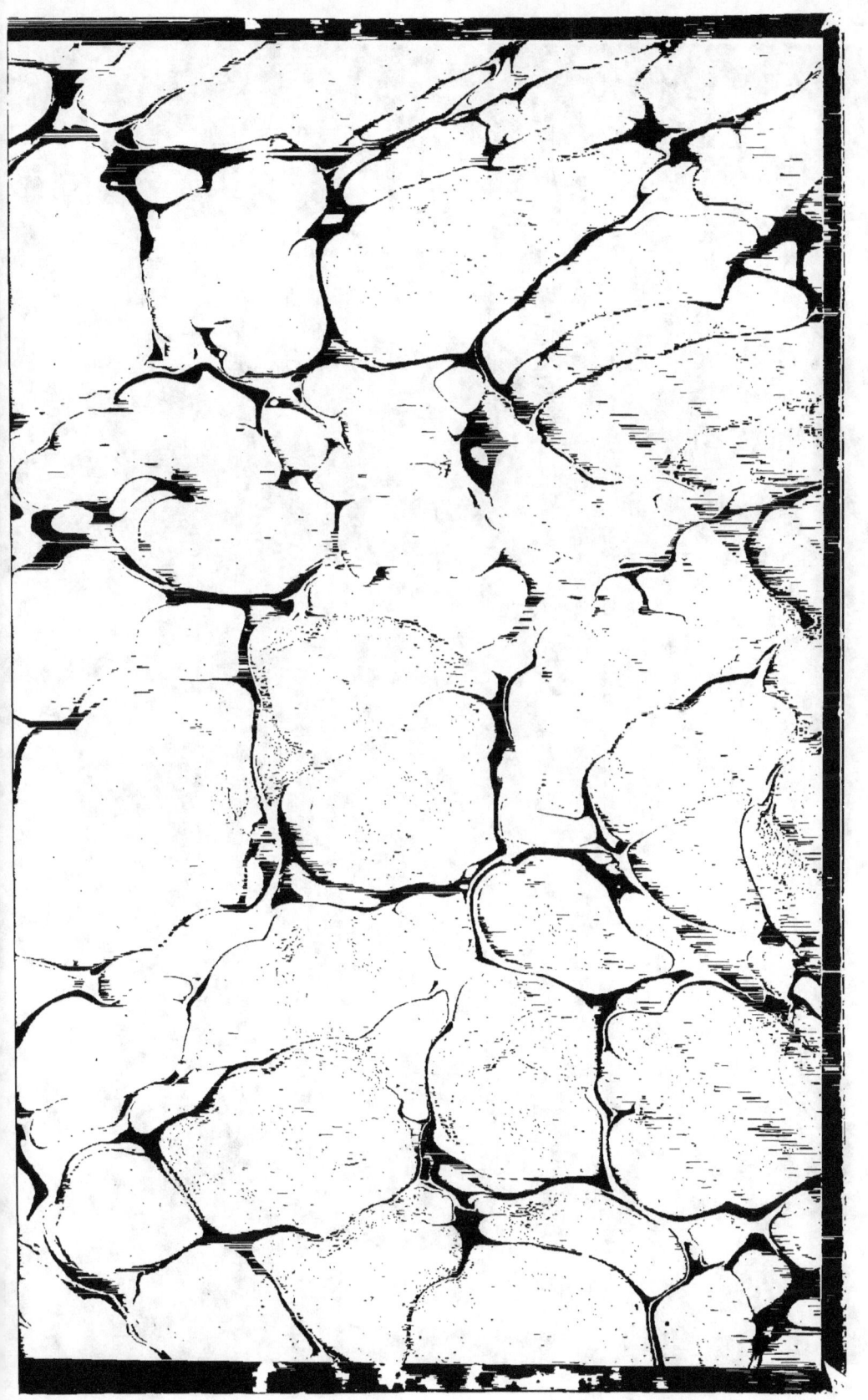

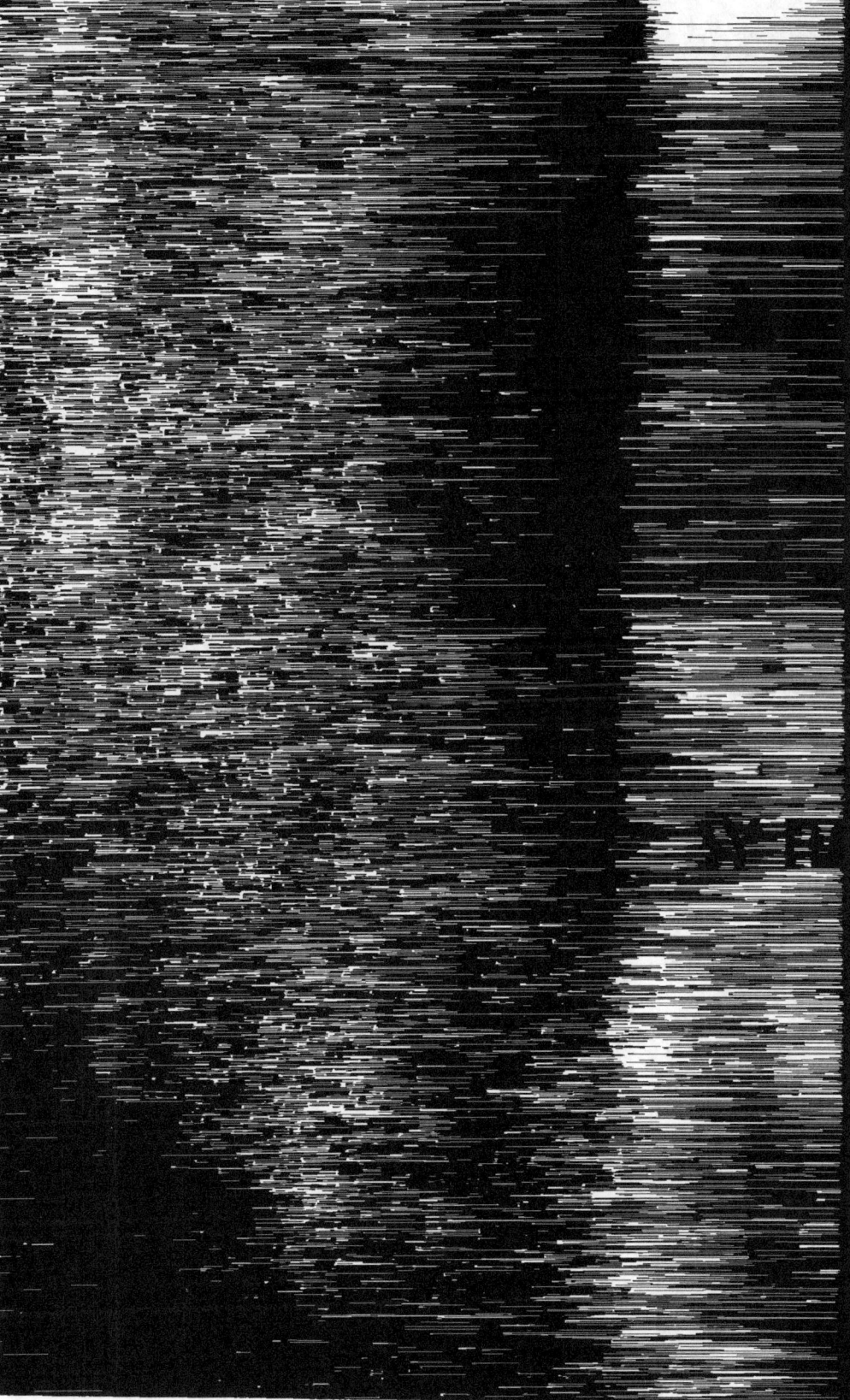

# SEPTENTAINES

# L'Année

# Mondaine

## 1908

### PARIS

www.ingramcontent.com/pod-product-compliance
Lightning Source LLC
Chambersburg PA
CBHW060234230426
43664CB00011B/1648